数字人文研究丛书

制度与文学

吴夏平 著

上海三联书店

国家社会科学基金重点项目

“中古书籍制度文献整理及其与文学之关系研究”（21AZW006）阶段成果

总　序

历史经验表明，人类每次技术革新都会引起学术新变化。新世纪进入数字化时代，大数据改变了人们的认知、思维以及研究方式。这是因为，以数字化为基础，通过对事物描述而实现的数据化，不仅具备了万物互联的可能性，而且还创造了事物关联的新模式和新路径，为学科交叉提供了重要基础。数字技术与人文学科也因应结合。

计算科学与人文学科结合，可溯源至二十世纪四十年代。其时，意大利耶稣会士罗伯托·布萨（Roberto Busa）与IBM公司合作，利用大型计算机制作了托马斯·阿奎那著作索引。六十年代，《计算机与人文科学》杂志诞生，标志着人文计算正式兴起。1978年，苏联科学家M.安德柳辛科提出“电子计算机与人文学科”概念，指出应在经济学、语言学、心理学、社会学、法学等领域，培养一批使用电子计算机的人，同时，在建立与人文学科相关的计算体系时，应有人文学科的学者参与。[①]1980年4月23日，J.孔特律西在《世界报》撰文介绍法国国立科学研究中心成立的人文科学电子计算机实验室，该实验室负责人说：“借助于电子计算机，我们可以进行近似于人的逻辑运算那样的推理。”[②]随着计算机和网络技术的普及，传统典籍数字化工作得以展开和深入，数字人文的概念逐渐形成，得到学界广泛关注。

① 力一摘译：《苏联学者谈电子计算机用于人文科学》，《国外社会科学》1979年第1期，第142—145页。

② 江小平摘译：《法国〈世界报〉谈电子计算机进入人文科学问题》，《国外社会科学》1980年第12期，第75页。

数字人文到底是什么？一般认为，其内涵至少应包括三个层面：一是从本体上看，数字人文是计算科学与人文学科交叉后形成的综合体，但这个交叉不是简单相加，而是深度融合。由此形成的一个新事物，其属性、特点、功能等，都需要深入探索。因此，一方面，应加强数字理论和数字技术研究，另一方面，也可从科技哲学、科技伦理等角度，展开省思和批评。二是作为方法的数字人文。其涵义是，计算科学介入人文学科研究，以数字理论技术为工具方法，落脚点是人文科学。以唐诗研究为例，借助数字技术可开创新的学术空间。譬如，结合GIS(Geographic Information System，地理信息系统)技术，不仅可以研制唐诗编年地图，还可以进一步深化唐诗之路以及现地还原等可视化研究。基于古文分词技术，可展开唐诗学话语体系和话语共同体研究。借助知识图谱，可进一步分析唐诗人物关系。以文本计算为基础，可研究唐诗情感空间分布以及情感走向。借助语义检索，可重勘唐诗文本关系。这些研究在数字时代之前未能或者不易做到。三是作为学科的数字人文。从学科建设和发展角度看，数字人文是传统人文学科的现代转向，由此发展出数字文献学、计算语言学、数字史学等新学科。这些新学科虽以传统为基础，但二者又有较大差异。以数字文献学为例，即就类型而言，在文字、口传、图像、实物等传统文献类型之外，数字文献还应包括音频、视频等新类型。传统典籍经由数字化实现的数字转型，仅为数字文献学研究的基础。实际上，数字时代文献学研究方法也在转向。例如，典籍知识图谱已成为目录学研究新方法。通过数据挖掘、数据标引等技术，可实现数字辑佚。借助各种典籍分析系统，可实现数字校勘。

由上述可知，数字人文的本质是人文学科的现代转向，因而包含了现代性各要素。现代学科分工日益细化，学术研究更加专精。这有点类似《庄子·天下篇》所言："譬如耳目鼻口，皆有所明，不能相通。犹百家众技也，皆有所长，时有所用。"庄子以人的五官打比方，意思是说五官各有其作用，但若不能相通，则不利于形成一个整体。又好比掌握各种专业技术的人，虽各有所长，也能为时所用，但若不能互通，同样无法形成一个系统。庄子担忧“道术将为天下裂”,提出道术合一的理想,这对现代学术具有重要启发意义。数字人文将数字理论技术与传统人文学科结合,通过学科交叉融合,以实现人文学术新发展,不仅具有现代性,而且也符合古人的学术理念。这种跨学科研究,顺应了现代学术发展大趋势和大潮流。但从未来学术发展看,近几十年的数字化工作和数字人文研究进程,只不过新事物的一个开端。

基于上述学术理念,上海高水平地方高校“数字人文资源建设与研究”重点创新团队与上海师范大学数字人文研究中心共同推出数字人文研究丛书。将数字理论技术运用于文学、史学、语言学、文献学、现代传媒等各领域,目的是进行数字人文研究试验。限于能力和水平,其中不足之处甚至错误,在所难免。敬祈专家学者不吝批评教正!

编委会

2023年8月

编 委 会

目　录

引　论　反思制度与文学研究范式

一　制度与文学研究进程及学术成就 …… 1

二　制度与文学研究范式的学术渊源 …… 6

三　制度与文学研究的当下困境 …… 9

四　应然与必然:对未来研究的思考 …… 13

第一章　制度的权力本质

一　制度的起源 …… 19

二　制度的内涵和外延 …… 22

三　制度的性质和功能 …… 25

第二章　制度诗学:中西互鉴中的文学社会学

一　制度辨异 …… 31

二　文学与文学事实 …… 35

三　制度与文学关系异识 …… 36

四　研究策略多元选择 …… 39

第三章　文学制度与文学生产程式化

一　文学制度的双重含义 …… 43

二　馆阁创置与文体演进 …… 46
三　右文政策与“诗史”传统 …… 50
四　文学教育与文学技术化 …… 52

第四章　隐性制度:“文学家法”与宫廷诗学
一　唐太宗的“文学家法” …… 59
二　盛唐以集贤院为中心的诗歌活动 …… 67
三　贞元宫廷诗歌活动 …… 74
四　《御览诗》的诗学指向 …… 88
五　宫廷诗学的制度隐性 …… 94

第五章　制度权力与文人角色空间流动
一　初唐学士空间流动与角色转换 …… 99
二　学官朝野迁转与地方意识 …… 118
三　史官地方流动与文学影响 …… 135

第六章　制度张力与诗路文化空间
一　作为方法的唐诗之路 …… 147
二　诗路中的时空关系 …… 151
三　权力结构与诗路活动本质 …… 156

第七章　官学制度与初唐诗歌演进
一　唐初官学的兴盛 …… 166
二　进士试诗赋与生徒的出路 …… 169
三　诗学教育的基本形态 …… 173
四　律诗定型与官学教育的契合 …… 179

第八章　科举制度与唐代“六经皆文”观念
一　初盛唐经、文疏离 …… 186
二　新《春秋》学兴起与学术多元化 …… 189
三　韩柳的经学研究与经文关系重构 …… 193
四　科考重策文与经、文之契合 …… 195

第九章　唐人别集国家庋藏制度及相关文学问题
一　唐人别集国家庋藏制度 …… 201
二　初唐文人别集版本及著录问题 …… 210
三　盛唐以后别集版本及著录问题 …… 215
四　国家庋藏制度下的别集序文问题 …… 221

第十章　史学制度与唐代文史离合关系
一　唐前文史离合 …… 227
二　史学转向与立言空间变化 …… 232
三　诗言志传统与史学精神 …… 237
四　杂传及小说的补史问题 …… 239
五　图经编纂与山水游记写实性 …… 245

余　论　从现象描述转向本质揭示 …… 253

附录一　读《唐代文学的文化视野》 …… 261
一　二十世纪以来古典文学研究视野的三次转向 …… 261
二　文化大视野的创造性发展 …… 263
三　以解决文学史重要问题为指归 …… 268
四　文化视野与学术方法 …… 276

附录二　读《守选制与唐代文人的诗歌创作研究》 …… 279
　一　唐代制度与文学研究回顾 …… 279
　二　唐代选官制度研究新突破 …… 281
　三　制度张力:通向制度史研究的新路径 …… 286
　四　唐代诗歌史研究新收获 …… 290
　五　“制度与文学”研究方法新思考 …… 293

主要征引及参考文献 …… 297
后记 …… 309

引论　反思制度与文学研究范式

自二十世纪八十年代初迄今，古代制度与文学研究已走过四十余年历程，取得令人瞩目的成绩，但也出现不少问题，产生各种困扰。如何有效突破困境，使之更好地发展，有必要进行总结和反思。我曾对制度与文学研究范式的形成及其发展问题发表过一些看法。[①]本书即在原有基础上，从研究进程、学术成就、理论渊源、局限与困境、突破和发展等方面作进一步论述。

一　制度与文学研究进程及学术成就

二十世纪三四十年代，唐代科举制度与诗歌的关系开始为学界关注。直接以“制度”为论题者，先后就有日本铃木虎雄《唐代考试制度与诗赋》和施子愉《唐代科举制度与五言诗之关系》等文章。[②]1980年，程千帆先生发表《唐代进士行卷与文学》，不仅深化了对此问题的认识，而且还创新了研究模式。不过，直接影响“制度与文学”研究格局形成的标志性著作，则是傅璇琮先生发表于八十年代中期的《唐代科举与文学》。近四十年学术史表明，“制度与文学”的研究，主要从纵通和横通两方面展开。纵通是指以唐代为基点在时段上的前后延展。横通是指以科举制度为发端，不断向其他领域拓进。

---

① 参看拙文《“制度与文学”研究范式的形成和发展》，《贵州师范大学学报》（社会科学版）2014年第6期。

② 程千帆《唐代进士行卷与文学》，上海古籍出版社1980年版，第1页。

唐代文学无疑是制度与文学研究重镇，成果非常丰富。比如科举与文学[①]，幕府与文学[②]，贬谪与文学[③]，铨选与文学[④]，地域与文学[⑤]，科举文体[⑥]，乐府制度与文学[⑦]，政治与文学[⑧]，文馆与文学[⑨]，交通与文学[⑩]，教育与文学[⑪]，谏议与文学[⑫]，礼制与文学[⑬]，节日民俗与文学[⑭]等等。以唐代为基点，"制度与文学"在纵横两方面展开。纵向方面，先秦时段有周礼与文学[⑮]，上古文学制度[⑯]，先秦文学制度[⑰]，先秦乐制与文学[⑱]等研究成果。也有些学

---

① 傅璇琮《唐代科举与文学》，陕西人民出版社1986年版。

② 戴伟华《唐代使府与文学研究》，广西师范大学出版社1998年版，2007年修订本；《唐方镇文职僚佐考》，天津古籍出版社1994年版，广西师范大学出版社2007年修订本。

③ 尚永亮《元和五大诗人与贬谪文学考论》，台北文津出版社1993年版；《贬谪文化与贬谪文学——以中唐元和五大诗人之贬及其创作为中心》，兰州大学出版社2004年版；《唐五代逐臣与贬谪文学研究》，武汉大学出版社2007年版。

④ 王勋成《唐代铨选与文学》，中华书局2001年版，2021年修订本。

⑤ 李浩《唐代三大地域文学士族研究》，中华书局2002年版。戴伟华《地域文化与唐代诗歌》，中华书局2006年版。

⑥ 陈飞《唐代试策考述》，中华书局2002年版。

⑦ 吴相洲《唐代歌诗与诗歌》，北京大学出版社2000年版；《乐府学概论》，人民文学出版社2015年版。

⑧ 胡可先《中唐政治与文学》，安徽大学出版社2000年版；《政治兴变与唐诗演化》，中国社会科学出版社2003年版；《唐代重大历史事件与文学研究》，浙江大学出版社2007年版。

⑨ 李德辉《唐代文馆制度及其与政治和文学之关系》，上海古籍出版社2006年版。拙著《唐代文馆制度与文学研究》，齐鲁书社2007年版；《唐代制度与文学研究述论稿》，齐鲁书社2008年版；《唐代文馆文士社会角色与文学》，中国社会科学出版社2012年版；《唐代文馆文士朝野迁转与文学互动》，中国社会科学出版社2017年版。

⑩ 李德辉《唐代交通与文学》，湖南人民出版社2003年版。

⑪ 戴军《唐代寺院教育与文学》，中国社会科学院文学所2003年博士论文。赵楠《唐代的教育和教育诗》，南京师范大学2006年博士论文。童岳敏《唐代的文学与私学》，上海古籍出版社2014年版。王吉清《唐代的早期教育与文学》，陕西师范大学2012年博士论文。郭丽《唐代教育与文学》，中国社会科学出版社2020年版。

⑫ 傅绍良《唐代谏议制度与文人》，中国社会科学出版社2003年版。马自力《中唐文人之社会角色与文学活动》，中国社会科学出版社2005年版。

⑬ 赵小华《初盛唐礼乐文化与文士、文学关系研究》，广东人民出版社2011年版。于俊利《唐代礼制文化与文学》，中国社会科学出版社2014年版。

⑭ 朱红《唐代节日民俗与文学研究》，复旦大学2002年博士学位论文。严春华《风俗文化与唐代文体关系研究》，南开大学出版社2019年版。

⑮ 丁进《周礼考论：周礼与中国文学》，上海人民出版社2008年版。

⑯ 饶龙隼《上古文学制度述考》，中华书局2009年版。

⑰ 罗家湘《先秦文学制度研究》，上海古籍出版社2011年版。

⑱ 许继起《秦汉乐府制度研究》，扬州大学2002年博士论文。

者从制礼作乐入手，梳理先秦文体的生成和文献编纂等问题。[①]秦汉文学领域，或对制度之下秦汉文学的精神和品格、文学发展的制度性因素、制式文章的发展等问题进行论述[②]，或从制度视域考察辞赋文体的历史变迁[③]，或揭示汉代仕进制度与文学的关系[④]，或研究汉代教育制度与文学创作[⑤]。魏晋南北朝文学，则分别从选官制度、著作郎官制度等方面入手分析文学与制度的关联。[⑥]唐以后，如宋代文学，出现了馆阁与文学[⑦]，科举与文学[⑧]，家族与文学[⑨]等研究成果。明代文学研究领域，则关注文官制度与文学[⑩]，书坊制度与小说的关系[⑪]。清代科举、选官、礼制等与文学相结合的研究也不断增多。不仅如此，现当代文学也受古典文学研究风气影响，产生不少论述文学制度、文学奖励机制、文学机构与文学之关系的论著。[⑫]有学者将此学术路向称为"文史对话"，认为其价值体现在"借

---

① 过常宝《制礼作乐与西周文献的生成》，中国社会科学出版社2015年版。

② 分见徐公持《"义尚光大"与"类多依采"——汉代礼乐制度下的文学精神和性格》，《文学遗产》2010年第1期；《"礼乐争辉"与"辞藻竞骛"——关于秦汉文学发展的制度性考察》，《文学遗产》2011年第1期；《论秦汉制式文章的发展及其文学史意义》，《文学遗产》2012年第1期。

③ 许结《制度下的赋学视域——论赋体文学古今演变的一条线索》，《南京大学学报》（哲学·人文科学·社会科学）2006年第4期；《科举与辞赋：经典的树立与偏离》，《南京大学学报》（哲学·人文科学·社会科学）2008年第6期；《宋代科举与辞赋嬗变》，复旦学报（社会科学版）2012年第4期。

④ 韦春喜《论汉代人才培养、选拔对〈诗经〉的影响》，《文学遗产》2011年第6期。

⑤ 鞠传文《汉代教育制度与汉代文学创作》，山东大学2008年博士论文。

⑥ 王相飞《南朝选官制度与文学》，南京师范大学2008年博士论文。李猛《魏晋南北朝著作郎制度与文学之关系研究》，上海师范大学2013年硕士论文。

⑦ 陈元锋《北宋馆阁翰苑与诗坛研究》，中华书局2005年版。成明明《北宋馆阁与文学研究》，中国社会科学出版社2007年版。

⑧ 祝尚书《宋代科举与文学考论》，大象出版社2006年版；《宋代科举与文学》，中华书局2008年版。林岩《北宋科举考试与文学》，上海古籍出版社2006年版。

⑨ 张剑等《宋代家族与文学研究》，中国社会科学出版社2009年版。

⑩ 叶晔《明代中央文官制度与文学》，浙江大学出版社2011年版。李军《明代文官制度与明代文学》，南开大学2013年博士论文。

⑪ 程国赋《明代书坊与小说研究》，中华书局2008年版。

⑫ 王本朝《中国现代文学制度研究》，西南师范大学出版社2002年版；《中国当代文学制度研究》（1949—1976），新星出版社2007年版。张均《中国当代文学制度研究》（1949—1976），北京大学出版社2011年版。范国英《新时期以来中国文学制度研究——以茅盾文学奖为中心的考察》，巴蜀书社2010年版。万安伦《二十世纪中国文学的奖励机制研究》，北京师范大学出版社2012年版。李秀萍《文学研究会与中国现代文学制度》，中国传媒大学出版社2010年版。

助于对社会文化的广阔考察，文学研究这一感性的事业获得了某种史学的坚韧和扎实，因而推动学科走向成熟”[①]。

毋庸置疑，在“制度与文学”研究进程中，傅先生发挥了重要引领作用。《唐代科举与文学》出版以后，先后有好几位中青年学者，仿其写作格局，撰写类似的选题。[②]戴伟华师曾直引傅先生原话：“如果可能，还可以从事这样两个专题的研究，一是唐代士人怎样在地方节镇内做幕府的，二是唐代的翰林院和翰林学士。”[③]可见，使府与文学研究也受此影响。[④]在傅先生的倡导和力行之下，“制度与文学”逐渐形成一种新的学术范式。从现阶段硕博士学位论文选题来看，此范式依然显示出极其强大的学术生命力。综观四十多年来学术成果，“制度与文学”的研究主要取得以下学术成就。

其一，改变古典文学研究格局，成为现代学术史中不可或缺的一环。近百年来学术历程大致有四个阶段。一是晚清民国时期。此阶段学术总体上呈现为旧学与新知交汇的特点。此期另一个重要特点是马克思文艺思想逐渐作用于中国学术。比如毛泽东同志提出文艺不仅要“百花齐放，百家争鸣”，而且要为大众服务，为政治服务。[⑤]再如郭沫若先生于1944年2月发表的《从周代农事诗论到周代社会》一文，自觉运用社会学方法研究中国古代史。[⑥]但此期马克思文艺理论在学术上还属于“潜流”。二是“十七年”时期。最突出的特点是马克思理论的社会分析方法成为学术主流。此阶段出版的几部代表性文学史著作，大都遵循这样的学术原则。比如社科院文学所所编《中国文学史》，明确表示：“力图遵循马克思列宁主义的观点。”[⑦]游国恩等人的《中国文学史》也直接说：“力图遵循马克思

① 李怡《文史对话与中国现当代文学研究》，《中国社会科学》2016年第3期。

② 傅璇琮《唐代科举与文学·重印题记》，陕西人民出版社2003年第2版，第1—2页。

③ 戴伟华《唐代使府与文学研究》，广西师范大学出版社1998年版，第3页。

④ 关于傅先生的学术贡献，参看卢燕新等编《傅璇琮先生学术研究文集》，商务印书馆2012年版。

⑤ 毛泽东《在延安文艺座谈会上的讲话》，人民出版社1975年版。

⑥ 郭沫若《郭沫若全集》（历史编第一卷），人民出版社1982年版，第405—433页。

⑦ 中国社会科学院文学所中国文学史编写组《中国文学史》，人民文学出版社1962年，第1页。

列宁主义、毛泽东思想的原则。"[①]这些文学史著作，作为高校文科教材曾产生广泛影响。但正如学者所批评的，此期文学研究的主体倾向是"庸俗社会学"[②]。三是"文革"时期。此期文学研究总体成绩虽不足称道，但从另一角度看，其学术导向及研究成果，为现代学术的反观自省提供了重要参照，郭沫若先生《李白与杜甫》即其著例。[③]四是改革开放初期。此期文学研究，一方面是学术"拨乱反正"，另一方面，是对西方理论饥渴式的学习，并由此产生大量文学选本、鉴赏辞典之类的著作。借助西方理论分析作品已然成为八十年代学术基本导向。如上所述，九十年代以后，"制度与文学"逐渐成为古典文学主要研究范式之一，改变了以往以作品分析为主的格局，呈现出现代性转换的学术特质。

其二，构建新的文史理论，具有重要的方法论意义。文史结合的方法主要是"诗史互证"。"以诗证史"是将文学作品看作历史史料。"以史证诗"是把文学还原到历史时空中去。严格来讲，作为一种学术方法，"以诗证史"发端于刘师培[④]，至陈寅恪而蔚为大观。不过，陈氏虽然强调从人、事、地等要素来研究诗歌，但所关注的还只是具体作家和作品，并未在宏观视野下展开诗人的群体性研究。

作为方法的"制度与文学"，改变了这种研究路向，从宏观上把握文学史发展脉络，将历史与文学进行充分而全面的结合。由此建立的研究范式，是在对历史时期各种制度的充分理解之下，考察文人在历史时空的生存状态、生活方式、精神面貌、心理历程以及文学创作，其中最重要的是揭示制度之下文学演进规律和特点，以及制度与文学的各种关联性。这种研究，一方面借鉴参考相关史学成果，另一方面，在一定程度上又丰富了历史研究。相比之下，这种研究比"诗史互证"更具有全局性和整体性，因而也具有重要的方法论价值。

---

① 游国恩等《中国文学史》，人民文学出版社1963年版，第1页。

② 冯其庸《关于古典文学人民性研究中的庸俗社会学》，《教学与研究》1956年第12期。袁世硕等《古典文学研究中的庸俗社会学的倾向》，《山东大学学报》1959年第3期。

③ 郭沫若《李白与杜甫》，人民文学出版社1972年版。

④ 卞孝萱《现代国学大师记》，中华书局2006年版，第53—54页。

其三，解决了文学史研究中的相关问题，一些重要问题得到进一步深入认识。以唐代为例，比如以往认为科举是唐诗繁荣的重要原因，但经考证，科举试诗赋的较早时间应在武周垂拱二年（686），距李唐立国已近七十年。[①]通过研究发现，初唐诗歌的发展主要有两条线路，一是宫廷中的“准近体”创作，一是古体写作，两种诗体构成对立的两元。近体诗的定型和成熟，不仅文馆文士发挥了重要作用[②]，而且在诗歌内部，古体也起着相反相成的促进作用。再比如，科举诗、律赋、策论等文体，其体式的形成和发展都获得很好的制度性阐释。唐代方镇制度、文人幕府活动及其如何与边塞诗发生关联等问题，也得到了合理解释。此外，运用文化地理学理论来研究士族文学，将制度与文学现象统摄于文学政治母体，运用社会学理论分析文人角色与文学的互动关系等，都取得重要进展。

二　制度与文学研究范式的学术渊源

改革开放之初，学术研究呈井喷式爆发，其中最重要的一点就是大量译介西方著作，并把相关理论运用于具体研究，比如接受美学、心理学分析、语言学分析、原型批评、集体无意识等等。因此，八九十年代产生了大量对文学作品进行阐释的研究成果。这在当时确实能一新耳目，给读者带来全新的审美感受。但随着研究工作逐步展开，一些学者开始偏离事实、牵强附会。针对这种现象，九十年代初期，学术界开始纠偏，反思“拿来”问题。

“制度与文学”的研究，正是在上述学术环境中发生和发展的。其中起重要作用的，是西方文学社会学理论。傅先生的唐代文学研究，就深受西学影响。他曾说：“若干年前，我读丹纳的《艺术哲学》，印象很深刻……由丹纳的书，使我想到唐诗的研究。”[③]并对丹纳论艺术家与社会关系的一

---

① 陈铁民《梁玙墓志与唐进士科试杂文》，《北京大学学报》（哲学社会科学版）2006年第6期。

② 拙文《“官学大振”与初唐诗歌演进》，《文学遗产》2013年第2期。

③ 傅璇琮《唐代诗人丛考》，中华书局1980年版，第1—2页。

段名言，特别揭出：

> 艺术家不是孤立的人。我们隔了几世纪只听到艺术家的声音；但在传到我们耳边来的响亮的声音之下，还能辨别出群众的复杂而无穷无尽的歌声，像一大片低沉的嗡嗡声一样，在艺术家四周齐声歌唱。
>
> 艺术家本身，连同他所产生的全部作品，也不是孤立的。有一个包括艺术家在内的总体，比艺术家更广大，就是他隶属的同时同地的艺术宗派或艺术家家族。①

这种思想在《唐代科举与文学》中得到进一步实践。在该书中，先生极力强调，要通过跨学科研究，“使我们仿佛走进了那个时代，迎面所接触的是那个社会所特有的色彩和音响”②。

傅先生反复提到的丹纳，是十九世纪法国著名思想家。丹纳认为文学受种族、时代、环境三要素影响，种族是内部根源，环境是外部压力，而时代则是后天的推动力量。在丹纳之前，斯达尔夫人于1800年和1810年先后发表《从文学与社会制度的关系论文学》及《论德意志与德意志风俗》，从历史和社会环境来系统探讨文学现象。其后孔德创建社会学，把斯达尔夫人的文学理论纳入到实证主义中来。在孔德看来，文学首先是社会现象，文艺研究必须从这个角度出发，才能真正揭示作品的价值和意义。斯达尔夫人和孔德的理论，直接通向丹纳的《艺术哲学》。可以说，丹纳的文艺理论是十九世纪文学社会学理论的系统总结。但是，文学社会学作为一门学科，它的建立发生于二十世纪五六十年代，代表人物是法国的埃斯卡皮等人。埃斯卡皮先后发表《文学社会学》(1958)、《书籍的革命》(1965)、《文学性和社会性》(1970)等著作，并在法国波尔各大学建立“文学事实社会学研究中心”(1959)。其基本内容是，文学可以分成生

① 傅璇琮《唐代诗人丛考》，第1页。

② 傅璇琮《唐代科举与文学》，第2页。

产、发行、消费三个阶段，与之相对应的是文学的创作、传播和接受。他们认为文学事实应当包括世界、作家、作品、读者四个部分。对作家的研究，应当从其社会阶层、职业、地理、时代等层面来分析，因此提出作家时代、文学地理等问题。对文学的发行，提出发行圈子一说，并由此思考作者与读者的关系，比如作者对话的潜在对象与事实对象之间不一致，因此要分清楚"潜在读者"和"事实读者"。此二者的不同，产生阅读的"创造性的背离"现象。也就是说，读者的理解与作者的本意之间往往难以达成一致。对于文学消费，他认为书籍（文学）不仅可以用来阅读，而且也可以作为商品来消费，比如作为礼物予以馈赠等等。总之，埃斯卡皮提出的各种观念和方法，都是基于"文学事实"的，而不仅仅是文学的。因此，对于文学事实的研究，与以往的文学研究，无论是资料还是手段，都不大一样。他认为文学事实资料"要通过对围绕着文学事实的社会结构的研究，以及对文学事实起制约作用的各种技术手段的研究才能获得"[①]。

埃斯卡皮的文学社会学理论被译介至我国后，对当代中国学术产生重要影响。比如，武汉大学成立"中国文学传播与接受研究中心"，就直接受此启发。王兆鹏先生曾自述其学，坦言"比较广泛地涉猎了文学社会学……理论著作"[②]。他的一系列关于文学传播的研究论著，显然与此学习经历有关。至于曾大兴等人的文学地理学研究，程国赋等人的明代书坊与小说研究，毋庸置疑，也是借鉴文学社会学的结果。

但是，"制度与文学"研究格局的形成，并非全受西方文论影响，其间还有中国学术传统的作用。这就不得不说到二十世纪八十年代以来的"陈寅恪热"。据笔者统计，近四十年有关陈寅恪的研究著作近百部，研究论文九百余篇，并且呈逐年上升趋势。如何看待这个现象？究其实质，这是"文革"之后学术"拨乱反正"的结果，是以批判郭沫若《李白与杜甫》为开端的。从1978年开始，萧涤非、谭其骧等人发表大量文章，批评郭著的各种失误。在"陈寅恪热"过程中，傅璇琮先生也发表了一系列研究陈氏

① 罗贝尔·埃斯卡皮《文学社会学》，王美华、于沛译，安徽文艺出版社1987年版，第51—52页。

② 王兆鹏《求学之路》，《中文自学指导》1997年第3期。

学术思想的论文。[①]可以说,傅先生对“制度与文学”研究的思考,在丹纳《艺术哲学》之外,还与陈寅恪先生有关。从傅先生对陈先生的学习及具体研究实践中,可以看到中国传统学术对他的影响。由此可见,“制度与文学”研究的学术渊源,既有西方文学社会学的一面,又有中国学术自身传统的一面。其研究格局的形成,实际上是八十年代以来中西文化碰撞与交融的结果。

三 制度与文学研究的当下困境

经过四十年余年发展,“制度与文学”研究取得较大成就,但也产生了不少问题,归纳起来主要有以下几方面。

其一,对“与”的义涵认识不够清晰。“制度与文学”到底研究什么?是制度?文学?还是制度与文学的关联性?这个问题往往困扰研究者,以致有一段时间曾比较热烈地讨论历史本位与文学本位问题。[②]确切来讲,“制度与文学”作为文学史研究的一种新方法和新视域,应从制度入手解决文学问题,最终落脚点应是文学,而不是历史。但“制度与文学”的研究,又非简单的作家和作品研究,其重心是揭示和解释制度与文学的互联互动。所以,在重视“制度”“文学”之外,还必须思考“与”的内涵。“与”不是“和”,也不是“及”,它所表示的不是两个事物的并列或综合关系,而是事物之间的内外关联。程千帆先生曾注意到这个问题,他认为唐代进士行卷对文学的作用,包括“促退”和“促进”两种。[③]也就是说,既要研究行卷风气,也要研究文学,但最重要的还不是这二者本身,而是二者之间的“进”“退”关系。

从已有成果来看,对“与”字义涵理解偏差的主要表现有三种。一是

① 傅璇琮《一种文化史的批评——兼谈陈寅恪的古典文学研究》,《中华文化》1989年第1期;《陈寅恪思想的几点探讨》,《清华大学学报》1990年第2期;《陈寅恪文化心态与学术品味的考察》,《社会科学战线》1991年第3期;《略谈陈三立——陈寅恪思想的家世渊源试测》,《中国文化研究》1993年第1期。

② 赵义山《历史本位与文学本位》,《文学遗产》2007年第2期。袁行霈《走上宽广通达之路——新时期古代文学研究的趋向》,《文学遗产》2008年第1期。

③ 程千帆《唐代进士行卷与文学》,第88页。

“制度＋文学”。这种研究，比较重视制度渊源流变考辨，但其中的文学研究却似乎与制度毫无关联，把“制度”和“文学”当作两个毫不相干的事物。因此，这种研究并不能真正揭示事物的关联性。二是制度多而文学少。有些论著甚至并未就制度与文学展开论述，但却标之以“某某制度与文学”的论题。因此，难免使人怀疑，这到底是历史研究还是文学研究？相对来说，上述两种现象比较容易发现。三是事物关联性研究的缺失被遮蔽。这种遮蔽来自主题先行，也就是先存某种观念，在假设中认为某种制度对文学产生影响和作用，为了证明判断的正确，而在论述中作一些牵强附会、似是而非的解说。上述情况的前两种，研究者忽视了“与”的意涵。后一种，研究者本想解决“与”的问题，但本末倒置，未能真正解决好这个问题。

其二，“制度与文学”研究较好地解决了文学发生发展的外部问题，但对文学内部的审美研究却很难发挥作用。以唐代制度与文学研究为例，已有成果比较好地解释了制度对唐诗的影响，也比较好地分析了各种文体的生成和发展问题。但是，很难解释为什么盛唐会出现李、杜这样的大诗人，也无法对诗歌等作品进行艺术性阐发。这就是“制度与文学”研究的最大局限。它能在宏观上，从全局性和整体性上去揭示文学史发展的社会动因，也能够在一定程度上梳理文学史演进脉络，但在分析具体作家的个性特征、具体作品的审美艺术上，似乎无能为力。

当然，也不乏从制度分析作品的成功例子。比如，从军事制度切入，以杜佑《通典》所载“举火”及“烧柴笼”的不同含义，来解释“大漠孤烟直”的真实含义，从而得出报平安和颂边将的诗歌主题。[①]再比如，通过对“督邮”官职的具体考察，发现该职本为汉晋州郡所设监察官，负责对属县官吏进行督查，从而重新检视陶渊明辞官的真实原因。[②]此外还有一种情况，即对诗歌反映出来的各种制度进行具体阐述，比如邓小军等人所著《唐诗说唐史》。[③]上述种种情况，实际上都未脱离“以史证诗”和“以诗证

① 拙著《唐代制度与文学研究述论稿》，齐鲁书社2008年版，第1页。

② 王青《陶渊明辞官归隐原因新探》，《博览群书》2002年第9期。

③ 邓小军、鲍远航《唐诗说唐史》，中华书局2008年版。

史”的范围。

“制度与文学”虽与“诗史互证”有密切的渊源关系，但本质上，二者还是不同的。这是因为在“制度与文学”学术范式中，还有一个西方文学社会学的源头。“制度与文学”关注的对象是作家群体性的社会活动，以及这个群体活动与文学的关系，属于群体诗学的范畴。这一点，西方文学社会学研究者已经注意到。德国文艺理论家托菲认为，文学本质的概念和文学功能的概念是无法沟通的。他要求严格区分普遍意义上的文学与文学社会学之特殊意义上的文学。社会学探讨的是人的社会行为亦即人际关系，文学只有在它展示特殊的人际交流的地方，在它关系到人的文学活动时，在它呈现文学参与者之间的相互作用时，才具有社会学研究的意义。德国社会学家曼海姆指出文学作品的阐释，说到底仅有两种不同的主要方式，也就是内涵阐释与功能阐释。内涵观察方法视作品为艺术领域内的精神形式，并试图解读它的特殊构造（素材、结构、内容）。功能观察则将视线对准作品所依托的个体和群体的存在，对准作品之“存在的功能”。曼海姆虽然指出两种阐释方式不能绝对地强调其中的一种，两者的关系是互补的，但是对于文学社会学来说，这两者之间似乎天然存在着不可调和的矛盾。[①]相对来说，中国传统的“诗史互证”偏重内涵阐释，而“制度与文学”则偏向于功能阐释。因此，两者虽可互补，但要弥合隙漏，泯缝疆界则是很难的。

上述看似不能调和的矛盾，或者说目前研究中存在的缺憾，似乎不仅仅是方法和视野的问题，还与文学社会学本身的特点和局限性有关。“制度与文学”如何能够将宏观研究与微观研究、外部研究与内部研究、群体研究与个体研究更好地结合起来，需要更加深入的理论探讨。

其三，制度与文学之关系的论述过于简单化。事物发展往往一果多因。从逻辑上来说，新事物的出现必须同时具备必要和充分两个条件，而充分条件只是促使新事物产生的可能性要素。当前“制度与文学”的研究，比较重视在制度上论述文学史的可能性，而没有很好地论证必然性。

---

① 方维规《文学社会学的历史、理论和方法》，《社会科学论坛》2010年第13期。

因此，所得出的结论也呈现出由此及彼的简单对应，既单一又片面，难以令人信服。比如，如前所述科举与近体诗的关系，科举试诗赋固然激发了应考举子学习近体诗的兴趣，这个现象诚然也是近体诗发展的一个重要原因，但科举与诗歌之间并非直接对应关系，其中还有教育等其他制度的桥接作用。如果没有对初盛唐官学教育进行系统研究，就很难真正揭示科举与唐诗的关系。[①]同时，还有一个长期被忽略的古近二体相互作用的问题。从诗歌演进内部来讲，古近诗体的二元对立，是促进近体诗发育的重要原因。因此，只有把科举、教育、古近二体对立等错综复杂的关系讲清楚，才能揭示近体诗发展的真正动因。

再如，唐代史官与碑志文体的关系，以往研究也偏于简单化。根据史书记载，贞观三年(629)唐太宗别设史馆，把国史修纂职能从秘书省著作局中分离出来，从此著作郎被罢史职，而专掌碑志、祭祝之文。依据这些记载，是否就能推论出碑志文的变化与秘书郎官职能转变有关呢？考察某种制度的存在与否，不能仅看文献记载，还需从具体史实中看其执行情况。有些制度在文献中有记载，但现实中并未真正实施。这就提示我们，必须考察著作郎官职务变动的实际执行情况。根据笔者研究，初盛唐时期，著作郎官兼任史职的现象比较明显，也就是说"安史之乱"爆发之前近一百三十年的时间里，还比较好地延续了著作郎官修史的传统。但中晚唐却未发现一个著作郎官担任史职的例子。[②]这个现象很值得注意。另外，墓志中所载署名著作郎官的，也大都属于私人修撰性质。所以，著作郎官到底是否像史书所说那样专司碑志文，在找到确切依据之前，尚应存疑。不过，两《唐书》关于著作郎官专掌碑志文的记载，还是有价值的，因为它反映出唐代碑志文存在官修和私撰两种情况，作者身份值得注意。从墓志所载张说、张九龄等曾以朝廷重臣身份修撰碑志，以及中晚唐多有翰林学士撰制碑文等情况来看，可知私撰之外确有官修。据此，从墓志官私共修来研究其文体发展路向，还是

① 拙文《"官学大振"与初唐诗歌演进》，《文学遗产》2013年第2期。

② 拙著《唐代中央文馆制度与文学研究》，齐鲁书社2007年版，第432—454页。

可行的。[①]但要得出著作郎专修碑志的结论,尚需更多的证据。

其四,知识性的缺陷和错误。由于研究者对制度本身的认识还不够准确,以致出现不少失误。比如,傅璇琮先生曾指出,白居易所任翰林学士是职,而同时担任的周至县尉、左拾遗、京兆府户曹参军等是官。“凡翰林学士,都须带有官衔……这是因为,翰林学士本身是一种职务,他必须带有其他正式的官职名称,这样才有一定的品位,一定的薪俸。而同时,不管所带的是什么官衔,他仍在内廷供职,承担翰林学士的职能,并不去做所带官衔的职务”[②]。由此可见,职是实际从事的职务,官则是俸禄之所寄。有些学者搞不清楚官和职的区别,认为白居易由积极转为消极的分水岭,发生于元和五年(810)由左拾遗改任京兆府户曹参军之时。这种看法是错误的,因为白居易元和五年前后任职翰林学士,并不存在左拾遗卸不卸任的问题。其他各朝代的研究中,也存在类似问题。有学者已经注意到这个现象,指出个别研究者没有弄清楚明清时期官职中的虚衔、实授、散阶、勋级、封赠的区别,对官名的各种简称和别称也不了解,因而出现把职官名的全称和省称混用,将一个职官名割裂为两个或多个职官名等失误。[③]

四　应然与必然:对未来研究的思考

如何解决“制度与文学”研究中出现的各种问题,怎样突破困境,笔者有以下思考。

其一,反思中体西用问题。此虽是老话题,但在“制度与文学”中有其特殊性,因此,也还有特别讨论的必要。其重点在理论起源、适用疆界、中西制度差异性等方面的认识上。

从起源上来说,西方文学社会学是建立在对资本主义社会批判之上的。十八世纪中后期,法国思想家卢梭先后发表《论科学和艺术》(1750)

① 拙文《从行状和墓碑文看唐代骈文的演进》,《文学遗产》2007年第4期。

② 傅璇琮《从白居易研究中的一个误点谈起》,《文学评论》2002年第2期。

③ 周明初《明清文学研究者的职官制度学养问题》,《中国文化研究》2013年夏之卷。

和《论人类不平等的起源和基础》(1755),将矛头指向商业资本向工业资本过渡期间所产生的各种社会不公问题,对艺术与社会的关系进行思考,提出没有奢侈哪来艺术、科学与艺术稳固了皇冠等著名论断。卢梭认为作家的创作如果要得到社会认可,就必须从他所处的社会环境和相应的社会阶层出发,反映真实的社会状况。他还进一步指出,即使是非功利性的审美活动,也同样受审美者所接受的教育和生活环境影响。[①]这样就把文学艺术同社会联系起来,对后来文学社会学的发展起到了重要启蒙作用。其后,德国哲学家黑格尔在《美学》一书中提出"时代精神"问题,认为艺术家无可避免地都受到时代精神的影响。[②]此后经由斯达尔夫人、孔德、丹纳、埃斯卡皮等人努力,对文学与社会的思考逐渐演变为文学社会学理论。由此可见,文学社会学理论源于对资本主义社会的批判。基于这样的事实,在研究实践时,就必须审慎对待文化移植中的适应性问题。

在"制度与文学"研究过程中,必须清醒认识西方理论中所讲的文学与中国文学之间的界限。也就是说,西方文学社会学研究者眼中的文学和中国文学其实并不是一回事。埃斯卡皮认为:"文学出现在我们面前的形态主要有三种:书、读物和文学作品。"[③]在他们看来,文学、书、读物三者很难清楚区分,或者说文学必须附属于书和读物。因此,文学至少可以从三个层面加以理解。第一是作为交际的文学,文学不仅是物品,同时也是意义。文学只有当它被阅读时才成其为文学,正是作者和读者联合一致的努力才使这种具体而又假想的精神作品得以问世。第二是作为过程的文学,带有一种设想、一种中介物和一种活动的特性。设想即作家构思、期望并完成的那部作品的粗坯。中介物就是书籍,或至少是书面文献。活动则包括阅读和反馈。第三是作为机构的文学。作为机构,文学包括生产、市场和消费。[④]文学社会学把文学与书籍等同起来,文学和书籍同样作为商品在社会上流通。因此,他们把书籍生产者当作"一种精神上的

① [法]卢梭《爱弥儿》,李平沤译,商务印书馆1999年版,第501页。

② [德]黑格尔《美学》(第一卷),朱光潜译,商务印书馆1996年版,第14页。

③ [法]罗贝尔·埃斯卡尔皮《文学社会学》,符锦勇译,上海译文出版社1988年版,第16页。

④ 拙文《关于"制度诗学":论陈寅恪与埃斯卡皮之异趣》,《贵州师范学院学报》2010年第1期。

结丝工人"[①]，称作家群体为文学人口，研究作家就必须研究文学人口世代、地理、职业等等。他们关注作为商品的书籍，肯定印刷技术对出版的贡献。他们关注书籍的消费，在消费中讨论文学阅读。这些理论，渊源于资本主义文化，同时也适用于该文化，但与中国文学相距甚远。比如，中国古代作家固然也有地域、职业、时代等群体性问题，但他们不是产业工人，甚至可以说没有一个专门从事文学创作的职业作家。研究中国古代的文学传播，不仅要注意技术革新——造纸、雕版印刷等——发挥的重要作用，而且同时要注意历史深远的口头传统。中国文学的阅读，或许也存在"创造性的背离"现象，但更应关注评点、批注、札记等固有传统。

同时，还要注意，在制度的理解上也存在中西差异性。比如，西方文艺生产中的寄食制，对研究中国古代文学集团具有一定启发。但同时要看到，西方文艺家与贵族和商人的依附关系，总体上是松散自由的。中国古代的门客、宫廷文人、文馆文士等，其人身依附，始终无法摆脱与官方的联系。特别是唐以后的馆阁文士，他们所有活动都纳入到整个官僚体系的运作之中。可见，中国古代文士与政治的关系非常紧密，而西方文人则与社会的关联更为密切。因此，两者在文艺创作过程中的价值取向和艺术手段都不大一样，所呈现出来的文艺形态也不尽相同。这些都是研究中必须注意的。

其二，从制度的起源和特质来理解制度与文学的关系。关于制度起源，中西学者都曾有过积极探索。章学诚认为，远古社会人口日增，事务渐繁，"既非一身，则必有分任者矣……至于什伍千百，部别班分，亦必各长其什伍，而积至于千百，则人众而赖于干济，必推才之杰者理其繁，势纷而须于率俾，必推德之懋者司其化，是亦不得不然之势也"[②]。在章氏看来，制度是为了适应人类的分工合作、均平秩序之需而产生的。卢梭认为，人类发展到一定阶段，仅凭个体力量难以生存，必须聚合众力才能获得生存。为了保证汇合众力的过程中每个个体的利益不受侵害，必须要

① [法]罗贝尔·埃斯卡皮《文学社会学》，于沛译，浙江人民出版社1987年版，第116页。

② 章学诚著，叶瑛校注《文史通义校注》卷二，中华书局1985年版，第119页。

有相互的约定。这就是契约,也就是制度的原始形态。[1]摩尔根在《古代社会》中描述了人类发展进程中的蒙昧、野蛮和文明三种形态。在他看来,如果将各种制度按照其出现的顺序向上逆推,就会看到制度是不断扩展的,是从为数不多的原始思想幼苗中发展出来的。[2]恩格斯认为制度的产生,是原始社会高级阶段经济条件发生变化,迫使氏族社会解体所导致的。[3]

从中西学者论述来看,制度源于人类发展需要。制度所面向的对象是人,具有制约、规范、引导人的思想和行为的功能。无论是政治、经济、文化等正式制度,还是传统、习惯、风俗等非正式制度,都具有权威性、集体性和公约性。制度本身含有人性的全部内容。作为人学的文学,在这一点上与制度是契合的。从文学发生来看,制度与文学是同条共贯的。以"文本于经"为例:比如,《尚书》是对不同政令的记录和整理。《诗经》是娱神与娱人活动的载录。《春秋》的修纂,不仅为保存历史记忆,更重要的是借此推求政教之道。《仪礼》记载了不同群体的各种活动规则。《易》则是对远古以来人类生活经验和生存智慧的总结。总而言之,"五经"不过是先民活动的记录,制度在其中,文学也在其中。从这一点来说,制度与文学是共生的。

人的一切活动都受制度的影响,文学活动也莫不如此。对于制度的约束和引导,文人主要有三种行为方式:顺应、对抗和逃避。逃避其实也是对抗的一种形式,只不过其性质是消极的。与此相应,文学也呈现出三种基本形态:一种顺从的,表现出义尚光大,辞藻竞骛的特征;一种是对抗的,表现为批判、复古的特征;一种是逃避的,表现为隐逸的、萧散的特征。这三种基本形态,既可能是某一群体的,也可能是某个个体的。因此,在研究制度与文学关系时,应有一个统摄全局的观念,并藉以揭示文学与制度联动的复杂性。

---

① [法]卢梭《社会契约论》,何兆武译,商务印书馆2003年版,第18—19页。

② [美]路易斯·亨利·摩尔根《古代社会》,杨东莼等译,商务印书馆1997年版,第4页。

③ [德]恩格斯《家庭、私有制和国家的起源》,人民出版社1972年版,第155页。

其三,尽可能避免知识性错误。"制度与文学"研究的基本前提是对制度的正确认识。从方法论角度来说,"制度与文学"实际上对研究者提出了非常高的要求。多学科交叉研究,要求从业者必须具备历史、文学、社会学,甚至教育学、心理学、计量学等各学科的系统知识。这对人文学者来说,难度是比较大的,因而研究中容易出现各种缺陷。

上述现象的产生,不仅是知识结构问题,还与数字化时代环境有关。网络时代获得知识并不困难,但要把知识形成系统,使之有用,却不容易。笔者曾对技术与学术关系有过思考,认为在中国学术进程中,技术对学术产生影响的三个重要节点,分别是纸张的发明和应用、雕版印刷,以及近三十年来的数字技术。古籍数字化是一把"双刃剑",一方面为研究者提供了各种便利,另一方面又带来信息干扰。如何在海量数据中捕捉有用信息,仅仅依靠关键词检索很难做到。这需要研究者独特地思考以及专业化训练。①各种知识性错误的出现,主要是因为研究者相关学科知识储备不足,对检索到的信息不能有效甄别和合理利用。数字化时代的另一个学术难题,是"伪学术"问题,比如"伪校点""伪学术"等现象时有发生。不过,这个问题,不只是"制度与文学"研究须尽力避免,恐怕还需要整个学术界共同面对。

① 拙文《数据库与古代文学研究》,《光明日报》2004年9月29日理论版;《古籍数字化与文献利用》,《中国社会科学院院报》2007年9月18日版(总第71期);《谁在左右学术?——论古籍数字化与现代学术进程》,《山西师大学报》(社会科学版)2010年第3期。

第一章　制度的权力本质

制度与文学的深层次关联，源于制度的权力本质。制度之所以能作为内在力量支配文学，是因为制度在一定程度上对人的思想和行为具有制约、引导等作用。本章从制度的起源分析其内涵和外延，并对制度的性质和功能作相应阐述。

一　制度的起源

制度是如何产生的？以往学者对此问题曾作过深入思考。例如，清代学者章学诚说：

> 人生有道，人不自知；三人居室，则必朝暮启闭其门户，饔飧取给于樵汲，既非一身，则必有分任者矣。或各司其事，或番易其班，所谓不得不然之势也，而均平秩序之义出矣。又恐交委而互争焉，则必推年之长者持其平，亦不得不然之势也，而长幼尊卑之别形矣。至于什伍千百，部别班分，亦必各长其什伍，而积至于千百，则人众而赖于干济，必推才之杰者理其繁，势纷而须于率俾，必推德之懋者司其化，是亦不得不然之势也；而作君作师，画野分州，井田封建学校之意著矣。故道者，非圣人智力之所能为，皆其事势自然，渐形渐著，不得已而出之，故曰天也。[①]

① 章学诚著，叶瑛校注《文史通义校注》卷二，中华书局1985年版，第119页。

一方面，章氏在这里揭开了历代儒家编织的所谓圣人之“道”的神秘面纱，把“道”看成是宇宙万事万物自身存在的东西，对其内涵作了唯物的解释。另一方面，若从社会学角度考察，则章氏直接指出了社会制度的起源。社会一切人事和物事的井然有序，必须有赖于管理者和社会规则。所谓“必有分任”，指的正是社会日趋复杂，必须有所分工合作。既有分工，则必有秩序，否则难以长久。既有分工，则必有争议，因此必须有相应的制度来维护公平和正义。

制度是适应社会分工、维护相互合作而产生的，其基础在于社会的进步和发展。孟子曾针对农家许行必种粟而后食的自闭思想，指出万物的不一乃是不得不分工合作的重要前提，亦即“物之不齐，物之情也。或相倍蓰，或相什伯，或相千万。子比而同之，是乱天下也”（《孟子·滕文公上》）。孟子同时也指出制度的重要性：“人之有道也，饱食暖衣逸居而无教，则近于禽兽。圣人有忧之，使契为司徒，教以人伦：父子有亲，君臣有义，夫妇有别，长幼有叙，朋友有信。”（《孟子·滕文公上》）所谓亲、义、别、叙、信种种伦理关系的维护，都有赖于明确的制度。上溯到孔子，《论语》中有关制度和秩序的概念多以“礼”来表述。翻检《论语》，其中“礼”共有四十一条记录，仅次于“仁”的五十九条记录。可见，在孔子看来，礼——制度——在构建社会秩序和维护社会正义中发挥了重要作用。

不唯中国思想家如此，法国思想家卢梭在《社会契约论》中也表述过同样的思想。他说：“我设想，人类曾达到过这样一种境地，当时自然状态中不利于人类生存的种种障碍，在阻力上已超过了每个个人在那种状态中为了自存所能运用的力量。于是，那种原始状态便不能继续维持；并且人类如果不改变其生存方式，就会消灭。然而，人类既不能产生新的力量，而只能是结合并运用已有的力量；所以人类便没有别的办法可以自存，除非是集合起来形成一种力量的总和才能够克服这种阻力。由一个唯一的动力把它们发动起来，并使它们共同协作。这种力量的总和，只有由许多人的汇合才能产生；但是，既然每个人的力量和自由是他生存的主要手段，他又如何能置身于力量的总和，而同时既不至于妨害自己，又不至于忽略对自己所应有的关怀呢？这一困难，就我的主题而言，可以表述为下列的词句：‘要寻找出一种结合的形式，使它能以全部共同的力量来卫护和保障每个结合者的人身和财富，并且由于这一结合而使得每一个与全体相联合的个人又只不过是在服从其本人，并且仍然像以往一样地自由。’这就是社会契约所要解决的根本问题。”[①]换言之，人类为了生存的需要，必须团结互助分工合作，为避免分工所产生的各种不利因素，而不得不有所约定，这种约定便是制度的雏形。

摩尔根在《古代社会》一书中将人类社会发展分为蒙昧、野蛮和文明三种形态，因此在他看来：如果我们沿着几种进步的路径上溯到人类的原始时代，又如果我们一方面将各种发明和发现，另一方面将各种制度，按照其出现的顺序向上逆推，我们就会看出：发明和发现总是一个累进发展的过程，而各种制度则是不断扩展的过程。前一类具有一种或多或少直接连贯的关系，后一类则是从为数不多的原始思想幼苗中发展出来的。近代的种种制度实生根于野蛮阶段，而推其萌芽之始，则又在更早的蒙昧阶段。它们一脉相承，贯通各代，既有其逻辑上的前因后果，亦有其血统上的来龙去脉。[②]摩尔根将文明社会的各种制度溯至蒙昧阶段，是从动态发展的角度进行论述的，极有见地。

恩格斯在摩尔根论述的基础上，进一步指出制度产生的社会根源。其《家庭、私有制和国家的起源》一书论证极详。恩格斯认为各种制度的产生和更迭，都离不开经济条件。他说：“我们已经根据希腊人、罗马人和德意志人这三大实体探讨了氏族制度的解体。最后，我们来研究一下那在野蛮时代高级阶段已经破坏了氏族社会组织，而随着文明时代的出现又把它完全消灭的一般经济条件。在这里，马克思的《资本论》对我们来说是和摩尔根的著作同样必要的。”[③]

综上所述，若进一步从人性角度讨论制度产生的根源，则发现其基础

① [法]卢梭《社会契约论》，商务印书馆2003年版，第18—19页。

② [美]路易斯·亨利·摩尔根《古代社会》，商务印书馆1997年版，第4页。

③ [德]恩格斯《家庭、私有制和国家的起源》，人民出版社1972年版，第155页。

更偏向于性恶论。人性中自有善的因素,但也不能否定自私的质素。制度一方面抑制消极的自私,另一方面也合理地利用了可以引导自私中的积极因素。

要之,人类的分工合作是制度产生的重要原因,制度最重要的作用是卫护人类更好地生存和发展。

二　制度的内涵和外延

要探讨制度的功能,必先对其性质和内涵作一番考察。美国经济学家康芒斯在谈到制度时说:“秩序,或者我叫作集体行动的运行规则的那种东西(它的一个特殊的实例是‘合法程序’),它本身在制度的历史上是会变化的。”[①]“集体行动的运行规则”概括得相当精辟,不过,康氏仅仅就经济学来论述制度,其局限性显而易见。将制度定义为运行规则或行为规则,康芒斯之外还有一批人,国外学者如T. W. 舒尔茨、D. C. 诺思、V. W. 拉坦等,我国学者林毅夫、张曙等人亦持此观点。[②]

制度义涵的界定,经济学家所指出的具有一定的启发作用和参考价值。但我们还应将定义回归到制度本身。据此出发,孔子的礼学思想也有相当的启示意义。《论语》中多次提到“礼”,它与“仁”共同构成孔子思想核心。孔子是怎样解释礼的呢?《论语·阳货》中“礼云礼云,玉帛云乎哉”对此作了很好的说明。钱穆先生释此段:“玉帛,礼之所用。钟鼓,乐之所用,人必先有敬心而将之以玉帛,始为礼。必先有和气而发之以钟鼓,始为乐。遗其本,专事其末,无其内,徒求其外,则玉帛钟鼓不得为礼乐。”[③]玉帛只不过行礼之工具手段,而礼的实质乃是恭敬和虔诚的精神。孔子所强调的无非是要将外在的礼节内化为一种文化精神。因之,所谓礼——制度或社会秩序——其实是恭敬虔诚之精神的外化形式。它在个人存身立命和国家治理诸方面,都发挥重要作用。所以孔子又说“礼之用,和为贵”(《论语·学

① [美]康芒斯《制度经济学》(上册),商务印书馆1962年版,第13页。

② 江佐中《经济发展中的制度变迁》,中共中央党校出版社2000年版,第10页。

③ 钱穆《论语新解》,生活·读书·新知三联书店2002年版,第453页。

而》)。礼的作用就是维护各种关系,均衡各种矛盾冲突。

综合各方面的情况,我们比较赞同这样的制度定义:“所谓制度是以一定社会的物质生产条件为基础,建立在一定的政治、经济、思想文化状况以及现实的人的状况之上的相对稳定的行为规范,它能够约束行为主体的行为符合某种要求,以达到维护特定社会秩序的目的。”[①]相对稳定的行为规范、具有约束功能,是制度最根本的两个方面。

与制度内涵相适应的制度外延,或者说制度的类别,就其大者而言,不外乎习惯和法则。若从人的活动领域来划分,有政治制度、经济制度、社会制度、思想文化制度等等。从制度的性质来分,有先进制度和落后制度之别。从宏观和微观角度来看,有宏观制度和微观制度之分。政治、经济、社会、文化等制度都是宏观层面上的制度,而教育制度、考试制度、管理制度等则是中观或微观层面上的制度。不管任何制度,都是以正式制度和非正式制度的形式表现出来的。正式制度和非正式制度之间存在着相互制约、相互促进、相互转化的关系。其中隐含了诸如“情与法”“情与理”的微妙关系,由此实现明文法规与习惯、习俗的相互衔接。

一般来说,正式制度是由特定的人或集团为实现某种秩序和目的共同制定的行为规范形式。正式制度的实施是依靠某种外在的强制力量、并按照某种固定方式来实现的。从一般意义上讲,正式制度是由明文规定的,它对违反这种规范的行为作出了较为清楚的惩罚措施。法律制度是正式制度的典型。法律制度明确规定了维护这种制度的具体实施方式,同时对于违反这种制度的行为也制定了明确的惩罚措施。政治制度具有与法律制度相似的特点。因为它与法律制度从根本意义上来说具有一致性,都是一定阶级或集团意志的体现。组织制度(主要是正式组织制度)也是正式制度的重要形式,这种制度是由特定组织的代理人或主持者制定并通过组织中的资源(经济的或精神的)来维护的。[②]

---

① 李松玉《制度权威研究:制度规范与社会秩序》,社会科学文献出版社2005年版,第27页。

② 同上书,第35—36页。

从一般意义上来讲，非正式制度并没有明确的规定性，对违反这种权威的行为是靠人们自发的和传统的方式进行惩罚的。从自发的方式上来看，它主要表现在人们亲近或疏远的行为以及建立在习惯和情感基础上的社会舆论两个方面。非正式制度的权威具有明显的传统性特点，这种传统性表现为一定社会的人们的习惯、习俗和信仰。马克斯·韦伯所认为的惯例，应该称之为在一定范围内的人当中被作为“适用”而赞同的，并且通过对它的偏离进行指责而得到保证的“习俗”。与之相反，这里没有专门为强制而设立的人的班子。[①]非正式制度一般表现为传统习惯和风俗等。

从文化史角度看，非正式制度对古代文人的影响或许更深。不过，正式与非正式并不是截然划分的，它们之间的关系错综复杂。关于这一点，可以举“礼”为例。礼在古代中国具有广博精深的内涵，渗透到政治及社会生活的各个方面，而且是多层次的渗透。它既表现为外在的仪节，又表现为内在的道德与精神。根据人生重大事件，人们把应行的礼仪分为冠礼、婚礼、丧礼、祭礼。官方则把典仪方面的礼按照其性质分为吉、嘉、军、宾、凶五礼。吉礼主要是祭祀天地、山川、祖宗、鬼神之礼，嘉礼为盛大庆典、皇帝临朝及婚姻等方面的礼仪；军礼是军队出征、凯旋、献俘及阅兵等方面的礼仪；宾礼包括外国使臣觐见皇帝之礼，及王公、百官、士庶、师生等之间相见之礼；凶礼主要是丧礼。礼还用来体现与维护日常人际关系，从这一角度而言，这方面的礼又可释为是“人际关系的准则”，它大致又可分为三个方面。一是物质享用上的礼制，如服饰、用器、车舆、居室等等方面，不同等级的人在享用上有不同规格的规定，以此来体现人们的身份地位，维护人们之间的等级关系。二是相处、交往之礼，是指带有敬意的言行举止及交往形式，可统称之为礼节。我国古代，礼节在表现形式上相当复杂，内容丰富而且区别细微。礼节形成公认的共同遵行的习俗，也即礼俗。它是人们相处、交往中的礼貌性交接及表达友谊的方式，并以此密切人际关系。官方则把其中的某些内容定为礼仪制度，用以规范人们的礼

---

① [德]马克斯·韦伯《经济与社会》(上册)，商务印书馆1997年版，第64页。

节性交际行为，特别是官场中的礼节行为，还以它体现与维护各种关系的人如君臣、官员、官民之间的等级关系。官方礼制中的宾礼便属这方面的内容，只不过它远没有民间社会中的礼节内容丰富罢了。三是这方面礼的精神内容，是对礼仪礼节及礼俗外在形式的抽象，形成人们所崇尚并遵行的某些道德标准，如恭谦、礼让、忠义、诚信、孝悌，以及更为具体的诸如尊师敬老、和睦乡里等道德精神。社会上通过对这些道德精神的褒扬，以及对悖反它的“非礼”行为的贬斥，来约束与规范人们的行为，维持符合这些道德标准的人际关系。①

三　制度的性质和功能

一般来说，正式制度和非正式制度都具有权威性、集体性和公约性。所谓权威性，主要表现为制度的合法性和参与者的服从。马克斯·韦伯将这种表现归纳为六个方面：1.制度的适用基于对传统的神圣维护，是最普遍的和最原始的适用。2.有意识地创造新制度，原先几乎总是预言性的神谕宣示，或者至少预言所认可的和它本身被认为是神圣的宣示。3.价值合乎理性的适用的最纯粹的类型，是用“自然法”来表述的。4.今天最为流行的合法形式是对合法的信仰，表现为对形式上具体地采用通常形式产生的章程的服从。5.对个别人或若干人强令的制度的服从，是以对强令者们具有某一种意义上合法的统治权力为前提的。6.通常在制度里的服从，除了受形形色色的利害关系的制约外，还受到传统的约束和合法观念的错综复杂的制约。②这里虽从六个方面论述制度的权威性产生的根源，但其中最核心的最根本的是制度的合法性，表现为从原始的对神圣的维护，到合乎理性的自然法，再到统治权力的合法性。

制度的集体性，指制度作为一种运行规则的大前提或限制一定是集体行动，离开集体行动来谈这种规则，就远离它的本义。制度对应的是集体而非个人，对个人而言制度是不存在的。集体行动不仅是对个体行动

① 杜家骥《中国古代人际交往礼俗》，商务印书馆1996年版，第1—2页。

② [德]马克斯·韦伯《经济与社会》（上册），商务印书馆1997年版，第67—68页。

的控制——它通过控制的行为，正如那些助动词所表示的那样，是一种对个体行动的解放，使其免受强迫、威胁、歧视或者不平等的竞争，对于其他个体加以抑制，而且集体行动还不仅是对个体行动的抑制和解放——它是个体意志的扩张，扩张到远远超过他靠自己的微弱的行为所能做到的范围。①

制度的公约性是指作为一种规范，制度是带有根本性的、相对稳定的规范，它在一定意义上约束着人们的行为。制度的本质是一种关系，它表征着人们之间关系的某种结构性和秩序性。因此，所有介入其中者都必须维护此种约定。在正式制度方面，若有违反则必有相应的追究；在非正式制度方面，若不遵从则必受谴责。

与其性质相应，制度的功能包含维护正义和公平的功能、制约功能、引导功能等。

其一，制度维护相对正义和公平。美国学者罗尔斯谈到制度与形式的正义时说："社会正义原则的主要问题是社会的基本结构，是一种合作体系中的主要的社会制度安排。我们知道，这些原则要在这些制度中掌管权利和义务的分派，决定社会生活中利益和负担的恰当分配。"②社会制度安排是正义的基本原则，也是正义得以实现的基本保障。这是因为制度作为社会基本结构的一种公开体系，每个介入其中的人都知道这些规范和他对规范规定的活动的参与是一个契约。一个加入一种制度的人知道规范对他及别人提出了什么要求。他也清楚：别人同样知道这一点，他们也清楚他知道等等。但这并不等于是说所有的制度都是公平的或合理的，我们只是说总体来看制度应当具有这种功能。永远没有绝对的公平，也没有绝对的正义。因此，我们也许还要把单独一个或一组规范、一种制度或它的一个主要部分，与作为一个整体的社会体系的基本结构区别开来。这样做的理由是，一个制度的一个或几个规范可能是不正义的，但制度本身却不是这样。同样，也可能某一种制度是不正义的，而整个社会体

① [美]康芒斯《制度经济学》(上册)，商务印书馆1962年版，第91页。

② [美]约翰·罗尔斯《正义论》，中国社会科学出版社2001年版，第54页。

系却非如此。不仅有这样一种可能：即单独的一些规范和制度本身并不是足够重要的；而且有这样一种可能：在一个制度或社会体系的结构中，一种明显的非正义可补偿另一种非正义。①

其二，制度的制约功能。制度的制约或约束功能是与它的权威性、集体性和公约性相联系的。孔子说："礼之用，和为贵。先王之道斯为美，小大由之。有所不行，知和而和，不以礼节之，亦不可行也。"（《论语·学而》）在这里，孔子强调礼的中和作用，也就是"节"。其意是说，人与人之间有差异，事与事之间有矛盾，通过"礼"的调节，可以实现中和的目的。"和为贵"，就是调整均衡的结果。由此可见，"礼节"的本质也是一种制约。

不过，制约功能也受到一定的限制。一是空间限制，比如风俗习惯，就有地域空间的隔碍。所谓淮南为橘淮北枳就是这个意思。二是时间限制，制度在一定时间内有效，而在另一时间里则失效。时间和空间限制之外，制约功能的局限还来自所约束之对象，表征在权威性方面就是个人权威和制度权威的关系。余英时先生认为：中国古代君权在总体上的"君尊臣卑"之下，也还存在对君权的相对性限制，表现为几个层级：一是与君权相对的相权。圣君垂拱而治，贤相则负责处理一切的实际政务，皇帝虽然世袭却不妨害政府领袖——宰相——可以永远在全国范围内选拔出最贤能的人来担任。这对于广土众民的古代中国而言，诚不失为一种良好而合理的办法。但可惜这只是传统儒生的一种理想和期待，历史的实际却不是如此。历代君权与相权就不是平行的，是有上下之别的。不过，历史上昏君永远多于暴君。这是因为君权虽无形式化、制度化的限制，但仍有一些无形的、精神上的限制。首先是儒家一直想抬出一个更高的力量来约束君权，同时儒家又不断地企图用教育的方式来塑造皇帝于一定的模型之中。这些努力虽不曾发生决定性的效果，但多少也起了一些驯化权势的作用。对君权约束的第二个力量就是君权本身逐渐形成的独特的传统。前代帝王之失当引以为戒，但以往在治道方面有所建树的君主则亦须奉以为师。至于在一代之内，由于开国之君能立法垂统，因而所谓"祖

① [美]约翰·罗尔斯《正义论》，第57页。

法”，对本朝的君权自然有更大的示范意义。不过，帝王对于相权的反制约力量似乎更大，因为他可以通过更换宰相来加以控制。而所谓的君权传统，对于那些想有所作为的君王来说，自然能起些作用。但并非所有皇帝都能有作为，因此这个传统有时很难奏效。总体而言，相权和传统都很难制约君权的膨胀。君权的行使在事实上遭到最大的限制来自传统的官僚制度。而且作为官僚中的构成，宰相权力也主要通过官僚机构发挥作用。[①]从这层意义上来说，制度的效力虽有时间、空间和对象等方面的局限，但制约功能还是它最重要的功能之一。

其三，制度的引导功能。引导功能是制约功能的延伸。每个介入某种制度中的个体，必然受其约束，因此他的社会行为、思考方式、生存状态都必然受其影响。根据趋利避害原则，他总是思考在此种制度之下如何获得更多的利益。因此，个体与制度的关系，必然存在冲突与顺应两种。顺应表现为服从，而冲突则表现为个人与集体的不合作。个人与集体的服从关系中明显含有制度的引导因素，每个人都朝着合乎个体利益的方向发展，而努力消除其中的不利。冲突也含有引导。集体行为虽然不等于所有个体行为的相加，但个体行为肯定会影响到集体。因此，个体与制度的冲突势必逐渐导致制度的改进和完善。“制度可以禁止在过去经验中已被证明与各种自由不相兼容的行为，这样的制度有助于增进自由。”[②]在这层意义上来说，冲突也暗蕴了引导。孔子说：“道之以政，齐之以刑，民免而无耻。道之以德，齐之以礼，有耻且格。”（《论语·为政》）刑罚和礼节当然都是制度形式，尽管采用严刑和采用德政所收之效不同——前者使人并不感到不服从领导为可耻，而后者人人心中以不服从领导为可耻——但在引导功能方面，两者是相同的。

以上就制度的一般特征进行述论，是本书展开讨论的基础。而与本书关系更为密切的是中国古代的典章制度，它是古代知识分子赖以生存

---

① 余英时《中国知识分子论》，河南人民出版社1997年版。

② 柯武刚、史漫飞《制度经济学》，商务印书馆2000年版，第91页。

的社会基础,直接影响他们的生活方式和生存状态。制约古人生存和生活的制度形式,正式制度方面主要是指各种具体的政治制度,如官制、法制、礼制、学制等,非正式制度方面,主要指各种风俗习惯。正式的和非正式的制度共同发挥作用,成为影响古人文化品格形成的最重要因素。

第二章　制度诗学:中西互鉴中的文学社会学

若在广义范畴中将“诗学”理解为“包括诗、小说、散文等各种文学的学问或理论的通称”①时,有理由将近年来制度与文学研究的学术现象概称为“制度诗学”。本章意在从中西比较的视域考察制度诗学的生成过程,选取的比较对象是陈寅恪先生与法国文学社会学代表学者埃斯卡皮。陈先生与埃斯卡皮对制度所持的立场不同,前者立足于中国文化本位,后者则将之纳入文学事实的过程。但在制度作为文学生成的外部环境这一点上来说,二者亦有相契合之处。对文学认识的分歧,在于前者尊重不同语系的语文特点,同时文学亦可作为历史考据的材料,而后者则认为文学既是意义也是物品,应从书籍的流通传播来考察。这些分歧,导致他们在研究文学与制度之关联性时采取的策略和方法,以及着眼点都有所不同。陈先生关注时间地理人事,关注作家的种族和社会阶层,关注作家之间的相互影响,而埃斯卡皮更侧重于文学群体的地理出身和社会出身,更重视读者对作者的“创造性的背离”。与之相应,在研究方法上,埃斯卡皮注重历史方法和社会调查,而陈先生则多采用诗史互证的综合研究法。

一　制度辨异

陈先生对制度的思考立足于中国文化本位,“目的是在历史中寻求历史的教训。他常说:‘在史中求史识。’因是中国历代兴亡的原因,中

① 黄药眠、童庆炳《中西比较诗学体系·前言》,人民文学出版社1999年版,第2页。

国与边疆民族的关系，历代典章制度的嬗变，社会风俗、国计民生，与一般的经济变动的互为因果，及中国的文化能存在这么久远，原因何在？这些都是他研究的题目”①。从这个立场出发，我们就能更好地理解《隋唐制度渊源略论稿·叙论》中所讲的：“夫隋唐两朝为吾国中古极盛之世，其文物制度流传广播，北逾大漠，南暨交趾，东至日本，西极中亚，而迄鲜能论其渊源流变之专书，则吾国史学之缺憾也。”②其文字间跳动着的对隋唐盛世的自豪，以及对薪火未能后传之痛心，犹可触可感。其认为关于国计民生之大者，要在礼仪、职官、刑律、音乐、兵制和财政诸端。对这些制度的关注，其意不在制度本身，而在于制度之下的精神与物质之关系。1932年秋，陈先生在清华大学开“晋至唐文化史”课程，于概述中讲授要旨，特别标出“本课程讲论晋至唐这一历史时期的精神生活与物质生活之关系。精神生活包括思想、哲学、宗教、艺术、文学等等；物质环境包括政治、经济、社会组织等。”③于此可见先生用心之良苦，胸臆之深远。

桥接精神思想与典章制度之关系的学术立场，乃如上述出于中国文化本位之考虑；而其通达之津梁则在于“了解之同情”。故陈先生一再强调，研究历史，要特别注意古人的言论和行事。要研究其为什么发此言，与当时社会生活、社会制度有什么关系。同时要研究其行动与当时制度的关系，包括制度对当时行动的影响，以及当时人对于制度的影响。对此番教导，其学生卞伯耕是这样理解的：“先生指出注意研究制度的实际施行情况，此点至为重要。因为写在纸上的东西不一定就是现实的东西。研究制度史不能只看条文，必须考察条文在实际生活中的作用。”④这也正可作“了解之同情”思想的注脚。不过，此种历史还原治学原则的最好注释，还是陈先生自己说的：“盖古人著书立说，皆有所为而发。故其所处之

① 俞大维《怀念陈寅恪先生》，载蒋天枢《陈寅恪先生编年事辑》，上海古籍出版社1997年版，第48页。

② 陈寅恪《隋唐制度渊源略论稿》，生活·读书·新知三联书店2001年版，第3页。

③ 卞伯耕《怀念陈寅恪先生》，蒋天枢《陈寅恪先生编年事辑》，第80页。

④ 卞伯耕《怀念陈寅恪先生》，蒋天枢《陈寅恪先生编年事辑》，第97页。

环境,所受之背景,非完全明了,则其学说不易评论。”①

埃斯卡皮则认为,制度或者说文学生成的大环境,自始至终贯穿于文学生产、传播和消费的过程当中。他并没有将外部环境作为另类来区别对待,而是将它置于文学事实之中,作为文学现象的一部分来处理。他强调社会结构和技术手段对文学事实的制约作用。他说:“资料统计可以反映出文学事实的概貌;但要解释这些资料则需借助另一种类型的客观资料。这类客观资料要通过对围绕着文学事实的社会结构的研究,以及对文学事实起制约作用的各种技术手段的研究才能获得,比如:政治制度,文化机构,阶级,社会阶层及等级,职业,消遣内容,文化程度,作家、书商及出版商的合法的经济地位,语言问题,书籍历史等等。”②因此,在研究文学生产时,埃斯卡皮关注作家的时代和群体状况,提出文学人口的概念。同时还注意到作家的地理出身和职业出身,以及社会对作家的资助问题。在研究文学传播时,特别注意出版制度和发行圈子对作家创作的影响。在研究文学消费时,针对不同消费者提出消费动机和“创造性的背离”等问题。

制度与文学,或者说文学与社会的关系问题,16世纪之前,人们对它的认识还是相当模糊的。但随着技术和职业专门化的加深,这种情况渐次发生变化。一般认为文学社会学发轫于1800年史达尔夫人发表的《从文学与社会制度的关系论文学》,随后泰纳在《艺术哲学》中提出文学现象是由种族、环境和时代三种因素共同决定的,则起着推波助澜的作用。早期马克思主义理论工作者在文学问题上非常谨慎,但却是整个文学社会学发展过程中重要的一环。社会学经由孔德、斯宾塞、勒普莱和涂尔干等人,到20世纪初已发展为成熟的独立学科,文学社会学成为其中的一个重要分支。第二次世界大战之后的法国,年轻的大学教师们掀起了一股“反朗松主义”的运动,矛头直指以朗松为代表的历史实证主义,指责研究

① 陈寅恪《冯友兰〈中国哲学史上册〉审查报告》,《金明馆丛稿二编》,生活·读书·新知三联书店2001年版,第279页。

② [法]罗贝尔·埃斯卡皮《文学社会学》,王美华、于沛译,安徽文艺出版社1987年版,第51—52页。

作家生平、作品介绍、形式内容分析不足以解释文学现象的种种奥秘。在这纷乱的局面中，埃斯卡皮开始了自己的研究，先后发表《文学社会学》(1958)、《书籍的革命》(1965)、《文学性和社会性》(1970)，奠定他在法国学术界地位，与吕西安·戈德曼和阿尔贝·梅米鼎足为三。他的研究不是简单的经济基础决定上层建筑式的逻辑思维，而是对马克思主义文学理论的扬弃和改造，主要表征于三方面：一是要掌握文学史的社会尺度，二是要考察文学行为的社会机制，三是要研究文学事实的物质条件。

陈先生游学欧美数年，接触到各种学术思想。正如他自己晚年所回忆的，"在宣统三年(1911)时就在瑞士读过《资本论》原文"，可见他对二十世纪初流行于欧洲的文学社会学分析方法是有过深入研究的。从社会学分析方法来看，陈先生与埃斯卡皮实有同源之处。但是，他又认为决不能"先存马列主义的见解，再研究学术"[①]。这一方面固然因为直接套用西方理论来阐释中国文学，未免不伦不类，另一方面，更重要的是中国古代早就有与之相似的"知人论世"的理论。陈先生在文集中一再强调"知人论世"的治学原则，如早期论元稹诗歌谓"欲了解元诗者，依论世知人之旨"[②]，晚期《论再生缘》一文亦谓"年来读史，于知人论世之旨稍有所得"[③]。可见先生对此法的运用和思考，乃是贯穿一生的。陈先生熟悉欧洲的文学社会学方法，但在文集中却丝毫未涉及这些学术名词和流行术语，而心仪于中国传统知人论世方法。这看似矛盾，实际上正体现了他的中国文化本位思想和"中体西用"的治学原则，只不过"中学"是显性的，而"西学"则是隐性地蕴藏其中而已。于此亦可见先生较乾嘉诸老更上一层，其成因不惟"以西洋语言科学之法，为中藏文比较之学"[④]，亦在于以知人论世的方法作社会分析的文章。

---

① 见1954年春汪篯笔录陈氏答复科学院全文，藏广州中山大学档案馆。转引自汪荣祖《史家陈寅恪传·增订版自序》，北京大学出版社2005年版。

② 陈寅恪《元白诗笺证稿》，生活·读书·新知三联书店2001年版，第86页。

③ 陈寅恪《论再生缘》，《寒柳堂集》，生活·读书·新知三联书店2001年版，第63页。

④ 陈寅恪早年留学欧洲时，在家书中曾有"如以西洋语言科学之法，为中藏文比较之学，则成效当较乾嘉诸老，更上一层。"见陈寅恪《与妹书》，转引自汪荣祖《史家陈寅恪传》附录二《陈寅恪与乾嘉考据学》，北京大学出版社2005年版，第221页。

二　文学与文学事实

陈寅恪对文学认识的第一个特点，是将文学放在世界范围内来考察，从而精准地把握中国文学的本质。1932年在《与刘叔雅教授论国文试题书》中，直言《马氏文通》"格义"文法不适宜施之于中国语文："今于印欧语系之语言中，将其规则之属于世界语言之公律者，除去不论，其他属于某种语言之特性者，若亦同视为天经地义，金科玉律，按条逐句，一一施诸不同系之汉文，有不合者，即指为不通。呜呼！《文通》，《文通》，何其不通如是耶？"[①]这种观念到晚年更为直接具体，《论再生缘》直谓"中国之文学与其他世界诸国之文学，不同之处甚多，其最特异之点，则为骈词俪语与音韵平仄之配合"，并且指出"就吾国数千年文学史言之，骈俪之文以六朝及赵宋一代为最佳。"[②]

陈寅恪对文学认识的第二个特点是文学不仅是文学，还是历史或者说是史料的一种，因而可以借助它进行历史事实的考据。作为史料之一种的文学作品，陈先生对它的利用主要反映在以诗证史的治学方法中。

埃斯卡皮对文学的认识则与陈先生迥然不同。他曾为《国际文学术语辞典》撰写"文学"词条。[③]在这个长达万余字的解释中，虽然他从词源、语义等四个方面进行了描述，但最终还是没有清楚地表述到底什么是文学。这主要是由于从不同语系的大范围内来定位文学，确实是一件难度相当大的事情。这种尴尬，实际上正如陈寅恪批评《马氏文通》时指出的，不同语系的语言文字和语言文学，都有各自不同的特性，很难拿统一的标准去衡量。

与撰写"文学"词条的模糊笼统相较，埃斯卡皮在《文学社会学》一书中对文学的认识要明晰得多，他直接提出"文学事实"的概念。以此为基础，1959年埃斯卡皮在波尔多大学建立"文学事实社会学研究中

① 陈寅恪《与刘叔雅教授论国文试题书》，《金明馆丛稿二编》，第252页。

② 陈寅恪《论再生缘》，《寒柳堂集》，第72页。

③ [法]罗贝尔·埃斯卡皮《文学社会学》，于沛选编，浙江人民出版社1987年版，第189页。

心”。请注意，是“文学事实社会学”，而不是“文学社会学”。他对文学事实是这样解释的：“呈现在我们眼前的文学事实，有三个重要形态：书籍、读物、文学。在普通的话语中，这三个词往往可以互换；事实上，这三个概念只有部分交叉，其界限又非常模糊。”[①]也有学者将第一句译为：“文学出现在我们面前的形态主要有三种：书、读物和文学作品。”[②]其实也是对文学事实的解释。可以看出，埃斯卡皮认为文学与书和读物很难清楚地区分，或者说文学必须附属于书和读物。研究文学的创作、发表和阅读，就必须研究书籍的生产、流通和消费。因此，文学至少可以从三个层面加以理解。第一是作为交际的文学，文学不仅是物品，同时也是意义。文学只有当它被阅读时才成其为文学，正是作者和读者联合一致的努力才使这种具体而又假想的精神作品得以问世。第二是作为过程的文学，带有一种设想、一种中介物和一种活动的特性。设想即作家构思、期望并完成的那部作品的粗坯。中介物就是书籍，或至少是书面文献。活动则包括阅读和反馈。第三是作为机构的文学。作为机构，文学包括生产、市场和消费。埃斯卡皮认为，应从现象而不是范畴来看待文学，但不管哪种视角，文学与社会的密切关联都是丝毫不能动摇的。

三　制度与文学关系异识

制度与文学相联系的介质是文人，其结构即“制度—文人—文学”。因此，对制度与文学之关系的认识，必须从作家、读者、文人的相互影响，以及文学传播等方面入手。

在作家认识方面，陈先生较为关注文人的种族和社会阶层，埃斯卡皮则着意于作家的地理出身和社会职业出身。陈先生尝于《白乐天之先祖及后嗣》中指出：“吾国中古之时，西域胡人来居中土，其世代甚近者，殊有考论之价值。若世代甚久远，以同化至无何纤维迹象可寻者，则止就其仅

① [法]罗贝尔·埃斯卡皮《文学社会学》，于沛选编，第42页。

② [法]罗贝尔·埃斯卡尔皮《文学社会学》，符锦勇译，上海译文出版社1988年版，第16页。

余之标帜即胡姓一事，详悉考辨，恐未必有何发见。”[①]其着眼点在于种族和文化二事。在解释韩愈《送董召南游河北序》之董生落第后北走河朔时，究诘其因亦归为种族和文化。种族之外，文人的社会阶层，也是先生关注的问题。在笺证元稹艳诗及悼亡诗时，先生曾对中唐社会阶层升降转移作一综论：“值此道德标准社会风习纷乱变易之时，此转移升降之士大夫阶级之人，有贤不肖巧拙之分别，而其贤者拙者，常感受苦痛，终于消灭而后已。其不肖者巧者，则多享受欢乐，往往富贵荣显，身泰名遂。其故何也？由于善利用或不善利用此两种以上不同之标准及风俗，以应付此环境而已。”元稹于《莺莺传》中自叙舍弃寒门别娶高门之事迹，即善于利用此两种不同之标准者。而其始乱终弃能见谅于世人，则可见其时社会风气如此。此外，陈先生还善于从心理学角度对作家进行分析，认为“人生时间约可分为两节，一为中岁以前，一为中岁以后。人生本体之施受于外物者，亦可别为情感及事功之二部。若古代之士大夫阶级，关于社会政治者言之，则终岁以前，情感之部分为婚姻。中岁以后，事功之部分为仕宦。”[②]婚、宦二事既成为社会品评文人之标准，转而成为文人改变社会阶层的手段和方式。

埃斯卡皮强调文学的社会属性，将作家视为产业工人：“作家作为原料的供货人进入书籍工业的生产部门，他在其中的地位首先是来料加工工人——一种精神上的结丝工人，随后朝农业经营者转化，委托一个经纪人或者一个中间商，以便将自己的产品送到完全像巴黎中央菜市场这样的市场上去销售。”[③]如果从时代来考察作为产业工人的文学人口，那么，必须关注他们的时代和群体；如果社会属性来看，则地理出身和职业出身为其焦点。埃斯卡皮尝试从文学地理学的角度来研究巴黎和外省的作家。他将1490年至1900年间937位法国出生的作家在不同时期不同地区所占的比例制成图表，力图鸟瞰这400余年法国作家的地理分布和迁

① 陈寅恪《元白诗笺证稿》，第317页。

② 陈寅恪《元白诗笺证稿》，第85页。

③ [法]罗贝尔·埃斯卡皮《文学社会学》，于沛选编，第116页。

移规律，并试图从制度和社会环境等方面对这些现象作合理的解释。同时，他又关注作家的社会职业出身，关注作家靠谁养活，以及寄食制和资助制度对作家有什么影响等问题。其实质可归结为文人生存状态的研究，包含两个方面：一是有利于产生作家的社会环境，二是作家本人所属的社会类别。他研究19世纪的英国和法国，发现几乎有一半作家（英国是44%，法国是52%）都属于“文学家和艺术家”这一类别，但只约有8%出身书香门第。可见，埃斯卡皮也关心文人的社会阶层，只不过他是从统计学角度做静态描述，与陈先生社会阶层升降潜替的动态研究似有不同。

陈先生绾合制度与文学的第二个关捩是文学和文化传播。在他看来，由于受地理时空等物质条件的限制，“文化本原”的直接传播不可能起主导作用，而辗转间接才是普遍方式。但是，“间接传播文化，有利亦有害。利者如植物移地，因易环境之故，特可发挥其特性而为本土所不能者……其害则辗转间接，致失原来精意。”[①]这种不同疆域间文化传播方式的利弊分析，反映出先生历史洞见的敏锐。对文学传播的分析，则主要从文人间的相互影响入手。陈先生笺证《长恨歌》，开宗明义提出：“第一，须知当时文体之关系；第二，须知当时文人之关系。”何谓文人之关系？即如白居易《与元九书》所言“与足下小通，则以诗相戒。小穷，则以诗相勉。索居，则以诗相慰。同处，则以诗相娱。”陈氏从“每被老元（元稹）偷格律”及“苦教短李（李绅）伏歌行”中所透露之消息，而推测当时文人各出其所作互事观摩、争求超越之事实。文人之间的相互效仿改创，自然导致作品之间的演化。如果能考定时间先后和空间离合，则同一时期作品的因革变化得以揭示。《琵琶引》之笺证，即从文人关系角度展开，将与白居易《琵琶引》同时代的作品在创作时间上一一加以推定。并由此得出元和同时代诗人，如白乐天心服刘梦得，及李公垂心服白乐天，皆文雄诗杰，历尽甘苦，深通彼己之所致的结论。此种文人之间相互关联的研究，与1939年发表《读哀江南赋》讲释“今典”之原则是一致的：“须考知此事发生必在作此文之前，始可引之，以为解释……此事发生虽在作文以前，又须推得作

① 陈寅恪《读书札记三集》，生活·读书·新知三联书店2001年版，第307页。

者有闻见之可能。否则其时即已有此事，而作者无从取之以入其文。”①

埃斯卡皮将文学传播置于书籍的出版发行中加以研究。他认为文学的传播可从发表行为和发行圈子这两方面来谈，其中发行圈子的界线、文人圈子、大众圈子等问题尤为重要，涉及语言、民族、意识形态、年龄、性别等各种因素。埃斯卡皮所罗列的各种发行圈子，其实质不过是从不同角度对读者大众的分类。埃斯卡皮侧重于分析读者阅读心理，明确提出“创造性的背离”概念。他认为文学创作活动一开始，就隐藏作者和读者对话。这个读者经常变动，一部作品一开始并不是为了出版而是写给自己看的，但作者死后却公开发行，或者一开始是写给一小部分人看的，但后来却被更多的读者阅读。不同的读者对作品的理解不尽一致，因而对原作品的理解就是一个漫长的“误读”过程。“创造性的背离”来源于各种矛盾，是读者与作者不同文化背景、知识结构、时代环境等因素相互冲突的结果，既有共时性也有历时性。埃斯卡皮列举了两个典型例子。一是斯威夫特的《格列佛游记》，一是笛福的《鲁滨孙漂流记》，前者本是一部辛辣的讽刺小说，后者则是一篇颂扬新兴殖民主义的说教文章。但现在它们都被加入到儿童文学圈子中，成为最受孩子们欢迎的新年礼物。

如果说“创造性的背离”侧重于读者与作者的联系，是从阅读角度去看的话，那么，陈先生文人间相互影响则更多地从创作角度关注作者与作者的关联。二者之异，似乎可借用哈德罗·布鲁姆《影响的焦虑》②中的理论来弥合。每一位作家都有一种作为“后学”的焦虑，都有超越前人的冲动，但超越方式则有多种，偏离、续完、逆崇高、缩削等等，每个人的选择都不一样。从这个角度来看，“误读”其实也是文人相互影响的一种。

四　研究策略多元选择

研究策略与学术立场相关。社会性（制度）与文学性（文学），如果从

① 陈寅恪《读哀江南赋》，《金明馆丛稿初编》，生活·读书·新知三联书店2001年版，第234—235页。

② ［美］哈德罗·布鲁姆《影响的焦虑》，徐文博译，生活·读书·新知三联书店1989年版。

过程来看，社会性是文学性的一个方面，如果从机构来看，文学性是社会性的一个方面。因而既可从社会研究文学，亦可从文学研究社会。这两种表面看似不可调和的偏见，实质都是解开制度与文学相关性的途径。由此产生的学术方法和研究策略相当复杂。埃斯卡皮认为至少有三种不同的学派，他们的典型代表分别是吕安·戈德曼的结构主义、萨特的社会分析学派、索绪尔的现代语言学派。埃斯卡皮领导的“文学事实社会学研究中心”运用的研究方法主要有两种，亦即历史的方法和社会调查的方法。所谓历史的方法，其一是要建立卡片系统，运用先进的科技手段，将作家和作品的有关资料转变成相关数据，用系统统计的方法对文学生产及与之相应的当时的历史背景进行考察。其二是要关注非文学因素，诸如档案、信札、报纸、书目、出版社、说明书、阅读状况、书籍市场等等，同样也要将这些资料转换成数据。所谓社会调查，一是深入询问和集中访问，二是问卷调查，三是深入内部调研。

陈先生的治学方法和途径，前人论之多矣。或以为上承乾嘉考证之学，或以为融会中西，或以为“虽不唯物，然而辨证”。择其要者，约有以下几种。张岂之总结为一是文化史的角度，二是考据学的方法。[①]汪荣祖和蒋天枢一致认为是直接接触到西洋语文考证学派、实证主义史学，合中西考证于一炉而融会贯通。[②]刘梦溪肯定“寅恪先生的贡献，是在说诗治史的过程中创立一种独特的具有现代科学精神的阐释学”[③]。余英时也认为是“重新打通了诠释循环圈”[④]。王永兴则概括为神游冥想真了解等四点。[⑤]不过，与文学研究关系最密切的恐怕还是“诗史互证”中的时间、地理、人事之法。二十世纪五十年代，陈先生在其寓所开设《元白诗证史》课程时，陈夫人唐筼的一段笔录中记陈先生之语：“中国诗虽短，却包括时

---

① 张岂之《中国近代史学学术史》，中国社会科学出版社1996年版，第230页。

② 汪荣祖《史家陈寅恪传》，台北联经事业出版公司1984年版，第53页。

③ 刘梦溪《一代文化所托命之人——陈寅恪先生的学术创获和研究方法》，张杰、杨燕丽选编《解析陈寅恪》，社会科学文献出版社1999年版，第428页。

④ 余英时《陈寅恪晚年诗文及其他》，花城出版社1986年版，第190页。

⑤ 王永兴《陈寅恪先生史学述略稿》，北京大学出版社1998年版。

间、人事、地理三点。中国诗既有此三特点，故与历史发生关系。把所有分散的诗集合在一起，对于时代人物之关系，地域之所在，按照一个观点去研究，连贯起来可以有以下的作用：说明一个时代之关系，纠正一件事之发生及经过；可以补充和纠正历史记载之不足。最重要是在于纠正。元白诗证史即是利用中国诗之特点来研究历史的方法。”[①]类似的记载，还见于黄萱的回忆和王永兴《陈寅恪先生史学述略稿》中的记述。用中国诗的特点来研究历史，与埃斯卡皮从文学性来研究社会正相契合，是揭示制度与文学之关联性的重要路径之一。

陈先生的“诗史互证”，不仅是对传统“知人论世”方法的继承，更是一种改造。不过，其渊源所自，尚须作特别揭示者，即如卞孝萱先生指出的，早在1933年陈氏发表《读连昌宫词》之前的二十五年，刘师培已在光绪三十四年（1908）发表《读全唐诗发微》，提出唐诗可以证史的主张。[②]而约与陈先生同时的闻一多先生，连续发表《类书与诗》《宫体诗的自赎》《四杰》，也是循着“把古书放在古人的生活范畴里去研究”[③]的基本方法，用社会学方法来重估初唐诗歌。

陈先生与埃斯卡皮之异趣，看似分歧，实可互补。互补之结果，于今日中国学术空间之拓展及方法之更新，助益良多。综观新时期文学研究，特别是“制度与文学”研究范型中的文人研究，得其裨益者，约可归结为以下诸端：其一，关注文人生活形式和生存状态。其二，注意文人间相互影响，重视文学传播和接受研究。其三，文学地理学。注意文人地理分布、地域文化与文学之关系。其四，文人社会角色。侧重文人角色变迁和社会流动。其五，注重利用现代科技手段。创建各具特色的数据库，使文学事实和文学现象可视化。计量分析的好处，正如英国学者罗德里克·弗拉德所言：“当我们描述和分析存在于过去或现在的人类社会时，不可避免地要使用数和量的概念……人类过去经历的某些领域是无法计量的这一

① 蔡鸿生《金明馆教泽的遗响》，《广东社会科学》2005年第3期。

② 卞孝萱《刘师培以唐诗证史》，见氏著《现代国学大师学记》，中华书局2006年版，第53—54页。

③ 傅璇琮《唐诗杂论导读》，闻一多《唐诗杂论》，上海古籍出版社1998年版，第4页。

事实,决不能成为不去计量那些我们所能够计量的领域的理由。至少,可以计量的领域有助于我们解释那些不可计量的领域。”[①]这些学术研究新变化,不正得益于陈寅恪先生和埃斯卡皮等人对宏观“制度诗学”的思考吗?

① [英]罗德里克·弗拉德《历史计量法导论·导言》,肖朗等译,商务印书馆1992年版。

第三章　文学制度与文学生产程式化

如前文所述，自二十世纪八十年代以降，受中国学术传统与西方文艺思想等影响，古典文学研究开始兴起“制度与文学”学术风习。其发端于程千帆先生《唐代进士行卷与文学》，至傅璇琮先生《唐代科举与文学》而形成基本范式，使研究朝纵横两个方向拓进。纵向是指从唐代发展至对其他各朝代的研究。横向是指由科举延展至幕府、交通、文馆等其他各种制度。但从已有成果看，古代的文学制度本身似乎尚未得到充分关注。事实上，中国古代不仅存在文学制度，而且这种制度是考察文学发生发展的重要切入口。有虑于此，本章拟从唐代文学制度入手，探究此种制度的存在形态及其与唐代文学的关系。

一　文学制度的双重含义

制度一词，既指事物发生发展的内在规律，亦即事物的规定性；同时又指事物的外在形制，亦即具有引导性和制约性的外在形态。文学制度具有文学内部隐性规律和外部显性规制双重含义。研究者比较关注中国文学本身的固有特性，也就是文学自身的规定性。他们认为，这种规定性由文学自身生成，不为外力强加，而且是恒定绵延和圆融自足的；但又非一成不变，而能适时变化。他们强调：“这种文学自身的规定性，也就是文学制度的实质。”[①]因此，文学制度的研究，就是要通过研究文学的本原，来

① 饶龙隼《上古文学制度述考》，中华书局2009年版，第2页。

确立文学的自生特质;研究文学的体制,来区划文学的源流正变;研究文学的表形,来勾勒用象的变迁轨迹等。归纳起来就是要研究文学的自生、自性、自足、自适、自化的规定性。由此看来,文学的内在规定性主要是指文学自身的发展演进规律。从整个文学发展史来看,文学同其他事物一样,有其内在进路。唐代文学也同样具有内在的自生、自足和自化的质性。这种质性,主要通过文学艺术系统呈现出来,包括唐代诗歌系统和其他各种艺术系统。

就唐诗艺术系统来说,唐代诗歌史一定程度上就是诗歌艺术系统的演变史。其演变的内在动因,来自诗歌内部诸因素的矛盾,表现为二元或多元对立。但每个阶段的表现各有不同。初唐时期,对立的双方主要是古体诗和齐梁体诗歌。陈子昂在《修竹篇序》中提出:"齐梁间诗,彩丽竞繁,而兴寄都绝",又称"汉魏风骨,晋宋莫传"①。这段话,指出诗歌从汉魏到初唐前后相续的三个艺术系统,亦即汉魏诗歌艺术系统、晋宋诗歌艺术系统以及齐梁诗歌艺术系统。初唐是齐梁诗歌向唐代诗歌演进的节点,因此也是唐代诗史中对立最明显也最为严重的时期。实际上,在初唐古今诗体分流之前,齐梁陈隋时期的诗坛上已经出现诗体的古今分流现象。钱志熙先生指出,在齐梁陈隋诗歌体制的内部,同样存在着新旧体的问题。这个时期虽然主流的诗风是讲究声律、俳偶与咏物、绮艳的新体,但是以元嘉体为中心的晋宋体仍然在使用,而汉魏诗歌的经典价值,虽然从整体上看未被发现,但管中窥豹式模拟汉魏的作风创作现象,仍有不少。②到了初唐,古今体分流的现象更加明显。一方面从永明声律体发展而来的近体逐渐定型乃至成熟;另一方面,汉魏古体和晋宋古体对初唐复古诗学的启迪越来越明朗清晰。这从上述陈子昂高标汉魏风骨和晋宋诗风中可以看出。古今体分流现象,使得初唐诗歌的发展模式呈为双线结构。这种双线结构的发展脉络延续至盛唐。但盛唐时期二元对立出现新

① 徐鹏校点《陈子昂集》,上海古籍出版社1960年版,第15页。

② 钱志熙《论齐梁陈隋时期诗坛的古今分流现象》,《河南师范大学学报》(哲学社会科学版)2011年第1期。

情况，不再是齐梁体与古体的对立问题，而是古体与成熟的近体之间的二元对立。这时古体，又与初唐时的古体不完全相同，其本质是由汉魏和晋宋上溯至诗骚传统，即李白在《古风》第一首中所高揭的："大雅久不作，吾衰竟谁陈？"[①]以李白为代表的复古一派，所追慕的是《诗》《骚》的精神价值，而在诗歌体式方面的学习不多。这与陈子昂在精神和体式两方面都效仿汉魏风骨和晋宋传统不一样。李白等人的复古诗学，反对的是近体诗过于流连光景，过于重视细节描绘，甚至发展到"唐诗似赋"的极致。这种现象的产生原因，其实也是很好理解的。因为近体是从永明体逐渐发展而来的。永明体不仅重视诗歌的声律，而且也追求偶对。我们知道，就表现功能来说，散体方便议论和叙事，而对偶则长于描述。对事物描写讲求细致入微，老杜的五七言律诗是最为典型。如《房兵曹胡马》写骏马的骨相，"竹批双耳峻，风入四蹄轻"[②]，得其神韵。再如《画鹰》对苍鹰的描绘同样是细微的。不过，事物往往具有两面性。对偶虽有助于事物的描写，但却丢失了作为诗歌根本的情志。这也正是李杜一派努力纠偏的原因所在。另外，近体诗声律方面的各种规制，又使它失去了创作的自由，使其与宋词极为相似，词可以填，诗也是可以"填写"出来的。

中唐诗歌沿着古今对立的方向继续发展，但中唐复古一派的革新属于古体内部问题，一是要将具有讽谕精神的新题乐府来改造赋题拟古诗，二是不满台阁体诗风。前者在元白一派中表现得非常明显，特别是白居易乐府学的"尚义"思想，认为古乐府最重要的特点是讽喻时事，具有教化功能。也就是说，元白一派的乐府诗创作要用"尚义"的新体乐府来改造"尚辞"的赋题拟古诗。[③]中唐诗歌史中的另一种对立，是元白韩孟诸人与台阁体之间的对抗。大历以降，台阁诗风盛行，特别是贞元、元和时期，以权德舆、武元衡等人的应制唱和诗为主体，形成宫廷诗歌创作的中兴。他们多以近体诗形式来创作庙堂诗歌，内容多为颂圣和说教，风格是雍容雅致的。韩柳元白等诗人对此诗风不满，他们通过乐府和古体诗的写作，以

① 王琦注《李太白全集》卷二，中华书局1977年版，第87页。

② 仇兆鳌《杜诗详注》卷一，中华书局1979年版，第18页。

③ 钱志熙《唐人乐府学述要》，《中国社会科学》2013年第8期。

期与之抗衡。这种二元对立几乎持续到唐末。晚唐文宗和宣宗等帝王，其政治虽乏善可陈,但在偏好文艺上却表现出高度的一致性。

上述唐代诗歌的内部演变,体现了唐诗艺术系统的自足和自化。但这并不等于说这个艺术系统是自我封闭的系统,实际上它具有开放性特征。元稹在《乐府古题序》中说:"《诗》讫于周,《离骚》讫于楚,是后,诗之流为二十四名:赋、颂、铭、赞、文、诔、箴、诗、行、咏、吟、题、怨、叹、章、篇、操、引、谣、讴、歌、曲、词、调,皆诗人六义之余。"又说:"由操而下八名,皆起于郊祭、军宾、吉凶、苦乐之际。"[①]认为操、引、谣、讴、歌、曲、词、调等诗体,其渊源流变不仅有各自内在规定性,而且也与各种体裁的具体运用是分不开的,即"起于郊祭、军宾、吉凶、苦乐之际"。由此来看,文学制度的内在规定性与其外在的规制是密不可分的,如同一枚硬币的两面。

上述唐诗艺术系统内部的多元对立现象,即文学制度第一重涵义之表征,属于隐性的文学制度。文学制度的第二重涵义,是指具有秩序和规范意义的各种显性的外部规则,比如机构创置、激励机制、文学教育等制度。本章讨论的文学制度,主要指此。

二 馆阁创置与文体演进

唐代文艺机构创设,渊源于上古寄食制和养士风气。西周晚期礼崩乐坏,诸侯竞起,"天子失官,学在四夷"[②],形态各异的士阶层开始大量出现,养士之风也油然兴起。"战国四公子"、齐国稷下学官等都是很好的例子。这种制度在后世得到进一步发展,如西汉金马门待诏、梁孝王刘武的梁园文士、东汉鸿都门学、曹魏时期崇文观、南朝刘宋初期儒玄文史四学馆、北周麟德殿、北齐文林馆等,都是寄食制和养士之风在后世的延续。

唐承前代余绪,文史馆阁的创设得到充分发展,先后有弘文馆、崇文

---

① 冀勤点校《元稹集》卷二三,中华书局1982年版,第254页。

② 孔颖达等《春秋左传正义》卷四八"昭公十七年",十三经注疏本,上海古籍出版社1997年版,第2084页。

馆、史馆等机构的设置。弘文馆本为武德四年(621)高祖所设的修文馆,武德九年(626)改为弘文馆,置学士和校书郎等官。其初主要职责是参与行政的议论筹划,后来发展为承担生徒教育和图籍校理等工作。崇文馆置于太宗贞观十三年(639),初名崇贤馆,高宗上元二年(675)因避太子李贤讳改为崇文馆,隶属太子东宫,亦置学士和校书郎等官员,职能与弘文馆相类。史馆创建于贞观三年(629),置监修国史、修撰、直馆等官职,以他官兼领,隶属门下省。秘书省是唐代国家藏书机构,主要从事图书的庋藏和整理。秘书省下辖著作局,置著作郎和著作佐郎等官。著作郎官职本掌修史之务,贞观三年(629)因史官创立而改为专掌碑志和祝祭文的修撰。这些馆所前后相续递嬗,经历了彼消此长的过程。

上述机构由于承担的具体职责不同,对文学的作用和意义也不尽相同。弘文馆和崇文馆学士群体对近体诗演进产生影响。唐诗声律艺术发展和成熟问题,已为学界充分认识。文馆文士对近体诗格律成型的作用,也得到学界关注和重视。[①]但还有一些问题尚可继续讨论。例如,可从宫廷诗歌竞赛看近体诗的成型与科举试诗赋的关系。初唐宫廷诗人群体的诗艺竞赛主要发生于武周和中宗时期。《旧唐书·宋之问传》载武则天幸洛阳龙门,令从官赋诗,左史东方虬诗先成,则天以锦袍赐之。及宋之问诗成,则天称其词愈高。夺虬锦袍以赏之问。[②]中宗时期宫廷诗歌竞赛见诸记载者更多。如《资治通鉴》卷二〇九"景龙二年夏四月"条,《唐诗纪事》卷一"中宗景龙三年《九月九日幸临渭亭登高作》"条,《唐诗纪事》卷三"中宗正月晦日幸昆明池赋诗"条等。诗歌竞赛显然推动诗艺发展。但更应关注的是武则天和上官昭容品第文士诗歌所依据的标准。武则天称宋之

① 相关学术成果主要见于赵昌平《初唐七律的成熟及其风格溯源》,《中华文史论丛》1986年第4辑,第17—36页;葛晓音《论宫廷文人在初唐诗歌艺术发展中的作用》,《辽宁大学学报》1990年第4期,第69—74页;邝健行《初唐五言律体律调完成过程之考察及其相关问题之讨论》,《香港中文大学中国文化研究所学报》总第21卷,1990年,第247—259页;杜晓勤《从永明体到沈宋体——五言律体形成过程之考察》,《唐研究》第2卷,1996年,第121—165页;陈铁民《论律诗定型于初唐诸学士》,《文学遗产》2000年第1期,第59—64页;贾晋华《唐代集会总集与诗人群研究》,北京大学出版社2001年版;陈冠明《论珠英、修文学士的诗学成就》,《中国诗学》第十六辑,人民文学出版社2012年版,第88—99页。

② 刘昫等《旧唐书》卷一九〇中,第5025页。

问“其词愈高”“文理兼美”①。上官昭容评沈佺期和宋之问,称其“工力悉敌”,但沈诗结句“词气已竭”,而宋诗“犹陟健举”②。从这些评论来看,显然已非声律对偶问题,而上升至更高的思想层面。这种现象说明近体诗的基本规范在武则天执政初期已大致定型,同时也正好说明为什么进士科试诗较早出现于垂拱二年(686)。③将近体诗作为进士考试内容的必要前提,是诗歌基本规则已为共识。否则,近体诗便很难作为进士科选人的项目。

第二个问题是为什么近体诗格律的形成必须要经过宫廷诗人群体之手?近体诗发端于齐梁“永明体”,其时沈约、谢朓等人自觉将四声理论运用于诗歌实践。但“永明体”在当时并未成为诗歌主流。也就是说,其范围局限于一小部分诗人。初唐以帝王为中心的宫廷诗人群体接受这种诗歌形式,通过应制唱和等方式反复实践和改造,使其从句间对仗发展为联间黏对。近体诗成为上层社会主流诗歌形式后,获得官方认可。于是上行下效,近体诗写作才蔚为一时潮流。与之相应,研究近体诗写作规则的诗学著述也开始大量出现,如上官仪《笔札华梁》、佚名《文笔式》、元兢《诗髓脑》、崔融《唐朝新定诗格》等,就是这个时期的产物。只有近体诗写作规则得到普遍认同之后,才能将之用于科举取士。因此,从这个角度来看,文馆文士对近体诗发育的作用,最重要的一点应是使其获得官方地位。此点前人尚未论及,故尤有指出之必要。

唐代史馆与秘书省之间的关系很微妙。史馆创设与玄武门事件有关。李世民虽借此荣登宝位,但毕竟极不光彩。在他看来,这是万万不可入史的。当时修史机构是秘书省著作局,秘书省最高长官秘书监是魏徵,这就意味着修史权力掌握在魏徵等人手中。魏徵虽以直谏闻名于世,但他本系太子李建成旧部,贞观初年君臣关系恐怕并不融洽。李世民惧怕

① 计有功《唐诗纪事》卷一一:“宋之问诗后成,文理兼美,左右莫不称善。”贝叶山房本,第180页。

② 计有功《唐诗纪事》卷三,第34页。

③ 进士试诗赋的较早时间,当在垂拱二年(686)。参看陈铁民《梁玙墓志与唐代进士科试杂文》,《北京大学学报》(社会科学版)2006年第6期。

玄武门事变入史，而解决这个问题的最好办法就是另设一个修史机构。为什么史馆别置发生于贞观三年(629)？因为这一年朝廷下诏修史。与此同时，本年年底房玄龄“改封魏国公，监修国史”[①]。李世民将史官置于门下省，又令房玄龄监修，这样一来，原本属于秘书省的修史权力被转移至史馆，著作局自此不再修史。

史馆别置对唐代文学的意义主要体现在两方面，一是由于著作局不再修史，“著作郎掌修撰碑志、祝文、祭文”[②]，使得碑志文体双线发展。这是因为官方正式参与碑志文撰制，从而使其公文化。也就是说，由于著作郎官的“专司”，使碑志文体现出官方的专学特点。这样一来，就使碑志文分流，具有两种不同的撰制方式。一种是官方相对固定和程式化的方式，另一种是私人较为自由的方式。官修碑志一般采用规整的骈文方式，风格庄严典雅，而私撰则多采用散体文，行文自由活泼。

史馆别置的另一层文学意义是使唐传奇史传化。其作用力主要源于史馆制度以及文人的史官意识。初唐宰相薛元超曾发出“不得修国史”[③]的感叹，表明史官职位的尊荣。这是因为史馆别置后，修史权力统归官方，私人不得修史。不仅如此，史官选任也非常严格，因此大多数文人都无法实现担任史职的愿望。在这种情况下，他们不得不借助其他方式。例如，柳宗元曾向史官韩愈推荐《段太尉逸事状》，即是通过史料采择制度间接参与修史的著例。唐传奇的史传化与文人的史官理想密切相关。由于大多数文人不能参与修史，他们转而模仿史传创作传奇小说，以间接实现其谏政及劝世理想。故作者对所叙之事，多强调亲身所历或闻之某某，以征其实。这种倾向一方面反映出传奇的史传化特点，另一方面也反映出史官情结影响之下文人的焦虑心态。此外，史官参与传奇写作，史官的角色意识也使传奇倾向于征实。这种现象在中晚唐更为突出。这是因为初盛唐著作局虽无史权，但此期史官多由著作郎官兼

---

① 《旧唐书》卷六六，第2461页。

② 李林甫等《唐六典》卷十，陈仲夫点校，中华书局1992年版，第302页。

③ 刘餗《隋唐嘉话》卷中，中华书局1979年版，第28页。

任。也就是说,此期著作局与史馆并未完全割裂。因此,初盛唐史官参与传奇创作的现象实不多见。但中晚唐再也没有出现著作郎官兼任史职的例子,史官多由进士出身的文人担任。在传奇写作之风兴盛的大环境下,史官也参与其中。这样就使得文人与史官的角色产生重叠,从而影响传奇作品的史传化。

三　右文政策与“诗史”传统

唐代右文政策与李唐立国之初的大环境有关,他们在总结历史教训时鼓励批评朝政。例如,贞观六年(632)李世民曾对臣下说:“朕尝读书,见桀杀关龙逄,汉诛晁错,未尝不废书叹息。公等但能正词直谏,裨益政教,终不以犯颜忤旨,妄有诛责。”[①]颇有广开言路的气度。他又打破陈规,提出“二名不偏讳”[②],即官号、人名及公私文籍,有“世民”两字不连续者,不须避讳,体现出较为开明的政治态度。其后文教政策虽有各种变化,但总体来说文禁稍宽。洪迈曾将唐与宋对比,指出:“唐人歌诗,其于先世及当时事,直辞咏寄,略无避隐。至宫禁嬖昵,非外间所应知者,皆反复极言,而上之人亦不以为罪……今之诗人不敢尔也。”[③]经此对比,更可深知唐代文学制度的相对开放。

唐代右文政策主要体现在举士和选官等制度设计上。以诗赋取士的科举制度,是右文政策的典型反映。此点已为学界共识,无须赘述。此外还有上书拜官制度,值得特别指出。孟二冬《登科记考补正》卷一至卷二二共录上书拜官者30人,其中姓名可考者有27人,可见这个制度贯穿了唐朝始终。上书拜官最突出的事例是杜甫。天宝十载(751)杜甫进《三大礼赋》,玄宗命待制集贤院。天宝十三载(754),又进《封西岳赋》和《雕赋》。杜甫后来反复提及此事,深觉荣幸。如《莫相疑行》:“忆献三赋蓬莱宫,自怪一日声烜赫。集贤学士如堵墙,观我落笔中书堂。”[④]《壮游》:“曳

① 吴兢《贞观政要》卷二,上海古籍出版社1978年版,第17页。

② 《旧唐书》卷二,第29—30页。

③ 洪迈《容斋续笔》卷二,上海古籍出版社1978年版,第236—237页。

④ 仇兆鳌《杜诗详注》卷一四,中华书局1979年版,第1213页。

裾置醴地，奏赋入明光。天子废食召，群公会轩裳。”[①]《十二月一日》三首之一：“明光起草人所羡，肺病几时朝日边？”[②]这些诗歌反映出右文政策对文人心态的影响。

右文政策对文学的影响主要表现为“诗史”意识及通脱文风的形成。唐前咏史诗的写作对象主要是历史人物和历史事件。唐代咏史诗虽有继承传统的一面，但其特点并不在此，而在于所咏对象从历史到当代的转向，并由此形成“诗史”传统。“诗史”既是一种诗歌创作方式，也是一种文学批评理论，主要研究诗歌（文学）与现实的关系问题。“诗史”一词，最早出现于孟棨《本事诗》，讨论的是杜甫在安史之乱中流离陇蜀时所写的诗歌，这些诗歌记录了他流离陇蜀时的全部事情。特别是杜甫《寄李十二白二十韵》一诗，是孟棨心目中理想的“诗史”范例。[③]被后世誉为“诗史”的唐代诗人有李白、杜甫、白居易、元稹、李贺等人。例如，清管世铭称李白为“诗史”：“李太白《古风》一卷，上薄风骚，顾其间多隐约时事……世推杜工部为诗史，而知太白之意者少矣，故特揭而著之。”[④]宋王楙称白居易为“诗史”：“白乐天诗多纪时事，每岁必记其气血之如何与夫一时之事……亦可谓诗史。”[⑤]杨慎称元稹《唐宪宗挽词》等诗“亦近诗史”[⑥]。何永绍称李贺：“其以昌谷诗为诗史者，无论其诗之得如少陵不得如少陵，归之于史则一而已。”[⑦]唐前被誉为诗史者，只有屈原、曹操、庾信三人[⑧]，唐代人数多出此前数倍，作为文学批评理论的“诗史”传统由此形成，这与唐朝开放包容的文艺精神是密切相关的。

右文政策还影响“通脱”文风的形成。“清峻通脱”原是鲁迅评价曹操文章的话。清峻是指简约严明，通脱是指随意，想说什么就说什么，想怎

① 仇兆鳌《杜诗详注》卷一六，第1442页。

② 仇兆鳌《杜诗详注》卷一四，第1243页。

③ 张晖《中国“诗史”传统》，生活·读书·新知三联书店2012年版，第16页。

④ 郭绍虞《清诗话续编》，富寿荪校点，上海古籍出版社1983年版，第1545—1546页。

⑤ 王楙《野客丛书》卷二七“白乐天诗纪岁时”条，上海古籍出版社1991年版，第399页。

⑥ 杨慎《升庵诗话》卷二“唐宪宗挽词”条，《历代诗话续编》，中华书局1983年版，第663页。

⑦ 王琦等注《李贺诗歌集注》，上海人民出版社1977年版，第379页。

⑧ 张晖《中国“诗史”传统》，第317页。

么说就怎么说。唐代右文大环境为通脱文风的形成提供了条件。其时文士多敢于言说,魏徵谏唐太宗,陈子昂谏武则天等都是极好的例子。朱敬则认为武则天不宜多纳男宠,能够说出“陛下内宠,已有薛怀义、张易之、昌宗,固应足矣”[①]这样的话。王泠然上书张说论荐士之道,语言犀利,指责张说不能燮理阴阳,有负宰相之职,并劝其退位:“百姓饿欲死,公何不举贤自代,让位请归?”[②]文宗大和二年(828)举贤良方正能言直谏,刘蕡对策六千余言,指陈利弊,条分缕析,得到时人赞誉。士人读其辞,至感慨流涕者。谏官御史交章论其直。河南府参军事李郃曰:“蕡逐我留,吾颜其厚邪!”[③]朱敬则、王泠然、刘蕡等人的言辞和文章,以“死士”精神体现出通脱风格。他们固然有不怕死的气概,但制度的相对开放和包容才是根本原因。“清峻通脱”虽然主要是指说话和文章的风格,但从其现实关注和政治批评的内容来看,实与“诗史”精神相通,可看作“诗史”质性的另一种表达,为理解“诗史”深层次含义提供了重要例证。

四　文学教育与文学技术化

中国古代的文学教育,可以追溯到遥远的上古。孔子十分注重《诗》学教育,认为“不学《诗》,无以言”。魏晋南北朝时期兴起的文学家族,也多重视文学教育,如《颜氏家训》卷四《文章》详述文学源流和文坛掌故,是文学教育的著例。孔子和颜之推等人具有明显的私学特征。唐代既有官方文学教育,也有私学教育。私学方面,如杜甫教子“熟精《文选》理”[④],“应须饱经术”[⑤]。韩、柳诸人更是文学教育名家。韩愈说:“人之能为人,由腹有诗书。诗书勤乃有,不勤腹空虚。”[⑥]柳宗元教授作文之法强调“以《诗》《礼》为冠履,以《春秋》为襟带,以图史为佩服”[⑦]。杜、韩、柳等人体现

① 《旧唐书》卷七八,第2706页。

② 董诰等《全唐文》卷二九四,中华书局1983年版,第2981页。

③ 欧阳修、宋祁等《新唐书》卷一七八,第5305页。

④ 仇兆鳌《杜诗详注》卷一七,第1477页。

⑤ 仇兆鳌《杜诗详注》卷二一,第1850页。

⑥ 钱仲联《韩昌黎诗系年集释》卷九,上海古籍出版社1994年版,第1011页。

⑦ 柳宗元《柳河东集》卷二二,上海人民出版社1974年版,第387页。

了唐代文学教育的私学特征。唐代官学中的文学教育主要体现为学校诗学教育以及生徒自我教育。

唐代国子监所辖国子、太学、四门学均以儒家经典为教授内容，区分依据是所招收对象出身的不同。国子监设立之初，诗学并未纳入教育范围。但在后来不得不进行诗学教育，主要原因是武则天执政时开始以诗赋取士。如前所述，诗赋取士的时间最早不超过开耀二年(682)。从现有资料来看，实际执行约在垂拱二年(686)。为适应科举考试的新变化，官学教育内容也做出相应调整。最典型的是李峤任国子祭酒时所作120首咏物诗①。"百咏"保存于《全唐诗》卷五九和卷六十，古称《杂咏诗》《百二十咏》《百廿咏》。据《日藏古抄李峤咏物诗注》，"百咏"分乾象、坤仪、芳草、嘉树等十二部，每部各有诗十首。有学者指出："'百咏'从类目、物名到典故的编排方面，都带有类书的特色，显然不是一般的诗歌创作，而是为了给初学者提供一种律诗咏物用典的范式。"并进一步指出："实际上是总结了在他以前声律、对偶发展的成果，用组诗作了声律、用典、对偶、写景的综合性示范。"②这个论断是符合事实的。天宝六载(747)张庭芳为之作注，称其"庶有补于琢磨，俾无至于疑滞，且欲启诸童稚焉"③。据序文所署"登仕郎守信安郡博士"，可知张庭芳任职地方官学，作注的目的显然是给学生提供诗歌范本。

李峤"百咏"实际上是对唐初以来诗学教育集成性的总结。初唐诗学教育大致包含诗格、类书、选本三方面内容。诗格主要讲近体诗基本规则，包括声韵、病犯、对偶、体式等。唐初诗格有上官仪《笔札华梁》、佚名

---

① 从"百咏"的"大周天阙路，今日海神朝"(《雪》)，"方知美周政，抗旆赋车攻"(《旌》)等诗句，可以确定其写作年代必定在武周时期。据两《唐书》本传及《资治通鉴》，李峤圣历二年(699)，以宰相兼任珠英学士。圣历三年(700)因其舅张锡升为宰相，罢而改为成均祭酒。长安三年(703)复以成均祭酒兼任宰相，寻知纳言事。长安四年(704)，转为内史。其年六月，因不胜繁剧，复转为成均祭酒兼任宰相。根据李峤此期活动情况及组诗性质，其写作具体时间大致可以定为任成均祭酒和预修《三教珠英》期间。

② 葛晓音《创作范式的提倡和初盛唐诗的普及——从〈李峤百咏〉谈起》，《文学评论》1995年第6期，第32页。

③ 胡志昂编《日藏古抄李峤咏物诗注》"张庭芳序"，上海古籍出版社1998年版。

《文笔式》、元兢《诗髓脑》、崔融《唐朝新定诗格》等。崔融于神龙元年(705)至二年(706)任国子司业,《新定诗格》很可能是任学官时所著。类书也有助于文学教育,最具代表性的是《初学记》。《初学记》的编撰,目的是给唐玄宗诸子提供学习作文的便利。[①]其编排体例充分体现出便于实用的特点。该书共三十卷,分成天、地、岁时等二十一部,每一部之下再细分,比如天部列出天、日、月、星、云、风、雷等类。诗格为初学者解决近体诗基本规则问题,类书主要解决对偶和用典问题,选本则提供写作范例。初唐代表性的诗歌选本,有孟利贞《续文选》十三卷,元兢《古今诗人秀句》二卷,崔融《珠英学士集》五卷等。究其本质,李峤实际上是综合了近体诗写作的一般规则,以近于类书的形式为初学者提供了基本范式,从而使诗歌写作成为可操做的技术活动。

随着诗赋取士之风进一步加剧,官方诗学教育也不得不逐渐加强,最明显的例子是广文馆的设置。广文馆创设于天宝九载(750),首任广文博士是郑虔。其目的主要是为了救国子监生徒之离散。原来在诗赋取士之始,国子监生徒占有绝对优势,录取的人数比例很高,而乡贡不及生徒的十分之一。但这个现象在开元时期发生大逆转,由乡贡录取为进士者大量增加,生徒录取的比例则急剧下降,由此引起官僚集团的不满。为了解决利益受损问题才专门设立了广文馆,其职责主要是"掌领国子学生业进士者"[②]。笔者曾考得广文博士、助教以及由广文馆进士登科者数人[③],说明此馆从天宝初至唐末一直存在。从设置目的来看,该馆教学内容主要是诗歌训练,但如何进行此项训练,因资料所限不可断论。不过,结合国子监诗歌教育情况来看,其基本内容大致不出上述诗格、类书、选本等范围。换言之,也就是以技术化方式快速提高"业进士者"的诗歌写作能力。

---

① 刘肃《大唐新语》卷九:"玄宗谓张说曰:'儿子等欲学缀文,须检事及看文体。《御览》之辈,部帙既大,寻讨稍难。卿与诸学士撰集要事并要文,以类相从,务取省便。令儿子等易见成就也。'说与徐坚、韦述等编此进上,诏以《初学记》为名。'"中华书局1984年版,第137页。

②《新唐书》卷四八,第1267页。

③ 参考拙著《唐代中央文馆制度与文学研究》,齐鲁书社2007年版,第33—35页。

国子监生徒的诗歌教育还有一个突出例子，即芮挺章编选《国秀集》。北宋曾彦和曾跋此集："天宝三载国子生芮挺章撰。"[①]南宋陈振孙亦称："《国秀集》三卷，唐国子进士芮挺章撰。"[②]据此可知芮挺章身份为国子生，也就是在国子监以备进士试的学生。《国秀集》选录了大量进士和前进士的诗歌，这是该选本与其他唐人选唐诗最大的不同。其选诗水准虽被后人讥为"非(般)璠之比"[③]，但这正是该集的特点所在，其原本就是为应试而编选的。芮挺章的身份及选诗活动，反映了国子监生文学生活的一个侧面，从中可以看到学生为应试所做的努力。

初唐诗学教育以"诗格""诗式""诗法"等为中心。由诗学教育而扩展到其他文类，出现了"文格""赋格""四六格"等著述。[④]唐代诗格著述繁富，现存可考者自上官仪《笔札华梁》以下有二十九种之多，另有存目二十一种、三十四卷。"文格"类著述有杜正伦的《文笔要诀》，另有存目六种、十一卷。"赋格"类著述则有佚名的《赋谱》，另存目七种、九卷。[⑤]此外，当时还有专门讨论策文的"策学"。天授三年(692)薛谦光上疏："炀帝嗣兴，又变前法，置进士等科。于是后生之徒，复相仿效，缉缀小文，名之'策学'。"[⑥]这表明唐人对"策学"已有充分的自觉认识。研究发现，对策作为一种科考项目，由策题、策问和对策构成。策文包括策头、策项和尾策三部分，每一部分之下又可以分成数项。[⑦]这样一来，策文实际上已完全程式化，有一套可供操作的固定程序。敕令制诰等公文也同样如此。白居易曾编写《白朴》一书，专门指导此类公文的写作。此书成于白氏担任翰林学士的元和二年(807)至五年(810)。元稹《酬

① 傅璇琮编《唐人选唐诗新编》，陕西人民教育出版社1996年版，第290页。

② 陈振孙《直斋书录解题》，上海古籍出版社1987年版，第440页。

③ 傅璇琮编《唐人选唐诗新编》，第290页。

④ 张伯伟《论唐代的规范诗学》，《中国社会科学》2006年第4期。

⑤ 张伯伟《全唐五代诗格汇考》，凤凰出版社2002年版。

⑥ 王溥《唐会要》卷七六"制科举"条："天授三年，薛谦光上疏云：'炀帝嗣兴，又变前法，置进士等科。于是后生之徒，复相仿效，缉缀小文，名之'策学'。"中华书局1955年版，第1391页。

⑦ 策头由起对辞、承制辞、导对语、应对语组成。策项由述制辞、述问语、起对语、对答语、祈纳语组成。尾策由起收辞、收束语、终对辞组成。陈飞《唐代试策的形式体制——以制举策文为例》，《文学遗产》2006年第6期；《唐代试策的表达体式——策问部分考察》，《文学遗产》2008年第1期。

乐天余思不尽加为六韵之作》“《白朴》流传用转新”下自注：“乐天于翰林中书取书诏批答词等，撰为程式，禁中号曰《白朴》。每有新入学士求访，宝重过于《六典》也。”[①]《白朴》的性质，据王楙《野客丛书》，“为卷上中下三卷，上卷文武勋阶等，中卷制头、制肩、制腹、制腰、制尾，下卷将相刺史节度之类，此盖乐天取当时制文编类，以示后学者”[②]。由此可见，公文和科举文体一样，也有一套可供操作的程式。上述“诗格”“文格”“赋格”“策学”“制诰学”等现象，充分体现出文学教育与文学技术化之间的关系。

综上可知：其一，唐代文学制度可分内外两种。内部是指文学自身的规定性，包括诗歌艺术系统及其他艺术系统。外部主要包括文化馆所、激励机制以及文学教育等制度。这些制度代表了官方意志，因此，它们的产生和变革均以官方需要为依据。例如，史馆别置是为了控制修史权力，弘文馆和崇文馆其初是因笼络人才，上书拜官等制度是为了鼓励积极献言，官学中的诗歌教育也是为了科举利益。按照制度对其设计者负责的一般规则，唐代文学制度主要是为李唐王朝服务的。

其二，由于内外两种制度之间是互动的，外部制度的变革自然就引起内部的变化。所以，唐诗艺术系统的形成虽受前朝诗歌系统的影响，但由于它的开放性，因此同时又受到各种外部规制的作用。又由于唐代文学外部制度是变化的，所以唐诗艺术系统也呈现出阶段性特点。其阶段的划分，并非与传统中的初盛中晚一一对应，而与制度变革的阶段性的关系更为紧密。

其三，制度的本质是权力，具有引导和制约功能。文学制度亦如此，对文学具有激励和约控两方面作用。唐代科举考试、上书拜官、右文政策等制度对文学具有一定的激励作用，但同时又有制约作用。例如，诗赋、策文等科举文体在长期应试过程中逐渐程式化，各种诗学、赋学、策学等著述大量出现，其本质是文学的技术化，削弱了文学的创造性。

---

① 冀勤点校《元稹集》卷二二，第248页。

② 王楙《野客丛书》卷三〇，上海古籍出版社1991年版，第439页。

其四，文学外部制度的表现形态是多样的，或显或隐。显性的文学制度相对来讲比较容易把握，例如，文馆、选官、教育等制度往往是可感的，其对文学的作用力也较易理解。但是隐性文学制度，如帝王的典范作用、历史故事的援引等等，对其抽绎和把握则要需要更深层次的思考。

第四章　隐性制度:“文学家法”与宫廷诗学

正如前文所论,制度对文学的作用既有显性的一面,也有隐性的一面,因此从制度形式来说,包含显性制度和隐性制度两个层面。显性制度比较好理解,如以诏令诰敕等形式颁布的各种明文规定,即属此类。隐性制度主要以最高统治者言和行的形式出现。在文学领域,宫廷文学活动对其他文学行为具有重要导向作用,可视为文学的隐性制度。本章即从这个角度出发,论述唐太宗的“文学家法”、盛唐以集贤院为中心的文学活动、贞元宫廷文学活动、《御览诗》编纂的指向性,试图建构一条隐性文学制度的脉络,并据此分析宫廷诗学的特征及其诗学史意义。

一　唐太宗的“文学家法”

帝王对文学的态度,往往影响一代文风的形成,对文学史的发展进程也有重要作用。曹丕《典论·论文》:“盖文章,经国之大业,不朽之盛事。”萧纲也说过:“立身先须谨慎,文章且须放荡”(萧纲《诫当阳公大心书》)。这些言论对当时及后世文学发展都产生很大影响。李世民对自己作为帝王的个人导向性有清醒认识。贞观二年(628),他对侍臣说:“古人云:君犹器也,人犹水也,方圆在于器,不在于水……下之所行,皆从上之所好。”[①]贞观八年(634),又说:“凡在众庶,一言不善,则人记之,成其耻累。

① 吴兢《贞观政要》卷六,第195页。

况是万乘之主,不可出言有所乖失。”[①]又在《金镜》中说:“在上留心台榭,奇巧之人必至;致精游猎,驰骋之人远臻;存意管弦,郑卫多进;降怀粉黛,燕赵斯来。”[②]正因为意识到上有所好下必甚之的危害,故此李世民认为帝王的一言一行都应至为谨慎。例如,在对其个人文集编撰事件的处理上,就充分体现了这一点。贞观十一年(637),著作佐郎邓隆表请编次李世民文章为集。李世民说:“若制事出令,有益于人者,史则书之,足为不朽。若事不师古,乱政害物,虽有词藻,终贻后代笑,非所须也。[③]李世民虽行事谨慎,但从其言论和作品,还能归纳总结他的文学观念和主张。这些观念和主张树立了文学轨则,对后世产生极大影响,似可称之为“文学家法”。

(一) 不避讳与不设文字狱

李世民所立“文学家法”,对当时影响最大的是不避讳、不设文字狱。关于避讳问题,李世民的主张是“二名不偏讳”。也就是说,只有“世”“民”相连时需避讳,单独出现“世”或“民”时,无须避讳。《旧唐书·太宗纪》:“(武德)九年六月己巳,令曰:‘依礼,二名不偏讳。近代已来,两字兼避,废阙已多,率意而行,有违经典。其官号、人名、公私文籍,有“世”“民”两字不连续者,并不须讳。’”[④]《贞观政要》卷七:“太宗初即位,谓侍臣曰:‘准《礼》,名,终将讳之,前古帝王,亦不生讳其名,故周文王名昌,《周诗》云:“克昌厥后。”春秋时鲁庄公名同,十六年《经》书:‘齐侯、宋公同盟于幽。’唯近代诸帝,妄为节制,特令生避其讳,理非通允,宜有改张。’因诏曰:‘依《礼》,二名义不偏讳,尼父达圣,非无前指。近世以来,曲为节制,两字兼避,废阙已多,率意而行,有违经语。今宜依据礼典,务从简约,仰效先哲,垂法将来。其官号人名,及公私文籍,有‘世’及‘民’两字不连读,并不须避。’”[⑤]李世民依照经典立下“二名不偏讳”规则,并在具体实践中遵照执

① 吴兢《贞观政要》卷六,第198页。

② 李世民《金镜》,《全唐文》卷一〇,第127页。

③ 吴兢《贞观政要》卷七,第222页。

④ 《旧唐书》卷二,第29—30页。

⑤ 吴兢《贞观政要》卷七,第224—225页。

行。《资治通鉴》卷一八五：武德元年(618)六月甲戌，"以隋民部尚书萧瑀为内史令，礼部尚书窦琎为户部尚书"，胡三省注："按《六典》，贞观二十三年避太宗讳，始改民部尚书为户部尚书；史家以后来官名书之也。"[①]则窦琎所任，其时实称民部尚书。可见关于依经不避讳实施方面，太宗确是身体力行。

李世民从谏如流、接受批评，似未有文人因言论获罪。贞观六年(632)，他对侍臣说："古人云：'危而不持，颠而不扶，焉用彼相？'君臣之义，得不尽忠匡救乎？朕尝读书，见桀杀关龙逄，汉诛晁错，未尝不废书叹息。公等但能正词直谏，裨益政教，终不以犯颜忤旨，妄有诛责。"[②]可见李世民对正词直谏、犯颜忤旨者颇能虚心容纳。贞观十六年(642)，他又对房玄龄等人说："自知者明，信为难矣。如属文之士，伎巧之徒，皆自谓己长，他人不及。若名工文匠，商略诋诃，芜词拙迹，于是乃见。由是言之，人君须得匡谏之臣，举其愆过。"[③]可见李世民的自省意识。

李世民不设文字狱，固然因其器量之大、虚心容物，但更重要的是他对文艺与兴亡关系的认识。唐初总结历史兴亡经验教训，不少人认为梁陈等国家灭亡与音乐有关。这显然是受了传统文艺思想，特别是《诗大序》"治世之音安以乐，其政和；乱世之音怨以怒，其政乖；亡国之音哀以思，其民困"的影响。唐初文人在论及历史兴亡时，都不约而同地将国家灭亡归责于"亡国之音"。如杜淹认为："前代兴亡，实由于乐。陈将亡也为《玉树后庭花》，齐将亡也而为《伴侣曲》，行路闻之，莫不悲泣，所谓亡国之音。以是观之，实由于乐。"[④]不仅如此，他们还将朝代更迭归咎于创作"亡国之音"的艺术家。比如魏徵就认为："梁自大同之后，雅道沦缺，渐乖典则，争驰新巧。简文、湘东，启其淫放，徐陵、庾信，分路扬镳。其意浅而繁，其文匿而彩，词尚轻险，情多哀思。格以延陵之听，盖亦亡国之音

① 司马光《资治通鉴》卷一八五，中华书局1956年版，第5793页。

② 吴兢《贞观政要》卷一，第17页。

③ 吴兢《贞观政要》卷二，第53页。

④ 吴兢《贞观政要》卷七，第233页。

乎！”[①]又说：“梁简文之在东宫，亦好篇什，清辞巧制，止乎衽席之间，雕琢蔓藻，思极闺闱之内。后生好事，递相放习，朝野纷纷，号为宫体。流宕不已，讫于丧亡。”[②]魏徵等人将梁朝灭亡指向梁简文帝和湘东王等人倡导的宫体诗。与魏徵相呼应，令狐德棻在《周书·庾信王褒传论》中，直接指责庾信为“词赋之罪人”：“子山之文，发源于宋末，盛行于梁季。其体以淫放为本，其词以轻险为宗……若以庾氏方之，斯又词赋之罪人也。”[③]李世民与他们的看法截然不同。他认为礼乐之作，乃圣人缘物设教：“夫音声岂能感人？欢者闻之则悦，哀者听之则悲，悲悦在于人心，非由乐也。将亡之政，其人心苦，然苦心相感，故闻而则悲耳。何乐声哀怨，能使悦者悲乎？”[④]意思是说，音乐的哀乐与国家兴亡没有必然联系。国家兴，则音声乐；国家亡，则音声哀，此乃自然之理。魏徵和令狐德棻的看法是错误的，是将末为本，本末倒置。所以，李世民直接对杜淹说，现今《玉树后庭花》和《伴侣曲》都保存下来了，“朕能为公奏之，知公必不悲耳”[⑤]。李世民认为文学艺术与朝代更迭之间没有必然关联，故在诗歌创作上学习庾信，直接标以《秋日效庾信体》，实际上是为庾信正名。李世民以诗歌创作方式去除庾信“词赋之罪人”名号，一方面表明了他对文艺与兴亡关系的看法，另一方面，这种行为的实际效果使初唐诗歌获得了精神上的大解放。

太宗不避讳、不设文字狱等举措，对后世产生极大影响。此点前人已有认识。洪迈曾说：“唐人诗歌，其于先世及当时事，直辞咏寄，略无避隐。至宫禁嬖昵，非外间所应知者，皆仅复极言，而上之人亦不以为罪……今之诗人不敢尔也。”[⑥]唐代诗人之所以敢于直叙本朝故事，是因为当时言论环境相对宽松，文人一般不会因言获罪。换言之，唐代还没有兴起像宋世那样严厉的文字狱。若溯其源，当归功于太宗所立的“文学家法”。

① 魏徵等《隋书》卷七六，中华书局1973年版，第1730页。

② 《隋书》卷三五，第1090页。

③ 令狐德棻等《周书》卷四一《王褒庾信传论》，第744页。

④ 吴兢《贞观政要》卷七，第233页。

⑤ 吴兢《贞观政要》卷七，第233页。

⑥ 洪迈《容斋续笔》卷二，上海古籍出版社1978年版，第236—237页。

（二）文学实践所示之轨则

李世民对音乐与历史兴亡之关系的论述,其实质是强调艺术的娱乐性。但这并不代表李世民文艺思想的全部。实际上,他对文艺的看法是复杂的,既肯定文艺的娱乐性,同时也认为文艺有助于风化。《帝京篇序》:“观文教于六经,阅武功于七德。台榭取其避燥湿,金石尚其谐神人。皆节之于中和,不系之于淫放。”[①]《帝京篇》其四:“去兹郑卫声,雅音方可悦。”[②]其八:“千钟合尧禹,百兽谐金石。”[③]艺术之所以能有助风化,其根源在于艺术的中和思想。《笔法论》:“初书之时,收视反听,绝虑怡神,心正气和,则契于玄妙。心神不正,字则欹斜,志气不和,字则颠仆,如鲁庙之器也。”[④]所谓鲁庙之器,是指藏于孔庙中的一种欹器,又称“宥坐器”,即中空容器,水少则倾,中则正,满则覆。古人常于饮酒时置于座右,寓意“满招损,谦受益”。李世民论笔法,以此为喻,认为心正气和则契于玄妙,志气不和则欹斜颠倒。又《指法论》:“夫字以神为精魄,神若不和,则字无态度也;以心毫为筋骨,心若不坚,则字无劲健也;以副毛为皮肤,副若不圆,则字无温润也。所资心副相参,用神气冲和为妙。”[⑤]所论都以中和思想为核心。

李世民诗歌创作实践,为当世文人提供了示范,起到了潜移默化的诗教作用。特别是其中的偃武修文、励精图治、砥砺品格、谨言慎行等思想,为宫体诗风尚较盛行的初唐指出向上一路。如《帝京篇》其二:“严廊罢机务,崇文聊驻辇。玉匣启龙图,金绳披凤篆。韦编断仍续,缥帙舒还卷。对此乃淹留,欹案观坟典。”[⑥]《帝京篇》其十:“披卷揽前踪,抚躬寻既往。望古茅茨约,瞻今兰殿广。人道恶高危,虚心戒盈荡。奉天竭诚敬,临民思惠养。纳善察忠谏,明科慎刑赏。六五诚难继,四三非易仰。广待淳化敷,方

① 吴云、冀宇《唐太宗全集校注》,天津古籍出版社2004年版,第3页。

② 吴云、冀宇《唐太宗全集校注》,第8页。

③ 吴云、冀宇《唐太宗全集校注》,第11页。

④ 李世民《笔法论》,《全唐文》卷一〇,第123页。

⑤ 李世民《指法论》,《全唐文》卷一〇,第123页。

⑥ 吴云、冀宇《唐太宗全集校注》,第6页。

嗣云亭响。”[①]即使像《春日宣武门宴群臣》这样的欢宴诗歌，也依然保持着清醒的自励意识：“粤余君万国，还惭抚八埏。庶几保贞固，虚己厉求贤。”[②]《元日》中的“穆矣熏风茂，康哉帝道昌。继文遵后轨，循古鉴前王”[③]，表达了遵循前王、致力治道的雄心壮志。《赋尚书》“辍膳玩三坟，晖灯披五典。寒心睹肉林，飞魄看沉湎。纵情昏主多，克己明君鲜。灭身资累恶，成名由积善。既承百王末，战兢随岁转”[④]，抒发以古为鉴、观书自励的情志。其他如《望送魏徵葬》《伤辽东战亡》则写得哀切动人，可谓真性情流露。

太宗作品还从君王角度，体现关注民生的精神。如《临层台赋》：“念作者兮为劳，愧居之而有逸。”“工靡日而不劳，役无时而暂憩……反是中华之弊，翻资北狄之强。”[⑤]再如《出猎》力叙狩猎场景，以“所为除民瘼，非是悦林丛”[⑥]作结。《冬狩》后四句“心非洛汭逸，意在渭滨游。禽荒非所乐，抚辔更招忧”[⑦]，说狩猎并非为了欣赏洛阳一带的风景，而是希望像周文王那样，能够在出猎时遇到如姜子牙那样的贤才，所以冬狩并非沉迷于田猎，而以国事为忧。这种颇有自我辩解意味的诗句，不妨看作帝王的真情直白。

（三）学士政治与馆阁文学

武德四年（621）统一战争基本结束。本年正月，李渊在门下省设立修文馆。[⑧]本年十月，李世民开秦王府文学馆。史载武德四年（621）“十月，（李世民）加号天策上将、陕东道大行台，位在王公上……于时海内渐平，太宗乃锐意经籍，开文学馆以待四方之士。行台司勋郎中杜如晦等十有八人为学士，每更直阁下，降以温颜，与之讨论经义，或夜分而罢。”[⑨]《资治

① 吴云、冀宇《唐太宗全集校注》，第13页。
② 吴云、冀宇《唐太宗全集校注》，第35页。
③ 吴云、冀宇《唐太宗全集校注》，第45页。
④ 吴云、冀宇《唐太宗全集校注》，第57页。
⑤ 吴云、冀宇《唐太宗全集校注》，第105页。
⑥ 吴云、冀宇《唐太宗全集校注》，第38页。
⑦ 吴云、冀宇《唐太宗全集校注》，第40页。
⑧ 王溥《唐会要》卷六四，第1114页。
⑨《旧唐书》卷二，第28页。

通鉴》详载十八学士姓名:“世民以海内浸平,乃开馆于宫西,延四方文学之士,出教以王府属杜如晦、记室房玄龄、虞世南、文学褚亮、姚思廉、主簿李玄道、参军蔡允恭、薛元敬、颜相时、咨议典签苏勖、天策府从事中郎于志宁、军咨祭酒苏世长、记室薛收、仓曹李守素、国子助教陆德明、孔颖达、信都盖文达、宋州总管府户曹许敬宗,并以本官兼文学馆学士,分为三番,更日直宿,供给珍膳,恩礼优厚。世民朝谒公事之暇,辄至馆中,引诸学士讨论文籍,或夜分乃寝。又使库直阎立本图像,褚亮为赞,号十八学士。士大夫得预其选者,时人谓之‘登瀛洲’。”①

武德九年(626)八月初九,李世民即皇帝位,秦王府自然解散。本年三月,修文馆改为弘文馆。九月,太宗初即位,在弘文殿藏书二十余万卷,于殿侧置弘文馆。原秦王府文学馆部分学士转入弘文馆兼任学士。《唐会要》卷六四:“(太宗)精选天下贤良文学之士,虞世南、褚亮、姚思廉、欧阳询、蔡允恭、萧德言等,以本官兼学士。”②这样,原秦王府文学馆与原修文馆合二为一,但新置的弘文馆,其渊源是武德四年(621)所建立的修文馆,而非秦王府文学馆。弘文馆创置之后,学士群体发挥了重要的政治作用。史载李世民“令更宿直,听朝之隙,引入内殿,讲论文义,商量政事,或至夜分方罢。”③先后被选入馆兼任学士者有虞世南、褚亮、姚思廉、欧阳询、蔡允恭、萧德言、颜师古、颜勤礼、马嘉运、赵弘智、陆士季、曹宪、朱子奢、盖文达、谷那律、侯孝遵、刘伯庄、殷闻礼、袁承序、刘仁愿、任希古、贾公彦、岑文本、刘子翼、李玄植、谢偃、范义頵、薛伯珍、上官仪、许叔牙等。

太宗又于贞观十三年(639)置崇贤馆,崇贤馆为太子学馆,“学士掌东宫经籍图书,以教授诸生”④。上元二年(675),因避太子李贤讳,改为崇文馆。⑤贞观年间,先后被选为崇文馆学士和直学士者有颜师古、欧阳询、李延寿、马嘉运、来济、李敬玄、李义府、张士衡、盖文达、许叔牙、秦景通、颜

① 《资治通鉴》卷一八九,第5931—5932页。

② 王溥《唐会要》卷六四,第1114页。

③ 王溥《唐会要》卷六四,第1114页。

④ 《旧唐书》卷四四,第1908页。

⑤ 《新唐书》卷四九上,第1294页。

勤礼、刘伯庄、唐大智等。

上述两馆学士，不仅是李世民的政治智库，而且还是宫廷应制唱和诗人群的主体。贞观六年(632)七月，李世民幸武功庆善宫，从臣唱和者有许敬宗、上官仪等。贞观八年(634)唱和者有李义府等。贞观九年(635)桂林殿赋诗，参与者有上官仪等。贞观十年(636)宴乐赋诗，有欧阳询等；本年七夕赋诗，有许敬宗等。贞观十年(636)至十二年(638)，魏王李泰曾与褚亮、虞世南多有唱和。武德九年(626)八月至贞观十二年(638)五月，李世民与虞世南多有唱和。贞观十五年(641)，太宗自洛还京，途经潼关赋诗，预作者有许敬宗等。同年七月宴仪鸾殿，预唱和者有许敬宗、朱子奢等。贞观十七年(643)，李世民君臣有元日唱和诗，参与者有岑文本、颜师古等。贞观十一年(637)至十七年(643)间，李世民曾宴莎栅宫，预唱和者有许敬宗等人。贞观十八年(644)二月，宴群臣于玄武门，预唱和者有岑文本等人。贞观十九年(645)，太宗率师伐辽，于定州宴会赋诗，预唱和者有岑文本、褚遂良、许敬宗、上官仪等。同年七月，李世民在辽东，君臣赋诗，参与者有褚遂良、许敬宗、上官仪等。贞观二十年(646)，李世民幸灵州安边，预唱和者有褚遂良、许敬宗、上官仪等。贞观二十一年(647)正月，君臣唱和，预作者有许敬宗、刘子翼、上官仪等。总计今存贞观年间君臣唱和诗共214首，预唱和诗人45人，其中多为两馆学士。[①]

太宗创置弘文馆和崇贤馆，原出于政治之需要。但事实上，二馆学士成为宫廷诗歌创作主体。前人对太宗君臣唱和与近体诗体调成熟的关系，已作出深入探讨。笔者认为，太宗学士政治的文学意义，不仅表现在君臣之间的诗歌实践上，更重要的是他开创了此后长达二百余年以馆阁为中心的宫廷诗歌创作风气。此后高宗时期以许敬宗为中心的修书学士群体、武后前期的北门学士群体、武后后期珠英学士群体、中宗时期的景龙文馆学士群体、玄宗开元年间的集贤学士群体，以及德宗宫廷诗坛、宪宗宫廷诗坛等，均是对太宗馆阁文学传统的继承和发扬。

---

① 参考贾晋华《唐代集会总集与诗人群研究》，北京大学出版社2001年版，第13—29页。

二 盛唐以集贤院为中心的诗歌活动

关于唐代集贤院,最珍贵资料是韦述的《集贤记注》。此书原本已佚,现在能看到的是宋代王应麟《玉海》所引的数十条。二十世纪二十年代,朱倓钩稽排比,撰成《〈集贤记注〉辑释》[①],是研究集贤殿书院的重要资料。二十世纪七十年代,日本学者池田温纂成《盛唐之集贤院》[②],从沿革、职掌、官联等八个方面进行考察,为了解集贤院制度提供了许多有益的材料。郑伟章则从建立经过、学士和职官特点、藏书三方面论述,试图还原集贤院创立过程。[③]赵永东亦论及书院兴衰沿革,并细分书院的发展阶段。[④]刘健明《论唐玄宗时期的集贤院》[⑤],精察张说、张九龄与宇文融、李林甫相争性质,阐明集贤院相关政治背景。李湜从集贤学士设置及其功能和政治作用入手,认为充当集贤学士者是唐朝政治舞台上的知识精英,他们参预朝政,担起了从理论上全面总结唐朝社会转型时期政治制度的重任。[⑥]总体而言,前贤的研究大多着眼于制度和政治,而于书院与唐诗之关系论述不多。本书拟从盛唐集贤院诗歌活动考证切入,揭示书院在唐诗演进中的作用。基本观点是盛唐集贤院群体诗歌活动将律体律调从定型推向成熟,究其成功,不仅要肯定张说、张九龄等人的个人作用,更应注意活动的群体性或集体性。从这层意义说,书院集体创作、人才汇聚、诗文评骘、书籍修撰等群体性活动,是推动诗歌律化的根本原因。

(一) 集贤院诗歌活动

集贤院的发展历程大致可以分为四个重要阶段,涉及四位重要人物:一是马怀素在秘书省领导编目工作,二是褚无量在东都洛阳乾元殿校写内库书,三是元行冲领导丽正殿校书编目工作,四是张说知丽正院、丽正

① 朱倓《集贤记注辑释》,《“国立”中山大学文学史研究所月刊》,第3卷1期(1934年)。

② [日]池田温《盛唐的集贤院》,《唐研究论文选集》,中国社会科学出版社1999年版。

③ 郑伟章《唐集贤院考》,《文史》第19辑(1983年)。

④ 赵永东《唐代集贤殿书院考论》,《南开学报》1986年第4期。

⑤ 刘健明《论唐玄宗时期的集贤院》,黄约瑟、刘健明编《隋唐史论集》,香港大学亚洲研究中心1993年版。

⑥ 李湜《盛唐时期的集贤学士》,《江西师范大学学报》1995年第3期。

院改为集贤院。它的正式成立在开元十三年(725),史载“十三年四月五日,因奏封禅仪注,敕中书门下及礼官学士等,赐宴于集仙殿。上曰:‘今与卿等贤才,同宴于此,宜改集仙殿丽正书院为集贤院。’”①

在玄宗积极推动和第一任知院事宰相张说领导下,集贤院成立前后有多次诗歌集体活动,可考者有以下诸次。

1.《旧唐书·玄宗本纪》:“(开元十年)闰五月壬申,兵部尚书张说往朔方军巡边。”②燕公出巡之时,玄宗与群臣曾举行规模宏大的欢送会,赋诗送行。现存可考者二十余人:李隆基、崔日用、张九龄、宋璟、崔泰之、源乾曜、徐坚、胡皓、韩休、许景先、王丘、苏晋、崔禹锡、张嘉贞、卢从愿、袁晖、王光庭、徐知仁、席豫、贺知章、王翰等。(作品分见《全唐诗》卷三、四六、四九、六四、九一、一〇七、一〇八、一一一、一一二、一五六)

2.《职官分纪》卷十五:“开元十一年,张燕公等献所赋诗。上各赐赞以褒美之。敕曰:‘得所进诗甚有佳妙,风雅之道,斯为可观。并据才能,略为赞述,具如别纸,宜各领之。’上自于五色笺八分书之。”③玄宗所赞者有:张说、徐坚、贺知章、赵冬曦、康子元、侯行果、韦述、敬会真、赵玄默、东方颢、李子钊、吕向、毋煚、陆去泰、咸廙业、余钦、孙季良。

3.《职官分纪》卷十五:“时又频赐酒馔学士等,燕饮为乐。前后赋诗奏上凡数百首。时院中既有宰臣及侍读屡承恩渥,赐以甘瓜绿李及四方珍异。燕公诗曰:‘东壁图书府,西园翰墨林。诵诗闻国政,讲易见天心。’当时词人尤称美。前后令赵冬曦、张九龄、咸廙业、韦述为诗序。学士等赋诗,编成篇轴以进上,上每嘉赏焉。”④其诗可考者二首。一为张说《恩勑赐食于丽正殿书院宴应制》:“东壁图书府,西园翰墨林。诵诗闻国政,讲易见天心。位窃和羹重,恩叨醉酒深。缓歌春兴曲,情竭为知音。”⑤一为王湾《丽正殿赐宴同勒天前烟年四韵应制》:“金殿忝陪贤,琼羞忽降天。

① 王溥《唐会要》卷六四,第1119页。

②《旧唐书》卷八,第183页。

③ 孙逢吉《职官分纪》卷一五,中华书局1988年版,第380页。

④ 孙逢吉《职官分纪》卷一五,第380页。

⑤ 李昉等《文苑英华》卷一六八,第811页。

鼎罗仙掖里，觞拜鏁闱前。院逼青霄路，厨和紫禁烟。酒空欢抃舞，何以答昌年。"[①]此期应制诗歌数量巨大，凡数百首。唱和次数频繁，赵冬曦、张九龄、咸廙业、韦述等曾为诗序。

4.《职官分纪》卷十五："开元十三年，因奏对封禅仪注，敕学士等赐宴于集仙殿。上制诗序，群臣赋诗。上于坐上口诏，改为集贤殿。时预宴者，宰臣源侍中乾曜、张燕公、学士徐坚、贺知章、康子元、赵冬曦、侯行果、敬会真、赵玄默、韦述、李子钊、陆去泰、吕向、咸廙业、毋煚、余钦、孙季良、冯朝隐等。时新进樱桃，上令遍于席上散布，各令诸官拾取之。饮以醇醪清酤之酒，酒酣廉内出彩笺，令燕公赋宫韵，群臣赋诗。"[②]

此次赋诗，可考者二首。玄宗所制诗序见《全唐诗》卷三，所赋《春晚宴两相及礼官丽正殿学士探得风字》，见《文苑英华》卷一六八，诗云："乾道运无穷，恒将人代工。阴阳调历象，礼乐报玄穹。介胄清荒外，衣冠佐域中。言谈延国辅，词赋引文雄。野霁伊川绿，郊明巩树红。冕旒多暇景，诗酒会春风。"[③]张说诗亦见《文苑英华》卷一六八，其《春晚侍宴丽正殿得开字》云："圣政惟稽古，宾门引上才。坊因购书立，殿为集贤开。旍彦星辰下，仙章日月回。字如龙负出，韵是凤衔来。庭柳余春驻，宫樱早夏催。喜承芸阁宴，幸捧柏梁杯。"[④]

5. 开元十三年(725)，改集仙殿为集贤殿，张说为集贤学士兼知院事，时玄宗赐宴，群臣赋诗以送学士燕公，九龄为序。此次赋诗，可考者十八首，依次为：玄宗《集贤书院成，送张说集贤上学士，赐宴得珍字》，张说《奉和圣制送赴集贤院赐宴赋得辉字》，源乾曜《奉和圣制送张说赴集贤学士赐宴赋得迎字》，裴漼（同前赋得升字），苏颋（同前赋得兹字），韦抗（同前赋得西字），程行谌（同前赋得回字），徐坚（同前赋得虚字），李暠（同前赋得催字），萧嵩（同前赋得登字），李元紘（同前赋得私字），贺知章（同前赋得暮字），陆坚（同前赋得今字），刘升（同前赋得宾字），褚琇（同前赋得风

① 李昉等《文苑英华》卷一六八，第810页。

② 孙逢吉《职官分纪》卷一五，第380页。

③ 李昉等《文苑英华》卷一六八，第811页。

④ 李昉等《文苑英华》卷一六八，第811页。

字），王翰（同前赋得筵字），赵冬曦（同前赋得莲字），韦述（同前赋得华字）。[①]（作品又分见《唐诗纪事》卷二、一〇、一四、一七、二一、二二）

6.《职官分纪》卷十五："贺知章拜集贤院学士，后以年老上表请度为道士，归乡里，诏许之。上亲制诗序，令所司供帐，百司饯送，赋诗序别。"[②]时为天宝三年（744），集贤院已盛况不再，贺知章亦以太子宾客之身份致仕荣归故里。

观以上所考，集贤院诗歌创作活动主要集中在成立前后的开元十三年（725）。从内容上来看，这些诗歌并未出前代学士应制诗范围。宴会和送行是写作的主要对象。究其成因，大抵可归结为皇帝的家风绍续以及盛唐文化气象的高涨。太宗朝的弘文馆、崇文馆学士、高宗武后时期的北门学士、中宗时期的修文馆"二十四学士"，都是围绕在帝王身边的宫廷诗歌唱和的主角。玄宗对集贤学士的崇重，正是媲美前王之心态的反映。开、天时期，在物质和精神两方面，都达至全盛。与此相关之文化情绪的高涨，在一定程度上推动了诗歌集体活动。

（二）集贤院群体活动的诗史意义

殷璠《河岳英灵集序》："萧氏以还，尤增矫饰，武德初，微波尚在；贞观末，标格渐高；景云中，颇通远调；开元十五年后，声律风骨始备矣。"[③]此语指出了唐诗发展的基本历程。值得特别注意的是"开元十五年后，声律风骨始备"。所谓声律，殆指律体律调，而风骨则是要求诗歌有兴寄、有意象。从以上所考可知，集贤院诗歌创作内容还是以宴会和送行的应制为主，因此决定了群体作品在风骨方面难以超越前代。而在声律方面，正是这种集体诗歌活动促进了律诗律体律调从初唐的定型走向盛唐的成熟。

一般认为，律体律调在初唐基本定型。但这并不是说初唐之后的创作实践和理论，都无须关注声律问题。事实上，根据殷璠的叙论，从睿宗景云（710—711）中至开元十五年（727）的二十余年间，声律从定型走向完善。其成熟过程得力于集贤院的诗歌集体活动。前人对此早有论述。如

① 李昉等《文苑英华》卷一六八。

② 孙逢吉《职官分纪》卷一五，第381页。

③ 殷璠《河岳英灵集》，元结、殷璠等《唐人选唐诗（十种）》，第40页。

唐代顾陶就说过:“爰有律体,祖尚轻巧,以切语对为工,以绝声病为能,则有沈、宋、燕公、九龄、严、刘、钱、孟,司空曙、李端、二皇甫之流实系其数,皆妙于新韵,播名当时。”①在顾陶看来,燕公张说及其之后的张九龄,对于律诗声律的完善发挥了承前启后的作用。明代高棅也认为:“律体之兴……唐初王、杨、卢、骆四君子以俪句相尚,美丽相矜,终未脱陈、隋之气习;神龙以后,陈、杜、沈、宋、苏颋、李峤、二张——说、九龄——之流,相与继述,而此体始盛。”②高度肯定了“二张”对于律诗发展成熟的贡献,是极具眼力的。清代刘熙载亦云:“唐初四子,演陈、隋之旧,故虽才力迥绝,不免致人异议。陈射洪、张曲江独能超出一格,为李、杜开先,人文所肇,岂天运使然耶?”③所谓“独能超出一格,为李、杜开先”,正表明张说在律诗进程中的重要作用。

然而前贤所论止于明其然而已,于其所以然者,则着力未多。事实上,“二张”引领律诗从定型走向成熟,决不能完全归功于他们个人。他们只不过起到“导夫先路”的作用,其成功与集贤院大群体分不开,当然也不能否认个人力量。结合个人之力与群体之功来看诗歌律化成熟,在以上所考创作实践之外尚有以下三点值得注意:一是人才汇聚,二是诗文讲论,三是修撰文艺书籍。

其一,人才汇聚。结合张说对人才的引荐,可从一个侧面来论证书院的群贤荟萃。张说性喜儒术,好招徕文士,在开元十年(722)出任丽正殿修书使之前,已举荐了不少人才。如:开元元年(713),称荐赵彦昭;开元六年(718),在朝举陈寡尤等三人;开元八年(720),礼遇王翰。开元十年(722)正式出任丽正殿修书使,前后引进文士益多。如:亲重张九龄;孙逖制举登科,说尤重其才,命子均、垍往拜之,逖亦日游其门;擢王翰;奏请徐坚、贺知章、赵冬曦等入丽正院;请擢吕向。开元十二年(724),称荐裴漼;房琯献《封禅书》,说奇其才,奏授校书郎。开元十三年(725)前后,荐康子

① 《全唐文》卷七六五,第7959页。

② 高棅《唐诗品汇》,上海古籍出版社1982年版,第506页。

③ 刘熙载《艺概》卷二,上海古籍出版社1978年版,第57页。

元、敬会真;又引韦述为集贤院直学士,述与张九龄、许景仙、袁晖、赵冬曦、孙逖、王翰常游其门。赵冬曦兄冬日,弟和璧、居贞、安贞,颐贞等六人,述弟迪、逌、迥、巡等亦六人,并词学登科。张说盛赞赵、韦昆季。又面试刘晏,极力称赏。又择王丘、齐澣为左右丞。又荐徐浩为集贤校理。又试常敬忠,荐直集贤院。又崔颢上书张说荐樊衡。开元十六年(728),试李泌。[①]

张说前后所引人才,多为文学优赡之士,其为今日所熟知者如张九龄、贺知章、王翰、孙逖、崔颢之辈,当为开、天之际文坛巨擘。而为张说所礼遇之孙逖亦以知人善鉴为世称道,孙逖开元二十二年(734)知贡举,李琚、阎防、颜真卿、杜鸿渐等人于其门下登第;开元二十三年(735),更录贾季邻、贾至、李颀、萧颖士、李华、赵晔、李崿、张阶、张南容、柳芳诸人。[②]诸辈人等,实为中唐前期文坛之中坚。

张说之所以能吸引人才,不仅同他本人爱好文学之性格相关,更主要者在于集贤院的设立为他提供了诸多方便。九龄虽不如张说汲引之广,但也曾留心于此,如开元二十二年(734),引王维为右拾遗[③]。在人才引进方面张九龄不如张说,一方面因前者影响力比不上后者,另一方面亦因其时集贤院地位开始下降。

其二,诗文评议。张说有一段著名诗文评骘之谈:"(开元)十六年,张燕公拜右丞相,依旧学士知院事。燕公与徐常侍圣历年,同为珠英学士,每相推重,至是,旧学士死亡并尽,唯二人在。燕公尝手写同时诸人名与观之,悲叹良久。徐曰:'诸公昔年皆擅一时文词之美,敢问孰为先后?'燕公曰:'李峤、崔融、薛稷、宋之问之文,皆如良金美玉,无施不可;富嘉谟之文,如孤峰绝岸,壁立万仞,丛云郁兴,震电俱发,诚可畏也。若施于廊庙,则为骇矣。阎朝隐之文,如丽服靓妆,衣之绮绣,燕歌赵舞,观者忘忧。然类之雅颂,则为罪矣。"徐又曰:"今之后进,文词孰贤?'公曰:'韩休之文,如太羹玄酒,虽雅有典则,而薄于滋味。许景先之文,如丰肌腻理,虽浓华可爱,而

① 陈祖言《张说年谱》,香港中文大学出版社1984年版。

② 孟二冬《登科记考补正》,第313—326页。

③ 《新唐书》卷二〇二,第5765页。

乏于风骨。张九龄之文,如轻缣素练,虽济时适用而窘于边幅。王翰之文,如琼杯玉斝,虽炫然可观,而多玷阙。若数子者各能箴其所阙,济其所长,亦一时之秀,可继于前贤尔。’”[①]此段评骘虽侧重于文,而实兼评诗。既将昔时词人与今日文士纵向对比,又将诗人横向比较,既肯定长处,亦指出其瑕疵。无疑,此种批评有利于诗文创作的改进。必须指明的是,张说与徐坚的对话,属于群体诗文评议活动,不能完全从个体的角度考量。

另外,“燕公与徐常侍圣历年,同为珠英学士”一语给我们启示,那就是张说出任书院领导之前的经历,对于承继并推动律诗进程来说十分重要。张说曾预修《三教珠英》,又补中宗景龙修文馆学士,对武后及中宗朝诗风了然于心。睿宗即位,尽诛韦、武,学士群解体。先天二年(713)七月三日,李隆基又诛灭太平公主及其党羽;七月丁卯,崔湜、卢藏用除名,长流岭表。[②]开元元年(713)九月,李峤贬虔州。[③]至此,武后珠英学士及中宗景龙学士两大群体正式宣告结束。张说因曾为玄宗铲除太平公主出谋划策,功勋卓著,所以在玄宗朝继续得以重用,并出掌文翰。学士群的凋零,从诗歌发展的角度来说,其持续发展并成熟就有待于张说等人的努力。史载“上之好文,自说始也”[④],正是其功劳的最好说明。由此可见张说领导集贤院推动律诗进程,既有偶然性也有必然性。

其三,修撰文艺书籍。“二张”领导集贤院修撰了大量图书,其中以政典居多,但亦不乏文艺方面的著作。如开元十六年(728)修成《初学记》三十卷,十九年(731)于《文选》外别撰《文府》二十卷,又奏上王智明、李元成、陈居注《文选》,二十年(732)又敕集贤院修纂御集。[⑤]修撰文艺书籍,一方面见出对文艺的重视,另一方面他们也可从中获取借镜之资。所有这些,都有利于诗歌创作的成熟。

前引《河岳英灵集序》说“开元十五年后,声律风骨始备”,声律方面,

① 孙逢吉《职官分纪》卷一五,第381页。

② 《旧唐书》卷八,第169—170页。

③ 《资治通鉴》卷二一〇,第6687页。

④ 孙逢吉《职官分纪》卷一五,第381页。

⑤ 分见王应麟《玉海》卷五七、卷五四、卷二八。

诚如以上所论。而风骨方面,《新唐书·杜甫传》曾加以总结:"唐兴,诗人承陈、隋风流,浮靡相矜。至宋之问、沈佺期等研揣声音,浮切不差,而号律诗,竞相袭沿。逮开元间,稍裁以雅正。"[①]所谓"裁以雅正",正是就风骨而论的。与前代珠英学士、景龙文馆学士相较,张说、张九龄的经历更为丰富曲折。前者出将入相,后者更是几经贬谪。这种朝廷与地方之间的不断流转,借用闻一多先生的话来说,就是"二张"使律诗"由宫廷走向市井""从台阁移至江山与塞漠"[②]。毫无疑问,这种视野的拓展必将引起诗歌题材转移和内容充实,因之提高诗歌的整体意境。

由以上论述可得出这样的结论:律诗声律在初唐初具规模,盛唐集贤院诗歌创作活动将律体律调从定型推向成熟。究其成因,不仅要肯定张说、张九龄等人的个人贡献,更要强调活动的群体性。从这层意义上说,集贤院的集体创作、人才汇聚、诗文评骘、文艺书籍修撰等群体性活动,综合成为推动诗歌律化的重要力量。相对而言,书院集体创作与诗歌风骨之间的联系并不密切。

三 贞元宫廷诗歌活动

贞元宫廷诗歌活动是指以唐德宗为中心的宫廷诗人群体活动,多发生于时令节日,具有制度化、集体娱乐等特点。以权德舆为中心的台阁诗人群体活动是宫廷诗风的延伸,具有日常化、以诗为娱等特征。两种群体活动的发生,与贞元时期相对稳定的政局、帝王的提倡以及大历台阁诗人的影响密切相关。贞元宫廷诗人发扬了儒家诗学"化下"的一面,抛弃了"刺上"传统。在前人影响的焦虑之下,他们通过对诗歌之"丽"极度追求,实践和发展"丽"的宫廷诗学,以期超越。同时,宫廷诗学又与复古诗学形成二元对立,从而获得另一层诗学史意义。

(一)贞元宫廷诗歌活动考

贞元时期,以德宗李适为中心形成宫廷诗人群体。其间诗歌活动较

① 《新唐书》卷二〇一,第5738页。

② 闻一多《唐诗杂论》,上海古籍出版社1998年版,第25页。

为频繁,多发生于时令节日,考之如下。

1. 贞元四年(788)春,宴于麟德殿,德宗赋《麟德殿宴百僚》诗,群臣属和。[①]德宗诗载《全唐诗》卷四。群臣奉和应制可考者有宋若昭、宋若宪、鲍君徽(《全唐诗》卷七)、卢纶(《全唐诗》卷二七六)等人。按:卢纶诗,《全唐诗》卷二五四又作常衮诗,题为《奉和圣制麟德殿燕百僚应制》。《旧唐书》卷一一九《常衮传》载衮于建中元年(780)迁福建观察使,建中四年(783)正月卒。据此,此诗作者当为卢纶。

2. 贞元四年(788)重阳节,曲江亭宴集,君臣唱和,德宗作诗并序,品评群臣唱和之作,第其为上中下三等,刘太真及李纾等四人为上等,鲍防、于邵等四人为次等,张蒙、殷亮等二十三人为下等,而李晟、马燧、李泌三宰相之诗,不加考第。[②]德宗诗见《唐诗纪事》卷二,群臣唱和之作无考。

3. 贞元五年(789)春,改二月一日为中和节[③],德宗赋《中和节日宴百僚赐诗》,群臣唱和。《全唐诗》卷四载德宗诗,原注:“帝移晦日为中和节。”[④]又赐诗戴叔伦。《唐国史补》卷下:“贞元五年,初置中和节。御制诗,朝臣奉和,诏写本赐戴叔伦于容州,天下荣之。”[⑤]《新唐书·戴叔伦传》:“迁容管经略使,绥徕夷落,威名流闻……德宗尝赋《中和节诗》,遣使者宠赐。”[⑥]德宗所赐诗见《唐诗纪事》卷二。

4. 贞元六年(790)中和节,宴于曲江,德宗赋《中和节群臣赐宴》七韵,群臣唱和。[⑦]德宗诗今不存。《全唐诗》卷四有德宗《中和节赐群臣宴赋七韵》,即上条“东风变梅柳”一诗,但此诗为贞元五年(789)送戴叔伦诗。[⑧]

5. 贞元六年(790)三月上巳日,宴百僚于曲江,德宗赋《上巳诗》赐群

① 刘昫等《旧唐书》卷一三,第364页。

② 计有功《唐诗纪事》卷二,上海古籍出版社2008年版,第18页。

③ 刘昫等《旧唐书》卷一三,第367页。

④ 彭定求等《全唐诗》卷四,第44页。

⑤ 李肇《唐国史补》卷下,第55页。

⑥ 欧阳修、宋祁等《新唐书》卷一四三,第4691页。

⑦ 刘昫等《旧唐书》卷一三《德宗纪下》,第369页。

⑧ 彭定求等《全唐诗》卷四,第46页。

臣。[①]《全唐诗》卷四载德宗诗,题为《三日书怀因示百僚》。[②]

6. 贞元七年(791)七月十五日,德宗巡幸章敬寺,赋《题章敬寺》诗九韵,题于寺壁,皇太子及群臣同和。[③]德宗诗见《唐诗纪事》卷二,题为《七月十五日题章敬寺》。[④]

7. 贞元九年(793)正月初一,朝贺毕,德宗赋《元日退朝观军仗归营》诗。[⑤]其诗见《唐诗纪事》卷二。

8. 贞元十年(794)九月十八日,赐百僚宴,德宗赋《九月十八赐百僚追赏因书所怀》,群臣唱和。据权德舆《进诗状》,此年重阳节阴雨天气,故宴会改在九月十八日。[⑥]德宗诗见《全唐诗》卷四。群臣唱和之作可考者有权德舆《奉和圣制九月十八日赐百寮追赏因书所怀》(《权德舆诗文集》卷一)。

9. 贞元十一年(795)重阳节,宴集曲江,德宗赋《重阳日中外同欢以诗言志因示群官》诗六韵,群臣唱和。[⑦]德宗诗载《全唐诗》卷四。群臣和诗可考者有权德舆《奉和圣制重阳日中外同欢以诗言志因示百僚》(《权德舆诗文集》卷一)。

10. 贞元十三年(797)重阳节,宴集曲江,德宗赋《重阳日中外同欢以诗言怀因示群官》诗,君臣唱和。[⑧]德宗诗今不存,《全唐诗》卷四载德宗《九日绝句》:"禁苑秋来爽气多,昆明风动起沧波。中流箫鼓诚堪赏,岂假横汾发棹歌。"[⑨]但从权德舆应制诗为五言十二句的排律来看,此诗显然不是德宗贞元十三年(797)九月九日所作。群臣唱和诗可考者有权德舆《奉和圣制九日言怀赐中书门下及百僚》(《权德舆诗文集》卷一)。

11. 贞元十四年(798)二月七日,于麟德殿观新乐,德宗赋《中春麟德

① 刘昫等《旧唐书》卷一三,第369页。
② 彭定求等《全唐诗》卷四,第46页。
③ 刘昫等《旧唐书》卷一三,第372页。
④ 计有功《唐诗纪事》卷二,第17页。
⑤ 刘昫等《旧唐书》卷一三,第376页。
⑥ 权德舆《权德舆诗文集》卷四五,郭广伟校点,上海古籍出版社2008年版,第690页。
⑦ 刘昫等《旧唐书》卷一三,第382页。
⑧ 刘昫等《旧唐书》卷一三,第386页。
⑨ 彭定求等《全唐诗》卷四,第47页。

殿会百僚观新乐》,群臣唱和。[①]德宗诗载《全唐诗》卷四,题为《中春麟德殿会百僚观新乐诗一章章十六句》。群臣唱和之作可考者有权德舆《奉和圣制仲春麟德殿会百寮观新乐》(《权德舆诗文集》卷一)。

12. 贞元十四年(798)春上巳日,宴于曲江,赐诗张建封。[②]

13. 贞元十七年(801)中和节,宴于曲江,德宗赋《中和节赐宴曲江》,群臣唱和。[③]德宗诗载《全唐诗》卷四,题为《中和节赐百官宴集因示所怀》。群臣和诗可考者有权德舆《奉和圣制中和节赐百官宴集因示所怀》(《权德舆诗文集》卷四五),李泌《奉和圣制中和节曲江宴百僚》(《全唐诗》卷一〇九)。

14. 贞元十七年(801)重阳节,宴于曲江,德宗赋《九日赐宴曲江亭诗》六韵,群臣唱和。[④]德宗诗载《全唐诗》卷四,题作《重阳日即事》。群臣和诗可考者有权德舆《奉和圣制重阳日即事六韵》(《权德舆诗文集》卷一),武元衡《奉和圣制重阳日即事》(《全唐诗》卷三一七)。

15. 贞元十八年(802)重阳节,宴于马璘山池,德宗赋《丰年多庆九日示怀》六韵,群臣唱和。[⑤]德宗诗载《全唐诗》卷四,群臣和诗可考者有权德舆《奉和圣制丰年多庆九日示怀》(《权德舆诗文集》卷一),武元衡《奉和圣制丰年多庆九日示怀》(《全唐诗》卷三一七)。

据以上所考,有两个问题需要追问。一是何以从贞元四年(788)才开始有宫廷文学活动的记载,而此时距德宗即位已有九年?这应与当时的休沐制度有关。《旧唐书·德宗纪》:“(贞元四年)九月丙午,诏:‘比者卿士内外,左右朕躬,朝夕公门,勤劳庶务。今方隅无事,烝庶小康,其正月晦日、三月三日、九月九日三节日,宜任文武百僚选胜地追赏为乐。’”[⑥]贞元五年(789),诏以中和节(二月一日)代正月晦日。宫廷文学活动制度化之

① 《权德舆诗文集》卷四五,第695页。
② 刘昫等《旧唐书》卷一四〇,第3832页。
③ 刘昫等《旧唐书》卷一三,第394页。
④ 王钦若等《册府元龟》卷四〇,中华书局1960年版,第456页。
⑤ 王钦若等《册府元龟》卷四〇,第456页。
⑥ 刘昫等《旧唐书》卷一三,第366页。

后，才会出现有规律性的记录。其二，贞元宫廷诗歌活动发生的具体次数是多少？毫无疑问，以上所考只是其中的一部分。事实上，德宗时期的节日集会已制度化。从贞元四年(788)到贞元二十年(804)(按：德宗于贞元二十一年(805)正月去世)共十七年，若以每年三个重要节日(中和节、上巳日、重阳节)来计算，共有诗歌活动五十余次。真实情况可能还远不止此，因为三节之外，活动有时也发生在其他时间。比如，贞元七年(791)中元节(七月十五)，亦有诗歌集会。由此可以说贞元宫廷诗歌活动是很频繁的。

（二）贞元宫廷诗歌活动的特点

综合来看，贞元间以德宗为中心的宫廷诗歌活动主要有以下几方面特点：

其一，诗歌活动制度化。宫廷诗会多发生于时令节日，以中和节、上巳日、重阳节为主。

其二，皇帝赐诗与群臣进诗有一套程序。皇帝一般在三令节当天赐诗，而群臣的和诗则在此后的数天之内完成。其过程大致是这样的：皇帝诗歌赐下之后，中书门下两省的官僚要进谢诗状，谢诗状与皇帝赐诗同日完成。群臣向皇帝进献应制诗的时间一般在赐诗后的六到十日之内。群臣献诗不是单独进献，而是合编一卷，附在进诗状之后。《权德舆诗文集》卷四五中保存了谢诗状五通、进诗状六通，据此可知贞元后期的谢诗状和进诗状多由权德舆来完成。皇帝对所进之诗要有批答。如贞元十四(798)年二月十三日，权德舆进《奉和圣制中春麟德殿会百僚观新乐诗》，德宗敕批："朕思以中和被于风俗，既传令节，因会群僚，用申欢宴，斐然成韵，有愧非工。卿等各抒清词，咸推藻丽，再三省览，良用嘉焉。所献，知。"[①]

其三，诗歌唱和的实质，是以诗的形式展开君臣对话。诗歌写作有上行和下行的区别，思想内容和表达方式也有上下之别。具体来说，皇帝站在政教立场，在诗歌中强调"上以风化下"的教化传统。权德舆评价德宗

① 《权德舆诗文集》卷四五，第694页。

“宴乐以示慈惠,咏歌以昭教化”[1]。其诗歌则是“焕然丽藻,丕变时风”[2];“焕发睿词,化成天下”[3];“以诚信施教,以慈爱缘情,形于咏歌,系在风化”[4]。群臣的应制诗实际上是对德宗诗歌的回应,体现为感恩和颂圣的特征,在诗中往往以“湛恩”“拜恩”“恩泽”“恩洽”等语词来表达。颂圣的手法,或直接将皇帝比作尧舜,或通过对物阜年丰、天地交泰、君臣和洽等事象来描绘,或用中和之乐来比喻。此外,应制诗还体现出作为臣子的“下位”,也就是谦卑态度。通行的做法是在诗中表明皇帝至高无上,臣子不足以和,自称“小臣”“微臣”。皇帝的说教和臣子的颂恩,体现了宫廷诗歌活动的君臣对话性质。但对话双方并不具有对称性,皇帝主导了话语权,群臣只是附和。

其四,宫廷诗歌活动具有集体娱乐性质。随着文学侍臣制度的逐步完善,宫廷文学活动的娱乐传统也逐渐建立。后汉有东观,魏有崇文馆,南朝宋文帝刘义隆始置儒、玄、史、文四个学馆,宋明帝刘彧设总明观,梁有士林馆,北齐有文林馆,后周有崇文馆。[5]唐代先后建弘文馆、崇文馆、集贤院等馆阁。这些文馆文人是围绕在皇帝身边的文学侍臣,如唐太宗时的弘文馆和崇文馆学士、高宗、武周时的“北门学士”“修书学士”,中宗时的修文馆“二十四学士”,玄宗时的集贤院学士。宫廷文学活动往往以学士群体为主体,在节令、婚嫁,或者皇帝特别高兴之时进行,在君臣唱和的同时,还有赐宴、尝新、观礼、观乐、赏花等活动。结合上文所考贞元宫廷诗歌活动的宴赏内容,以及贞元四年(788)九月丙午所下关于官员休沐的诏书,可以说其活动既是文学侍臣制度的产物,也是休沐制度的产物,本身就具有休息和娱乐的性质。

但是宫廷诗会的娱乐不仅仅是来自宴游活动,还来自集体创作中的竞艺。宫廷诗会的竞艺性质,也有其历史传统。例如,南齐竟陵王萧子良

---

① 《权德舆诗文集》卷四五,第691页。

② 《权德舆诗文集》卷四五,第692页。

③ 《权德舆诗文集》卷四五,第692页。

④ 《权德舆诗文集》卷四五,第690页。

⑤ 李林甫等《唐六典》卷八,中华书局1991年版,第160页。

刻烛击钵为诗，武则天以锦袍奖赐宋之问，中宗用上官婉儿评诗等事例，已充分表明诗会的竞赛性质。即如常规化的应制奉和，由于多是同题分韵，也不无竞赛的意思。前引贞元四年(788)重阳节诗会，德宗品第群臣诗歌，将其分为上中下三等，就是很好的明证。由于受到帝王和王公贵族的提倡，诗人形成一种自觉的集会赛诗意识。《唐国史补》卷上："郭暧，升平公主驸马也。盛集文士，即席赋诗，公主帷而观之。李端中宴诗成，有荀令、何郎之句，众称妙绝，或谓宿构。端曰：'愿赋一韵。'钱起曰：'请以起姓为韵。'复有金埒、铜山之句。暧大出名马、金帛遗之。是会也，端擅场；送王相公之镇幽朔，韩翃擅场；送刘相之巡江淮，钱起擅场。"[①]从中可知，所谓赛诗，赛的是诗歌技巧。这种技巧有时表现在整首诗上，有时也可以是诗中的某一句或某一联。在竞艺过程中，诗人们相互观摩和仿习，获得写作本身带来的身心愉悦。

（三）以权德舆为中心的台阁诗人群

在德宗右文政策的推动下，君臣之间唱和活动频繁，臣僚之间的诗歌活动也经常发生，形成以权德舆为中心的台阁诗人群体。这个群体的活动实际上是宫廷活动的延伸，二者关联密切，因此有必要进一步论述。贞元时期，此群体主要成员有杨於陵、韦渠牟、王绍、崔从质、仲子陵、王仲舒、许孟容、崔邠、陈京、冯伉、张荐、徐岱、蒋乂等人。这些诗人年龄相仿，入朝时间相近，职务品级相当，职务性质相似，思想性格相类。权德舆之所以能够成为中心，是因为在才、学、识、地、时等条件之外，他还具备了道德上的声望，以及家世和社会背景的支持。[②]

权德舆，字载之，名士权皋之子。贞元八年(792)入朝为太常博士，此后掌朝廷制诰十余年。贞元十八年(802)拜礼部侍郎，三掌贡举，号为得人。《新唐书·艺文志》著录其《文集》五十卷，《制集》五十卷，《童蒙集》十卷，《元和格敕》三十卷(与刘伯刍等合编)。今传《权载之集》五十卷。杨於陵，今存诗三首，见《全唐诗》卷三三〇，《全唐诗补编》补诗一

① 李肇《唐国史补》卷上，第21—22页。

② 蒋寅《权德舆与贞元后期诗风》，《唐代文学研究》第5辑，第423—424页。

首又四句。韦渠牟存诗二十一首,见《全唐诗》卷三一四,《全唐诗补编》补题一首。王绍,《全唐诗》卷七八八存其联句一首。仲子陵,今存诗一首,见《全唐诗》卷二八一。仲子陵精于《礼》学,大历时“最卓异”[①]。权德舆称其“修词而筮仕,说经有师道”[②]。王仲舒,《全唐诗》卷四七三存诗一首。仲舒长于文诰,《旧唐书》本传云其“文思温雅,制诰所出,人皆传写”[③]。韩愈称其“所为文章,无世俗气,其所树立,殆不可学”[④]。许孟容,《全唐诗》卷三三〇存诗三首。孟容精通《易》学,以究《王氏易》登科。《旧唐书》本传称其“折衷礼法考详训典甚坚正,论者称焉”[⑤]。崔邠,《全唐诗》卷三三〇存诗二首。陈京,《全唐诗》卷三一四存诗一首。柳宗元称其文“深茂古老,慕司马相如、扬雄之辞,而其诂训多《尚书》《尔雅》之说,纪事朴实,不苟悦于人,世得以传其稿”[⑥]。冯伉,《全唐诗》存其诗二首,长于经学,著《三传异同》三卷。张荐,《全唐诗》卷三三〇存其诗三首,卷七八八存其与颜真卿等人联句诗九首。张荐长于史学和礼学,著《宰辅传略》《五服图》等。徐岱,今无诗文存录,曾任太常博士、史官修撰等职,撰《奉天记》一卷。蒋乂,为史学名家吴兢之外孙,长于礼学和史学,预修《德宗实录》,撰《大唐宰辅录》七十卷,《凌烟功臣》《秦府十八学士》《史臣》等传四十卷。这些台阁诗人多为礼官和史官,有良好的家族背景和家学传统。这些因素影响了他们诗歌活动。其特点主要表现在以下几方面。

其一,诗歌题材以日常生活为主。权德舆的诗歌可见一斑。其唱和诗的题目往往很长,具有诗序性质,由此可知诗歌大致内容。一是早朝,如《奉和李相公早朝于中书侯传点偶书所怀奉呈门下相公中书相公》《奉和度支李侍郎早朝》《待漏假寐梦归江东旧居》等。二是宿直,如《初秋月

---

① 欧阳修、宋祁等《新唐书》卷二〇〇《儒学传》下《啖助传》附,第5707页。

② 权德舆《司门员外郎壁记》,《权德舆诗文集》卷三一,第476页。

③ 刘昫等《旧唐书》卷一九〇下《王仲舒传》,第5059页。

④ 韩愈《故江南道观察使赠左散骑常侍太原王公墓志铭》,《韩昌黎文集校注》卷七,第536页。

⑤ 刘昫等《旧唐书》卷一五四《许孟容传》,第4103页。

⑥ 柳宗元《唐故秘书少监陈公行状》,《柳河东集》卷八,第125页。

夜中书宿直因呈杨阁老》《酬崔舍人阁老冬至日宿直省中奉简两掖阁老并见示》《奉和张舍人阁中直夜思闻雅琴因以书事通简僚友》《和司门殷员外早秋省中书直夜寄荆南卫象端公》等。三是除官，如《酬主客仲员外见贺正除》《奉和史馆张阁老以许陈二阁长爱弟俱为尚书郎伯仲同时列在南北省会于左掖因而有咏》《酬张秘监阁老喜太常中书二阁老与德舆同日迁官相代之作》等。此外，唱和诗歌题材还集中在送别、醉酒、看花、游园、卜居、时令节日等日常生活。这些诗歌反映了他们的生存状态和生活情状，具有一定的史料价值。

其二，以文字游戏方式竞艺。权德舆创制了大量的《数名诗》《星名诗》《卦名诗》《药名诗》《古人名诗》《州名诗》《八音诗》《建除诗》《六府诗》《三妇诗》《安语》《危语》《大语》《小语》等作品。这些诗歌多为文字游戏，含有谐谑意味，同时又透露出他们以文字游戏来提高写作技巧的信息。例如，在诗中自然工稳地嵌入物名，还是较为不易的。当然，在他们看来，最能提升诗艺的还是离合诗和回文诗。离合诗的特点是拆字成文。权德舆《离合诗赠张监阁老》："黄叶从风散，共嗟时节换。忽见鬓边霜，勿辞林下觞。躬行君子道，身负芳名早。帐殿汉官仪，巾车塞垣草。交情剧断金，文律每招寻。始知蓬山下，如见古人心。"[①]每两句先拆成一字，然后每四句合成一字。如一二两句"黄"字去"共"得"田"字，三四两句"忽"字去"勿"得"心"字，"田"和"心"合成"思"字。这首诗是赠张荐的，全诗拆合成"思张公"三字。张荐酬诗："移居既同里，多幸陪君子。弘雅重当朝，弓旌早见招。植根琼林圃，直夜金闺步。劝深子玉铭，力竞相如赋。间阔向春闱，日复想光仪。格言信难继，木石强为词。"[②]张诗离合成"私权阁"。参与此次唱酬的诗人共有八位，权、张之外，尚有以下六人。中书舍人崔邠离合成"咏两篇"，中书舍人杨于陵离合成"效三作"，给事中许孟容离合成"四尤好"，给事中冯伉和作，离合成"五非恶"，户部侍郎潘孟阳离合成"词章美"，国子司业武少仪离合成"才思博"。由此可

① 《权德舆诗文集》卷八，第141页。

② 《权德舆诗文集》卷八，第141页。

见,离合诗既是游戏也是竞艺。回文诗性质与此相近。潘孟阳曾作《春日雪》回文诗寄张荐和权德舆。其诗云:“春梅杂落雪,发树几花开。真须尽兴饮,仁里愿同来。”[①]张诗云:“迟迟日气暖,漫漫雪天春。知君欲醉饮,思见此交亲。”[②]权诗云:“酒杯春醉好,飞雪晚庭闲。久忆同前赏,中林对远山。”[③]这些例子真实地再现了贞元台阁诗人的竞艺场景,反映了他们以诗为娱的心理。

(四)贞元宫廷诗风之成因

以德宗为中心的宫廷诗人群体,以及以权德舆为中心的台阁诗人群体,其诗歌活动和特点已如上述。其成因约有以下三点。

其一,相对稳定的政局是贞元宫廷诗歌活动得以发生的重要社会背景。唐德宗即位之初,颇能励精图治,比如罢贡赋、去祥瑞、放宫女、立法度、减舆服等。对外武力削藩,对内重用能臣疏离宦官。[④]建中四年(783)“泾原兵变”后,德宗被迫逃离长安,先后依避奉天(今陕西乾县)、梁州(今陕西汉中),其施政心态也随之发生很大变化。对外由削藩变为姑息养奸,对内则亲近重用宦官,造成祸乱之源。《新唐书·德宗纪》:“及奉天之难,深自惩艾,遂行姑息之政。由是朝廷益弱,而方镇愈强,至于唐亡,其患以此。”[⑤]德宗对外的姑息政策,虽造成朝廷愈弱而方镇愈强局面的不良后果,但却换来了一段时期的稳定。贞元期间虽不乏战事,但政局总体是平稳的。这是贞元宫廷诗风形成的重要时代背景。权德舆曾说:“君子消长之道,直乎其时,而文亦随之。得其时则彰明事业,以宣利泽;不得其时则放言寄陈,以摅志气。”[⑥]权德舆及其诗友,皆可谓得其时者,故能以诗歌彰明事业,阐扬时风。

其二,与德宗对艺文的推崇和提倡密切相关。德宗本人极具文才,其

① 《权德舆诗文集》卷八,第143页。
② 《权德舆诗文集》卷八,第146页。
③ 《权德舆诗文集》卷八,第145页。
④ 刘昫等《旧唐书》卷一三,第400—401页。
⑤ 欧阳修、宋祁等《新唐书》卷七,第219页。
⑥ 权德舆《崔祐甫文集序》,《权德舆诗文集》卷三三,第498页。

《章敬寺》“松院净苔色,竹房深磬声”之句,当时即广为传颂。[①]品评诗歌亦眼光独具,如评崔叔清诗为“恶诗”[②],即是著例。“泾原兵变”平息后,更加留意艺文。史载“(宋庭芬)生五女,皆聪惠,庭芬始教以经艺,既而课为诗赋,年未及笄,皆能属文。长曰若莘,次曰若昭、若伦、若宪、若荀……贞元四年,昭义节度使李抱真表荐以闻。德宗俱召入宫,试以诗赋,兼问经史中大义,深加赏叹。德宗能诗,与侍臣唱和相属,亦令若莘姊妹应制。每进御,无不称善。嘉其节概不群,不以宫妾遇之,呼为学士先生”[③]。此举与中宗令上官昭容评判学士诗歌极为相似。德宗晚年更是潜心诗学,有意同时人比拼。《唐国史补》卷中:“德宗晚年绝嗜欲,尤工诗句,臣下莫可及。每御制奉和,退而笑曰:‘排公在。’俗有投石之两头置标,号曰‘排公’,以中不中为胜负也。”[④]在德宗的推动之下,宫廷文人的诗歌热情也被激发出来。

其三,大历台阁诗风的延续。唐代宗李豫即位后,政局相对稳定,为台阁诗人提供了创作环境。这一时期,活跃在诗坛上的主要是“大历十才子”,以及郎士元、戴叔伦、皇甫冉、皇甫曾、包何、包佶、杨凭、杨凝、杨凌等人。这些诗人生活较为安定,也有出入宫廷、交游王侯的机会。他们的台阁生活成为诗歌写作内容,大致可分三种类型。一是应制诗,如钱起《奉和圣制登会昌山应制》,卢纶《奉和圣制麟德殿宴百僚》,戴叔伦《春日早朝应制》等。二是日常酬酢之作。如钱起《省中对雪寄元判官拾遗昆季》《奉和中书常舍人晚秋集贤院即事寄徐薛二侍御》。卢纶《和王员外冬夜寓直》《元日早朝呈故省诸公》《元日朝回中夜书情寄南宫二故人》等。钱起和卢纶的奉和诗较多,这与他们的任职经历有关。钱起入朝后曾任司勋员外郎、考功郎中、翰林学士等官职。卢纶在代宗朝历任集贤学士和监察御史等职。此外,李端、崔峒、司空曙、皇甫曾、戴叔伦、包佶等人也有不少奉和诗。三是陪侍王公贵族的宴游诗作。如钱起《陪

① 计有功《唐诗纪事》卷二,第18页。

② 李肇《唐国史补》卷中,第36页。

③ 《旧唐书》卷五二,第2198页。

④ 李肇《唐国史补》卷中,第36页。

考功王员外城东池亭宴》《夏日陪史郎中宴杜郎中果园》《奉陪郭常侍宴浐川山池》《陪南省诸公宴殿中李监宅》，李端《赠郭驸马》等。这种诗歌活动成为当时台阁文人日常生活习惯，贞元宫廷及台阁诗歌活动是此风气的延续。

（五）对诗艺新变的追求

宫廷诗学主要指的是宫廷诗人的实践诗学。实践的意思，是说在创作过程中不断探索而形成诗歌理论。宫廷诗学属于唐诗学的一部分，因此具有唐代诗学的一般共性。也就是说，这种理论的形态并非一种纯粹的诗学著作，而是蕴涵于创作实践之中，以作品的形式呈现出来，因此具有不断完善的动态开放性。总体来看，贞元宫廷诗学的探索和实践具有以下特点。

一是对儒家传统诗学的继承和扬弃。宫廷诗歌创作是以帝王为中心的，从创作者和接受者的角度来看，帝王的写作立场是"上以风化下"。也就是说，在传统儒家诗学理论中，"化下"与"刺上"是共生的，但在实际创作中，因为皇帝没有可以"刺"的对象，所以只存在"化下"。唐德宗与君臣之间的唱和诗，强调诫化和垂训，充分发挥了诗歌的伦理教化功能。理论上来说，臣子可以实践《诗大序》中的"刺上"思想。但事实上，权德舆等人的应制诗中，多为颂圣之作，体现出一种博取君王笑乐的"俳优"特征。"刺上"传统在宫廷诗歌活动不具有存在环境，因此被丢弃。臣子诗歌实际状态的另一种是代圣人立言，以教化比他们层级更低的其他官员和百姓。因此，从整个诗学发展史来看，汉代开创的"化"和"刺"的精神，唐代宫廷诗学继承了"化"的一半，抛弃了"刺"的另一半。这是由应制诗的群体诗学属性决定的。群体诗学强调集体共性，往往忽视诗人个性。群体诗学要求诗歌情感和内容必须类型化，帝王诗歌属于教化一类，臣子们的诗歌则属于感恩、颂圣、"俳优"一类。在上下互动的群体行为中，国家意志得到突出强调，而个人意志则被消解。

二是追求诗歌新变。贞元宫廷诗人群体一方面继承大历台阁诗风，另一方面又渴望超越、力求新变。权德舆反复强调新诗、新文和新句。如

“开缄捧新诗”[①]，“发函捧新诗”[②]，“新诗来起予”[③]，“新诗比良觌”[④]，“新诗寒玉韵”，[⑤]“名在新诗众不如”[⑥]，“感深更见新诗丽”[⑦]，“当时已见君新诗盈轴”[⑧]，“兼示新文，闳博峻异”[⑨]，“新文六义敷”[⑩]，“新文六义全”[⑪]，“新句凌碧云”[⑫]，“佳句新成和者稀”[⑬]，“少年才藻新”[⑭]。当然，这里面的“新诗”有时是指诗作新成，但总体上还是强调新变。这可以从他对其他艺术之新的肯定中见出。例如，其评书法之新：“变化纵横出新意，眼看一字千金贵。”[⑮]由此可见，求新是当时诗坛主流倾向。在他们看来，即便是应制诗、唱和诗，也要力求新变。追求新变的动力来自两方面。一是渴望超越前人，或可称为大家影响之下的焦虑。二是诗会集体竞艺的压力，如皇帝的品第，同行的评价等等。两重压力交织，制造了求新的动力。那么，该如何求得新变呢？这就是以下要讨论的问题。

三是诗歌艺术上对“丽”的追求。德宗喜用“丽”来评论群臣诗歌，如“卿等各抒清词，咸推丽藻”[⑯]。权德舆等人也多用“丽”“藻”来评价德宗诗。例如，“焕然丽藻”[⑰]，“凝旒振藻”[⑱]，“法言丽藻，盈耳滥目”[⑲]等。权德舆还喜用“丽”来形容诗文和音乐。形容诗文往往称之为“文丽”“丽词”

---

① 《权德舆诗文集》卷二，第36页。
② 《权德舆诗文集》卷三，第41页。
③ 《权德舆诗文集》卷三，第42页。
④ 《权德舆诗文集》卷三，第44页。
⑤ 《权德舆诗文集》卷三，第53页。
⑥ 《权德舆诗文集》卷七，第128页。
⑦ 《权德舆诗文集》卷四，第67页。
⑧ 《权德舆诗文集》卷三九，第584页。
⑨ 《权德舆诗文集》卷四二，第647页。
⑩ 《权德舆诗文集》卷二，第30页。
⑪ 《权德舆诗文集》卷三，第47页。
⑫ 《权德舆诗文集》卷一，第9页。
⑬ 《权德舆诗文集》卷七，第117页。
⑭ 《权德舆诗文集》卷二，第37页。
⑮ 《权德舆诗文集》卷八，第140页。
⑯ 《权德舆诗文集》卷四五，第694页。
⑰ 《权德舆诗文集》卷四五，第692页。
⑱ 《权德舆诗文集》卷四五，第695页。
⑲ 《权德舆诗文集》卷四五，第696页。

“丽句”。例如,“文丽日月合”[①],“碧云飞处诗偏丽”[②],“感深更见新诗丽”[③],“诗因琪树丽”[④],“丽句翻红药”[⑤],“月夜吟丽词”[⑥]。形容音乐往往谓之“丽曲”。例如,“仍传丽曲寄云台”[⑦],“深情丽曲传”[⑧],“丽曲涤烦虚”[⑨],“忽闻丽曲金玉声”[⑩]等。韦渠牟论诗亦是如此:“盖辩以丽,丽以则,得于无间,合于天倪者,其在是乎!彼惠休称谢永嘉‘如芙蓉出水’,钟嵘谓范尚书‘如流风迴雪’,吾知之矣。”[⑪]韦渠牟之论,既反映出他对“丽”的理解,也体现出对“丽”的追求。所以,权德舆评价韦渠牟之诗为“俪词比事,纤密清巧”[⑫]。以上事例说明“丽”已成为宫廷诗人共同的审美标准。

丽的意思,一是对物象和事象穷形尽相的铺排,具有“赋”的特点。二是语言华丽。这种诗学思想,实际上是对传统诗赋观念的继承和发扬。扬雄曾说:“诗人之赋丽以则,辞人之赋丽以淫。”“诗人之赋”和“辞人之赋”的区别不在“丽”上,实际上正好相反,“丽”是二者的共性。它们的区别在于对“丽”之度的把握,“则”是恰到好处,“淫”是过度。曹丕《典论·论文》:“诗赋欲丽。”陆机《文赋》也说:“诗缘情而绮靡,赋体物而浏亮。”诗和赋虽为两种文体,但在“丽藻”方面是相通的。“绮靡”着重于语言之流丽,“浏亮”着重于物象之铺陈。从这个角度来看,权德舆所言之“丽”,实际上是糅合了诗赋艺术的通性。

“丽”在德宗君臣唱和诗中的具体表现,一是对事象和物象的层叠铺叙。如德宗《元日退朝观军仗归营》写军队仪仗的整齐威武和声势浩大:“分行左右出,转旆风云生。历历趋复道,容容映层城。勇馀矜捷技,令

① 《权德舆诗文集》卷一,第7页。
② 《权德舆诗文集》卷二,第37页。
③ 《权德舆诗文集》卷四,第67页。
④ 《权德舆诗文集》卷五,第78页。
⑤ 《权德舆诗文集》卷七,第118页。
⑥ 《权德舆诗文集》卷八,第142页。
⑦ 《权德舆诗文集》卷二,第34页。
⑧ 《权德舆诗文集》卷六,第98页。
⑨ 《权德舆诗文集》卷十,第169页。
⑩ 《权德舆诗文集》卷十,第170页。
⑪ 《权德舆诗文集》卷三四,第525页。
⑫ 《权德舆诗文集》卷三四,第525页。

肃无喧声。”写赏乐欢洽场面的宏大:“池台列广宴,丝竹传新声。至乐非外奖,浃欢同中诚。”这两首诗分别从不同层面来铺叙,造成一种藻丽的境象。其描写物态之诗,体现出物象之“丽”。例如,《九月十八赐百僚追赏因书所怀》:“雨霁霜气肃,天高云日明。繁林已坠叶,寒菊仍舒荣。”又如《重阳日即事》:“令节晓澄霁,四郊烟霭空。天清白露洁,菊散黄金丛。”《丰年多庆九日示怀》:“皎洁暮潭色,芬敷新菊丛。芳尊满衢室,繁吹凝烟空。”这些诗对秋菊的形和神都做了细致描绘。权德舆等人的应制诗也具有“丽”的特点。如权德舆写秋景:“秋堂丝管动,水榭烟霞生。黄花媚新霁,碧树含馀清。”[①]“烟霜暮景清,水木秋光寒。筵开曲池上,望尽终南端。”[②]“煌煌菊花秀,馥馥萸房舒。白露秋稼熟,清风天籁虚。”[③]“时菊洗露华,秋池涵霁空。”[④]“寒露应秋杪,清光澄曙空。”[⑤]这些诗歌之“丽”的主要体现在三方面。一是所择之黄花、碧树、秋池、寒露等物象,突出了清丽特点,使人直接感受到秋的色彩和光亮。二是对物象的描述,例如“黄”“新”“清”“秀”等语,属于典型的“丽语”。三是注意物象的组合,如“媚”“含”“洗”“涵”“应”“澄”等,使物象从静态叠加变成动态呼应,形成“流丽”的特点。由此可见,贞元宫廷诗人试图建构“丽”的诗学,力求超越前人。

四　《御览诗》的诗学指向

《御览诗》是令狐楚在元和年间选进给唐宪宗的。《御览诗》选诗310篇,含有“诗三百”采诗观风之义。从选录内容及前人评价来看,《御览诗》宫体特征非常明显,主要特点是香艳,从中可以窥见元和中后期宫廷诗歌的诗学旨趣。究其成因,当与时代风气以及宪宗晚期的享乐思想有关。

---

① 《权德舆诗文集》卷一,第4页。
② 《权德舆诗文集》卷一,第5页。
③ 《权德舆诗文集》卷一,第5页。
④ 《权德舆诗文集》卷一,第7页。
⑤ 《权德舆诗文集》卷一,第7页。

(一) 选诗篇数及其意义

令狐楚编选《御览诗》时间,大致在元和九年(814)至元和十二年(817)间,时为翰林学士守中书舍人。[①]《御览诗》采进诗人数和诗歌篇数,最早的记载见于卢纶的《墓碑》。南宋绍兴二十五年(1155)十一月,陆游为《御览诗》作跋:“唐《御览诗》一卷,凡三十人,二百八十九首,元和学士令狐楚所集也。按《卢纶墓碑》云,元和中章武皇帝命侍臣采诗第名家,得三百一十篇,公之章句奏御者居十之一。今《御览》所载纶诗正三十二篇,所谓居十之一者也。据此,则《御览》为唐旧书不疑,然《碑》云三百一十篇,而此才二百八十九首,盖散逸多矣,姑校定讹谬以俟完本。《御览》,一名《唐新诗》,一名《选集》,一名《元和御览》云。绍兴乙亥十一月八日吴郡陆某记。”[②]陆游跋语表明:一、令狐楚采录《御览诗》的诗人总数为30人,诗篇总数为310首。二、《御览诗》采录卢纶诗歌共32首。三、至迟到南宋陆游时,《御览诗》已部分散佚,陆游所见到的《御览诗》诗人数为30人,但诗歌篇数只有289首,也就是说其中21首已散佚。陆游之后的陈振孙,首次著录《御览诗》。《直斋书录解题》卷十五总集类载:“唐《御览诗》一卷。唐翰林学士令狐楚纂刘方平而下讫于梁锽凡三十人,诗二百八十九首。”[③]据此,陈振孙或转述陆游跋语,或其所见与陆游所见相同,即30人、289首。宋末方回纂《瀛奎律髓》,于卷十七刘复《春雨》诗下注:“令狐楚为翰林学士时,选进唐御览诗凡三十家。”又云:“一名《选进集》,一名《元和御览》。卢纶《墓碑》云三百一十篇,今传者二百八十九篇云。”[④]该书卷四八卢纶《送道士》诗下,又注:“卢纶《墓碑》云三百一十篇,公诗居十之一。今世传本,纶三十二首与焉。陆放翁尝跋云。”[⑤]方回所见之本,亦为30人、289首。现存国家图书馆所藏明万历赵均抄本,以及此后的毛晋汲古阁本,所收诗人数和诗篇数相同,均为30人、286篇,比南宋人所见又少去3

① 傅璇琮《唐人选唐诗新编》,陕西人民教育出版社1996年版,第363—367页。

② 陆游《跋唐御览诗》,《渭南文集》卷二六,《陆放翁全集》,中国书店1986年版,第155页。

③ 陈振孙《直斋书录解题》卷一五,上海古籍出版社1987年版,第440页。

④ 李庆甲《瀛奎律髓汇评》卷一七,上海古籍出版社1986年版,第654页。

⑤ 李庆甲《瀛奎律髓汇评》卷四八,第1778页。

篇。今通行本为傅璇琮先生主编《新编唐人选唐诗》整理本,以汲古阁本为底本,参校赵均抄本而成。

据上所述,令狐楚当初所选《御览诗》的篇数为310篇,应无疑义。但令狐楚为什么只选310篇?明万历己未(1619)赵均在抄本《御览诗》的题词中说:"说者谓其篇中多情至之语,此诗入御,不当如是,以此病之。"又说:"昔尼父删《诗》,不废郑卫,即二南首章,《关雎》《鹊巢》,犹且哀乐洋洋盈耳,何况吾人渐渍,能不从此入耶?盖诗缘情起,不由此入,沁人心骨,必不精至,令狐学士盖有深思在也。"[①]赵均似乎在为《御览诗》作辩护,认为郑卫之音入《诗》,孔子早已做出选诗的先例,《诗经》中的诗歌也是雅俗兼而有之的。赵均的这个说法不一定对,但却揭示出令狐楚选编《御览诗》与"诗三百"的关系。从310篇的篇目选择来看,就已经蕴有这层含义也。就是说令狐楚采进诗歌,厥初确存采诗观风之意。

(二)选诗指向和历代评价

《新唐书·艺文志》未著录令狐楚《御览诗》。陆游跋语和陈振孙著录均着眼于所选诗歌的人数和篇数,没有对诗歌作价值评判。方回《瀛奎律髓》卷十七于刘复《春雨》诗下评云:"刘复四首,所选大抵工丽。"[②]于卷七李愿《观翟玉妓》诗下云:"愿屡为节度使,皆以贪婪败事。此诗见《御览集》,曰'未见好德'可也。"[③]又于卷三十郑鏦《入塞曲》下说:"《唐御览诗》郑鏦四首皆艳丽,令狐楚所选,大率取此体,不主平淡,而主丰硕云。"[④]方回所说"工丽""未见好德""艳丽"等语,道出了《御览诗》的基本风格和本质特征。

明清时期对《御览诗》的批评更为严重。上述赵均在抄本题词中,似乎要为《御览诗》作辩护,语气较为缓和。毛晋跋《御览诗》:"唐至元和间,风会几更。章武帝命采新诗备览,学士汇次名流,选进妍艳短章三百有奇。至今缺轶颇多,已无稽考。间有顿易原题,新缀旧幅者,无过集柔翰

① 见令狐楚《御览诗》,明万历己未赵均抄本,清黄丕烈藏本,今藏国家图书馆。中华古籍再造善本据以复制。

② 李庆甲《瀛奎律髓汇评》卷一七,第654页。

③ 李庆甲《瀛奎律髓汇评》卷七,第281页

④ 李庆甲《瀛奎律髓汇评》卷三〇,第1324页。

以对宸严,此令狐氏引嫌避讳之微旨也。"[①]毛晋的意思:一是肯定了令狐楚所采进之诗歌多为妍艳短章,这是没有疑义的。二是原来有三百余篇,现存篇目不足三百,至于哪些诗歌遗佚了,难以稽考。三是《御览诗》中还有一种现象,就是令狐楚改易原作的诗题或内容,目的是引嫌避讳,或者说是香艳得不至于太露骨,因为毕竟是献给皇帝御览的。关于第三点,可以举一个例子来说明。《御览诗》中选梁锽诗十首,其中《美人春怨》诗原题为《观美人卧》,令狐楚对诗题作了改动。原因正如潘德舆所说的原题"太欠雅驯"。潘德舆《养一斋诗话》卷八:"按令狐楚《御览诗集》梁锽《美人春怨》诗(略),《国秀集》则作《观美人卧》题为正。然以《观美人卧》四字命题,太欠雅驯,而诗亦委靡不振。"[②]这说明令狐楚采进诗歌时还是有所顾虑的,由此也见出令狐楚对香艳诗风还是有保留的。

许学夷说:"予初见《御览诗》,以为初、盛唐台阁冠冕之制。及读其诗,乃大历以后人,不知名者居半,且其诗多纤艳语,而实非正变,僻调亦往往见之。"[③]谓之为"纤艳""僻调"比较委婉,更有甚者,直视之为"恶诗"。何焯跋《御览诗》:"此书又在《间气集》之下,大抵大历以还恶诗萃于是矣。"又云:"此书所采大都意凡文弱,流淡无味,殆可当准敕恶诗耶!"[④]所谓准敕恶诗,见前引《唐国史补》卷中记杜佑在淮南进崔叔清诗百篇。德宗谓使者曰:"此恶诗,焉用进!"时呼为"准敕恶诗"。

相对来说,四库馆臣的评价则更为客观。《唐御览诗提要》:"其诗惟取近体,无一古体,即《巫山高》等,之用乐府题者,亦皆律诗。盖中唐以后,世务以声病谐婉相尚,其奋起而追古调者,不过韩愈等数人。楚亦限于风气,不能自异也。""然大致雍容谐雅,不失风格,上比《箧中集》则不足,下方《才调集》则有馀,亦不以一二疵累,弃其全书矣。"[⑤]此段评议较为公允。

---

① 令狐楚《御览诗》,元结、殷璠等选《唐人选唐诗(十种)》,上海古籍出版社1978年新1版,第255页。

② 潘德舆《养一斋诗话》卷八,中华书局2010年版,第136页。

③ 许学夷《诗源辩体》卷三六,人民文学出版社1987年版,第357页。

④ 转引自《唐人选唐诗新编·御览诗前记》,第366页。

⑤ 永瑢《四库全书总目》卷一八六,第1688—1689页。

不过，四库馆臣评价的着眼点在形式不在内容，因此还未能从本质上解释《御览诗》的选诗倾向。

（三）《御览诗》的宫体特征

四库馆臣推究《御览诗》选诗成因，将其与令狐楚的诗歌水平联系在一起。《唐御览诗提要》："本传称楚于笺奏制令尤善，每一篇成，人皆传讽，《旧唐书·李商隐传》亦称楚能章奏，以其道授商隐，均不称其诗。《刘禹锡集》和楚诗，虽有"风情不似四登坛"句，而今所传诗一卷，惟《宫中乐》五首，《从军词》五首，《年少行》四首，差为可观，气格色泽，皆与此集相同，盖取其性之所近。其他如《郡斋咏怀诗》之"何时狃阛阓"，《九日言怀诗》之"二九即重阳"，《立秋日悲怀诗》之"泉终闭不开"，《秋怀寄钱侍郎诗》之"燕鸿一声叫"，《和严司空落帽台宴诗》之"马奔流电妓奔车"，《郡斋栽竹诗》之"退公闲坐对婵娟"，《青云干吕诗》之"瑞容惊不散"，《讥刘白赏春不及》之"下马贪趋广运门"，皆时作鄙句；而《赠毛仙翁》一首，尤为拙钝，盖不甚避俚俗者。故此集所录如卢纶《送道士诗》，《驸马花烛诗》，郑鏦《邯郸侠少年诗》，杨凌《阁前双槿诗》，皆颇涉俗格，亦其素习然也。[①]《全唐诗》卷三三四存录令狐楚诗一卷。令狐楚诗歌确如四库馆臣所指出的，具有台阁体的一些特征，多为应酬之作，乐府诗多写相思离别，儿女情多而风云气少，不避俚俗，格调不高。但这只说明令狐楚本人诗歌创作的一些基本特点，而不能以之来论述令狐楚选诗倾向形成的原因。应当说令狐楚本人的诗歌水平，是《御览诗》选诗倾向形成的部分原因，或者说是表层原因。《御览诗》的选录，不仅与令狐楚的诗歌能力有关，更多的是与当时的诗歌传统、社会风气以及唐宪宗的诗学旨趣等因素有关。作为选进给皇帝阅览的诗歌，其标准不是以选录者为中心，而是以阅览者为中心的。这其实是一个很简单的道理。所以，《御览诗》的诗学趣向当从宪宗对文艺的态度和立场来考察。

唐宪宗的诗歌虽然没有存录下来，但他的诗学趣向可以从当时诗人的进诗情况中看出。元和年间所进之诗，除了令狐楚的《御览诗》之外，尚

① 永瑢《四库全书总目》卷一八六，第1689页。

有权德舆于元和八年(813)进诗五十首,元和十五年(820)元稹进献穆宗诗歌十卷等。此外,白居易所作乐府诗虽没有直接进献,但风行禁中,得到宪宗的嘉奖,因此也可以看作是进诗系列当中的一个环节。这样排列下来,元和年间进诗系列当有白居易、权德舆、令狐楚、元稹等。元稹的诗歌虽是献给唐穆宗的,但也反映了当时宫廷诗风的普遍倾向,因此放在这个系列中来讨论也是可以的。这个系列反映了以宪宗为代表的宫廷诗风的变化过程。

元和二年(807)十一月,“周至尉、集贤校理白居易作乐府及诗百余篇,规讽时事,流闻禁中。上(宪宗)风而悦之,召入翰林为学士”[①]。白居易从周至县尉调入集贤院担任校理,以集贤校理的身份担任翰林学士,当得益于其诗歌的广泛流传。宪宗之所以擢拔赏识,是因为白诗能够反映社会问题,颇有补时救弊的价值,可见宪宗早期励精图治的思想。以削藩为中心的一系列政治措施,展现了他的雄心壮志。在李绛等人辅佐下,先后平定了河北和淮西等地区的叛乱,赢得了很好的社会声誉。史臣蒋係评价:“及上自籓邸监国,以至临御,讫于元和,军国枢机,尽归之于宰相。由是中外咸理,纪律再张,果能剪削乱阶,诛除群盗。睿谋英断,近古罕俦,唐室中兴,章武而已。”[②]宪宗前期的励精图治,得益于宰相李绛等人的忠心尽力。但后期开始发生变化。如元和七年(812)“三月,丙戌,上御延英殿,李吉甫言:‘天下已太平,陛下宜为乐。’李绛曰:‘……此正陛下宵衣旰食之时,岂得谓之太平,遽为乐哉!’”[③]李吉甫敢于当面劝说宪宗为乐,说明宪宗已对朝政懈怠。元和九年(814)春李绛罢相后[④],这种情况愈来愈严重。这也反映在诗歌领域。元和八年(813),宪宗令权德舆进献诗歌,于是进诗五十首。权氏所进之诗原貌今天已不可知,但从前文所论中可知,权德舆是德宗朝台阁体的代表人物,其诗内容无足可观,但风格典丽精工,注重技巧和艺术表现。权德舆于元和五年(810)九月入相,八年

① 《资治通鉴》卷二三七,第7646页。

② 《旧唐书》卷一五,第472页。

③ 《资治通鉴》卷二三八,第7689页。

④ 事见《资治通鉴》卷二三九“元和九年春正月”条,第7703页。

(813)春罢守礼部尚书。则其进诗在罢相后不久。权德舆诗歌得到宪宗关注,这也反映出元和时期宫廷诗人对典丽精工诗风的追求。权氏《进诗状》谓其所进之诗"徒积繁芜""岂近声律"[①],是说诗歌无六义精神,无足可采,体裁以近体为主。

《御览诗》选进时间在元和九年(814)至十二年(817)之间。《御览诗》在体裁形式方面与权诗有近似之处,正如四库馆臣所言:"其诗惟取近体,无一古体,即《巫山高》等,之用乐府题者,亦皆律诗。"[②]表明以宪宗为代表的宫廷诗人对近体诗的偏好。而其内容又多为香艳。由此可见,宪宗在诗歌艺术上的追求,就是要以音韵谐婉的近体诗抒写香艳内容,充分发挥诗歌的娱乐功能。元和晚期,在直臣李绛罢相之后,特别是在淮西叛乱平定之后,宪宗追求享乐表现非常突出。一是贪吝爱财:"淮西既平,上浸骄侈。户部侍郎判度支皇甫镈、卫尉卿·盐铁转运使程异晓其意,数进羡馀以供其费,由是有宠。"[③]二是好神仙、求长生:"上晚节好神仙,诏天下求方士。宗正卿李道古先为鄂岳观察使,以贪暴闻,恐终获罪,思所以自媚于上,乃因皇甫镈荐山人柳泌,云能合长生药。甲戌,诏泌居兴唐观炼药。""柳泌言于上曰:'天台山神仙所聚,多灵草,臣虽知之,力不能致,诚得为彼长吏,庶几可求。'上信之。丁亥,以泌权知台州刺史,仍赐服金紫。谏官争论奏,以为:'人主喜方士,未有使之临民赋政者。'上曰:'烦一州之力而能为人主致长生,臣子亦何爱焉!'由是群臣莫敢言。"[④]总而言之,宪宗对权德舆台阁体诗和令狐楚所选香艳诗的喜爱,是其晚年思想变化在诗歌上的反映。

五 宫廷诗学的制度隐性

前文大致梳理了唐代宫廷诗坛发展流变过程,对各阶段诗人和作品特征也做了相应分析。唐代宫廷诗歌活动的诗学史意义主要有两方面:

---

① 《权德舆诗文集》卷四六,第704—705页。

② 永瑢《四库全书总目》卷一八六,第1688页。

③ 《资治通鉴》卷二四〇,第7752页。

④ 《资治通鉴》卷二四〇,第7754页。

一是宫廷诗学的探索和实践,二是在朝野二元对立互动中,为复古诗学提供了革新动力。

(一)宫廷诗学的探索和实践

宫廷诗学主要指的是宫廷诗人的实践诗学。实践的意思,是说在创作过程中不断探索而形成诗歌写作理论。这种理论并非有意识构建的诗学体系,往往蕴涵在作品之中,通过创作本身展示出来,因此具有不断完善的动态开放性。总体来看,宫廷诗学具有两个特点,一是受儒家传统诗学的影响,形成代圣人立言的教化特点,一是发挥诗歌娱情悦性的娱乐功能,使诗歌写作成为集体娱乐的游戏。

宫廷诗歌创作是以帝王为中心的,从创作者和接受者的角度来看,帝王的写作立场易倾向于“上以风化下”。也就是说,在帝王的诗学理论中,虽然“上化”与“下刺”共生,但实际创作中,因为没有可以“刺”的对象,所以只能是“上以化下”。表现在诗歌中,就是代圣人立言,强调劝诫垂训,充分发挥诗歌的伦理教化功能。理论上来说,臣子可以实践《诗大序》所提出的“下以风刺上”的诗歌精神。因为臣子作为在下者,有可以“刺”的对象。但事实上,在应制奉酬的状态下,臣子多以颂圣为目的,“下以风刺上”的传统被丢弃。实际状态是,臣子多迎合帝王旨意,称颂美誉,粉饰升平。或者以普通百姓作为“化”的对象,与帝王一样,强调诗歌的训诫功能。这种情况在前文所述以帝王为中心的宫廷诗坛中,比比皆是,无须赘举。

宫廷诗学的另一个特点是强调诗歌的娱乐性。也就是将诗歌作为一种游戏,通过写作获得心理愉悦。本质上来讲,近体诗声律就是诗歌游戏规则。声律的发展成熟是在诗歌游戏中逐步完成的。宫廷诗的写作,多是在游宴享乐的状态下进行的。这种场景本身,就使诗歌写作具有游戏性质。比如中宗与修文馆学士之间的酬酢,多是游园赐宴过程中完成的。中唐德宗等帝王的节日诗会,也同样具有游宴性质。另外,帝王对诗歌功能的认识,也有娱乐的传统。比如太宗认为诗歌文艺与国家兴亡并无必然联系,不愿意为自己编辑文集等事例,都表明他对诗歌娱乐性质的认识。初唐宫廷诗对齐梁诗风的继承,其本质就是对齐梁诗歌娱乐性一面的肯定和认同。

总体来看,宫廷诗的写作属于集体创作。这种状态对创作是不利的,最大的弊端就是创作个性的失落。异口同声,千人一面,是集体创作的基本形态,个性化的思索,私人化的性情都很难有所展示。因此,从诗歌内容这个角度来讲,应制唱和诗很难有真性情之抒写,大多是敷衍应付,因文而造情。复古一派所批评的内容空虚,没有兴寄等,原因正在这里。但是要看到,苍白的内容和空虚的情感并非由诗人本身造成,而是受写作集体状态的影响不得不然。

宫廷诗集体创作性质状态,使其具有竞赛性质。武则天以锦袍奖赐宋之问,中宗时上官婉儿评诗等事例,已充分表明诗会的竞赛意义,日常的应制奉和诗歌,因为多是同题分韵,也不无竞赛的意思。所以,诗人在这种状态下,炫耀才学以期青睐,也是很正常的事情。如何在众人中出一头地,就成为宫廷诗人不得不思考的问题。受集体创作限制,思想内容的突破和创新已无可能。因此,只能是在诗歌的形式方面加以创造,声律和辞藻就成为诗人们表现才学的两种手段。精雕细琢、彩丽竞繁的现象也就自然而然。这也正是为什么复古一派对其大力挞伐的原因所在。

归结起来讲,宫廷诗歌以其实践在两方面促进了传统诗学的发展,一是强调代圣人立言的伦理教化,一是促进近体诗声律定型成熟,并使辞藻雕琢技巧加精工。但其诗学史意义远不止此,还通过朝野二元对立和互动,进一步对诗学史进程产生作用。

(二)朝野二元对立与互动

唐代宫廷诗作为在朝一派诗歌作品的代表,通过与在野一派的对立和互动获得另一层诗学史意义。在朝在野的区分,主要是从作者的身份来看。在朝诗人,是指以帝王为中心的宫廷诗人群体。在野诗人,指的是宫廷以外的其他诗人,如"初唐四杰"、陈子昂、李白、杜甫、元稹、白居易等。他们与宫廷诗人正好相对,以风骨相标榜,揭举古诗风雅大旗,将宫廷诗作为复古革新的对象,从而使唐诗学的发展呈现为二元甚至多元化。

关于唐代诗歌艺术系统的二元对立现象,已在第三章第一节论文学制度的双重涵义中作了分析,此不赘述。总而言之,宫廷诗歌活动,因帝王参与,产生重要导向性作用,从而获得隐性制度意义,则是可以肯定的。

第五章　制度权力与文人角色空间流动

隐性制度主要表现对创作行为、诗学取向、价值趋向等自上而下的导向性。也就是说，作用力的发出者虽然处在上位，但接受这种力量并以此自觉改变个人行为方式者，却是外在于隐性制度的文人群体或者个体。要特别注意的是，力量发出者的文学行为，或有意，或无意，但接受权力作用并自觉加以改变的，却是有意识的、主动的。显性制度的特点是权威性和制约性，力量的发出是主动的，受力者大多是被动的。因此，隐性制度造成的文学效果，是受力者主动放弃个性，自愿接受来自权力本源的影响。而显性制度造成的文学效果，是受力者被动接受权力作用，与权力本源之间形成张力，因而文学个性得以张扬。二者在文学表现的表层，可能非常接近，但形成这种现象的权力作用机制却是完全不同的。本章拟以唐代文馆学士群体、学官群体以及史官群体为例，揭示制度权力推动文人角色空间流动的内在规制和外在表现。基本观点是，显性制度对文人群体任职迁转和空间移动产生作用，这些变化对文人的文学角色、创作心理、场景写作等方面具有重要的直接影响。

一　初唐学士空间流动与角色转换

本节主要研究初唐文馆学士群体的文学角色，以及角色流动产生的文学影响。从宫廷应制诗歌活动的性质来看，初唐学士群体的侍从角色类于“俳优”。其发端于太宗贞观时期，经由高宗和武后，至中宗景龙年间而全盛。珠英学士和修文馆学士两大诗人群体，先后发生两次大规模的贬逐，迫使他们由京城向地方流动。在这个过程中，学士群体的创作发生改变，诗歌写作由群体诗学转向个体诗学，诗歌精神向理性、个性，以及诗骚传统回归，从而使近体诗在内容和诗艺等方面进一步成熟，体现为殷璠所说的“颇通远调”。

（一）学士群体“类俳优”角色形成

文士俳优角色，渊源有自。刘师培论文学出于巫祝之官：“盖古代文词，恒施祈祀，故巫祝之职，文词特工。今即《周官》祝官职掌考之，若六祝六词之属，文章各体，多出于斯。又颂以成功告神明，铭以功烈扬先祖，亦与祠祀相联。是则韵语之文，虽匪一体，综其大要，恒由祀礼而生。欲考文章流别者，曷溯源于清庙之守乎！”[①]刘氏指出文学的源头在于巫祝之官，诚为特识。巫祝之官与俳优角色联系甚密。司马迁《报任安书》：“仆之先人非有剖符丹书之功，文史星历近乎卜祝之间，故主上所戏弄，倡优畜之，流俗之所轻也。”[②]可见俳优与文人之间关系不同寻常，即如司马迁这样的史学家族，帝王或以倡优目之。余英时认为：“司马迁之所以特立《滑稽列传》正由其有身世之感。因为滑稽列传中不但包括了俳优如优孟、优旃之流，并且包括了俳优型的知识分子淳于髡。”[③]不过，余英时认为淳于髡、东方朔和俳优的特点是“谈言微中，亦可以解纷”，即寓严肃的批评于嬉笑怒骂之中。唐代学士作为文学侍从，更多的是陪侍游宴，而较少有严肃的批评。“二馆”文士文学侍从的身份，其意义偏重“主上所戏弄，倡优畜之”。余英时曾指出：“无论是‘俳优’型或‘以道自任’型的知识分子在中国历史上都有正负两方面的表现。以负面言，韩非早就指出：‘优笑侏儒，左右近习，此人主未命而唯唯，未使而诺诺。’（《韩非子·八奸》）后世宫廷中文学侍从之臣自不乏‘唯唯诺诺’之辈。”[④]本节所论俳优角色，正与此相类。《新唐书·文艺传序》：“唐有天下三百

① 刘师培《中国中古文学史讲义》，凤凰出版社2011年版，第256页。

② 班固《汉书》卷六二，中华书局1962年版，第2732页。

③ 余英时《士与中国文化》，人民文学出版社2003年版，第104页。

④ 余英时《士与中国文化》，第114页。

年,文章无虑三变……若侍从酬奉则李峤、宋之问、沈佺期、王维……皆卓然以所长为一世冠。"[①]李宋沈王诸人,正是文学侍从的典型代表。相对于专供帝王玩笑取乐的纯俳优而言,学士的应制唱和、侍宴酬酢等行为,称之为"类俳优"较为合适。

俳优供人取乐,唐代也不例外。《新唐书·王及善传》:"及善以父死事,授朝散大夫,袭邢国公爵。皇太子弘立,擢及善左奉裕率。太子宴于宫,命宫臣掷倒,及善辞曰:'殿下自有优人,臣苟奉令,非羽翼之美。'太子谢之。高宗闻,赐绢百匹。"[②]此处的"掷倒",当是一种取乐的游戏。[③]王及善认为这种游戏是优人的专职,而奉裕率官正四品上,掌东宫千牛备身侍奉之事[④],掷倒之戏非其所宜。优人善于说笑戏谑,《全唐诗》卷八六九至卷八七二收录谐谑诗四卷,其中多有优人语。如卷八六九所录中宗朝优人《回波词》:"回波尔时栲栳,怕妇也是大好。外边只有裴谈,内里无过李老。"即取笑中宗李显惧内。此诗原注:"御史大夫裴谈,妻妒悍,谈畏之如严君。时韦庶人颇袭武后之风,中宗渐畏之。内宴互唱回波词,有优人云云。后意色自得,以束帛赐之。"[⑤]文人间或亦作谐谑之词以取乐。如《全唐诗》卷八六九崔日用《乞金鱼词》:"台中鼠子直须谙,信足跳梁上壁龛。倚翻灯脂污张五,还来啮带报韩三。莫浪语,直王相。大家必若赐金龟,卖却猫儿相报赏。"原注:"日用为御史中丞,赐紫。是时佩鱼须有特恩,因会宴,日用撰词云云,中宗以金鱼赐之。"[⑥]此诗言御史台官员无佩鱼者,故鼠无鱼可吃,既然龟鼠无可吃之物,鼠就没有了,因此猫也不用买了。全诗幽默诙谐,又不乏寓意。唐代优人也有"谈言微中"的一面。如《旧唐书·李实传》:"(贞元)二十年春夏旱,关中大歉,(李)实为政猛暴,方务聚敛进奉,以固恩顾,百姓所诉,一不介意。因入对,德宗问人疾苦,实奏曰:

① 《新唐书》卷二〇一,第5725—5726页。

② 《新唐书》卷一一六,第4240页。

③ 《资治通鉴》卷二〇二"掷倒",胡注:"唐散乐有舞盘伎、舞轮伎、长跷伎、跳铃伎、掷倒伎、跳剑伎、吞剑伎,皆梁之遗伎也。"见该书第6370页。

④ 《旧唐书》卷四四,第1913页。

⑤ 《全唐诗》卷八六九,第9848页。

⑥ 《全唐诗》卷八六九,第9849页。

‘今年虽旱，谷田甚好。’由是租税皆不免，人穷无告，乃彻屋瓦木，卖麦苗以供赋敛。优人成辅端因戏作语，为秦民艰苦之状云：‘秦城城池二百年，何期如此贱田园。一顷麦苗五硕米，三间堂屋二千钱。’凡如此语有数十篇。实闻之怒，言辅端诽谤国政，德宗遽令决杀，当时言者曰：‘瞽诵箴谏，取其诙谐以托讽谏，优伶旧事也。设谤木，采刍荛，本欲达下情，存讽议，辅端不可加罪。’德宗亦深悔，京师无不切齿以怒实。”[①]优人成辅端所作戏语，针砭时弊，讽刺意味强烈。但这种情况并不多见。总体来看，戏谑诙谐玩笑取乐是唐朝优人的整体倾向。

弘文馆和崇文馆在创立之初，政治色彩远超于文学。弘文馆学士以智囊身份参与朝政策划，崇贤馆职掌王公大臣子弟之教育，均非帝王嘲弄取乐的对象。太宗时期，学士也参与诗歌宴会，但所谓的文学活动还只是处在次要位置。随着时间推移，学士文学侍从身份越来越多明显，而政治谋臣角色则渐次隐退。其过程大致是这样的：从太宗朝始，经由高宗、武周，到中宗时期文士俳优角色达至全盛。

太宗时期，君臣之间亦有唱和。从武德九年(626)九月至贞观二十三年(649)五月，太宗君臣唱和诗可考者有二百一十四首，文赋十三首。预唱诗人四十五人，其中二馆学士十余人。[②]不过，其时学士主要职责不在陪侍宴游。弘文馆设立之初，虞世南等人“皆以本官兼学士，令更宿直，听朝之隙，引入内殿，讲论文义，商量政事，或至夜分方罢”[③]。学士主要参与政治谋划，其次是校理图籍、撰著官书和教育生徒。崇文馆隶属东宫官署，学士的主要职责是刊正经籍和教授诸生。这也反映在唱和诗的题材和风格的多样性上[④]，可见其时臣子尚未为帝王“以倡优畜之”。这也可从虞世南拒绝赓和太宗所作宫体诗一事得到证明。《唐诗纪事》卷一：“帝(太宗)尝作宫体诗，使虞世南赓和。世南曰：圣作诚工，然体非雅正，上有所

---

① 《旧唐书》卷一三五，第3731页。

② 贾晋华《唐代集会总集与诗人群研究》，北京大学出版社2001年版，第29页。

③ 王溥《唐会要》卷六四，第1114页。

④ 太宗君臣唱和诗的题材和风格，主要有四大类：一是怀旧、征边，二是述志、咏史、赠答、三是朝会、宴游、咏物、四是歌辞。参贾晋华《唐代集会总集与诗人群研究》，第33页。

好,下必有甚。臣恐此诗一传,天下风靡,不敢奉诏。”[①]

但这种情况到了高宗武后时期发生很大的改变。《旧唐书·宋之问传》:“则天幸洛阳龙门,令从官赋诗,左史东方虬诗先成,则天以锦袍赐之。及之问诗成,则天称其词愈高,夺虬锦袍以赏之。”[②]东方虬虽然成诗最早,但武则天认为不如宋之问诗,所以夺了锦袍赏赐宋之问。宋之问诗至今留存,见《全唐诗》卷五一。遗憾的是东方虬之诗已不存,否则将二者加以比较,还能考见武则天的评诗标准。不过,从现存宋作《龙门应制》来看,其颂圣之性质很明显。站在武则天的立场,这是很容易讨得她的欢心的。若进一步考察,则发现其时文士“俳优”角色较为明显。《旧唐书·张行成传》附易之、昌宗传:“圣历二年,置控鹤府官员,以易之为控鹤监、内供奉,余官如故。久视元年,改控鹤府为奉宸府,又以易之为奉宸令,引辞人阎朝隐、薛稷、员半千并为奉宸供奉。每因宴集,则令嘲戏公卿以为笑乐。若内殿曲宴,则二张、诸武侍坐,樗蒲笑谑,赐与无算。时谀佞者奏云,昌宗是王子晋后身。乃令被羽衣,吹箫,乘木鹤,奏乐于庭,如子晋乘空。辞人皆赋诗以美之,崔融为其绝唱,其句有‘昔遇浮丘伯,今同丁令威。中郎才貌是,藏史姓名非。’……以昌宗丑声闻于外,欲以美事掩其迹,乃诏昌宗撰《三教珠英》于内。乃引文学之士李峤、阎朝隐,徐彦伯、张说、宋之问、崔湜、富嘉谟等二十六人,分门撰集。”[③]今从两《唐书》中考得预修《三教珠英》者十九人:张昌宗、李峤、阎朝隐、徐彦伯、张说、宋之问、沈佺期、崔湜、富嘉谟、薛曜、刘子玄、徐坚、乔备、崔融、员半千、尹元凯、王无竞、李适、刘允济。[④]又从《珠英学士集》敦煌残卷可补马吉甫、元希声、房元阳、杨齐悊、胡皓五人。[⑤]这样就共考得诗人二十四人,与记载的二十六人接近。他们多以俳优角色侍奉“二张”。

① 计有功《唐诗纪事》,贝叶山房本,第7页。

② 《旧唐书》卷一九〇中,第5025页。

③ 《旧唐书》卷七八,第2026—2027页。

④ 参考《旧唐书》卷四七、卷七三、卷七四、卷七八、卷九七、卷一〇二、卷一九〇中(《乔备传》,《新唐书》卷五九《艺文志》著录《三教珠英》作“乔侃”,当从《旧唐书》本传作“乔备”),以及《新唐书》卷五九、卷六〇、卷二〇二。

⑤ 傅璇琮《唐人选唐诗新编》,陕西人民教育出版社1996年版,第41—48页。

在利禄的驱使之下，文人谄媚之风甚为流行。《旧唐书·杜审言传》："则天召见审言，将加擢用。问曰：'卿欢喜否？'审言蹈舞谢恩。因令作《欢喜诗》，甚见嘉赏，拜著作佐郎。"[①]同书《阎朝隐传》："张易之等所作篇什，多是朝隐及宋之问潜代为之。圣历二年，则天不豫，令朝隐往少室山祈祷。朝隐乃曲申悦媚，以身为牺牲，请代上所苦。"[②]《新唐书·杨再思传》："易之兄司礼少卿同休，请公卿宴其寺，酒酣，戏曰：'公面似高丽。'再思欣然，翦谷缀巾上，反披紫袍，为高丽舞，举动合节，满坐鄙笑。昌宗以姿貌幸，再思每曰：'人言六郎似莲华，非也；正谓莲华似六郎耳。'其巧谀无耻类如此。"[③]从上述言行来看，以诗文和身体博取帝王欢悦来获得功名，是高宗和武周时期学士群体的特色。在这种大环境之下，学士集体创作中的俳优表征也就不难理解。《唐诗纪事》载："太平公主，武后所生，后爱之倾诸女。帝择薛绍尚之，假万年县为婚馆。门隘不能容翟车，有司毁垣以入，自兴安门设燎以属，道樾为枯。当时群臣，刘祎之诗云：梦梓光青陛，秾桃蔼紫宫。元万顷云：离元应春夕，帝子降秋期。任奉古云：帝子升青陛，王姬降紫宸。郭正一云：桂宫初服冕，兰掖早升笄。皆纳妃出降之意也。"[④]太平公主出降排场奢靡，可见武则天对公主的宠爱。文士们的满口帝子，谄附之意也就不言而喻。《旧唐书·武崇训传》："崇训，三思第二子也。则天时，封为高阳郡王。长安中，尚安乐郡主。时三思用事于朝，欲宠其礼。中宗为太子在东宫，三思宅在天津桥南，自重光门内行亲迎礼，归于其宅。三思又令宰臣李峤、苏味道，词人沈佺期、宋之问、徐彦伯、张说、阎朝隐、崔融、崔湜、郑愔等赋《花烛行》以美之。"[⑤]武氏一族，本无多少文化素养，而先后凭借当时文士之妙笔来装点门面。从这层意义上来说，文士扮演的角色就是"俳优"。正如《旧唐书·外戚传》所云："崇训之尚主也，三思方辅政，中宗居东宫，欲宠耀其下，乃令具亲迎礼。宰相李峤、苏

① 《旧唐书》卷一九〇上，第4999页。

② 《旧唐书》卷一九〇中，第5026页。

③ 《新唐书》卷一〇九，第4099页。

④ 计有功《唐诗纪事》卷一，贝叶山房本，第8页。

⑤ 《旧唐书》卷一八三，第4736页。

味道等及沈佺期、宋之问诸有名士，造作文辞，慢泄相矜，无复礼法。"[①]

文士俳优角色到中宗朝达至鼎盛。《新唐书·李适传》："中宗景龙二年，始于修文馆置大学士四员、学士八员、直学士十二员，象四时、八节、十二月。于是李峤、宗楚客、赵彦昭、韦嗣立为大学士，适、刘宪、崔湜、郑愔、卢藏用、李乂、岑羲、刘子玄为学士，薛稷、马怀素、宋之问、武平一、杜审言、沈佺期、阎朝隐为直学士，又召徐坚、韦元旦、徐彦伯、刘允济等满员。其后被选者不一。"[②]《唐会要》对学士选任作了更为详细记载。[③]《李适传》所列大学士四人、学士八人、直学士十一人，加上《唐会要》中提到的苏颋，刚好二十四员。贾晋华依据相关记载，增补了张说、李迥秀、崔日用、褚无量、上官婉儿五人，使之与《景龙文馆记》中所载"学士二十九人"相合。贾晋华又对景龙年间修文馆学士的活动进行编年，稽考出六十六则活动事件，诗歌作品三百一十六首。[④]中宗景龙年间的宴游活动，《资治通鉴》亦有记载："每游幸禁苑，或宗戚宴集，学士无不毕从，赋诗属和，使上官昭容第其甲乙，优者赐金帛；同预宴者，惟中书、门下及长参王公、亲贵数人而已，至大宴，方召八座、九列、诸司五品以上预焉。"[⑤]有时参与活动者多达数百人，如《旧唐书·武延秀传》："（安乐）公主产男满月，中宗、韦后幸其第，就第放赦，遣宰臣李峤、文士宋之问、沈佺期、张说、阎朝隐等数百人赋诗美之。"[⑥]《新唐书》的评价则是："凡天子飨会游豫，唯宰相及学士得从。春幸梨园，并渭水祓除，则赐细柳圈辟疠；夏宴蒲萄园，赐朱樱；秋登慈恩浮图，献菊花酒称寿；冬幸新丰，历白鹿观，上骊山，赐浴汤池，给香粉

① 《新唐书》卷二〇六，第5840页。

② 《新唐书》卷二〇二，第5748页。

③ 王溥《唐会要》卷六四："（景龙二年）四月二十二日，修文馆增置大学士四员、学士八员、直学士十二员，征攻文之士以充之。二十三日，敕中书令李峤、兵部尚书宗楚客并为大学士。二十五日，敕秘书监刘宪、中书侍郎崔湜、吏部侍郎岑羲、太常（按：脱"少"字。《旧中宗纪》：景龙三年三月戊寅，太常少卿兼检校吏部侍郎郑愔同中书门下平章事。（《新纪》同、《新·宰相表》同。））卿郑愔、给事中李适、中书舍人卢藏用、李乂、太子中舍刘子玄并为学士。五月五日，敕吏部侍郎薛稷、考功员外郎马怀素、户部员外郎宋之问、起居舍人武平一、国子主簿杜审言并为直学士。十月四日，兵部侍郎赵彦昭、给事中苏颋、起居郎沈佺期并为学士。"中华书局1955年版，第1114—1115页。

④ 贾晋华《唐代集会总集与诗人群研究》，第43—63页。

⑤ 《资治通鉴》卷二〇九，第6622页。

⑥ 《旧唐书》卷一八三，第4734页。

兰泽，从行给翔麟马，品官黄衣各一。帝有所感即赋诗，学士皆属和。当时人所歆慕，然皆狎猥佻佞，忘君臣礼法，唯以文华取幸。"[①]其所批评的"狎猥佻佞，忘君臣礼法，唯以文华取幸"现象，直接指出了文士俳优性质。景龙四年(710)五月，国子祭酒祝钦明于御宴之上自请为"八风舞"，丑态百出，卢藏用当时就批评说"祝公五经扫地尽矣"[②]。对于中宗和学士群体的游宴享乐，五代史臣的评价是："不知创业之难，唯取当年之乐。""不能罪己以谢万方，而更漫游以隳八政。"[③]

（二）学士群体流动特点

珠英学士和修文馆学士两大群体，是初唐文馆学士的主体。前者共二十六人，后者则有二十九人。两相比较，二者之间有部分人事更替，但主体基本相同。两大学士群体在京城的文学角色具如上述。但他们的诗歌活动区域并非一成不变。随着政治的变化，学士群由京城向地方扩散迁移，其文学角色也随之发生改变。珠英学士群体向地方流动主要发生于神龙元年(705)。修文馆学士群体向地方的流动，则在睿宗践祚之初的景云元年(710)之后。这两次大规模的流徙行动，迫使文馆学士离开宫廷而流向边鄙，造成文学区域性交流，进而推动律诗深度发展。

神龙初年珠英学士群的大规模流徙，史书是这样记载的："神龙元年正月，则天病甚。是月二十日，宰臣崔玄暐、张柬之等起羽林兵迎太子，至玄武门，斩关而入，诛易之、昌宗于迎仙院，并枭首于天津桥南。则天逊居上阳宫。易之兄昌期，历岐、汝二州刺史，所在苛猛暴横，是日亦同枭首。朝官房融、崔神庆、崔融、李峤、宋之问、杜审言、沈佺期、阎朝隐等皆坐二张窜逐，凡数十人。"[④]"二张"被诛后，李峤等二十六名珠英学士因牵累遭贬。两《唐书》对他们的贬逐过程作了较详细载录。李峤："以附会张易之

① 《新唐书》卷二〇二，第5748页。

② 《资治通鉴》卷二〇九，第6641页。

③ 《旧唐书》卷七，第151页。

④ 《旧唐书》卷七八，第2708页。

兄弟,出为豫州刺史。未行,又贬为通州刺史。”[①]苏味道:“以亲附张易之、昌宗贬授郿州刺史。”[②]崔融:“及易之伏诛,融左授袁州刺史。”[③]王绍宗:“性淡雅,以儒素见称,当时朝廷之士,咸敬慕之。张易之兄弟,亦加厚礼。易之伏诛,绍宗坐以交往见废,卒于乡里。”[④]杜审言:“坐与张易之兄弟交往,配流岭外。”[⑤]《旧唐书》本传只云岭外,《新唐书》本传则记录为:“坐交通张易之,流峰州。”[⑥]刘允济:“中兴初,坐与张易之款狎,左授青州长史,为吏清白,河南道巡察使路敬潜甚称荐之。寻丁母忧,服阕而卒。”[⑦]刘宪:“坐尝为张易之所引,自吏部侍郎出为渝州刺史。”[⑧]宋之问:“及易之等败,左迁泷州参军。”[⑨]沈佺期:“会张易之败,遂长流驩州。”[⑩]王无竞:“及张易之等败,以尝交往,再贬岭外,卒于广州,年五十四。”[⑪]韦元旦:“与张易之有姻属,易之败,贬感义尉。”[⑫]阎朝隐:“易之伏诛,坐徙岭外。”[⑬]《旧唐书》未言贬地,《新唐书》记其贬崖州。《新唐书·宋之问传》:“于时张易之等烝昵宠甚,之问与阎朝隐、沈佺期、刘允济倾心媚附,易之所赋诸篇,尽之问、朝隐所为,至为易之奉溺器。及败,贬泷州,朝隐崖州,并参军事。”[⑭]李迥秀:“雅有文才,饮酒斗余,广接宾朋,当时称为风流之士。然颇托附权幸,倾心以事张易之、昌宗兄弟,由是深为谠正之士所讥。俄坐赃,出为庐州刺史。”[⑮]

---

① 《旧唐书》卷九四,第2995页。

② 《旧唐书》卷九四,第2992页。

③ 《旧唐书》卷九四,第3000页。

④ 《旧唐书》卷一八九下,第4964页。

⑤ 《旧唐书》卷一九〇上,第4999页。

⑥ 《新唐书》卷二〇一,第5736页。

⑦ 《旧唐书》卷一九〇中,第5013页。

⑧ 《旧唐书》卷一九〇中,第5016页。

⑨ 《旧唐书》卷一九〇中,第5025页。

⑩ 《新唐书》卷二〇二,第5749页。

⑪ 《旧唐书》卷一九〇中,第5027页。

⑫ 《新唐书》卷二〇二,第5749页。

⑬ 《旧唐书》卷一九〇中,第5026页。

⑭ 《新唐书》卷二〇二,第5750页。

⑮ 《旧唐书》卷六二,第2391页。

综合来看,神龙初年文馆学士贬逐,多南迁岭南。宋之问《至端州驿见杜五审言沈三佺期阎五朝隐王二无竞题壁慨然成咏》记录了南贬作家情形:"逐臣北地承严谴,谓到南中每相见。岂意南中岐路多,千山万水分乡县。云摇雨散各翻飞,海阔天长音信稀。处处山川同瘴疠,自怜能得几人归。"[①]所谓"岂意南中岐路多,千山万水分乡县",道出了同在岭南但又各自分散的事实。有些文士,像王绍宗、王无竞等,最终卒于贬所。其中大部分遭贬者不久又回到了长安,在景龙二年(708)入选修文馆学士。

修文馆学士的活动时间,主要发生于景龙二年(708)四月至景龙四年(710)五月,先后二年余。景龙学士在中宗去世之后,大多遭受贬谪。但与神龙逐臣相较,景龙修文馆学士群体的地方流动,并未得到应有的重视,即便是研究唐代迁谪文学者,亦较少关注。因此,对修文馆学士群体的最终归宿作一梳理,是很有必要的。这在两《唐书》中也有清晰的记载。李峤:"睿宗即位,出为怀州刺史,寻以年老致仕。"[②]及玄宗践祚,制随其子虔州刺史李畅赴任,寻起为庐州别驾而卒。宗楚客:"韦氏败,楚客与晋卿等皆伏诛。"[③]赵彦昭,睿宗时,出为宋州刺史。玄宗时,累贬江州别驾,卒。[④]韦嗣立,睿宗践祚,拜中书令,旬日,出为许州刺史。开元初,为有司所劾,左迁岳州别驾,久之,迁陈州刺史。开元七年,卒。[⑤]李适:"睿宗时,待诏宣光阁,再迁工部侍郎。卒,年四十九,赠贝州刺史。"[⑥]刘宪:"景云初,三迁太子詹事。玄宗在东宫,留意经籍,宪因上启曰……玄宗甚嘉纳之。明年,宪卒,赠兖州都督。"[⑦]崔湜:"睿宗即位,出为华州刺史。萧至忠等既诛,坐徙岭外,缢于驿中。"[⑧]郑愔:"坐赃,贬江州司马。"[⑨]景云元

① 陶敏、易淑琼《沈佺期宋之问集校注》,中华书局2001年版,第433页。

② 《旧唐书》卷九四,第2995页。

③ 《旧唐书》卷九二,第2973页。

④ 《旧唐书》卷九二,第2967—2968页。

⑤ 《旧唐书》卷八八,第2873页。

⑥ 《新唐书》卷二〇二,第5747页。

⑦ 《旧唐书》卷一九〇中,第5016页。

⑧ 《旧唐书》卷七四,第2622—2624页。

⑨ 《旧唐书》卷七,第147页。

年(710)八月因谋反被杀。[①]卢藏用:“先天中,坐托附太平公主,配流岭表。”[②]《新唐书》本传:“附太平公主,主诛,玄宗欲捕斩藏用,顾未执政,意解,乃流新州。或告谋反,推无状,流驩州。会交趾叛,藏用有捍御劳,改昭州司户参军,迁黔州长史,判都督事,卒于始兴。”[③]李乂:“景云元年,迁吏部侍郎。”[④]开元四年(716)卒[⑤]。岑羲,睿宗即位,出为陕州刺史。先天元年,坐预太平公主谋逆伏诛。[⑥]刘子玄,景云中,累迁太子左庶子,兼崇文馆学士。开元初,迁左散骑常侍,修史如故。开元九年(721),长子贶为太乐令,犯事配流。子玄诣执政诉理,上闻而怒之,由是贬授安州都督府别驾。子玄至安州,无几而卒,年六十一。[⑦]苏颋,景云中,瓌薨,服阕为工部侍郎。开元八年(720),除礼部尚书,罢政事,俄知益州大都督府长史事。[⑧]崔日用,景龙四年(710),助玄宗平韦后之乱,以功授黄门侍郎、参知政事,封齐国公。月余罢相,转雍州长史,出为扬州长史,历婺、汴二州刺史,兖州都督、荆州长史。开元五年(717),出为常州刺史。十年(722)徙并州长史。[⑨]褚无量,景云初,诏拜国子司业,兼皇太子侍读。[⑩]张说,《旧唐书》本传:睿宗即位,迁中书侍郎。[⑪]李迥秀,代姚崇为兵部尚书,病卒。[⑫]徐彦伯,景云初,加银卿光禄大夫,迁右散骑常侍、太子宾客,仍兼昭文馆学士。先天元年(712),以病乞骸骨,许之。开元二年(714)卒。[⑬]杜审言:“入为国子监主簿、修文馆直学士,卒。”[⑭]薛稷:“及(睿宗)践祚,累拜

① 《新唐书》卷五,第117页。
② 《旧唐书》卷九四,第3004页。
③ 《新唐书》卷一二三,第4374—4375页。
④ 《旧唐书》卷一〇一,第3136页。
⑤ 《旧唐书》卷八,第176页。
⑥ 《旧唐书》卷七〇,第2540—2541页。
⑦ 《旧唐书》卷一〇二,第3171页。
⑧ 《旧唐书》卷八八,第2880—2881页。
⑨ 《旧唐书》卷九九,第3088—3089页。
⑩ 《旧唐书》卷一〇二,第3166页。
⑪ 《旧唐书》卷九七,第3051页。
⑫ 《旧唐书》卷六二,第2391页。
⑬ 《旧唐书》卷九四,第3006页。
⑭ 《新唐书》卷二〇一,第5736页。

中书侍郎，与苏颋等对掌制诰……睿宗常召稷入宫中参决庶政，恩遇莫与为比。及窦怀贞伏诛（先天二年七月），稷以知其谋，赐死于万年县狱中。"[①]马怀素："开元初，为户部侍郎，加银青光禄大夫，累封常山县公，三迁秘书监，兼昭文馆学士。"[②]宋之问："睿宗即位，以之问尝附张易之、武三思，配徙钦州。先天中，赐死于徙所。"[③]沈佺期："历中书舍人、太子詹事。开元初卒。"[④]阎朝隐："易之伏诛，坐徙岭外。寻召还。先天中，复为秘书少监。又坐事贬为通州别驾，卒官。"[⑤]徐坚，睿宗即位，坚自刑部侍郎加银青光禄大夫，拜左散骑常侍，俄转黄门侍郎。及羲诛（岑羲预太平公主事，开元二年七月伏诛），坚竟免坐累。出为绛州刺史。[⑥]刘允济："中兴初，坐与张易之款狎，左授青州长史，为吏清白，河南道巡察使路敬潜甚称荐之。寻丁母忧，服阕而卒。"[⑦]武平一："玄宗立，贬苏州参军，徙金坛令。平一见宠中宗，时虽宴豫，尝因诗颂规诫，然不能卓然自引去，故被谪。既谪而名不衰。开元末，卒。"[⑧]韦元旦："与张易之有姻属，易之败，贬感义尉。俄召为主客员外郎，迁中书舍人。舅陆颂妻，韦后弟也，故元旦凭以复进云。"[⑨]虽未明言结局，但据党附韦氏，推知睿宗即位后可能遭窜逐。

综合起来看，景龙文馆学士的结局大致有四种：第一种是遭诛杀，如宗楚客、郑愔、岑羲、薛稷等先后遭诛杀或赐死。第二种是流放，如卢藏用先流新州，再流驩州，宋之问流钦州。第三种是贬官，如李峤先贬为怀州刺史，再贬为庐州别驾。赵彦昭先贬为宋州刺史，再贬为江州别驾。韦嗣立先贬为许州刺史，再贬为岳州别驾、陈州刺史。崔湜贬为华州刺史。郑愔先贬为江州司马后遭诛杀。岑羲先贬为陕州刺史后遭诛杀。崔日用先

① 《旧唐书》卷七三，第2591—2592页。
② 《旧唐书》卷一〇二，第3164页。
③ 《旧唐书》卷一九〇中，第5025页。
④ 《旧唐书》卷一九〇中，第5017页。
⑤ 《旧唐书》卷一九〇中，第5026页。
⑥ 《旧唐书》卷一〇二，第3176页。
⑦ 《旧唐书》卷一九〇中，第5013页。
⑧ 《新唐书》卷一一九，第4295页。
⑨ 《新唐书》卷二〇二，第5749页。

贬为雍州长史，再贬为扬州长史。阎朝隐贬为通州别驾。武平一贬为苏州参军。第四种是升迁，如李适任工部侍郎，刘宪任太子詹事，李乂任吏部侍郎，刘子玄任太子左庶子，苏颋任工部侍郎，褚无量任国子司业兼皇太子侍读，张说任中书侍郎，李迥秀任兵部尚书，徐彦伯任右散骑常侍，杜审言任国子主簿，马怀素任户部侍郎，沈佺期任中书舍人，徐坚任左散骑常侍。其中遭受流放和贬谪的文士13人，约占景龙文馆学士总数的一半。

（三）空间流动与角色转换

作为景龙修文馆亲历者的张说，多年后回忆当年文学活动，对李峤、崔融、薛稷、宋之问等人的诗文作出评点。《大唐新语》卷八：

> 张说、徐坚同为集贤学士十余年，好尚颇同，情契相得。时诸学士凋落者众，唯说、坚二人存焉。说手疏诸人名，与坚同观之。坚谓说曰："诸公昔年皆擅一时之美，敢问孰为先后？"说曰："李峤、崔融、薛稷、宋之问之文，皆如良金美玉，无施不可。富嘉谟之文，如孤峰绝岸，壁立万仞，丛云郁兴，震雷俱发，诚可异乎？若施之于廊庙，则为骇矣。阎朝隐之文，则如丽色靓妆，衣之绮绣，燕歌赵舞，观者忘忧。然类之风雅，则为俳矣。"①

这一段对话的背景非常重要，张说和徐坚曾同为景龙修文馆学士，多年之后，学士群体零落，这是对学士群体的回忆，所评价的诗歌当然主要还是集体创作。张说认为阎朝隐的诗文"类之风雅，则为俳矣"，直接指出了阎朝隐俳优的角色特征。如前所述，阎朝隐的俳优角色，只是更为突出而已，就整个学士群体来看，都具有媚上的俳优特征。

文馆学士的宫廷唱和活动，对诗歌发展最大的贡献是推进声律的定型。这一点业已成为众多研究者的共识。如前述赵昌平、葛晓音等学者的研究，均从声律的角度肯定宫廷文学活动的成就。但声律只是律诗的

---

① 刘肃《大唐新语》卷八，中华书局2004年版，第130页。

外在形式,一首完整成熟的近体诗,应当既具备合乎格律的形式,同时又具有有兴味的内涵。正如《文心雕龙·附会》所讲的:“夫才量学文,宜正体制。必以情志为神明,事义为骨髓,辞采为肌肤,宫商为声气。”[①]辞藻和声律,仅仅是外在的肌肤和声气。内在的神明和骨髓,应更为重要,在律诗中所表现出来的,正是情志和事义,也就是情感和思想。从这一层意义上来看,文馆学士朝野迁转对于唐代诗歌的作用,主要就是使诗歌脱离应制唱和的束缚,从宫廷走向江山塞漠,从而使律诗在形式定型的同时,内容也趋于成熟。对于文馆学士来说,迁转的最大影响就是摆脱俳优创作角色,从而回归诗歌写作理性。

文馆学士群体创作理性的回归,主要表现为诗骚传统的继承和发扬。所谓诗骚传统,其实质主要指诗歌的社会批判功能和个性化的抒情功能。这在宫廷应制诗中很难有所体现,宫廷应制诗既不能有所批判亦无个性化的情感抒发。当诗人流放贬谪至边鄙之地时,这种集体创作状态被打破,群体共性也随之为一己之个性取替,从而使创作更为自由。诗骚传统的两个方面,在遭受流放和贬谪的文馆诗人那里,更多地表现为骚怨精神,社会批评方面则较少。这在南贬作家的诗歌中有较为集中的体现。诗人往往用比兴象征等传统手法,借屈原、贾谊等历史人物来抒发迁谪的哀怨。宋之问的南贬诗就经常使用“楚臣”“屈平”“贾谊”“长沙”等意象来表达骚怨情绪。如“楚臣悲落叶,尧女泣苍梧”[②];“别路追孙楚,维舟吊屈平”[③];“迹类虞翻枉,人非贾谊才”[④];“流芳虽可悦,会自泣长沙”[⑤];“但令归有日,不敢恨长沙”[⑥]。诗歌理性和诗骚传统的回归,一方面体现为直接使用“屈平”和“贾谊”这样的象征意象,另一方面,也是主要的方面,是通过描写路途艰险、抒发念国思乡、记录异地风情、表达命运思考等形式表

---

① 范文澜《文心雕龙注》,人民文学出版社1962年版,第650页。

② 陶敏、易淑琼《沈佺期宋之问集校注》,中华书局2001年版,第579页。

③《沈佺期宋之问集校注》,第398页。

④《沈佺期宋之问集校注》,第570页。

⑤《沈佺期宋之问集校注》,第568页。

⑥《沈佺期宋之问集校注》,第428页。

现出来。

其一,描写路途艰辛和心理恐惧。在南贬诗人的笔下,瘴疠、毒虫、毒草是常见的词汇,诗人通过这些物象来描写路途的艰险,表达内心的恐惧。岭南气候湿热,北方人多难适应。最令人生畏的是瘴疠。如宋之问诗:“处处山川同瘴疠,自怜能得几人归。”[①]“夜杂蛟螭寝,晨披瘴疠行。”[②]沈佺期诗:“洛浦风光何所似,崇山瘴疠不堪闻。”[③]“炎蒸连晓夕,瘴疠满冬秋。”[④]“疟瘴因兹苦,穷愁益复迷。”[⑤]毒虫和毒草,也是贬谪途中经常遇见的事物,增加了路途的危险。特别是一种叫含沙的毒虫,几乎与诗人们相伴始终。如宋之问诗:“含沙缘涧聚,吻草依林植。”[⑥]“触影含沙怒,逢人女草摇。”[⑦]沈佺期诗:“昔传瘴江路,今到鬼门关。土地无人老,流移几客还。自从别京洛,颓鬓与衰颜。夕宿含沙里,晨行冈路间。马危千仞谷,舟险万重湾。问我投何地,西南尽百蛮。”[⑧]此外,陆路上的巉岩和水路中的险滩,也给旅途增加了种种艰难。如宋之问流钦州途中作《自衡阳至韶州谒能禅师》:“湘岸竹泉幽,衡峰石囷闭。岭嶂穷攀越,风涛极沿济。”[⑨]又《下桂江龙目滩》:“停午出滩险,轻舟容易前。峰攒入云树,崖喷落江泉。”[⑩]又《下桂江县黎壁》:“放溜觌前溆,连山分上干。江回云壁转,天小雾峰攒。吼沫跳急浪,合流环峻滩。欹离出漩划,缭绕避涡盘。舟子怯桂水,最言斯路难。”[⑪]

其二,抒写念国思乡的别离之情。生离死别是贬谪期间最痛苦的感受,在诗歌中有多种表达方式。一是直接表达思乡之情。常借用“故园”

① 《沈佺期宋之问集校注》,第433页。
② 《沈佺期宋之问集校注》,第434页。
③ 《沈佺期宋之问集校注》,第85页。
④ 《沈佺期宋之问集校注》,第99页。
⑤ 《沈佺期宋之问集校注》,第104页。
⑥ 《沈佺期宋之问集校注》,第429页。
⑦ 《沈佺期宋之问集校注》,第551页。
⑧ 《沈佺期宋之问集校注》,第87页。
⑨ 《沈佺期宋之问集校注》,第547页。
⑩ 《沈佺期宋之问集校注》,第566页。
⑪ 《沈佺期宋之问集校注》,第567页。

“望乡”“乡关”“帝乡”“京华”“咸京”“洛阳”等意象。“故园”，如“故园肠断处，日夜柳条新”[1]；“故园长在目，魂去不须招”[2]；“何当首归路，行剪故园莱”[3]；“故园今日应愁思，曲水何能更祓除”[4]。“望乡”，如“明朝望乡处，应见陇头梅”[5]；“唯馀望乡泪，更染竹成斑”[6]；“回首望旧乡，云林浩亏蔽。不作离别苦，归期多年岁”[7]；“潮回出浦驶，洲转望乡迷。人意长怀北，江行日向西”[8]；“乡关”，如“逍遥楼上望乡关，绿水泓澄云雾间”[9]；“歇鞍问徒旅，乡关在西北”[10]；“流放蛮陬阔，乡关帝里偏”[11]。“帝乡”，如“帝乡遥可念，肠断报亲情”[12]。“京华”，如“代业京华里，远投魑魅乡”[13]；“雨露何时及，京华若个边”[14]。“咸京”，如“天高难诉兮远负明德，却望咸京兮挥涕龙钟”[15]。“洛阳”，如“搔首向南荒，拭泪看北斗。何年赦书来，重饮洛阳酒”[16]；“荔浦蘅皋万里馀，洛阳音信绝能疏”[17]。诗人往往借助上述意象来表达对家人和朋友的思念。二是通过回忆间接表达思乡之情。如宋之问回忆曾在宫中侍从的情景：“伊昔承休盼，曾为人所羡。两朝赐颜色，二纪陪欢宴。昆明御宿侍龙媒，伊阙天泉复几回。西夏黄河水心剑，东周清洛羽觞杯。苑中落花扫还合，河畔垂杨拨不开。千春万寿多行乐，柏梁和歌攀睿作。赐金分帛奉恩辉，风举云摇入紫微。晨趋北阙鸣珂至，夜出南宫

---

① 《沈佺期宋之问集校注》，第421页。

② 《沈佺期宋之问集校注》，第551页。

③ 《沈佺期宋之问集校注》，第431页。

④ 《沈佺期宋之问集校注》，第560页。

⑤ 《沈佺期宋之问集校注》，第427页。

⑥ 《沈佺期宋之问集校注》，第546页。

⑦ 《沈佺期宋之问集校注》，第547页。

⑧ 《沈佺期宋之问集校注》，第554页。

⑨ 《沈佺期宋之问集校注》，第559页。

⑩ 《沈佺期宋之问集校注》，第429页。

⑪ 《沈佺期宋之问集校注》，第135页。

⑫ 《沈佺期宋之问集校注》，第98页。

⑬ 《沈佺期宋之问集校注》，第560页。

⑭ 《沈佺期宋之问集校注》，第95页。

⑮ 《沈佺期宋之问集校注》，第557页。

⑯ 《沈佺期宋之问集校注》，第95页。

⑰ 《沈佺期宋之问集校注》，第560页。

把烛归。”[①]沈佺期则回想妻子儿女：“翰墨思诸季，裁缝忆老妻。小儿应离褓，幼女未攀笄。”[②]三是通过梦境的描写来表达思乡。如“昨夜南亭里，分明梦洛中。室家谁道别，儿女案尝同。忽觉犹言是，沉思始悟空。肝肠馀几寸，拭泪坐春风。”[③]

其三，记录异地风情。这些诗歌的写作主要缘于好奇，但也有借奇异风物来暂纾牢愁的一面，所以不乏清新喜人之作。如宋之问贬谪越州长史期间，遍历越中山水，游招隐寺、登北固山、谒禹庙、泛镜湖和若耶溪、游法华寺云门寺称心寺，写下了许多歌咏越中名胜的诗篇，正如他在流钦州途中所作《桂州三月三日》中所回忆的：“载笔儒林多岁月，襆被文昌佐吴越。越中山海高且深，兴来无处不登临。永和九年刺海郡，暮春三月醉山阴。”[④]宋之问第一次贬泷州（今广东罗定），途中作《早发始兴江口至虚氏村作》：“薜荔摇青气，桄榔翳碧苔。桂香多露裛，石响细泉回。抱叶玄猿啸，衔花翡翠来。”[⑤]宋之问第二次流放钦州途中，写作了大量的风物诗，既有新异之景，也有怪奇之俗。如《发端州初入西江》：“问我将何去，清晨溯越溪。翠微悬宿雨，丹壑饮晴霓。树影捎云密，藤阴覆水低。”[⑥]《发藤州》：“泛舟依雁渚，投馆听猿鸣。石发缘溪蔓，林衣扫地轻。云峰刻不似，苔藓画难成。露裛千花气，泉和万籁声。攀幽红处歇，跻险绿中行。恋切芝兰砌，悲缠松柏茔。”[⑦]《经梧州》：“南国无霜霰，连年见物华。青林暗换叶，红蕊续开花。春去闻山鸟，秋来见海槎。”[⑧]《早入清远峡》：“榜童夷唱合，樵女越吟归。”[⑨]《过蛮洞》：“越岭千重合，蛮溪十里斜。竹迷樵子径，萍匝钓人家。林暗交枫叶，园香覆橘花。”[⑩]可谓路路有景，处处有诗。沈佺期在

---

① 《沈佺期宋之问集校注》，第560页。
② 《沈佺期宋之问集校注》，第104页。
③ 《沈佺期宋之问集校注》，第103页。
④ 《沈佺期宋之问集校注》，第560页。
⑤ 《沈佺期宋之问集校注》，第431页。
⑥ 《沈佺期宋之问集校注》，第554页。
⑦ 《沈佺期宋之问集校注》，第555页。
⑧ 《沈佺期宋之问集校注》，第568页。
⑨ 《沈佺期宋之问集校注》，第572页。
⑩ 《沈佺期宋之问集校注》，第575页。

流放驩州途中，也写作了不少记录异地风情的诗歌。如《神龙初废逐南荒途出郴口北望苏耽山》："孤山郴郡北，不与众山群。重崖下萦映，嶛峣上纠纷。碧峰泉附落，红壁树傍分。"[①]《度安海入龙编》："我来交趾郡，南与贯胸连。四气分寒少，三光置日偏。尉佗曾驭国，翁仲久游泉。邑屋遗甿在，鱼盐旧产传。"[②]《赦到不得归题江上石》："配宅邻州廨，斑苗接野畦。山空闻斗象，江静见游犀。"[③]《答魑魅代书寄家人》："涨海缘真腊，崇山压古棠。雕题飞栋宇，儋耳间衣裳。伏枕神馀劣，加餐力未强。空庭游翡翠，穷巷倚桄榔。"[④]《题椰子树》："日南椰子树，香袅出风尘。丛生调木首，圆实槟榔身。玉房九霄露，碧叶四时春。不及涂林果，移根随汉臣。"[⑤]这些诗歌往往给读者新异的感受，不仅内容新奇，而且在纪事写景的艺术上也别开生面，展现出与宫廷应制之作完全不同的面貌。

其四，对个人命运的思考。无论是贬官还是流放，都对诗人产生极大的刺激，迫使他们对命运进行思考。最重要的特征是由悔悟到自慰的转变。首先是反思，如宋之问诗："问余何奇剥，迁窜极炎鄙。揆己道德馀，幼闻虚白旨……愚以卑自卫，兀坐去沉滓。迨兹理已极，窃位申知己。群议负宿心，获戾光华始。黄金忽销铄，素业坐沦毁。浩叹诬平生，何独恋枌梓。"[⑥]认为自己是遭受冤诬的。在《早发大庾岭》诗中进一步反省："自惟勖忠孝，斯罪懵所得。皇明颇照洗，廷议日纷惑。兄弟远沦居，妻子成异域。羽翮伤已毁，童幼怜未识。踌躇恋北顾，亭午晞霁色。春暖阴梅花，瘴回阳鸟翼。"[⑦]接下来是悔悟，《入泷州江》："余本岩栖客，悠哉慕玉京。厚恩尝愿答，薄宦不祈成。违隐乖求志，披荒为近名。镜愁玄发改，心负紫芝荣。运启中兴历，时逢外域清。只应保忠信，延促付神明。"[⑧]既

① 《沈佺期宋之问集校注》，第83页。
② 《沈佺期宋之问集校注》，第91页。
③ 《沈佺期宋之问集校注》，第104页。
④ 《沈佺期宋之问集校注》，第108页。
⑤ 《沈佺期宋之问集校注》，第121页。
⑥ 《沈佺期宋之问集校注》，第423页。
⑦ 《沈佺期宋之问集校注》，第428页。
⑧ 《沈佺期宋之问集校注》，第434页。

然贬逐已成事实,不管怎样的痛苦和无奈都需要承受。与其沉于哀伤,不如自我疗伤。诗人们转而在佛道中寻求自慰和自我解脱之道。《始安秋日》即云:"世业事黄老,妙年孤隐沦。归欤卧沧海,何物贵吾身。"[①]宋之问第二次流贬,与佛道的联系更加深入,《自衡阳至韶州谒能禅师》诗可见一斑:"洗虑宾空寂,焚香结精誓。愿以有漏躯,聿薰无生慧。物用益冲旷,心源日闲细。伊我获此途,游道回晚计。宗师信舍法,摈落文史艺。坐禅罗浮中,寻异穷海裔。何辞御魑魅,自可乘炎疠。"[②]沈佺期亦复如此,试图借学佛坐禅中消除烦恼。如"人中出烦恼,山下即伽蓝……弟子哀无识,医王惜未谈。机疑闻不二,蒙昧即朝三。欲究因缘理,聊宽放弃惭"[③];"吾从释迦久,无上师涅槃。探道三十载,得道天南端……试将有漏躯,聊作无生观。了然究诸品,弥觉静者安。"[④]与此同时,对道家的出世理念也有深刻体会。如"由来休愤命,命也信苍苍。独坐寻周易,清晨咏老庄。此中因悟道,无问入猖狂"[⑤];"乘闲无火宅,因放有渔舟。适越心当是,居夷迹可求。古来尧禅舜,何必罪欢兜。"[⑥]

地理位置的改易和心理状态的变换,使文馆学士群体的创作发生变化,并引发时代共鸣。《旧唐书·宋之问传》:"之问再被窜谪,经途江、岭,所有篇咏,传布远近。友人武平一为之纂集,成十卷,传于代。"[⑦]稍后不久,芮挺章编选《国秀集》,首选李峤、宋之问、杜审言、沈佺期四人的诗歌二十首。宋之问《题大庾岭》及沈佺期《遥同杜五过庾岭》均入选。[⑧]其后《搜玉小集》又选录宋之问《度大庾岭》及《过蛮洞》等诗。[⑨]殷璠在《河岳英灵集叙》中说:"武德初,微波尚在;贞观末,标格渐高;景云中,颇通远调;开元

① 《沈佺期宋之问集校注》,第564页。

② 《沈佺期宋之问集校注》,第547页。

③ 《沈佺期宋之问集校注》,第93页。

④ 《沈佺期宋之问集校注》,第125页。

⑤ 《沈佺期宋之问集校注》,第108页。

⑥ 《沈佺期宋之问集校注》,第117页。

⑦ 《旧唐书》卷一九〇中,第5025页。

⑧ 芮挺章《国秀集》,元结、殷璠等《唐人选唐诗》(十种),上海古籍出版社1978年版,第131—135页。

⑨ 佚名《搜玉小集》,元结、殷璠等《唐人选唐诗》(十种),第706—707页。

十五年后，声律风骨始备矣。”[①]所谓“景云末，颇通远调”，是对初唐文馆学士群体流动的文学影响最为切实的概括。

二 学官朝野迁转与地方意识

（一）学官迁转的基本特点

对唐代学官职务迁转情况的统计分析，主要有孙国栋《唐代中央重要文官迁转途径研究》[②]。本书与孙先生的统计不同之处，约有四端。其一，孙著采用三分法，将唐代划分为初中晚三个阶段，本书则采用四分法，分成初盛中晚四个阶段。其二，孙著只统计了国子祭酒和国子司业，本书则进一步对国子博士进行统计分析。其三，孙著据以统计的资料范围仅限于两《唐书》，而本书则扩充到其他各种资料，特别是墓志等出土文献的利用，对数据补充尤为重要。其四，对个别材料的理解不同。比如张后胤，《旧唐书》卷本传云从燕王府司马迁国子祭酒，《新唐书》本传则云：“帝大悦，迁燕王府司马。出为睦州刺史，乞骸骨，帝见其强力，问欲何官，因陈谢不敢。帝曰：‘朕从卿受经，卿从朕求官，何所疑？’后胤顿首，愿得国子祭酒，授之。”睦州刺史到底有没有上任，殊为疑问。孙先生统计为由刺史而迁祭酒，尚需进一步考证。

先看国子祭酒迁转的基本情况。

表1 国子祭酒迁入表

官职名	初唐 高祖—睿宗 618—712	盛唐 玄宗 713—756	中唐 肃宗—敬宗 757—826	晚唐 文宗—哀帝 827—907	合计
宰相	2			2	4
中书侍郎	1				1
散骑常侍		1	1	2	4
吏部尚书	1		1		2

① 殷璠《河岳英灵集》，元结、殷璠等《唐人选唐诗》（十种），第40页。

② 孙国栋《唐代中央重要文官迁转途径研究》，上海古籍出版社2009年版。

续表

官职名	初唐 高祖－睿宗 618—712	盛唐 玄宗 713—756	中唐 肃宗－敬宗 757—826	晚唐 文宗－哀帝 827—907	合计
右丞			2		2
户部侍郎			1		1
兵部侍郎			3		3
刑部侍郎			1		1
工部侍郎			1		1
太常卿	1			1	2
大理卿			1		1
太常少卿	1				1
大理少卿			1		1
秘书监		1	2	2	5
国子司业	1	1		1	3
太子少保	1				1
太子庶子				1	1
太子宾客			1		1
太子右谕德	1				1
亲王师	1				1
王府司马	1				1
御史大夫		1			1
谏议大夫			1		1
刺史	3		3		6
都护			1		1
节度使			1	1	2

表2 国子祭酒迁出表

官职名	初唐 高祖一睿宗 618—712	盛唐 玄宗 713—756	中唐 肃宗一敬宗 757—826	晚唐 文宗一哀帝 827—907	合计
相	1		1	1	3
散骑常侍	2	1	2	1	6
吏部尚书			1		1
礼部尚书			1		1
工部尚书			1	1	2
兵部侍郎			1		1
太常卿			2	1	3
太常少卿				1	1
太子宾客		1		2	3
秘书监				1	1
右拾遗			1		1
府尹	1		2		3
刺史	5	1	4	1	11
都护			1		1
州长史			1		1
州别驾	1				1
州司户				1	1
观察使			1	1	2
致仕	3				3
死	3		3		6

从以上统计数据来看,国子祭酒的迁转情况大致如下:迁入方面,初盛唐以刺史和国子司业等官职为主,中晚唐则以各省郎官和秘书监居多。这说明学官择取的标准在不断变化,取用的范围也不仅限于京官,地方的

刺史也是选任的对象。迁出方面,初唐主要是迁出到地方为刺史和任散骑常侍等谏职。中晚唐则以尚书和刺史为多。总体来看,由国子祭酒迁出任京官和任地方官的比例大致相当。这反映出国子学官并非长期在京城任职,与地方的交流沟通还是比较频繁的。

以下是国子司业迁入和迁出的统计数据。

表3　国子司业迁入表

官职名	初唐 高祖—睿宗 618—712	盛唐 玄宗 712—756	中唐 肃宗—敬宗 757—826	晚唐 文宗—哀帝 827—907	合计
谏议大夫	2		2		4
礼部侍郎	1				1
仓部郎中			1		1
水部郎中			1		1
侍御史	1				1
国子博士	3				3
著作郎			1		1
少府尹			1		1
刺史	1		2	1	4
给事中	1				1
太常少卿	1				1
太子中允		1			1
起居舍人		1			1
秘书丞		1			1
左司郎中		1			1
幕府僚佐			1		1
大理正				1	1

表4　国子司业迁出表

官职名	初唐 高祖—睿宗 618—712	盛唐 玄宗 712—756	中唐 肃宗—敬宗 757—826	晚唐 文宗—哀帝 827—907	合计
工部尚书		1			1
中书舍人		1			1
给事中			1		1
散骑常侍			1		1
右丞	1				1
郎中		1			1
御史中丞		1			1
太常少卿				1	1
国子祭酒	2			1	3
国子博士		1			1
太子庶子	1	1	1		3
亲王师	1				1
少府尹			1		1
刺史			2	1	3
州司马			1		1
致仕	1				1
死	3		2		5

从上表可以看出，国子司业的迁入，大多从郎中、谏议、国子博士、著作郎等五品清官中择取，较少从地方官员中选任。国子司业的迁出，以国子祭酒和东宫官属为多，亦有少量的地方州刺史和司马。孙国栋认为："有关国子司业的资料虽少，但所得结果与一般迁官的惯例相应，所以大体可以相信。"①

① 孙国栋《唐代中央重要文官迁转途径研究》，上海古籍出版社2009年版，第169页。

再看国子博士的迁转统计数据。

表5　国子博士迁入表

官职名	初唐 高祖—玄宗 618—712	盛唐 玄宗 713—756	中唐 肃宗—敬宗 757—826	晚唐 文宗—哀帝 827—907	合计
国子助教	4			1	5
太学助教	1				1
太学博士	1				1
员外郎	1	1	1	1	4
监察御史			1		1
司录参军			1		1
广文博士			1		1

表6　国子博士迁出表

官职名	初唐 高祖—玄宗 618—756	中唐 肃宗—敬宗 757—826	晚唐 文宗—哀帝 827—907	合计
给事中	1			1
谏议大夫	2		1	3
国子司业		1		1
太子率更令	1			1
员外郎		1		1
郎中		1	1	2
刺史		1	1	2
州司马			1	1

从上表可以看出，国子博士（五品）主要从六品的国子助教、太学博士及员外郎中择取，其迁出多为正五品上阶的谏议大夫或四品的国子司业，亦有迁出为州刺史和司马者。应该说，这也符合唐代官员迁转的一般规律。

（二）国子学官与地方互动的特点

国子学官作为从事管理和教学的施行者，具有较为明显的职业特点。

因此，学官的选任就有很突出的专门性。这种专门性在唐初表现得尤为显著。比如贞观时期，故旧宿儒徐文远、陆德明、孔颖达、张后胤、谷那律、盖文达、盖文懿、赵弘安、赵弘志、萧德言等人，他们都学有专攻，是专职的经学家。随着时间推移和社会变迁，学官选任也发生变化。主要表现为三个方面：一是学官逐步融入整个官僚体系而官僚化，学术特征日渐萎退。这从上述的考察即可见出，无论是重要官员如祭酒和司业，还是一般官员如国子博士，都纳入到整个行政系统中加以选任流通。二是学官虽为清望官，但终究不过是一清闲之职。因此，祭酒和司业往往被当作闲职以"优待"的方式改授。如祭酒李仲思即是从云麾将军守右武卫大将军之职改授的，制文说："或甫及高年，或近婴微疾。营校之任，久以烦卿；优闲之职，期于遂性。"[①]三是随着科举考试的日益重要，学官选任更加强调文学才能，特别是中唐之后，进士出身者任职学官的比例越来越大。四是学官的迁转与地方的关系较为密切。从选任对象的地域性质来看，学官多从京官中选拔，但也有一部分从地方官员中选用。学官的迁出同样如此，其中一部分继续在京担任官职，另一部分则迁转为地方官。这四点可视为唐代学官选任的总体特征。

国子学官迁转过程中与地方产生关联，其对象主要集中在品阶较高的国子祭酒、国子司业及国子博士等群体中，而国子助教、太学博士、太学助教、四门博士、四门助教，以及广文博士等，较少与地方发生关联。比如迁入，从目前所考知的情况来看，仅有李商隐由徐州府掌书记迁入太学博士一例。学官迁出任职地方官吏者，在国子助教以下的人员中也很少，仅发现国子助教李绅入为金陵李锜幕从事，太学博士吴武陵出为韶州刺史，太学博士李商隐出为东蜀节度判官等几例。以下分别从迁入和迁出两方面加以考论。

1. 学官由地方迁入的五种情况

国子祭酒和国子司业从地方官中选任的有刺史、都护、节度使、方镇

---

① 孙逖《授程伯献光禄大夫太子詹事李仲思光禄大夫国子祭酒制》，《全唐文》卷三〇九，第1388页。

僚佐等，其中刺史最多。又可分为五种情况。

第一种是曾任职学官，但由于各种原因而外出为地方官，入朝继续任职学官。其例较多。如韦嗣立，由许州刺史迁入为国子祭酒。韦嗣立在睿宗即位之初入为中书令，旬日出为许州刺史，原因是韦嗣立与韦庶人关系较为亲密。《旧唐书》本传："嗣立与韦庶人宗属疏远，中宗特令编入属籍，由是顾赏尤重。"故睿宗登基之后立即肃清，是为贬官。本传又云："以定册尊立睿宗之功，赐实封一百户。开元初，入为国子祭酒。"[①]韦嗣立此前曾任职国子祭酒。本传云："无几，嗣立兄承庆入知政事，嗣立转成均祭酒，兼检校魏州刺史。"[②]其由相而入国子祭酒是因为其兄韦承庆拜相，兄弟不可同时为相。祝钦明，由申州刺史迁入为国子祭酒。祝钦明为武周中宗时期大儒，通五经、众史、百家之说，在国子祭酒之前曾任国子博士。《旧唐书》本传："以匿忌日，为御史中丞萧至忠所劾，贬授申州刺史。久之，入为国子祭酒。"[③]《旧唐书》卷七《中宗纪》记为神龙二年(706)七月庚午为萧至忠所劾，九月贬为青州刺史(按：此当从本传为申州刺史)。至于什么原因入朝为国子祭酒，史无明言。当属升迁。阳峤，由右台侍御史—国子司业—尚书右丞—魏州刺史—国子祭酒。按：阳峤，《旧唐书》置于《良吏传》。阳峤出刺魏州，不是贬谪。原因是睿宗即位初分建都督府以统外台，精择良吏，阳峤被选中。其由魏州刺史入为国子祭酒，恐怕与曾经担任国子司业有关。《旧唐书》本传："景龙末，累转国子司业。峤恭谨好学，有儒者之风。又勤于政理，循循善诱。及在学司，时人以为称职。奏修先圣庙及讲堂，因建碑前庭，以纪崇儒之事。"[④]韩愈，由刑部侍郎—潮州刺史—袁州刺史—国子祭酒。韩愈在元和十四年(819)因上表谏迎佛骨忤旨，贬潮州刺史，量移袁州刺史，十五年(820)九月征为国子祭酒。这一方面是因为宪宗皇帝的恩宥，《旧唐书》本传云："宪宗谓宰臣曰：'昨得韩愈到潮州表，因思其所谏佛骨事，大是爱我，我岂不知！然愈为人臣，不当

① 《旧唐书》卷八八，第2873页。

② 《旧唐书》卷八八，第2869页。

③ 《旧唐书》卷一八九下，第4965页。

④ 《旧唐书》卷一八五下，第4813页。

言人主事佛乃年促也。我以是恶其容易。'上欲复用愈,故先语及,观宰臣之奏对。而皇甫镈恶愈狷直,恐其复用,率先对曰:'愈终大狂疏,且可量移一郡。'乃授袁州刺史。"[①]另一方面,韩愈此前曾三次任职国子学官,贞元十八年(802)任四门博士,元和元年(806)任国子博士,元和七年(812)复为国子博士,所以朝廷任命他为祭酒,不无道理。郭山恽,由括州长史迁入为国子司业。据《旧唐书》本传,郭山恽本为中宗朝大儒,景龙中迁国子司业,景云中左授括州长史,开元初入为国子司业。睿宗即位后,大力打击一批中宗朝官员,如上述李峤和祝钦明等皆是。玄宗登基后,这批人大都重新回朝。所以这些国子学官的命运,是与政治斗争密不可分的。归崇敬,以膳部郎中充吊祭册立新罗使—国子司业—饶州司马—国子司业。归崇敬为代宗德宗时期的大儒,常参议国典大礼。其使新罗有功,迁升国子司业,在司业任上提出很好的教育和考试的改革建议,惜未能采择。据《旧唐书》本传,其贬谪饶州司马是因为国子监餐费账目出现问题,"会国学胥吏以餐钱差舛,御史台按问,坐贬饶州司马。"[②]他第二次拜国子司业在建中初,当然与他此前的任职国子学官的经历相关。杨敬之,由连州刺史迁入为国子祭酒。《新唐书》本传:"坐李宗闵党,贬连州刺史。文宗尚儒术,以宰相郑覃兼国子祭酒,俄以敬之代。"[③]从"文宗尚儒术"可以知道,杨敬之为国子祭酒是与他的经学素养相关的。

第二种是由幕职而入朝为京官。发现两例。第一例韦聿由淮南杜佑府迁入为国子司业。据《新唐书》卷一五八,韦聿元和初入朝为国子司业,这种由幕府而入朝为京官,符合中晚唐时期示人以幕府为津梁的仕进规律。第二例是李商隐由徐州府掌书记迁入为太学博士。《旧唐书·李商隐传》:"(卢)弘正镇徐州,又从为掌书记。府罢入朝,复以文章干绹,乃补太学博士。"[④]这也是典型的由幕职而入朝为京官之例。

第三种是因政治斗争之需要。如宋璟,由宰相—楚州刺史—魏·兖·

① 《旧唐书》卷一六〇,第4202页。

② 《旧唐书》卷一四九,第4019页。

③ 《新唐书》卷一六〇,第4972页。

④ 《旧唐书》卷一九〇下,第5078页。

冀三州刺史—河北按察使—幽州都督—国子祭酒。按：宋璟由宰相贬为楚州刺史，其因出于奏议太平公主迁移东都。宋璟为相期间，兼任太子右庶子，在太子李隆基与太平公主的斗争中，极力支持太子。《旧唐书》本传："玄宗惧，抗表请加罪于璟等，乃贬璟为楚州刺史。"[①]实际上他贬为刺史是一种保全策略。他从刺史逐步过渡到祭酒，可以看到这种策略的内质。

第四种是以学官为闲职而退养。如赵昌，由安南都护迁入为国子祭酒。《旧唐书》本传："贞元七年，为虔州刺史。属安南都护为夷獠所逐，拜安南都护，夷人率化。十年，因屋坏伤胫，恳疏乞还，以检校兵部郎中裴泰代之，入拜国子祭酒。及泰为首领所逐，德宗诏昌问状。昌时年七十二，而精健如少年者，德宗奇之，复命为都护，南人相贺。"[②]由此可知，赵昌入为国子祭酒，实为养疾，与学官专门性无关。这主要是跟学官的闲散性质有关。

第五种是正常的职务迁转。如冯审，由桂州刺史、桂管观察使迁入国子祭酒。冯审入为国子祭酒之原因，史无明载。当属于正常迁转。苏源明，由东平郡太守迁入为国子司业。苏源明入朝为国子司业之因，史无明言。亦当属于正常的官职迁转。裴胄由宣州刺史—汀州司马—少府少监—国子司业。按：据《旧唐书》本传，裴胄由汀州司马入朝为少府少监，本来除官京兆少尹，但"以父名不拜，换国子司业。"[③]裴胄因避父名之讳由京兆少尹改任国子司业。窦牟由泽州刺史迁入为国子司业。窦牟转为国子司业，《旧唐书》本传及韩愈所为墓志铭，均未明言其因。当属于正常迁转。冯定由郢州刺史入为国子司业。据《旧唐书》本传："宝历二年，出为郢州刺史。长寿县尉马洪沼告定强夺人妻，及将阙官职田禄粟入己费用，诏监察御史李顾行鞫之。狱具上闻，制曰：'冯定经使臣推问，无入己赃私，所告罚钱，又皆公用。然长吏之体，颇涉无仪，刑赏或乖，宴游不节。

① 《旧唐书》卷九六，第3032页。
② 《旧唐书》卷一五一，第4063页。
③ 《旧唐书》卷一二二，第3508页。

缘经恩赦，难更科书，犹持郡符，公议不可，宜停见任。'寻除国子司业、河南少尹。"[①]由此可知，冯定任职国子司业有贬官的意味。李揆由睦州刺史迁入为国子祭酒。据《旧唐书》本传，李揆因得罪元载，在元载为相期间一直受打击压抑。"元载以罪诛，除揆睦州刺史，入拜国子祭酒、礼部尚书。"[②]李揆入朝，当属于升迁性质。

以上所列五种情形，只是大致上的归纳，不过由此可以看到地方官入朝任学官的几条途径。总体来看，入朝为官是升迁，但学官性属闲职，又不可一概而论。第一种情形尤为值得注意，因为这些迁转的人员，专职学官居多，因而能反映学官与地方互动的一般特点。

2. 学官迁出到地方的四种基本途径

国子学官迁出到地方任职亦有几种情形，一是贬谪为地方官，二是升迁为州刺史，三是升任为节度、观察等使，四是入幕为诸从事。

第一种情况为贬谪，有以下诸例。郭正一，由国子祭酒迁出为晋州刺史。《旧唐书》本传："则天临朝，转国子祭酒，罢知政事。寻出为晋州刺史，入为麟台监，又检校陕州刺史。"[③]郭正一在任祭酒之前曾拜相，则天临朝后一路下来皆不得志。韦嗣立，由成均祭酒迁出为饶州长史。按：韦嗣立贬饶州长史，时间在神龙元年。原因是受兄长韦承庆之牵连。《旧唐书·韦承庆传》："神龙初，坐附推张易之弟昌宗失实，配流岭表。"[④]祝钦明，由国子祭酒迁出为饶州刺史。贬谪时间在景云初，起因是侍御史倪若水劾奏钦明"素无操行"[⑤]，于是左授饶州刺史。实际原因是睿宗即位后对前朝官员的清理，因钦明曾是中宗为太子时的侍读，又在中宗朝任过宰相，所以是新皇帝登基后的受害者。李峤，由国子祭酒迁出为通州刺史。据《旧唐书》本传，李峤中宗即位，峤以附会张易之兄弟，出为豫州刺史。未行，又贬为通州刺史。睿宗即位，出为怀州刺史，寻以年老致仕。李峤贬通州刺

---

① 《旧唐书》卷一六八，第4391页。

② 《旧唐书》卷一二六，第3561页。

③ 《旧唐书》卷一九〇中，第5010页。

④ 《旧唐书》卷八八，第2865页。

⑤ 《旧唐书》卷一八九下，第4970页。

史和贬怀州刺史的时间都不长。这两次贬谪的人数都比较多,前者是中宗算张易之的老账,很多人遭贬,是为“神龙逐臣”。上述韦嗣立贬饶州长史亦即其例。后者是睿宗肃清前朝官宦,大多遭迁谪,是为“景云贬官”。上述韦嗣立贬许州刺史,及祝钦明贬饶州刺史与此性质相同。宋璟,由国子祭酒迁出为广州都督。《旧唐书》本传:“寻拜国子祭酒,兼东都留守。岁余,转京兆尹,复拜御史大夫,坐事出为睦州刺史,转广州都督,仍为五府经略使。”[①]据此知是贬官。徐浩,由国子祭酒迁出为庐州长史。《旧唐书》本传:“除国子祭酒,坐事贬庐州长史。”[②]郭山恽,由国子司业迁出为括州长史。《旧唐书》本传,郭山恽由国子司业贬为括州长史,是与政治斗争密切相关的。归崇敬,由国子司业迁出为饶州司马。据《旧唐书》本传,其贬谪饶州司马是因为国子监餐费账目出现问题,“会国学胥吏以餐钱差舛,御史台按问,坐贬饶州司马”[③]。阳城,由国子司业迁出为道州刺史。《旧唐书》本传:阳城因坐裴延龄事下迁国子司业,时“有薛约者,尝学于城,性狂躁,以言事得罪,徙连州,客寄无根蒂。台吏以踪迹求得之于城家。城坐台吏于门,与约饮酒诀别,涕泣送之郊外。德宗闻之,以城党罪人,出为道州刺史”[④]。则是遭贬谪。韩愈由国子博士迁出为潮州刺史,量移袁州刺史。吴武陵,由太学博士迁出为韶州刺史,再贬为潘州司户参军。《新唐书》卷二〇三本传:“久之,入为太学博士……后出为韶州刺史,以赃贬潘州司户参军。”[⑤]由太学博士而为韶州刺史,当为升迁,后因赃事升而复贬。

第二种情况是升任为地方官,多为州刺史。如王缙,由国子祭酒迁出为凤翔尹。《旧唐书》本传:“缙寻入拜国子祭酒,改凤翔尹、秦陇州防御使。”[⑥]当属升迁。乔琳,由国子祭酒转任怀州刺史。《旧唐书》本传:“入为大理少卿、国子祭酒。出为怀州刺史。”[⑦]据《旧唐书》卷三九《地理志》,怀

① 《旧唐书》卷九六,第3032页。
② 《旧唐书》卷一三七,第3760页。
③ 《旧唐书》卷一四九,第4019页。
④ 《旧唐书》卷一九二,第5133页。
⑤ 《新唐书》卷二〇三,第5792页。
⑥ 《旧唐书》卷一一八,第3416页。
⑦ 《旧唐书》卷一二七,第3576页。

州为雄州。冯伉，由国子祭酒转任为同州刺史。《旧唐书》本传："顺宗即位，拜尚书兵部侍郎。改国子祭酒，为同州刺史。入拜左散骑常侍，复领太学。"[①]当属正常职务迁转。不过，冯伉系贞元元和时期大儒，尝著《三传异同》三卷，所以从同州回来之后，复领太学。杨汉公，由国子祭酒转任同州刺史。《新唐书》本传："稍迁国子祭酒。宣宗擢为同州刺史。"据此，可知是升迁。本传又云给事中郑裔绰反对，上奏："同州，太宗兴王地。陛下为人子孙当精择守长付之，汉公既以墨败，陛下容可举剧部私贪人？"[②]可见，同州刺史为剧要之职。裴耀卿国子主簿转任长安令，再迁济州刺史。《旧唐书》本传："及睿宗升极，拜国子主簿。开元初，累迁长安令。长安旧有配户和市之法，百姓苦之。耀卿到官，一切令出储蓄之家，预给其直，遂无奸僦之弊，公私甚以为便。在职二年，宽猛得中。及去官，县人甚思咏之。十三年，为济州刺史。其年，车驾东巡，州当大路，道里绵长，而户口寡弱，耀卿躬自条理，科配得所。时大驾所历凡十余州，耀卿称为知顿之最。又历宣、冀二州刺史，皆有善政，入为户部侍郎。"[③]据此可知，裴耀卿因有善政，故升迁。张次宗，由国子博士转任舒州刺史。《旧唐书》本传："改礼部员外郎，以兄文规为韦温不放入省出官，次宗坚辞省秩，改国子博士兼史馆修撰。出为舒州刺史，卒。"[④]当属正常迁转。

第三种情况是转任节度、观察等使。如孔戣，由国子祭酒转任广州刺史、岭南节度使。《旧唐书》本传："入为大理卿，改国子祭酒。（元和）十二年，岭南节度使崔咏卒，三军请帅，宰相奏拟皆不称旨。因入对，上谓裴度曰：'尝有上疏论南海进蚶菜者，词甚忠正，此人何在，卿第求之。'度退访之。或曰祭酒孔戣尝论此事，度征疏进之。即日授广州刺史，兼御史大夫、岭南节度使。"[⑤]李逊，由国子祭酒转任许州刺史，充忠武节度、陈许溵蔡等州观察处置等使。《旧唐书》本传：李逊在任职国子祭酒之前，曾任节

① 《旧唐书》卷一八九下，第4978页。

② 《新唐书》卷一七五，第5249页。

③ 《旧唐书》卷九八，第3080页。

④ 《旧唐书》卷一二九，第3613页。

⑤ 《旧唐书》卷一五四，第4098页。

度、观察等使，属于军政要员，他任国子祭酒在元和十三年(818)，时间很短，主要因为出使东平无果，回来任京兆尹，改任国子祭酒，当属微贬。元和十四年(819)即继续出使方镇。高重，由国子祭酒转任鄂岳观察使。《新唐书》本传："敬宗慎置侍讲学士，重以简厚惇正，与崔郾偕选，再擢国子祭酒。文宗好《左氏春秋》，命分列国各为书，成四十篇。与郑覃刊定《九经》于石。出为鄂岳观察使，以美政被褒。"[①]裴胄，由国子司业转任湖南观察都团练使。李麟，由国子祭酒转任河东太守、河东道观察使。《旧唐书》本传："(天宝)十一载，迁银青光禄大夫、国子祭酒。十四年七月，以本官出为河东太守、河东道采访使，为政清简，民吏称之。其年冬，禄山构逆，朝廷以麟儒者，恐非御侮之用，仍以将军吕崇贲代还。"[②]

第四种情况是由国子学官入幕。如窦庠，由国子主簿入为浙西节度副使。《旧唐书》本传："释褐国子主簿。吏部侍郎韩皋出镇武昌，辟为推官。皋移镇浙西，奏庠为节度副使、殿中侍御史，迁泽州刺史。"[③]李绅，由国子助教入为使府从事。《旧唐书》本传："元和初，登进士第，释褐国子助教，非其好也。东归金陵，观察使李锜爱其才，辟为从事。绅以锜所为专恣，不受其书币；锜怒，将杀绅，遁而获免。锜诛，朝廷嘉之，召拜右拾遗。"[④]李商隐，由太学博士入为东蜀节度判官。《旧唐书》本传："府罢入朝，复以文章干绚，乃补太学博士。会河南尹柳仲郢镇东蜀，辟为节度判官、检校工部郎中。"[⑤]

以上大致罗列四种情况，由此可知国子学官与地方之间的联系。还有一个比较特殊的例子，就是上述赵昌由安南都护入为国子祭酒养疾，后又续出为安南都护，这与他原本为武将有关。

（三）国子学官的地方善政

国子学官从京城转任地方官职，在文化交流和信息传播等方面都起

① 《新唐书》卷九五，第3843页。

② 《旧唐书》卷一一二，第3339页。

③ 《旧唐书》卷一五五，第4122页。

④ 《旧唐书》卷一七三，第4497页。

⑤ 《旧唐书》卷一九〇下，第5078页。

到了很重要的作用。不过，由于史书对学官地方任职情况的记载往往一笔带过，因此很难全面把握。不过，从有限的记录中还可以管中窥豹，得其大概。总体来看，学官到地方任职，可以用“善政”加以概括，无论是升迁还是贬谪，大都政绩可嘉。比如高重由国子祭酒转为鄂岳观察使，《新唐书》本传云“以美政被褒”[①]。再如裴耀卿历宣、冀二州刺史，《旧唐书》本传亦云“皆有善政”[②]。归纳起来，学官到地方任职，主要有以下四方面贡献：

其一，传播知识提高技能。地方百姓囿于见闻，知识不广，在生产生活方面都很受限制。从京城迁转而来的学官，大多有着丰富的知识和生活技能。技能的传授，改善了僻远落后地区的生存状况。比如宋璟自国子祭酒贬为广州刺史，传授当地百姓烧制泥瓦和建筑技术，改善居住条件，使他们免去了遭受火灾的祸患，当地人立碑纪颂。正如《旧唐书》宋璟本传所云：“广州旧俗，皆以竹茅为屋，屡有火灾。璟教人烧瓦，改造店肆，自是无复延烧之患，人皆怀惠，立颂以纪其政。”[③]

其二，打抑豪强维护公平。地方豪强剥削百姓，富商巨贾囤积居奇哄抬物价，这种现象在唐代也是比较普遍的。国子主簿裴耀卿转任长安令期间，推行多种举措打击无良商人，平抑物价，保护百姓利益。《旧唐书》本传：“及睿宗升极，拜国子主簿。开元初，累迁长安令。长安旧有配户和市之法，百姓苦之。耀卿到官，一切令出储蓄之家，预给其直，遂无奸僦之弊，公私甚以为便。在职二年，宽猛得中。及去官，县人甚思咏之。”[④]

其三，赎释奴婢移风易俗。唐代的奴隶问题比较严重，特别是在福建、黔中和岭南等地尤为突出。唐律虽然规定“略人，略卖人为奴者绞”[⑤]，但事实上这种现象仍然普遍存在。这从韩愈量移袁州回到朝廷之后所写

① 《新唐书》卷九五，第3843页。

② 《旧唐书》卷九八，第3080页。

③ 《旧唐书》卷九六，第3032页。

④ 《旧唐书》卷九八，第3080页。

⑤ 长孙无忌《唐律疏议》卷二〇，中华书局1983年版，第369页。

《应所在典帖良人男女状》中即可看出：

> 右，准律不许典贴良人男女作奴婢驱使。臣往任袁州刺史日，检责州界内，得七百三十一人，并是良人男女。准律计佣折直，一时放免。原其本末，或因水旱不熟，或因公私债负，遂相典贴，渐以成风。名目虽殊，奴婢不别，鞭笞役使，至死乃休。既乖律文，实亏政理。袁州至小，尚有七百余人；天下诸州，其数固当不少。今因大庆，伏乞令有司重举旧章，一皆放免。[①]

“袁州至小，尚有七百余人；天下诸州，其数固当不少”一语，反映出当时人口贩卖情况的严重程度。解救赎买奴婢成为地方主政者的头等大事，像阳城在道州、李德裕在剑南、韦丹在容州、柳宗元在柳州，都不同程度地解决了这个问题。国子学官到地方任职，在赎买释放奴婢方面堪为代表者，主要有韩愈、孔戣和阳城。

韩愈在袁州释放奴婢之举，已如上文所引。其实不止在袁州，在潮州刺史任上同样有这样的举措。皇甫湜在《韩愈神道碑》中说：“掠卖之口，计庸免之，未相直，辄与钱赎。及不还，著之赦令。转刺袁州，治袁州如潮。”[②]孔戣在广州刺史任上，做了很多实事。其中赎放奴婢一事受到时人称赞。《旧唐书》本传云：“戣刚正清俭，在南海，请刺史俸料之外，绝其取索。先是帅南海者，京师权要多托买南人为奴婢，戣不受托。至郡，禁绝卖女口……韩愈在潮州，作诗以美之。”[③]阳城转任道州刺史，史书记载的第一件功绩即是“禁良为贱”。《旧唐书》本传：“道州土地产民多矮，每年常配乡户，竟以其男号为‘矮奴’。城下车，禁以良为贱。”[④]

其四，黜免税赋稳定人口。唐代偏远地区由于开发较迟，生产亦较落后，百姓生活艰辛。为了稳定当地户口，地方官员大多从减免赋税方面着

① 马其昶《韩昌黎文集校注》卷八，上海古籍出版社1987年版，第604页。

② 皇甫湜《韩愈神道碑》，《全唐文》卷六八七，第7038页。

③ 《旧唐书》卷一五四，第4098页。

④ 《旧唐书》卷一九二，第5133页。

手。阳城从京城国子司业任上贬为道州刺史，他在释赎奴婢之后的另一件重要事情就是黜免税赋。关于这次抗税过程，《阳城传》记载较详：

> 赋税不登，观察使数加诮让。州上考功第，城自署其第曰："抚字心劳，征科政拙，考下下。"观察使遣判官督其赋，至州，怪城不出迎，以问州吏。吏曰："刺史闻判官来，以为有罪，自囚于狱，不敢出。"判官大惊，驰入谒城于狱，曰："使君何罪！某奉命来候安否耳。"留一二日未去，城因不复归馆；门外有故门扇横地，城昼夜坐卧其上，判官不自安，辞去。其后又遣他判官往按之，他判官义不欲按，乃载妻子行，中道而自逸。[①]

传记颇具戏剧性。阳城似乎很无赖，但仔细想来，其实是机智和幽默的表现，亦是无奈之举。不管怎样，他通过这种方式最终实现了抗税目标，为当地百姓的稳定提供了保障。

国子学官到地方任职大多有"善政"之誉，究其原因，恐怕与学官这个职业有关。一般来说，学官更多地接受儒家传统文化的熏陶，强烈的责任感往往外化为善行。学官大多重视教育，具有弘道的自觉意识。唐初经学家如孔颖达、盖文懿、盖文达、谷那律等人不必多讲，即使是在中宗朝被称为"逍遥公"的韦嗣立，也是非常关注教育的，曾上书武则天要求广开庠序尊师重教。[②]再比如睿宗时阳峤入为国子祭酒，大力引荐名儒任教职，严格要求学生。《旧唐书》本传云："时学徒渐弛，峤课率经业，稍行鞭箠，学生怨之，颇有喧谤，乃相率乘夜于街中殴之。上闻而令所由杖杀无理者，由是始息。"[③]冯审入为国子祭酒，曾上书文宗，琢去国子监《孔子碑》篆额"大周"二字，而代之以"大唐"，这在当时认为是很有意义的一件事情。[④]归崇敬在大历年间任职国子司业期间，曾多次上书代宗，建议改革学制和

---

① 《旧唐书》卷一九二，第5133页。

② 韦嗣立奏疏，参看《旧唐书》卷八八本传。

③ 《旧唐书》卷一八五下，第4813—4814页。

④ 《旧唐书》卷一六八，第4392页。

考试制度。[1]所有这些，无不表明学官强烈而自觉的社会责任意识，而这种儒家情怀正是学官任职地方继有善政的精神源泉。

三　史官地方流动与文学影响

唐代史馆史官以他官兼任，史官修撰和直史馆等是职事官，他们还要带一个阶官以为俸禄之寄并用以迁转，所带的阶官也就是他们的本官。据统计，唐代史官任职共计185人次，其迁出后多任职京官，继续在京城长安工作，其中一小部分则迁转到地方任职。史官迁出的途径主要有官僚体系中的正常迁转，以及贬谪、入幕、出为诸使等。另外，史官有时也受朝廷临时差遣，作为使者出使邻邦或其他地方。史官从京城流动到地方产生的各种力量，影响文学的发展。

（一）史官地方流动路径

1. 正常迁转

史官所带的阶官，或者说本职官，是唐代官僚体系中的重要一环。从迁转途径上来说，他们也像其他官员一样有正常的迁转需要。从史料记载来看，史官由史职迁转到地方，有以下诸例。如刘胤之出为楚州刺史："永徽初，累转著作郎、弘文馆学士，与国子祭酒令狐德棻、著作郎杨仁卿等，撰成国史及实录，奏上之，封阳城县男。寻以老，不堪著述，出为楚州刺史，卒。"[2]张大素出为怀州长史："龙朔中历位东台舍人，兼修国史，卒于怀州长史，撰《后魏书》一百卷、《隋书》三十卷。"[3]徐彦伯出为卫州刺史："神龙元年，迁太常少卿，兼修国史，以预修《则天实录》成，封高平县子，赐物五百段。未几，出为卫州刺史，以善政闻，玺书劳勉。俄转蒲州刺史，入为工部侍郎，寻除卫尉卿，兼昭文馆学士。"[4]裴坦转任楚州刺史："坦及进士第，沈传师表置宣州观察府，召拜左拾遗、史馆修撰。历楚州刺史。"[5]张

① 《旧唐书》卷一四九，第4016—4019页。

② 《旧唐书》卷一九〇上，第4994页。

③ 《旧唐书》卷六八，第2507页。

④ 《旧唐书》卷九四，第3006页。

⑤ 《新唐书》卷一八二，第5375页。

次宗出为舒州刺史:“次宗最有文学,稽古履行。开成中,为起居舍人……改礼部员外郎,以兄文规为韦温不放入省出官,次宗坚辞省秩,改国子博士兼史馆修撰。出为舒州刺史,卒。”[①]李涣,大中十二年(858)二月以库部员外郎、史馆修撰出为长安令。[②]裴格,天祐二年(905)五月甲申以长安尉、直史馆出为符离尉。[③]从上述情况来看,这些史官迁转到地方任职,都属于官僚系统中正常职务迁转。

2. 贬谪

唐代士人几乎都遭受过贬谪,这也是人生常态。但史官遭贬谪者似乎更严重。其原因正如五代史臣所言:“前代以史为学者,率不偶于时,多罹放逐,其故何哉?诚以褒贬是非在于手,贤愚轻重系乎言,君子道微,俗多忌讳,一言切己,嫉之如仇。所以峘、荐坎壈于仕涂,沈、柳不登于显贯,后之载笔执简者,可以为之痛心!”[④]这番评议还是有一定道理,盖史臣所拥有的舆论权力影响到他们的命运。唐代史官仕途多舛,时遭贬逐,与他们的职业特点和性格特征莫不相关。以下史官的遭遇便是最好的明证。

朱敬则贬庐州刺史:“(神龙)二年,侍御史冉祖雍素与敬则不协,乃诬奏云与王同皎亲善,贬授庐州刺史。经数月,洎代到,还乡里,无淮南一物,唯有所乘马一匹,诸子侄步从而归。”[⑤]刘子玄贬都督府别驾:“(开元)九年,长子贶为太乐令,犯事配流。子玄诣执政诉理,上闻而怒之,由是贬授安州都督府别驾……子玄至安州,无几而卒,年六十一。”[⑥]归崇敬贬饶州司马:“(大历中)会国学胥吏以餐钱差舛,御史台按问,坐贬饶州司马。”[⑦]杨炎贬道州司马:“元载自作相,常选擢朝士有文学才望者一人厚遇之,将以代己……载亲重炎,无与为比。载败,坐贬道州司马。”[⑧]令狐峘贬

① 《旧唐书》卷一二九,第3613页。
② 《旧唐书》卷一八下,第644页。
③ 《旧唐书》卷二〇下,第796页。
④ 《旧唐书》卷一四九,第4038页。
⑤ 《旧唐书》卷九〇,第2915页。
⑥ 《旧唐书》卷一〇二,第3173页。
⑦ 《旧唐书》卷一四九,第4019页。
⑧ 《旧唐书》卷一一八,第3419页。

衡州别驾："建中初，峘为礼部侍郎，炎为宰相，不念旧事。有士子杜封者，故相鸿渐子，求补弘文生。炎尝出杜氏门下，托封于峘。峘谓使者曰：'相公诚怜封，欲成一名，乞署封名下一字，峘得以志之。'炎不意峘卖，即署名托封。峘以炎所署奏论，言宰相迫臣以私，臣若从之，则负陛下，不从则炎当害臣。德宗出疏问炎，炎具言其事，德宗怒甚，曰：'此奸人，无可奈何！'欲决杖流之，炎苦救解，贬衡州别驾。迁衡州刺史。"[①]按：据《旧唐书·德宗纪上》，令狐峘所贬官为郴州司马。[②]柳冕贬巴州司户参军："冕，字敬叔。博学富文辞，且世史官，父子并居集贤院。历右补阙、史馆修撰。坐善刘晏，贬巴州司户参军。还为太常博士。"[③]按：柳冕贬谪时间，据《旧唐书·德宗纪上》当在建中元年(780)二月。[④]于邵贬桂州长史："天宝末进士登科，书判超绝，授崇文馆校书郎……寻拜谏议大夫、知制诰，再迁礼部侍郎、史馆修撰，为三司使。以撰上尊号册，赐阶三品，当时大诏令，皆出于邵。顷之，与御史中丞袁高、给事中蒋镇杂理左丞薛邕诏狱。邵以为邕犯在赦前，奏出之，失旨，贬桂州长史。"[⑤]王彦威贬河南少尹："以本官兼史馆修撰……兴平县人上官兴，因醉杀人亡窜，吏执其父下狱，兴自首请罪，以出其父。京兆尹杜悰、御史中丞宇文鼎，以其首罪免父，有光孝义，请减死配流。彦威与谏官上言曰：'杀人者死，百王共守。若许杀人不死，是教杀人。兴虽免父，不合减死。'诏竟许决流。彦威诣中书投宰相面论，语讦气盛。执政怒，左授河南少尹。"[⑥]

上述贬官当中，最突出的应该是令狐峘，先后三次遭贬。一贬郴州司马，前文已述。二贬吉州别驾，史载："贞元中，李泌辅政，召拜右庶子、史馆修撰。性既僻异，动失人和。在史馆，与同职孔述睿等争忿细故，数侵述睿。述睿长者，让而不争。无何，泌卒，窦参秉政，恶其为人，贬吉州别

① 《旧唐书》卷一四九，第4013页。

② 《旧唐书》卷一二：建中元年二月"甲寅，贬史馆修撰、礼部侍郎令狐峘郴州司马。"第325页。

③ 《新唐书》卷一三二，第4537页。

④ 《旧唐书》卷一二：建中元年二月甲寅，贬"右补阙柳冕巴州司户"。第325页。

⑤ 《旧唐书》卷一三七，第3766页。

⑥ 《旧唐书》卷一五七，第4155—4156页。

驾。久之,授吉州刺史。”[①]三贬衢州别驾:“齐映廉察江西,行部过吉州。故事,刺史始见观察使,皆戎服趋庭致礼;映虽尝为宰相,然骤达后进,峘自恃前辈,有以过映,不欲以戎服谒。入告其妻韦氏,耻抹首趋庭。谓峘曰:‘卿自视何如人,白头走小生前,卿如不以此礼见映,虽黜死,我亦无恨。’峘曰‘诺’,即以客礼谒之。映虽不言,深以为憾。映至州,奏峘纠前政过失,鞫之无状,不宜按部临人,贬衢州别驾。”[②]三次贬逐都与他的耿介性格相关。

3. 入幕

史官出为诸府从事,也是他们地方流动的一条重要途径。发现有以下诸例。

崔元受入幕为判官:“元受登进士第,高陵尉,直史馆。元和初,于皋谟为河北行营粮料使。元受与韦岵、薛巽、王湘等皆为皋谟判官,分督供馈。”[③]郑亚入幕为元帅判官:“(会昌三年)十一月,邠宁奏党项入寇……乃以兖王岐为灵、夏等六道元帅兼安抚党项大使……史馆修撰郑亚为元帅判官,令赍诏往安抚党项及六镇百姓。”[④]刘崇龟入幕为节度判官,赵崇为观察判官:僖宗乾符中,诏郑从谠为河东节度,兼行营招讨等使,诏许自择参佐,于是奏请“兵部员外郎、史馆修撰刘崇龟为节度判官,前司勋员外郎、史馆修撰赵崇为观察判官……开幕之盛,冠于一时”[⑤]。

4. 出为诸使

由史官出为方镇使府,主要有张说和沈传师两例。《旧唐书·张说传》:“开元七年,检校并州大都督府长史,兼天兵军大使,摄御史大夫,兼修国史,仍赍史本随军修撰。”[⑥]“开元八年十二月二十日诏:‘右羽林将军检校并州大都督府长史燕国公张说,多识前志,学于旧史,文成微婉,词润金

① 《旧唐书》卷一四九,第4013—4014页。

② 《旧唐书》卷一四九,第4014页。

③ 《旧唐书》卷一六三,第4163页。

④ 《资治通鉴》卷二四七,第7993页。

⑤ 《旧唐书》卷一五八,第4170页。

⑥ 《旧唐书》卷九七,第3052页。

石。可以昭振风雅，光扬轨训。可兼修国史，仍赍史本就并州随军修撰。”[①]“（开元九年）拜兵部尚书、同中书门下三品，仍依旧修国史。明年，又敕说为朔方军节度大使，往巡五城，处置兵马。”[②]沈传师，《新唐书》本传：“遂以本官兼史职。俄出为湖南观察使。”[③]

5. 充使

史官有时还肩负朝廷使命，作为使者出使周边其他国家。如归崇敬使新罗。《旧唐书·归崇敬传》：“又兼史馆修撰，改膳部郎中……大历初，以新罗王卒，授崇敬仓部郎中、兼御史中丞，赐紫金鱼袋，充吊祭、册立新罗使。”崇敬这次出使体现了他的气度和操守：“至海中流，波涛迅急，舟船坏漏，众咸惊骇。舟人请以小艇载崇敬避祸，崇敬曰：‘舟中凡数十百人，我何独济？’逡巡，波涛稍息，竟免为害。故事，使新罗者，至海东多有所求，或携资帛而往，贸易货物，规以为利。崇敬一皆绝之，东夷称重其德。使还，授国子司业，兼集贤学士。”[④]

另一位以史官充使的是张荐。张荐精于史传之学，得到颜真卿和李涵的赏识，史载：“荐少精史传，颜真卿一见叹赏之。天宝中，浙西观察使李涵表荐其才可当史任，乃诏授左司御率府兵曹参军。既至阙下，以母老疾，竟不拜命。母丧阕，礼部侍郎于邵举前事以闻，召充史馆修撰，兼阳翟尉。朱泚之乱，变姓名伏匿城中，因著《史遁先生传》。德宗还宫，擢拜左拾遗。贞元元年冬，上亲郊。时初克复，簿籍多失，礼文错乱，乃以荐为太常博士，参典礼仪。”张荐一生三次充任使者，两入吐蕃，一入回纥，最后死在出使吐蕃的路途中。第一次是送咸安公主入蕃：“（贞元）四年，回纥和亲，以检校右仆射、刑部尚书关播充使，送咸安公主入蕃，以荐为判官，转殿中侍御史。使还，转工部员外郎，改户部本司郎中。十一年，拜谏议大夫，仍充史馆修撰。”第二次是入回纥充吊祭使：“时裴延龄恃宠，谮毁士大夫。荐欲上书论之，屡扬言未果。延龄闻之怒，奏曰：‘谏官论朝政得失，

---

① 王溥《唐会要》卷六三，第1098页。

②《旧唐书》卷九七，第3053页。

③《新唐书》卷一三二，第4541页。

④《旧唐书》卷一四九，第4016页。

史官书人君善恶，则领史职者不宜兼谏议。'德宗以为然。荐为谏议月余，改秘书少监。延龄排摈不已，会差使册回纥毗伽怀信可汗及吊祭，乃命荐兼御史中丞，入回纥。"第三次是充吊祭使再入吐蕃："（贞元）二十年，吐蕃赞普死，以荐为工部侍郎、兼御史大夫，充入吐蕃吊祭使。涉蕃界二千余里，至赤岭东被病，殁于纥壁驿，吐蕃传其柩以归。顺宗即位，凶问至，诏赠礼部尚书。"[①]张荐三次出使西域，得到后人的高度评价："荐自拾遗至侍郎，仅二十年，皆兼史馆修撰。三使绝域，皆兼宪职。以博洽多能，敏于占对被选。有文集三十卷，及所撰《五服图》《宰辅略》《灵怪集》《江左寓居录》等，并传于时。"[②]

（二）史官地方流动的文学影响

从上述五种途径可见史官地方流动的过程和特点，史官地方流动对文学产生影响，主要表现在：一是通过培养史学人才影响史传写作，二是有影响力的史官在地方任职，促进区域文学中心的形成，三是史官的出使，往往还推动诗歌的创作，改变诗歌风格。

1. 培养史学人才

史学人才的培养主要来自于史官在外修史。贞观三年（629）太宗别立史馆，玄宗时又将史馆移置于禁中，目的都是要对修史进行控制，以便左右舆论导向。所以，从制度上来说，史官修史都必须在史馆进行。但事实上，史官在外修史时有发生。据记载，最先在外修史的史官是张说。《旧唐书·张说传》："开元七年，检校并州大都督府长史，兼天兵军大使，摄御史大夫，兼修国史，仍赍史本随军修撰。"[③]据《唐会要》卷六三记载，张说在外修史得到玄宗的许可："开元八年十二月二十日诏：'右羽林将军检校并州大都督府长史燕国公张说，多识前志，学于旧史，文成微婉，词润金石。可以昭振风雅，光扬轨训。可兼修国史，仍赍史本就并州随军修撰。"[④]

---

① 《旧唐书》卷一四九，第4024页。

② 《旧唐书》卷一四九，第4025页。

③ 《旧唐书》卷九七，第3052页。

④ 王溥《唐会要》卷六三，第1098页。

继张说之后在外修史的史官是吴兢。史载："（开元）十四年七月十六日，太子左庶子吴兢上奏曰：'臣往者长安景龙之岁，以左拾遗起居郎兼修国史……潜心积思，别撰《唐书》九十八卷，《唐春秋》三十卷，用藏于私室。虽绵历二十余年，尚刊削未就。但微臣私门凶衅，顷岁以丁忧去官，自此便停知史事。窃惟帝载王言，所书至重，倘有废绝，实深忧惧。于是弥纶旧纪，重加删缉。虽文则不工，而事皆从实。断自隋大业十三年。迄于开元十四年春三月。即皇家一代之典，尽在于斯矣。既将撰成此书于私家，不敢不奏。又卷轴稍广，缮写甚难，特望给臣楷书手三数人，并纸墨等，至绝笔之日，当送上史馆。'于是敕兢就集贤院修成其书，俄又令就史馆。及兢迁荆州司马，其书未能就。兢所修草本，兢亦自将。上令中使往荆州取得五十余卷。其纪事疏略，不堪行用。"[①]贞元年间，史官令狐峘也在吉州修国史。《旧唐书·令狐峘传》："贞元中，李泌辅政，召拜右庶子、史馆修撰。性既僻异，动失人和。在史馆，与同职孔述睿等争忿细故，数侵述睿。述睿长者，让而不争。无何，泌卒，窦参秉政，恶其为人，贬吉州别驾。久之，授吉州刺史……元和三年，峘子太仆寺丞丕，始献峘所撰《代宗实录》四十卷。初，峘坐李泌贬，监修国史奏峘所撰实录一分，请于贬所毕功。至是方奏，以功赠工部尚书。"[②]穆宗长庆三年（823）六月，沈传师在湖南观察使任修史。《新唐书》本传："遂以本官兼史职。俄出为湖南观察使。方传师与修《宪宗实录》，未成，监修杜元颖因建言：'张说、令狐峘在外官论次国书，今藁史残课，请付传师即官下成之。'诏可。"[③]《唐会要》卷六三"在外修史"条："长庆三年六月，中书侍郎平章事监修国史杜元颖奏：'臣去年奉诏，命各据见在史官，分修《宪宗实录》。今缘沈传师改官，若更求人，选择非易。沈传师当分虽搜罗未周，条目纪纲，已粗有绪。窃以班固居乡里，而继成《汉书》；陈寿处私家，而专精《国志》。玄宗国史，张说在本镇兼修；代宗编年，令狐峘自外郡奏

① 王溥《唐会要》卷六三，第1098—1099页。

② 《旧唐书》卷一四九，第4013—4014页。

③ 《新唐书》卷一三二，第4541页。

上。远考前代，近参本朝，皆可明征，实有成例。其沈传师一分，伏望勒就湖南修毕，先送史馆，与诸史官参详，然后闻奏。庶使官业责成，有始终之效；传闻摭实，无同异之差。'制可。"①

从张说到沈传师，先后有四位史官在外修史，而且多在外任上完成修史任务。比如吴兢在荆州司马任上所修之史，朝廷派人取回五十余卷。令狐峘先后在吉州和衢州修成《代宗实录》四十卷。沈传师在湖南长沙也完成了《宪宗实录》中的一部分。这些成果，显然不只是他们三个人的功劳。在修史过程中，得到其他文人的支持和帮助。反过来看，其他人参与修史的部分工作，又是人才培养的过程。可以杜佑修《通典》为例。依据杜佑本人献书时所说的"自顷缵修，年逾三纪"②来看，《通典》的修纂过程是漫长的，大约有三十余年。王鸣盛根据李翰《通典序》和杜佑的《自序》考察《通典》成书经过，认为杜佑动笔作《通典》在大历之始，时杜佑从事浙西韦元甫幕。其大致过程是这样的：大历元年至三年（766—768），杜佑为浙西韦元甫幕僚，始作《通典》。大历三年至六年（768—771），杜佑为淮南韦元甫幕僚，《通典》初稿成，李翰为之作序。大历六年至贞元六年（771—790），杜佑或对《通典》作局部改易。贞元六年至十七年（790—801），杜佑节镇淮南，系统改定《通典》并上献朝廷。③从大历元年至贞元十七年（766—801），时间刚好是三十六年，与杜佑自己所说的"年逾三纪"刚好吻合。杜佑献书时称"图籍实多，事目非少，将事功毕，罔愧乖疏"④，既是谦辞，但也是实情，从各种文献中搜罗排比，只靠杜佑一人的力量显然不够。因此说《通典》成于众人之手，大致不错。《通典》的修纂，也就成为杜佑培养人才的一个平台。这个例子为史官在外修史培养史学人才提供了一个侧面的证据。

2. 促进区域文学发展

史官迁转至地方，以其影响力推动当地文学创作，促进区域文学中

---

① 王溥《唐会要》卷六三，第1099—1100页。

②《旧唐书》卷一四七，第3983页。

③ 戴伟华《唐代使府与文学研究》，广西师范大学出版社1998年版，第60页。

④《旧唐书》卷一四七，第3983页。

心形成。以沈传师为例。传师于长庆三年(823)六月镇湖南,《旧唐书·穆宗纪》:“宰相监修图史杜元颖奏:史官沈传师除镇湖南,其本分修史,便令将赴本任修撰。从之。”[①]《旧唐书·沈传师传》:“传师在史馆,预修《宪宗实录》未成,廉察湖南,特诏赍一分史稿,成于理所。”[②]按:沈传师廉察湖南,时间在长庆三年(823)至宝历二年(826)间,前后四年。沈传师在长沙,曾作《次潭州酬唐侍御姚员外游道林岳麓寺题示》诗,记录了他和幕僚唐持、姚向等人在湖南的一次游历经过,从一个侧面反映了幕府生活。其诗曰:

承明年老辄自论,乞得湘守东南奔。为闻楚国富山水,青嶂逦迤僧家园。含香珥笔皆眷旧,谦抑自忘台省尊。不令执简候亭馆,直许携手游山樊。忽惊列岫晓来逼,朔雪洗尽烟岚昏。碧波回屿三山转,丹槛缭郭千艘屯。华镳躞蹀绚砂步,大旆彩错辉松门。樛枝竞骛龙蛇势,折干不灭风霆痕。相重古殿倚岩腹,别引新径萦云根。目伤平楚虞帝魂,情多思远聊开樽。危弦细管逐歌飘,画鼓绣靴随节翻。锵金七言凌老杜,入木八法蟠高轩。嗟余潦倒久不利,忍复感激论元元。[③]

沈传师在湖南,其幕僚主要有周墀、李馀、唐持、姚向、杨敬之等。[④]这些文士,都是经过沈传师精挑细选而来,均有诗才。《新唐书·沈传师传》:“传师性夷粹无竞,更二镇十年,无书贿入权家。初拜官,宰相欲以姻私托幕府者,传师固拒曰:‘诚尔,愿罢所授。’故其僚佐如李景让、萧寘、杜牧,极当时选云。”[⑤]由此可见一斑。李馀与沈传师、白居易为诗友。白居易曾作《醉送李协律赴湖南辟命因寄沈八中丞》:“富阳山底樟亭畔,立马停舟飞酒盂。曾共中丞情缱绻,暂留协律语踟蹰。紫微星北承恩

---

① 《旧唐书》卷一六,第502页。

② 《旧唐书》卷一四九,第4037页。

③ 《全唐诗》卷四六六,第5303页。

④ 戴伟华《唐方镇文职僚佐考》,天津古籍出版社1994年版,第495—496页。

⑤ 《新唐书》卷一三二《沈传师传》,第4541页。

去,青草湖南称意无。不羡君官羡君幕,幕中收得阮元瑜。”[①]李协律即李馀,沈八中丞即沈传师。李馀入幕,贾岛亦作诗送行。《送李馀往湖南》:“昔去候温凉,秋山满楚乡。今来从辟命,春物遍涔阳。岳石挂海雪,野枫堆渚樯。若寻吾祖宅,寂寞在潇湘。”[②]杨敬之与诗人李涉相知。李涉《送杨敬之倅湖南》:“久嗟尘匣掩青萍,见说除书试一听。闻君却作长沙傅,便逐秋风过洞庭。”[③]可见沈传师廉察湖南,他和幕僚形成一个区域文学创作群体。这个群体不仅在湖南互相唱和,而且以长沙为中心向周边辐射。

3. 推动诗歌创作转变

唐代史官的身份有时是多重的,既是史家,又是诗人。张说即此典型代表。他从京城转移至地方,特别是在开元十年(722)作为朔方军节度大使往巡五城,对他个人和当时诗坛都是一次较为重要的事件,对诗歌进程产生积极影响。《旧唐书·张说传》:“(开元九年)拜兵部尚书、同中书门下三品,仍依旧修国史。明年,又敕说为朔方军节度大使,往巡五城,处置兵马。”[④]张说出巡时,玄宗李隆基主持过一次盛大的欢送诗会。《全唐诗》保存了部分送行诗。李隆基《送张说巡边》:“端拱复垂裳,长怀御远方。股肱申教义,戈剑靖要荒。命将绥边服,雄图出庙堂。三台入武帐,八座起文昌。宝胄匡韩主,华宗辅汉王。茂先惭博物,平子谢文章。尽节恢时佐,输诚御寇场。三军临朔野,驷马即戎行。鼓吹威夷狄,旌轩溢洛阳。云台先著美,今日更贻芳。”[⑤]此外,还有崔日用(卷四六)、宋璟(卷六四)、崔泰之(卷九一)、源乾曜(卷一〇七)、徐坚(卷一〇七)、胡皓(卷一〇八)、韩休、许景先、王丘、苏晋、崔禹锡、张嘉贞、卢从愿、袁晖、王光庭、徐知仁、席豫(以上卷一一一)、贺知章(卷一一二)、王翰(卷一五六)等人的诗歌。

---

① 《全唐诗》卷四四三,第4964页。

② 《全唐诗》卷五七二,第6645页。

③ 《全唐诗》卷四七七,第5435页。

④ 《旧唐书》卷九七《张说传》,第3053页。

⑤ 《全唐诗》卷三,第40页。

张说于巡边之际,创作不少诗篇。如《巡边在河北作》:“去年六月西河西,今年六月北河北。沙场碛路何为尔,重气轻生知许国。人生在世能几时,壮年征战发如丝。会待安边报明主,作颂封山也未迟。”[①]诗风高亢,表达了建功立业忠心报国的壮烈情怀。再如另一首《巡边在河北作》:“抚剑空馀勇,弯弧遂无力。老去事如何,据鞍长叹息。故交索将尽,后进稀相识。独怜半死心,尚有寒松直。”[②]诗风较为低沉,从内容来看,似乎遇到了什么不顺心的事情,又好像是在向谁表白内心的贞直。两首诗较好地反映了张说巡边期内的不同心绪,对我们进一步认识诗人的内心世界是很有帮助的。

上述结论为地域文学研究提供了一种新的思路。地域文学的形成,从源头上来说,不仅仅包括本区域的文人群体,而且应当将考察视野拓展至地方与京城之间的文学和文化的互动上来。同时,上述研究,还为区域之间文化融通的研究提供了一个新的视角。文人群体作为文化的载体和传播者,他们在不同区域间的流动。这就要求在研究过程中,不仅要看到文化流动的一面,还要照顾到不同文人群体的各自特点的一面,要区分他们不同的职业和社会身份。

研究史官的地方流动,还有一个意义,即以此作为切入点,结合史职特色,通过史官贬谪这个角度来观察政治兴衰。据笔者统计,初盛唐史官贬谪至地方者不到10人次,中晚唐则有20人次之多。史官贬谪与其他官员的贬谪有不同之处。史官的本职工作是修国史,秉承“不隐恶,不虚美”的史学精神,对有唐一代国史进行客观叙述。唐朝对皇权的制约,有三种基本力量,二省制度和宰相分权之外,尚有舆论监督。舆论的制约力量主要来自史官和谏官。唐代史官通过史笔实现对皇权的约控,其言论具有“泛谏诤”的角色特征。唐代设史馆,形成集体修史的局面。刘知几曾经对其进行批评,认为功成则归于监修国史,不成则无人担责。所以史官修史,“十羊九牧”,有时内部意见很不一致,造成恶性争竞,因修史而得罪者

① 《全唐诗》卷八六,第940页。

② 《全唐诗》卷八六,第931页。

往往而有。史官朱敬则、刘知几、吴兢、令狐峘等人之贬皆为著例。但从初盛与中晚的比较来看,唐朝前期言论相对开放包容,而后期则在管控方面有所加强。反过来看,越开放包容,皇权权威地位越高,越强调管控,权威越加失落。这与唐代政治大势恰好吻合。

第六章　制度张力与诗路文化空间

近年来,唐诗之路研究渐成学术热点,相关成果大量涌现,使其成为当代学术进程中的重要现象。但也毋庸置疑,研究过程中出现各种问题,不少研究者困扰于学术焦虑。这种焦虑和困惑,主要来自对研究对象本质把握的不确定性,例如,如何在研究中联结历史与现实,如何超越细节和表象,如何发掘学术价值和研究意义,如何提升学术品质等等。怎样消除研究者的学术焦虑,破解当下研究困境,已然成为当下亟须解决的重要问题,也是进一步深化唐诗之路研究的关键问题。要解决这些问题,必须从辨析唐诗之路概念和内涵入手,深刻认识唐诗之路本体,确切把握唐诗之路各要素及内在关联,深入理解唐人活动的本质等。以下试从唐诗之路概念辨析入手,从时空关系和权力结构等方面对这些问题进行分析。

一　作为方法的唐诗之路

唐诗之路与唐代诗路是两个不同概念。正如鲁迅先生所言,天下本无路,走的人多了,便也有了路。也可以说,唐代本无诗路,走的人多了,写的诗歌多了,便也形成了诗路。由此可知,唐代诗路的三大核心要素是诗、路、人,其中最根本的是人。思考唐代诗路的本质问题,必须围绕人这个最根本性的要素。名山大川本是自然存在,通过道路连接,就打上了人的活动烙印。诗歌只不过是对人类活动的记录。从空间和时间来划分不同诗路,是后人对此问题理解和认识的一种方式,或者说是对唐代诗路现象的描述。从交通道路、文化区域、自然地理、个体与群体等不同层面,可以划分不同类型的诗路。这种划分当然是很有意义的,但从学术角度看,不仅要知道有哪些类型的诗路,还要追问唐代文人为什么会有这些活动?他们为什么形形色色、忙忙碌碌地活动在不同诗路之上?这些活动在当时具有怎样的价值和意义?

与唐代诗路作为已然存在的事实不同,唐诗之路是当代学人提出的一个研究唐代文学和文化的新概念,具体来讲,是研究由诗、路、人三个核心要素共同形成的新综合体概念。作为一个概念,唐诗之路正式提出始于1988年,浙东唐诗之路始于1993年。可以说,唐代诗路是一种历史现象,因而也是唐诗之路研究的具体对象,唐诗之路则是当代学人用以研究唐代诗路的方法。因此唐诗之路不仅具有很重要的当代文化建设的现实意义,而且从学术角度讲,此概念还具有作为学术方法的、重勘重释重构唐代文学文化的方法论价值。从方法论意义上看,唐诗之路蕴含着重新考察唐诗的视野、角度以及可具体操作的技术等。循此进一步分析,唐诗之路概念的提出,还具有学科建设意义,在一定程度上提供了研究唐诗学的新方法。文学地理与历史地理等学科交叉综合,特别是西方有关地理批评的方法,为研究唐诗学提供了新思路。唐诗之路本质上属于唐诗的历史时空还原研究,也就是把唐诗置于历史时空坐标轴中重加考察,据此可发现新知识和新问题。因此,从作为研究方法的唐诗之路来看,其理论渊源可以从中西学术思想传统中去追溯。

早在先秦时期,人们已经认识到地理环境与诗歌风格的关系。这与不同地域的语言特点、音乐性质以及诗歌表演具体场景有关。十五国风以及风、雅、颂分类,反映了人们对此问题的深度认识,具有理论总结的深刻意味。屈原作楚辞,宋人黄伯思总结为"皆书楚语,作楚声,纪楚地,名楚物"[①],代表了后人的理论概括。那么,屈原本人对地域文化有无自觉认识?答案当然是肯定的,因为道理很简单,屈原自觉模仿楚地民歌进行创作,因而也是有意识地突出楚文化特点的行为。自司马迁撰《史记·河渠

① 黄伯思《宋本东观余论》,中华书局1988年版,第344页。

书》、班固作《汉书·地理志》以降，人们对地域文化的自觉认识更加深入。魏晋以来，特别是东晋南北朝长期处于分裂和对立状态，加深了人们对自然地理和地域文化的感知，南北概念也由此得以加强。刘勰在《文心雕龙》中提出地域文化与文学创作的关系问题，并以"江山之助"加以概括。对于这个概念，可从三方面理解。其一，刘勰明确提出了"物色之动，心亦摇焉"的观点，认为自然环境的变化会引发人们情感的波动，进而影响文学创作。他指出，不同地域的自然风光和人文环境会对当地文学产生影响，形成具有地域特色的文学风格。其二，刘勰详细论述了南北朝时期不同地域的文学风格。他指出，南方文学以清新脱俗、婉约柔美为特点，北方文学则以豪放粗犷、雄浑豪迈为特点。这些差异不仅反映了南北两地不同的自然环境和人文传统，也体现了不同地域对于文学的理解和追求。其三，刘勰还强调了文学作品的地理背景和地域特色对于理解和欣赏文学作品的重要性。他认为，读者在欣赏文学作品时，应该充分考虑到作品所反映的地域文化和风土人情，以便更准确地理解作品的主题、情感和艺术特色。初唐魏徵等对此现象进一步思考，特别强调："江左宫商发越，贵于清绮，河朔词义贞刚，重乎气质。气质则理胜其词，清绮则文过其意，理深者便于时用，文华者宜于咏歌，此其南北词人得失之大较也。"他们并据此提出南北融合的构想："若能掇彼清音，简兹累句，各去所短，合其两长，则文质斌斌，尽善尽美矣。"[①]这种文艺理想的理论前提，暗含了南北对立的历史事实。隋唐虽在政治上实现了南北统一，但由于山川地理的自然阻隔以及长期以来的风俗差异，形成不同地域文化。

显然，上述唐前对于自然地理与文学创作关系的认识，是唐人诗路写作的一种潜在结构。这种结构往往内化为一种新知识，成为唐人对诗路创作理论自觉体认的参照。也就是说，唐人进行创作时，可能会自觉运用这些理论来指导创作行为，会自发地将个体及作品融入与诗路相关的历史和现实当中。这种自觉的联结行为，并不一定在诗歌中直接表现出来，但诗歌是揭开作者与历史和现实联系的重要媒介。因此，以诗路创作为

① 《隋书》卷七六，中华书局1973年版，第1730页。

路径,可以揭示唐人在思想和实践等方面是如何与古代赓续、与当下共振的。假如把历史不同时期某一条诗路或某一区域诗作加以整体考察,可以展示古人有关诗路与诗作关系理论的流动脉络。同样,假如能够把握唐人对诗路理论的系统思考,则可以从规律性方面找到打开唐代诗路思想密码的钥匙。

作为方法的唐诗之路还可以在西方文艺思想和学术方法中得到借鉴。这是因为,以往唐诗研究比较关注诗人、作品、写作背景及三者关系,但法国埃斯卡尔皮等人的文学社会学理论还注重对读者研究,他们认为阅读是文学创作的继续,完成作品并不等于创作结束,读者与作家的对话也是创作重要组成部分。他们认为,读者的理解相对于作者本意来说,可能是一种“创造性的背离”①,也就是可能与作者原意背离。近年来,西方学者提出“写作是一种社交行为”,并以此为基础提出写作共同体、诗学话语体系等理论。②以这些理论为借鉴,可以激发对唐诗之路的新思考:是否可以从诗歌共同体角度重新理解唐诗之路中的写作行为?假如这个概念能成立,那么,哪些诗人和诗作可纳入共同体范畴。再从诗歌话语体系来看,唐诗之路上的诗歌写作,是否参与了唐诗话语体系的建构,如果这个看法成立,那么,唐诗之路上的诗歌写作对唐代诗歌话语体系到底产生了哪些重要作用?从这些理论出发,无疑可以在既有唐诗研究基础上,开拓新的学术空间,推进唐诗研究向更深层发展。

从上述可知,作为方法的唐诗之路,首先在于唐诗之路是重新理解和认识唐诗的重要方法。它可以改变以往单层研究,建立起诗、路、人三位一体的新的历史时空。这样可以改变观察唐诗的角度,观察所得的结果自然也与往不同。其次,唐诗之路作为方法,是联结历史与现实的重要路径。这种历史与现实,既包含了过往的历史与现实,也包含了现代学者联结唐诗与当下现实的思考。最后,唐诗之路作为一种学术方法,决定了唐诗之路研究方法论本体必须是基于多学科深度融合的。这种深度融合与

---

① 罗贝尔·埃斯卡尔皮《文学社会学》,符锦勇译,上海译文出版社1988年版,第136页。

② Cooper, Marilyn M., and Michael Holzman. Writing as Social Action. Boynton: Cook, 1989.

以往所说学科交叉还不完全相同,交叉是指方法上交汇,有叠加、复合之意,融合则意味着新方法的诞生。以往研究唐诗,诗、路、人也有交叉,但三者又在不同学科中各自独立,与诗对应的有传统诗歌研究理论,而路往往是人文地理和自然地理的研究对象,人则更为复杂,往往存在于制度史、思想史等领域。而诗、路、人三者结合的新视域,其研究方法势必是融合了古今中外、人文与科技等内容而产生的新方法,因而更能展示唐诗研究的现代性。

二　诗路中的时空关系

时间与空间的关系,是揭示唐诗之路本质的关键。对于这个问题的理解,可以借助西方有关“地理批评”的观点。法国利摩日大学教授波特兰·维斯法尔(也译作“波特兰·韦斯特法尔”)基于福柯《他者空间》《权力的地理学》,以及德勒兹《千高原》等著作中的理论,提出“地理批评”概念。在其《走向一种文本的地理学批评》《地理批评:真实与虚构空间》中,提出空间的时间性问题。他认为空间概念的产生和使用,不是静态的,而是流动的。不同人在不同场合的使用,开放的空间(espace)转换成封闭的场域(lieu)。也就是说,不同的人在认识和使用某一空间概念时,这一空间概念原具的多样性涵义转换成某一特定的涵义。而这特定的含义是与认识和使用时的特殊场景有关的。由于认识和使用的历时性,空间概念也是流动的。此为空间的时间性。另一方面,空间还存在想象与虚构的现象。想象与虚构的空间,不是外在的空间,而是内心的空间。[①]对于这个理论的理解,可以刘禹锡有关桃花源的创作为例。从时空关系来看,作为文学地理的桃源形象在后世不断变异,与历史地理的武陵相互结合,以诗歌的文本形式和绘画的图像形式呈现出来。无论是诗歌文本还是绘画图像,当桃源进入作者视域时,已从空间转换成场域,由此在不同作者心中

① 参看波特兰·韦斯特法尔《地理批评宣言:走向文本的地理批评》,陈静弦、乔溪、颜红菲校译,《南京工程学院学报》(社会科学版)2018年第2期。骆燕灵整理翻译《关于“地理批评”——朱立元与波特兰·维斯法尔的对话》,《江淮论坛》2017年第3期。

和笔下生成不同的桃源。而且，即便是同一个人，由于场景的不同，对桃源的认识也存在差异。刘禹锡在未谪朗州之前所作《桃源行》，虚构和想象了一个神仙世界的桃源。但当他走进真实的武陵后，在所作《游桃源一百韵》中，对瞿童成仙故事则产生怀疑。不过，在现实的迁谪过程中，刘禹锡的内心肯定还有一个他向往的桃源世界。[①]

唐代诗路中的诗、路、人三者内在关联，其本质主要表现为时间与空间的关系。这里所讲的时空关系，就其不同主体而言，包括多重含义：其一，从诗人创作当下看，其行为联结了历史时空与现实时空；其二，从后人对诗路作品的体认看，诗人作品及其创作行为参与建构了诗路未来时空；其三，从唐诗之路研究主体看，时空关系主要体现为以历史时空坐标轴为考察切入点。这主要就诗路形成及研究总体原则来说，事实上，每个时代都有诗歌之路。就唐代诗路而言，第一点可以理解为唐前诗路与唐代诗路关系，第二点是唐代诗路作品历史流传及影响问题，第三点即当下唐诗之路研究视域和方法问题。前两点可简括为唐代诗路形成史，后一点可视为重新发现唐代诗路的过程。这样看来，任何一条诗路都由多个历史时空节点连接而成，而每一个节点又由历史时空相续叠加而凝定。因此，循此理路和脉络，可以解开诗路节点凝成的文化密码。这些文化密码隐藏于诗路创作与唐人地理知识结构及地方文化知识之中。这是因为，对历史时空关系的理解和把握，最终结果表述为对唐人地理知识和地方文化知识的认识和理解，以及对唐人诗路创作心理的整体把握。唐人地理知识不仅是他们行走于诗路必备的基本条件，而且也是他们进行诗歌创作所需的重要知识来源。从创作整体过程来看，相关地理知识可以说是诗路创作的前文本，是整个创作的重要基础。唐人对于诗路本身的理解和认识也很重要，因为这关涉到诗人对于诗路历史渊源及其作品未来影响的自觉认知。因此，唐人对于诗路本身的认识，是诗人联结古今及未来的内在机制。诗人的创作不仅记录了当下的活动情形，而且其中也包含了对诗路以往历史文化、历史地理的联想和想象。诗人创作完成后，其作

① 拙文《神人之间：晋唐“桃源”形塑与流变》，《南京师大学报》（社会科学版）2022年第1期。

品又成为后来创作的前文本。如此循环往复,构成一个点、一条路,乃至一个区域的诗路发展史。

古人地理知识主要来源于亲身体验的直接经验,以及通过阅读或听闻获得的间接知识。把握唐人地理知识结构,当从目录学著作切入。在唐前目录学史中,应特别注意王俭《七志》,“七曰《图谱志》,纪地域及图书”[①]。可见,发展到齐梁时期,地理书籍数量剧增多,应单独成类。《隋书·经籍志》史部地理类小序,追溯上古以来地理类书籍发展流变史,据此可知唐前地理知识生产、地理书籍传存主脉:周朝设官分职,夏官、地官、春官等不同系统各司其职,收集各地信息、编制舆图,最后汇集于太史,由此形成国家地理知识体系。汉代是地理知识重要发展阶段,主要有司马迁《史记·河渠书》和班固《汉书·地理志》,此外还整理了相传为夏禹所撰《山海经》。魏晋时期,地理学著作开始增多,挚虞曾据此作《畿服经》170卷。齐梁时期,地理总汇之作有陆澄合160家之说而成的《地理书》。任昉在陆书基础上增加了84家而成《地记》,共244家。其后,顾野王又撮抄众书合成《舆地志》。杨隋重订制度,更新地理知识,编成《诸郡物产土俗记》《区宇图志》《诸州图经集》三大地理书。[②]

《隋志》所载历代地理书籍,显然是唐人地理知识结构形成的重要来源。唐人在此基础上,又制作了大量图经类地理书籍。这与唐代选官制度重要变化有关。简单讲,唐代选官有两个重要特点,一是各地官员由中央统一任命,二是异地任职。因此,官员赴任需要了解所任之地的地理形势和风俗人情,必须阅读相关地理书籍。这样一来,图经需求大量增加,图经编撰也应运而生。[③]唐代官方对地理书籍的生产制作有专门管理制度。具体来讲:一是专人职掌。《唐六典》载兵部职方郎中、员外郎:“掌天下之地图及城隍、镇戍、烽候之数,辨其邦国、都鄙之远迩及四夷之归化者。凡地图委州府三年一造,与板籍偕上省。其外夷每有番官到京,委鸿

① 《隋书》卷三二,中华书局1973年版,第907页。

② 《隋书》卷三三,第987—988页。

③ 拙文《史学转向与唐代“文之将史”现象》,《文学评论》2019年第3期。

胪讯其人本国山川、风土,为图以奏焉,副上于省。”[①]二是采摭详明。《唐会要》详载诸司应送史馆事例,其中有关州县者主要有:州县废置及孝义旌表,由户部申报史馆;各地自然灾害,每年由户部申报;各地硕学异能、高人逸士、义夫节妇,亦由户部申报。在这样的管理制度之下,图经内容自然也非常丰富,“古今事迹,地里山川,地土所宜,风俗所尚,皆须备载不得漏略”[②]。三是定期编纂。为掌握各地动态,官方规定:“凡图经,非州县增废,五年乃修,岁与版籍偕上。”[③]图经定期更新,形成活态的地理知识和地方知识系统。

亲身经历体验和听闻也是重要知识来源。唐人编撰了不少记录任职地和路途见闻的书籍,即以此为明证。《新唐书·艺文志》史部地理类,从薛泰《舆驾东幸记》至徐云虔《南诏录》,著录了相关著作多种,其中大部分是作者任职期间依据调查和听闻,对当地山川地理和人物风情的记录。如《西域国志》六十卷,原注:“高宗遣使分往康国、吐火罗、访其风俗物产、画图以闻。诏史官撰次,许敬宗领之,显庆三年上。”[④]张周封《华阳风俗录》一卷,原注:“字子望,西川节度使李德裕从事,试协律郎。”[⑤]卢求《成都记》五卷,原注:“西川节度使白敏中从事。”[⑥]顾愔《新罗国记》一卷,原注:“大历中,归崇敬使新罗,愔为从事。”[⑦]樊绰《蛮书》十卷,原注:“咸通岭南西道节度使蔡袭从事。”[⑧]这些地理类著作是唐人地方知识生产的重要方式,当然也是后来者获取地方知识的重要来源。

上述三大类地理书籍及其与诗路创作的时空关系比较复杂,可以从以下几方面来认识:一是唐前地理书籍是唐代地理书籍编纂的重要基础,构成唐人时空认知的纵向维度。二是唐代地理书籍编纂作为一种活态知

---

① 李林甫等《唐六典》,第162页。

② 《全唐文》卷一一一,第1136页。

③ 《新唐书》,第1198页。

④ 《新唐书》卷五八,第1506页。

⑤ 《新唐书》卷五八,第1507页。

⑥ 《新唐书》卷五八,第1507页。

⑦ 《新唐书》卷五八,第1508页。

⑧ 《新唐书》卷五八,第1508页。

识生产，构成唐人时空认知横向维度。三是纵横两个维度构成勾连历史与现实的完整知识体系，并注入诗路创作实践。关于这一点，可以举两个具体例证。如张籍《送郑尚书赴广州》："海北蛮夷来舞蹈，岭南封管送图经。"[①]再如韩愈《将至韶州先寄张端公使君借图经》："曲江山水闻来久，恐不知名访倍难。愿借图经将入界，每逢佳处便开看。"[②]张、韩二人的诗歌本身属于诗路作品，其中提到岭南送给郑尚书图经、韩愈向张端公借阅图经等事实，反映了地理书籍参与地方知识构建、进入诗歌创作的具体过程。

地理或地方知识进入诗歌创作，并不止于上述图经制作和图经阅读等行为。上述现象还只是地方知识进入诗歌的外在表现，其内在深层次联结，关涉诗路创作当下的心理机制问题。地理知识或者说地方知识，固然可以为诗人行走诗路提供实际帮助，如出行时交通路线和交通工具的选择等。但当诗人进入创作过程，在受到一般性的诗歌理论影响之外，诗人考虑最多的恐怕还是如何联结历史与现实。他们头脑中产生的联想，是与其行走之地的历史人文、自然地理有关的各种图景。最终呈现出来的作品，可以实现多种对话，包括诗人与历史人物、与自然山水、与读者、与自己对话。在这几种对话中，诗人与读者及其本人的对话，属于诗歌创作的一般现象。而诗人与历史人物和自然山水的对话，则与创作的前文本密切相关。如前所述，前文本既可指具体文字文本，也包含山水、风物、人情等可能进入诗歌文本的物质的或非物质的各种事物。以李白为例，《秋登宣城谢朓北楼》中"两水夹明镜，双桥落彩虹。人烟寒橘柚，秋色老梧桐"，是对宣城自然风景的描绘，而"谁念北楼上，临风怀谢公"，则将历史、现实及未来关联起来。李白在金陵作《金陵城西楼月下吟》"月下沉吟久不归，古来相接眼中稀。解道澄江净如练，令人长忆谢玄晖"，其中"古来相接"直接道出了创作时的心理活动。李白追慕谢朓，跟随谢朓足迹行走，在他的这些诗歌中，很自然地都与六朝著名诗人谢朓发生对话。据此

① 《全唐诗》卷三八五，第4340页。

② 《全唐诗》卷三四四，第3860页。

可知，唐人行走于诗路时，对该诗路之上曾经的历史名人遗踪和相关创作产生联想。唐人对六朝遗韵的追摹，是六朝诗路对唐代诗路产生影响的重要原因。

据上所述，从时空关系理解唐人诗路创作，在知识结构上主要表现为由三类地理书籍构成的地理知识和地方知识。在具体创作中，唐人对唐前诗歌作品的阅读和理解，也是一条地方知识形成的重要路径。这些知识多从唐前文学总集和文人别集中得来。总体上说，地理书和文集的交叉互织是地方知识形成的主要来源。这些地理知识和地方知识，与唐人所处的当下时空组合，建构了诗路历史与现实相连的真实图景。显然，这对于深入理解诗路创作具有重要意义。也就是说，诗路作品不仅是唐人诗路文学活动的记载，而且也承载了唐人的历史文化记忆，循此进入，可以解开唐人与唐前乃至后世错综复杂的关联。

三　权力结构与诗路活动本质

从空间和时间来划分不同诗路，是后人对唐诗之路理解和认识的一种方式，或者说是对唐代诗路现象的描述。从学术角度看，不仅要知道有哪些类型的诗路，还要追问唐人为什么会有这些活动，这些活动的本质到底是什么。对这些问题，当从7—9世纪的世界格局和国际秩序，以及李唐王朝权力运行机制和制度呈现等层面加以理解。这是因为，作为诗路重要主体之一的诗人，称其为诗人主要是从创作及其作品来看的，但事实上，行走于诗路上的诗人，大多数有其承担的具体官职，在官僚体系中分任不同角色，可以说诗人与官员两种身份合而为一。因此，可以从权力结构的角度，深入理解和认识诗路活动的本质。

（一）国际秩序

7—9世纪，唐王朝无疑是世界中心，在当时国际政治、经济发展、文化建设等事务中扮演重要角色。在这层意义上，从整体性和系统性看，诗路与丝路有极其相似的一面。或者可以说，诗路是建立在丝路之上的。整体上看，唐王朝北边有三条重要的丝绸之路：一条是纵贯南北的，以长安和洛阳为起点，经由河西走廊至西域的丝路；一条是横贯东西的草原丝路；还有一条是从东北进入唐朝的丝路。据考证，唐朝前期，西域胡商要从西亚进入中国，大多先越葱岭，进入天山南北，到河西走廊后，在武威分成南北两路：一路直接从河西走廊去往长安和中原，一路则从武威向北，沿草原丝绸之路中东部，可以直达唐东北军事重镇营州。唐代中后期，处于草原丝绸之路东端的营州和渤海国等地的多元文化交流也空前繁荣起来。这些文化交流和融合，甚至还通过草原丝绸之路东端的营州和渤海国，与东方海上丝绸之路相连，到达朝鲜半岛和日本列岛。[①]东南的海上丝绸之路，多以沿海城市为起点，如广州、明州、台州、登州、泉州等，经由海路而与东南亚等国家和地区产生关联。丝绸之路将唐朝与欧亚联系起来，而发生在这些丝路上的各种文化活动，推动唐朝在建构和维护国际秩序、建设欧亚文明中发挥重要作用。

发生在这些丝路上的各种经济文化活动，其主体是往来于丝路上的唐王朝以及周边国家和地区的使者、官员、商人。例如，唐朝与新罗文化交流的双方往来人员，在唐朝主要是赴新罗使者和入新罗唐僧，在新罗一方则主要是遣唐使、宿卫（质子）、留唐学生和僧人、商人等。[②]唐王朝与日本交往的双方人员，其情形与新罗相类。但这里要特别注意的是，从文化移植和书籍之路角度看，唐朝与日本的交流互动，在直接的唐日交往之外，还存在一条经由朝鲜半岛的间接道路。也就是说，日本曾从新罗搜集唐朝的书籍和其他文物。由于当时新罗文化总体上要高于日本，日本曾向新罗派出使者、留学生和留学僧，他们在新罗搜求、购买、抄写汉籍的行为，与其在唐朝的行为相似。[③]

唐与新罗、日本的海上交通，既是政治和商业等活动发生的载体，同时也是诗歌活动场所，由此形成海上唐诗之路。例如，日本留学生阿倍仲麻吕来唐后，改名晁衡，与李白、王维、储光羲、包佶等人结为诗友，汉诗写

① 杜晓勤《唐代文学的文化视野》，中华书局2021年版，第680—689页。

② 拙文《唐与新罗书籍活动考论》，《中国典籍与文化》2015年第2期。

③ 拙著《唐代书籍活动与文学秩序》，上海古籍出版社2021年版，第334—335页。

作达到很高水平。其《衔命还国作》收录于《文苑英华》,成为集中唯一一首外国人作品。新罗留学生崔致远在唐参加科举考试,曾任职于溧水、扬州等地,回国后被誉为“东国儒宗”“东国文学之祖”。所著《桂苑笔耕集》二十卷,记录了他在唐期间的文学生活情状。东亚文人与唐朝诗人结下深厚诗缘,回国后继续互致书信。正如贯休《送新罗人及第归》所言:“到乡必遇来王使,与作唐书寄一篇。”[①]诗中“唐书”,指的是以汉语所作书信或诗文。日僧最澄于贞元二十一年(805)返回日本,台州文武官员饯行,包括台州刺史陆淳、司马吴颛、录事参军孟光、临海县令毛涣、乡贡进士崔謩、广文馆进士全济时、天台沙门行满、天台归真弟子许兰、天台僧幻梦、前国子监明经林晕等人。后九人均有送行诗留存。题为《台州刺史陆淳送最澄阇梨还日本》虽尚未确定是否为陆淳所作,但也能反映当时情形:“海东国主尊台教,遣僧来听妙法华。归来香风满衣裓,讲堂日出映朝霞。”此次送行活动详情,见载于台州司马吴颛所撰《送最澄上人还日本国叙》。从吴叙来看,饯行组诗应合编为集。这次诗会反映出天台确实是唐代诗人与东亚文人的重要结缘地,不仅有密切的交往过程,而且还有盛大的诗歌创作活动。因天台佛教文化,唐诗对以嵯峨天皇为代表的日本知识阶层产生巨大影响。嵯峨天皇、仲雄王、巨势识人等均作有不少奉和最澄的汉语诗歌。[②]从最澄求法天台,到陆淳等人作诗送别,再到日本上层奉和之作,勾勒了一条非常清晰的东亚唐诗之路的轨迹。据此,考察东亚唐诗之路,应注意以下几方面问题:一是东亚诗路何以发生和形成,二是唐诗东传的载体和路径,三是东亚诗路与唐朝诗路的连接问题。这是因为,通过第一点,可深入认识唐诗之路对于东亚国际秩序的价值和意义。借助第二点,可还原东亚诗路的具体形态。从第三点,可把握东亚唐诗之路的整体性。[③]

由上述可知,唐代诗路在建构和维护国际秩序与欧亚文明中发挥了重要作用。7—9世纪,横穿东西的草原丝路与纵贯南北的天山—河西走

---

① 《全唐诗》卷八三六,第9418页。

② 胡可先《天台山:浙东唐诗之路与海上丝绸之路的交汇》,《浙江社会科学》2019年第12期。

③ 拙文《东亚唐诗之路摭论》,《中国诗歌研究动态》2023年第1期。

廊诗路，将长安、洛阳与中亚、欧洲联系起来，东南沿海各地则与朝鲜半岛、日本列岛通过海上诗路联系。因此，可以从诗路中的文化回环、书籍传播等角度，进一步揭示诗路在欧亚、东南亚文明进程中的价值和意义。

（二）制度张力

制度是驱动唐代文人空间流动的根本性力量。行走在诗路上的文人虽各怀目的、心态各异，但支配他们空间流动的力量，不外乎举士和选官制度，具体讲，包括科举、铨选、入幕、贬谪等制度。

在唐代官僚体系运作机制之下，唐代文人进入仕途的第一步，必须参加科举考试。从全国各地来京城长安应试的举子，他们路途所观所感，往往形之于诗。来年放榜后，落第者开始为回乡作准备。《全唐诗》中保存的大量送落第举子返乡的诗歌，即为此明证。笔者曾对唐代进士科考试录取率问题有所考察，发现唐代进士科录取率约为3%—5%。[①]可见绝大多数考生属于落第者。有幸及第的举子，在获得官职之前，大多选择返乡觐亲。这样一来，举子们连绵不断地往返于京城长安与家乡之间，其间发生的诗歌活动，显然是诗路创作的重要内容。

唐代科举考试及第者获得官职，以及六品以下非常参官员迁任新职，还要参加吏部主持的铨选。唐高宗时裴行俭开创铨注之法，到开元十八年（730）裴光庭制定“循资格”，守选作为选官制度正式确立。守选制主要为了解决员缺少而参选者多的矛盾问题。也就是说，对六品以下非常参官员和新科明经、进士等，规定相应的守选年限。王勋成先生认为，唐代及第进士一般守选三年，明经一般守选七年。陈铁民先生对此问题有所补充，认为初盛唐并不存在新及第进士必须守选三年才能授官的定制，但也同意安史之乱以后至唐末，进士守选三年的制度一直实施。及第明经的守选时间问题，与及第进士的情形差不多。[②]由于守选制度的存在，迫使文人为摆脱守选而作各种努力，或参加制科，或干谒等等。唐代选官制度与唐诗之路的关系问题，可以从以下几方面来思考。

① 拙文《孟浩然“无官受黜”故事形成与演变的史源性考察》，《学术研究》2020年第8期。

② 陈铁民《守选制与唐代文人的诗歌创作研究》，中国社会科学出版社2021年版，第20—78页。

其一,铨选制度促使文人在任职地与京城之间不断往返。六品以下非常参官任职秩满后,必须到京城参加铨选,这样客观上为他们空间移动准备了动力。

其二,守选制在一定程度上给文人漫游提供了时间。主要有两种情况:一是文人登第后,未能立即授官,而守选或待选一段时间,于是闲暇时间较充足;二是文人入仕后,在两个职务和任期之间,需守选或待选数年,而不能连续为官,在这一守选或待选期间,他们也有较充足的漫游时间。唐代文人的这种生活方式显然是选官制度的产物,动静出处背后的支配力量主要是守选制。

其三,还可以从制度张力这个角度来思考。制度作为建构及维护秩序的手段和工具,对相应群体的行为具有重要制约作用。但人又总是以符合个体利益的最大化作为基本原则来规划和设计行为,面对制度束缚和限制,总会在相应范围内寻求规避或超越制度的各种方法。所以,有某种制度在,就一定有反制度的行为在,这就形成了制度张力。守选制的制度张力,是指在守选制之下,文人一方面顺应制度,遵守规定,另一方面,他们也希望快速摆脱守选,从而选择各种方式与制度进行抗衡。唐人摆脱守选、"出选门"主要有两种情况:一种是成为五品以上职事官,另一种是成为六品以下常参官。唐人常用的方法主要是科目选、制举、荐举、入使府。无论走哪一条路径,最终目标都是希望能够成为六品以下常参官。因为根据制度规定,只有获得起居郎、起居舍人、通事舍人、诸司员外郎、侍御史(以上六品),左右补阙、殿中侍御史、太常博士(以上七品),左右拾遗、监察御史(以上八品)等六品以下常参官,才能摆脱守选并快速升迁。因此,无论采取哪种方式摆脱守选,其核心目标都只有一个,那就是成为六品以下常参官。

从摆脱守选角度来看唐代文人入幕行为,可以获得新认识。大多数入幕文人致力追求的是府主为其奏请的朝衔和宪衔。府主替幕僚奏请的朝衔多为校书郎、正字、协律郎、卫率府兵曹参军、大理评事、员外郎、郎中等,宪衔则为监察御史、殿中侍御史、侍御史。朝衔和宪衔虽然都是虚衔,但与入幕者在使府中的工作也有一定关系：一是作为享受俸禄的依据，二是带宪衔者具有参与地方案件审理的权限。[①]不过，入幕者所追求的，更多的是使府去职后朝衔或宪衔在铨选中所发挥的作用。《旧唐书·德宗纪》载贞元九年(793)十二月，制："今后使府判官、副使、行军已下，使罢后，如是检校、试五品以上官，不合集于吏部选，任准罢使郎官、御史例，冬季奏闻。"[②]据此可知，幕职所带朝衔或宪衔虽为虚职，但在罢使后的吏部铨选过程中则能发挥实际作用。假如入幕时获得五品以上朝衔或监察御史等宪衔，罢使后不用守选，可直接参选。即便不能获得上述美衔，仅止六品以下的试官，如试校书郎、试正字之类，虽尚未达到免除守选的条件，但也可按真校书郎、真正字参选，进而获得美职。通过入幕获得监察御史之类的常参官宪衔，或者获得校、正之类的朝衔，是唐人竞相入幕的真实原因。[③]在守选制度之下重新考察唐代文人入幕现象，发现其与诗路创作关联密切，可以从三个层面来理解：一是守选制度和选择入幕促使文人在空间流动，并由此产生第二点，亦即入幕过程中的诗路作品具有制度品格，三是文人入幕后的地理空间意识，如前述《新唐书·艺文志》所载唐人任职期间的行记类著作，其中不少为入幕文人的作品。

贬谪本质上属于选官制度的一种，是对官员考核结果的处置行为，体现了以法律和"王言"为典型特征的国家权力意志。贬谪作为一种处罚结果，与诗路创作的关联也可以从不同层面来理解：第一，从文人的空间位置看，贬谪客观上促使文人从中心文化区域向偏远区域流动。第二，从文化流动角度看，贬谪推进强弱势文化区互动。第三，从创作行为看，贬谪路途及贬所创作，特殊心理激发诗人对异域文化的特殊感受，亦即由文化逆差到心理逆反，影响诗歌创作情感基调的设定。

如果进一步探讨，还应将宗教、名山大川等管理制度纳入考察范围。宗教管理制度外现为对寺院、道观的等级划分。换句话说，与权力核心距

① 拙文《王维〈使至塞上〉新赏》，《古典文学知识》2019年第1期。

② 《旧唐书》卷一三，第378页。

③ 拙文《陈铁民：〈守选制与唐代文人的生活风尚和诗歌创作〉》，《唐宋历史评论》第十一辑(2023年)。

离远近决定了各寺院、道观的不同地位，名寺、名观以及与此相应的宗教名人、名山，是唐人游览、隐居等选择性行为发生的重要内在支配力量。据《唐六典》卷四所载，祠部郎中于立春、立夏、立秋、立冬之时，分祭东南西北之岳、镇、海、渎。卷五载："驾部郎中、员外郎掌邦国之舆辇、车乘，及天下之传、驿、厩、牧官私马·牛·维畜之簿籍，辨其出入阑逸之政令，司其名数。凡三十里一驿，天下凡一千六百三十有九所。"原注："二百六十所水驿，一千二百九十七所陆驿，八十六所水陆相兼。若地势险阻及须依水草，不必三十里。每驿皆置驿长一人，量驿之闲要以定其马数。"[①]卷六载："司门郎中、员外郎掌天下诸门及关出入往来之籍赋，而审其政。凡关二十有六，而为上、中、下之差。京城四面关有驿道者为上关，余关有驿道及四面关无驿道者为中关，他皆为下关焉。"[②]卷七载："虞部郎中、员外郎掌天下虞衡、山泽之事，而辨其时禁……凡五岳及名山能蕴灵产异，兴云致雨，有利于人者，皆禁其樵采，时祷祭焉。"[③]依据这些记载，可知唐代对驿传、关隘、山林、川泽等都有明确的管理制度。这些制度显然也是理解和认识唐人诗路创作的重要内容。

从人的适应性来看，对于制度的约束和引导，文人主要有三种行为方式：顺应、对抗和逃避。逃避其实也是对抗的一种形式，只不过其性质是消极的。与此相应，文学也呈现出三种基本形态：一种是顺从的，表现出"义尚光大""辞藻竞骛"的特征；一种是对抗的，表现为批判、复古的特征；一种是逃避的，表现为隐逸的、萧散的特征。这三种基本形态，既可能是某一群体的，也可能是某个个体的。从顺应与规避形成的制度张力来看，唐诗之路创作群体可分为三大类型，亦即顺应者、对抗者、逃避者。当然，三种类型创作者对应三种创作心态，既是就总体情况来分的，同时也是相对而言的，其相对性表现为群体或个体所处时地的特殊性。

---

① 李林甫等《唐六典》卷五，第162—163页。

② 李林甫等《唐六典》卷六，第195—196页。

③ 李林甫等《唐六典》卷七，第225—226页。

从7—9世纪唐王朝与周边国家和地区的关系,以及官僚体系运作机制等方面来看,唐代文人在诗路上的流动及其创作,其本质是权力在时间和空间上的流动。换言之,唐王朝国家意志既是诗路形成的根本性内在支配力量,而国家意志在不同领域的表现,又使诗路创作行为产生各种变化。这应是各条诗路创作同质化与差异性产生的总体根源。

第七章　官学制度与初唐诗歌演进

较早认识唐代官学与诗歌演进之关系的是中唐元稹，其《唐故工部员外郎杜君墓系铭并序》云："唐兴，官学大振，历世之文，能者互出。而又沈、宋之流，研练精切，稳顺声势，谓之为律诗。由是之后，文变之体极焉。"[①]元稹此番论述对后世产生重要影响。《旧唐书·杜甫传》转录此文以评价李、杜优劣，并指出："自后属文者，以稹论为是。"[②]一些文学史著作据此提出初唐律诗定型于沈、宋的论断[③]，由此展开律诗定型问题的大讨论。有学者认为将律诗声律定型归功于沈、宋，沈佺期还好，宋之问的地位偏低。[④]有学者认为律诗定型于初唐诸学士，而非沈、宋。[⑤]也有学者从粘对的角度提出"沈宋体"概念。[⑥]唐诗声律的发展和成熟，多为学者所关注，郭绍虞[⑦]、葛晓音[⑧]、赵

---

① 冀勤点校《元稹集》，中华书局1982年版，第601页。按《全唐文》《旧唐书·杜甫传》所录与此文字稍异。

② 《旧唐书》卷一九〇下，第5057页。

③ 如袁行霈主编《中国文学史》(第二卷)："这是最早有关'律诗'定名的记载，故沈、宋之称，也就成为律诗定型的标志。"高等教育出版社1999年版，第226页。

④ 邝健行《初唐五言律体律调完成过程之考察及其相关问题之讨论》，《香港中文大学中国文化研究所学报》总第21卷，1990年，第247—259页。

⑤ 陈铁民《论律诗定型于初唐诸学士》，《文学遗产》2000年第1期，第59—64页。

⑥ 杜晓勤《从永明体到沈宋体——五言律体形成过程之考察》，《唐研究》第2卷，1996年，第121—165页。

⑦ 郭绍虞《从永明体到律体》《声律说考辨》等文章从五言诗音步的角度，说明"古""律"之间的声律问题。郭绍虞《照隅室古典文学论集》，上海古籍出版社社1983年版。

⑧ 葛晓音关于初盛唐诗歌声律问题研究的代表性论文有《论宫廷文人在初唐诗歌艺术发展中的作用》，《辽宁大学学报》1990年第4期；《初盛唐七言歌行的发展——兼论歌行的形成及其与七古的分野》，《文学遗产》1997年第5期，第47—61页；《论初盛唐绝句的发展——兼论绝句的起源和形成》，《文学评论》1999年第1期，第76—90页。

昌平[1]等先后发表自己的看法,从各种角度予以阐释。但是,上述学者似乎都没有将官学与诗歌声律演进联系起来,而在引述元稹所撰杜甫墓系铭时,似乎也忽略了“唐兴,官学大振,历世之文,能者互出”等语,注意力集中在引文的后半部分,因而未能对初唐官学与诗歌演进之关系作出切实的剖析。但事实上官学教育与诗歌的发展关系非常密切。本章试图从初唐官学的发展入手,探究官学对初唐诗歌演进的影响。

一 唐初官学的兴盛

官学是与私学相对而言的。春秋战国时期官师分离,私学渐兴而官学趋于衰落。发展至汉代,汉武帝“罢黜百家,独尊儒术”,传五经者先后有十四家被立为官学,自此官学大盛。东汉以降,学校教育始终附属于太常寺,直至隋文帝开皇十三年(593)将国子寺改为国子学,才摆脱太常的羁绊而独立。杜佑说:“凡国学诸官,自汉以下并属太常,至隋始革之。”[2]隋炀帝大业三年(607)将国子学改为国子监,是中国教育史上的分水岭。唐承隋制,国子监教育逐渐发展成熟,形成唐型官学体系。

唐代国子监设有国子学、太学、四门学、书学、律学、算学“六学”,前三者属于经学教育之学馆,后三者则是专门技术之学校。学官由从事行政管理的国子祭酒、司业、丞、主簿,以及承担教学任务的各馆博士和助教组成。“六学”学生招收主要依据学生的家庭出身。国子学招收“文武官三品以上及国公子孙、从二品以上曾孙”,太学招收“文武官五品以上及郡县公子孙、从三品曾孙”,四门学招收“文武官七品以上及侯、伯、子、男子为生者,若庶人子为俊士生者”。书学、律学和算学招收均为“文武官八品以上及庶人子”。[3]“六学”之外,尚有广文馆,置于天宝九载(750)七月,博士二人,助教一人,主要负责“试附监修进士业者”[4]。“六学”合广文馆,是为国子监“七学”。

---

① 赵昌平《初唐七律的成熟及其风格溯源》,《中华文史论丛》1986年第4辑,第17—36页。

② 杜佑《通典》卷二七,中华书局1984年版,第161页。

③ 李林甫等《唐六典》卷二一,第559—563页。

④ 《旧唐书》卷四四,第1892页。

唐代中央官学在“七学”之外，尚有“二馆”，即弘文馆和崇文馆。弘文馆隶属于门下省，其前身是高祖武德四年(621)设置的修文馆。武德九年(626)三月改为弘文馆，九月太宗即位，于弘文殿聚四部群书二十余万卷，延揽当时的名儒硕学入馆为学士。贞观元年(627)敕虞世南和欧阳询在馆教授书法，贞观二年(628)应王珪奏请开始招收学生教授经，并置讲经博士，“考试经业，准式贡举”[①]。弘文馆招收学生三十人，招收对象为皇室贵族和功臣子孙。崇文馆属于东宫学馆，始置于太宗贞观十三年(639)，初名崇贤馆，高宗上元二年(675)因避太子李贤讳，改为崇文馆。显庆元年(656)，因皇太子之请，“置学生二十人”[②]，所招收的对象为东宫僚属之子孙，学生贡举方式同弘文馆。

上述“二馆”“七学”属于中央官学系统，此外，还有地方官学。唐代地方官学的创置，始于高祖李渊，在其兵定关中后，即“下令置生员，自京师至于州县皆有数”[③]。武德七年(624)发布《置学官备释典礼诏》：“州县及乡里，并令置学”[④]，将地方教育由州县延伸至乡里。玄宗开元二十六年(738)下敕：“其天下州县，每乡之内，各里置一学，仍择师资，令其教授。”[⑤]唐代地方官学的情况大致是这样的：京兆、河南、太原府、大都督府、中都督府、上州置经学博士一人、助教二人，其余中州、下州、京县（长安、万年、河南、洛阳、太原、晋阳）、畿县（京兆、河南、太原所管诸县）、诸州上县、中县、下县各置博士一人、助教一人，学生员数依次递减。[⑥]《新唐书·百官志四下》：“文学一人，从八品上。掌以《五经》教授诸生。县则州补，州则授于吏部……武德初，置经学博士、助教、学生。德宗即位，改博士曰文学。”[⑦]从这些记述可以看出，唐王朝的经学教育是在有组织的行政系统之下逐级推行的。

---

① 李林甫等《唐六典》卷八，第255页。

② 《新唐书》卷四九上，第1294页。

③ 《新唐书》卷四四，第1163页。

④ 宋敏求《唐大诏令集》卷一〇五，商务印书馆1959年版，第537页。

⑤ 王溥《唐会要》卷三五，第635页。

⑥ 《旧唐书》卷四四，第1915—1921页。

⑦ 《新唐书》卷四九下，第1314页。

唐代“七学”“二馆”以及州府县学的学生人数到底有多少呢?《通典》卷二十七“国子监”条载“六学”学生人数分别为:国子学300人,太学500人,四门学1300人,书学50人,律学30人,算学30人,通计2210人。[①]广文馆学生人数,《新唐书·百官志》记为:“有学生六十人,东都十人。”[②]弘文馆学生30人,崇文馆20人,已具上述。这是唐初中央官学常规性的招收名额,总计2330人。地方官学生徒员数,《唐六典》所载各级政府的配额:三府(即京兆、河南、太原)各80人,大都督府60人,中都督府60人,下都督府50人,上州60人,中州50人,下州40人,京县(即万年、长安、河南、洛阳、奉先、太原、晋阳)各50人,畿县(即京兆、河南、太原三府所辖之各县)各学生40人,诸州上县各学生40人,诸州中县各学生25人,诸州中下县各20人,诸州下县各20人。若将《唐六典》所载州县学生配额乘以当时州县数,可得地方官学生徒总数为65180人。[③]这个数字与《通典》所载“州县学生六万七百一十员”[④]及《文献通考》所载“诸馆及州县学六万三千七十人”[⑤]约略相当。由此可见初盛唐时期官学发展的规模。

初唐官学的兴盛,还可以从比较的角度来考察。德宗和宪宗号称中兴之主,贞元、元和时期是中唐社会发展的顶峰。据《文献通考》卷四一“学校考”:“宪宗元和二年,置东都监生一百员。自天宝后,学校益废,生徒流散,永泰中虽置西监生,而馆无定员,于是始定生员,西京:国子馆生八十人,太学七十人,四门学三百人,广文六十人,律馆二十人,书、算各十人。东都:国子馆十人,太学十五人,四门五十人,广文十人,律馆十人,书馆三人,算馆二人而已。”[⑥]元和二年(807)国子监“七学”学生定额总数为650人,不到初盛唐时期的三分之一。招生数量反映了初唐官学教育的兴盛,此外,师资方面亦较强大,各学馆延请的学官皆为当时硕学大儒,如孔颖达、陆德

① 杜佑《通典》卷二七,第161页。

② 《新唐书》卷四八,第1267页。

③ 参考任育才《唐型官学体系之研究》,台湾五南图书出版社有限公司2007年版,第244页。

④ 杜佑《通典》卷十五,第85页。

⑤ 马端临《文献通考》卷三七,中华书局1986年版,第348页。

⑥ 马端临《文献通考》卷四一,第393页。

明、张后胤、赵弘智、贾公彦、马嘉运、谷那律、盖文达、盖文懿、王德韶、祝钦明、褚无量、尹知章、侯行果等。以此造成极大影响，周边国家纷纷派遣留学生至长安求学。正如《旧唐书·儒学传序》所云："（贞观二年）又于国学增筑学舍一千二百间……其玄武门屯营飞骑，亦给博士，授以经业；有能通经者，听之贡举。是时四方儒士，多抱负典籍，云会京师。俄而高丽及百济、新罗、高昌、吐蕃等诸国酋长，亦遣子弟请入于国学之内。鼓箧而升讲筵者，八千余人。济济洋洋焉，儒学之盛，古昔未之有也。"①

但是初唐官学在高宗以后日益衰弛，多为后人诟病。《旧唐书·儒学传》："高宗嗣位，政教渐衰，薄于儒术，尤重文吏。于是醇醲日去，毕竟日彰，犹火销膏而莫之觉也。及则天称制，以权道临下，不吝官爵，取悦当时。其国子祭酒，多授诸王及驸马都尉。"②陈子昂在武周嗣圣元年（684），上疏指斥："堂宇芜秽，殆无人踪，诗书礼乐，罕闻习者。"③圣历二年（699）十月，凤阁舍人韦嗣立上疏进谏："国家自永淳以来，国学废散，胄子弃缺。时轻儒学之官，莫存章句之选。"④确实，武则天为了争取更多的支持，往往在祀明堂、南郊、拜洛等庆典时，取弘文生和国子生等充斋郎，学生只要充一次斋郎即可获得做官的资格，以致生徒不复以经学为意。但从所考武后朝学官来看，其时学校还在正常运转。又据今所考，高宗武周时期的以王或驸马都尉出任国子祭酒似乎只有李重福、武三思，并不如《旧唐书》所说的"多授诸王及驸马都尉"。⑤因此，与中晚唐相较，说初唐为"官学大振"时期，是合符事实的。

二　进士试诗赋与生徒的出路

官学的培养目的，就是为唐代社会提供各级人才。学校是人才培养的摇篮，也是预备官员的养成所。教育和科举考试是连在一起的，唐代馆

① 《旧唐书》卷一八九上，第4941页。

② 《旧唐书》卷一八九上，第4942页。

③ 陈子昂《谏政理书》，《陈伯玉文集》卷九，四部丛刊初编本。

④ 《旧唐书》卷八八，第2866页。

⑤ 参考拙著《唐代中央文馆制度与文学研究》，齐鲁书社2007年版，第381—411页。

监生徒主要通过科举获得出路。《唐六典》卷二一:国子丞掌判国子监事,“凡六学生每岁有业成于监者,以其业与司业、祭酒试之:明经帖经,口试,策经义;进士帖一中经,试杂文,策时务,征故事;其明法、明书、算亦各试所习业。登第者,白祭酒,上于尚书礼部。”[①]这段文字,记录了国子监的监试情况。也就是说,生徒在参加由礼部主持的科举考试之前,必须先通过国子监的选拔考试获得贡举资格。监考的程序和内容与礼部考试相同,但更加严格。《唐六典》说监试:“明经帖限通八以上,明法、明书皆通九以上。”[②]而礼部考试明经只需“每经帖十得六已上”[③]即可,比监考要少两条。

进士和明经,其初都止试策,进士试时务策,明经试墨策。《通典》卷十五《选举三·历代制下》:“自是士族所趣向,唯明经、进士二科而已。其初止试策。贞观八年诏加进士试读经史一部。”[④]《唐会要》卷七六《进士》也说:“先时,进士但试策而已。”[⑤]调露二年(680),刘思立任考功员外郎,主持科举考试,提出科举考试改革建议。《通典》卷十五《选举三·历代制下》:“至调露二年,考功员外郎刘思立始奏二科并加帖经。”[⑥]《封氏闻见记》卷三《贡举》:刘思立“以进士准试时务策,恐伤肤浅,请加试杂文两道,并帖小经。”[⑦]刘思立的建议得到朝廷的重视,永隆二年(681)八月朝廷颁布《条流明经进士诏》,以诏令形式将改革方案固定下来。诏令云:“自今已后,考功试人,明经每经帖试,录十帖得六已上者,进士试杂文两首,识文律者,然后并令试策日仍严加捉搦,必才艺灼然,合升高第者,并即依令。”[⑧]改革之后的进士科考试由此前的一场试变为三场试,即第一场帖经,第二场试杂文,第三场试时务策,每场定去留。明经考试由此前的一场试变为

① 李林甫等《唐六典》卷二一,第558页。

② 李林甫等《唐六典》卷二一,第558页。

③ 王溥《唐会要》卷七五,第1375页。

④ 杜佑《通典》卷一五,第83页。

⑤ 王溥《唐会要》卷七六,第1379页。

⑥ 杜佑《通典》卷一五,第83页。

⑦ 封演《封氏闻见记校注》卷三,赵贞信校注,中华书局1985年版,第20页。

⑧ 宋敏求《唐大诏令集》卷一〇六,第549页。

二场试，即第一场帖经，第二场试墨策。明经试在开元二十五年(737)又有所变革，由二场试改为三场试，即第一场帖经，第二场问大义，第三场答时务策。[①]

那么，以上所述科举改革对官学到底有何影响？笔者以为有两点值得深究，一是进士试诗赋的最早时间，二是参与进士科考试的生源，到底是来自馆监的生徒多，还是来自州县的乡贡多？

进士试诗赋的时间，徐松认为最早当在开元年间，《登科记考》卷二："按杂文两首，谓箴铭论表之类。开元间，始以赋居其一，或以诗居其一，亦有全用诗赋者，非定制也。杂文之专用诗赋，当在天宝之际。"[②]傅璇琮认为："徐松的话是有事实根据的。"[③]但是有学者据《梁玙墓志》，认为进士试诗赋的时间当早于开元。《唐代墓志汇编》存录《大唐故亳州谯县令梁府君之墓志》："公讳玙，字希杭，京兆长安人也……公生而岐嶷，见异州闾，羁髫之年，日新口藻，明《谷梁传》，入太学。逮乎冠稔，博通经史，诸所著述，众挹清奇。制试杂文《朝野多欢娱诗》《君臣同德赋》及第，编在史馆；对策不入甲科，还居学。间岁，举进士至省，莺迁于乔，鸿渐于陆；属皇家有事拜洛、明堂，简充斋郎，逡奔执豆。其年放选，郑部雄藩，原武大县，公牵丝作尉。"[④]考证出梁玙进士及第的时间，就可以知道《朝野多欢娱诗》作为进士考试内容的时间。学者对梁玙及第时间的理解各有不同。陈尚君《〈登科记考〉正补》认为梁玙制举及第在仪凤四年(679)，复于永昌元年(689)进士及第。[⑤]孟二冬《登科记考补正》认为梁玙第一次考试在仪凤四年(679)，将其进士及第系于永隆二年(681)[⑥]。陈铁民认为梁玙第一次所考并非制举，而是进士试。第二次参加进士试的时间，据《通鉴》及两《唐

① 开元二十五年二月敕："其明经自今以后，每经宜帖十，取通五已上。免旧试一帖。仍按问大义十条，取通六已上。免试经策十条，令答时务策三道，取粗有文理者，与及第。"《唐会要》卷七五《帖经条例》，第1377页。

② 徐松《登科记考》卷二，中华书局1984年版，第70页。

③ 傅璇琮《唐代科举与文学》，陕西人民出版社2003年版，第169页。

④ 周绍良、赵超《唐代墓志汇编》，上海古籍出版社1992年版，第1407页。

⑤ 陈尚君《〈登科记考〉正补》，《唐代文学研究》第四辑，广西师范大学出版社1993年版，第304页。

⑥ 孟二冬《登科记考补正》，北京燕山出版社2003年版，第85页。

书》相关记载，武则天于垂拱四年（688）十二月拜洛，永昌元年（689）亲享明堂，则梁玙被选为斋郎当在垂拱四年十二月之前。也就是说，梁玙进士及第的时间在垂拱四年，则第一次考试在此前两年（此据墓志“间岁”可知）的垂拱二年（686）。[①]笔者以为陈铁民的解释是合理的。这是因为，陈尚君所考，梁玙第一次考试与第二次考试时间相距10年，与墓志所言“间岁”不合。又永昌元年与墓志所载武则天拜洛一事不合。孟二冬所系永隆二年（681）则不符合考试制度。如前文所考，进士科在唐初止试策，永隆二年以后才加试杂文。朝廷颁布诏令是在永隆二年八月，已经错过了本年的科考，所以实际施行试杂文最早不会超过开耀二年（682）。也就是说永隆二年（681）不会有试杂文诗赋各一的考法，前此两年（间岁）仪凤四年（679）止试策，不会有试诗赋的考试制度。据此可知，进士科试诗赋的较早时间当在垂拱二年（686），在朝廷颁布敕令后的五年。这应当是合符实情的，要比徐松等人所言提前了几十年。

参加唐初进士科考试的学生，是生徒多，还是乡贡多？唐初进士科考试参加者多为国子监生徒，是有充分的证据。《唐摭言》卷一“两监”条：“开元以前，进士不由两监者，深以为耻。”[②]同书同卷“进士归礼部”条：“永徽之后，以文儒亨达，不由两监者希矣。于是场籍，先两监而后乡贡。”[③]这就是说，高宗、武则天统治时期，进士及第而享文名的，大多从东西两京国子监生徒出身，如不经两监就学，则“深以为耻”。主考官在取舍时，也有意偏重生徒。如高宗咸亨五年（674），考功员外郎覆试十一人，其中只张守贞一人为乡贡；开耀二年（682），刘思立所取五十一人，只雍思泰一人为乡贡；永淳二年（683），刘廷奇取五十五人，只元求仁一人为乡贡；光宅元年（684），刘廷奇重试所取十六人，只康庭芝一人为乡贡。长安四年，崔湜取四十一人，只李温玉称苏州乡贡。[④]事实上，唐初政治和文学名人，如萧颖士、李华、赵骅、邵轸、娄师德、郭元振、苑咸、陈子昂等都以国子监生徒参

① 陈铁民《梁玙墓志与唐代进士科试杂文》，《北京大学学报》（社会科学版）2006年第6期。

② 王定保《唐摭言》卷一，中华书局1960年版，第5页。

③ 王定保《唐摭言》卷一，第11页。

④ 王定保《唐摭言》卷一，第8页。

与进士考试获得成功。

唐初进士考试多为生徒，在上述直接证据之外，尚有两条旁证。随着官学隳散，国子监生徒在科考中的优势渐遭削弱，乡贡则越来越占上风，以致天宝时期，朝廷先后出台两项措施来加以改变。第一项措施是在天宝九载(750)七月"置广文馆于国子监，以教诸生习进士者"①。第二项举措是在天宝十二载(753)，朝廷罢去乡贡，强制要求举人必须从学校出。《新唐书》卷四四："(天宝)十二载，乃敕天下罢乡贡，举人不由国子及郡、县学者，勿举送。是岁，道举停《老子》，加《周易》。十四载，复乡贡。"②这两项措施从侧面说明国子监生徒在唐初进士科考试中的强势地位。

综合上述两个方面的问题，可以看到官学教育在唐初的变化。以永隆二年(681)朝廷颁布新的考试制度为界，国子监的教育也相应地发生新的改变。其中最明显最突出的一点，就是教育的内容不再局限于经学，还要特别重视诗学教育。

三　诗学教育的基本形态

胡震亨《唐音癸签》卷十八"进士科故实"："唐试士重诗赋者，以策论惟剿旧文，帖经祇抄义条，不若诗赋可以尽才。又世俗偷薄，上下交疑，此则按某声病，可塞有司之责。"③这段话既道出了"诗赋取士"的缘由，也说明进士科录取的标准。朝廷既以此标准录用，学校和生徒亦以此为中心展开教育和学习。总体来看，初唐诗学教育有三种基本形态，一是诗格，二是类书，三是选本。国子监的诗学教育即在此大环境中开展。

(一) 诗格

诗格主要讲述作诗的规则和范式，一般说来，诗格是为了初学者或应举者的需要而写。日僧空海曾指出："(周)颙，(沈)约已将，(元)兢、(崔)融以往，声谱之论郁起，病犯之名争兴。家制格、式，人谈疾累。"④唐初诗

① 《资治通鉴》卷二一六，第6899页。

② 《新唐书》卷四四，第1164页。

③ 胡震亨《唐音癸签》卷一八，上海古籍出版社1981年版，第197页。

④ 王利器《文镜秘府论校注》四卷，中国社会科学出版社1983年版，第396页。

格著述繁多,其内容约可归为四点:声韵、病犯、对偶及体式,其中讨论最多的是病犯和对偶。

一是病犯。主要以沈约提出的“八病”为基础,总结归纳新体诗中各种可能违反声律的毛病。沈约所讲的“八病”,上官仪《笔札华梁》直接继承,即平头、上尾、蜂腰、鹤膝、大韵、小韵、傍纽、正纽。其后佚名《文笔式》论“文病”,在“八病”之外增加了水浑病、火灭病、木枯病、金缺病、阙偶病、繁说病六种。元兢《诗髓脑》则在沈约“八病”之外提出新的“八病”,其重点不在声律,而在字义。如论“忌讳病”:“忌讳病者,其中意义有涉于国家之忌是也。如顾长康诗云:‘山崩溟海竭,鱼鸟将何依。’‘山崩’‘海竭’于国非所宜言,此忌讳病也。此病或犯,虽有周公之才,不足观也。”[①]崔融《唐朝新定诗格》所论七种“文病”,除“不调病”讨论声律外,其余六种如相类病、丛木病、形迹病、翻语病、相滥病、涉俗病均重在字义。

二是对偶。上官仪认为:“凡为文章,皆须对属。诚以事不孤立,必有匹配而成。”[②]《笔札华梁》讨论对偶的各种方式和技巧,其内容包括“属对”“七种言句例”“论对属”等。《文笔式》的内容多承继《笔札华梁》,但又有所发展,比如句例方面,增加了八、九、十、十一言句例。元兢《诗髓脑》比上官仪所论更宽泛,其八对是正对、异对、平对、奇对、同对、字对、声对、侧对,是对上官仪“八对”的发展和超越。佚名《诗式》所论“六犯”中“犯缺偶”,也讨论对偶问题。所谓“犯缺偶”即“八对皆无,言无配属。由言匹偶,因以名焉。诗上引事,下须引事以对之。若上缺偶对者,是名缺偶。犯诗曰:‘苏秦时刺股,勤学我便耽。’不犯诗曰:‘刺股君称丽,悬头我未能。’”[③]崔融《唐朝新定诗格》提出“九对”,即切对、双声对、叠韵对、字对、声对、字侧对、切侧对、双声侧对、叠韵侧对,与上官仪所论多有不同。如“声对”:“谓字义俱别,声作对是。诗曰:‘彤驺初惊路,白简未含霜。’‘路’

① 元兢《诗髓脑》,见张伯伟《全唐五代诗格汇考》,凤凰出版社2002年版,第122页。

② 上官仪《笔札华梁》,见张伯伟《全唐五代诗格汇考》,第65页。

③ 佚名《诗式》,见张伯伟《全唐五代诗格汇考》,第125页。

是路途，声即与'露'同，故将以对'霜'。又曰：'初蝉韵高柳，密茑挂深松。''茑'草属，声即与'飞鸟'同，故以对'蝉'。"[①]

从上述情况来看，初唐诗学著述的写作目的，显然是为了便于初学诗者了解和掌握近体诗的相关规则。其中有一点值得特别注意，那就是《唐朝新定诗格》的作者崔融的身份问题。崔融(653—706)，主要活跃于武后及中宗朝，与李峤、杜审言、苏味道齐名，合称"文章四友"。据《旧唐书·崔融传》，崔融曾事张易之兄弟，中宗神龙元年易之被诛，融贬为袁州刺史，寻拜为国子司业，神龙二年(706)因撰《则天哀册文》，发病而死。[②]据此可知，崔融曾于神龙元年(705)至二年(706)任职国子司业，距科举改革诏令颁布的永隆二年(681)有25年。由此可以推想，《唐朝新定诗格》很有可能是崔融在国子司业任上应当时之需要而撰著的，是进士试诗赋特定时代的产物。退一步讲，即便《唐朝新定诗格》不是崔融学官任上所作，他在任国子司业期间，也会应生徒之需而传授新体诗写作技法。

(二) 类书

初唐是类书编纂的繁盛时期。据《旧唐书·经籍志》和《新唐书·艺文志》所载，大型类书主要有《文思博要》一千二百卷，《摇山玉彩》五百卷，《累壁》四百卷，《东殿新书》二百卷，《策府》五百八十二卷，《三教珠英》一千三百卷，《碧玉方林》四百五十卷。这些书类书编纂的目的，并不是为了便于初学者的文学创作，而是帝王博取右文之名及笼络人才的一种手段。这些大型类书虽然不便实用，但是为其他类书的编撰提供了大环境。

在唐初小型类书中，最有代表性的是《初学记》。《大唐新语》卷九载其编纂缘由："玄宗谓张说曰：'儿子等欲学缀文，须检事及看文体。《御览》之辈，部帙既大，寻讨稍难。卿与诸学士撰集要事并要文，以类相从，务取省便。令儿子等易见成就也。'说与徐坚、韦述等编此进上，诏以《初学记》为

① 崔融《唐朝新定诗格》，张伯伟《全唐五代诗格汇考》，第133页。

② 《旧唐书》卷九四，第2996—3000页。

名。'"[1]显然,《初学记》的编纂是为了玄宗诸子作文的方便。因此,其编排就充分体现便于实用的特点。《初学记》共三十卷,分成天、地、岁时等二十一部,每一部之下再细分,比如天部就列出天、日、月、星、云、风、雷等。其体例:先"叙事"、再"事对",后"诗文"。以"天"为例,所谓"叙事",就是罗列与"天"相关的各项知识。"事对"即列出与"天"相关的可用为对偶的词语,如"三体"对"六气","四极"对"九野","折柱"对"绝维"之类,并在每一组对偶的词语之下,列出它的来源和出处。所谓"诗文",就是罗列与"天"有关的诗文,如赋有晋成公绥《天地赋》,诗有晋傅玄《两仪诗》、梁刘孝绰《三光篇》、陈张正见《赋得秋河曙耿耿》、宋之问《明河篇》,赞有郭璞《释天地图赞》。[2]这种编排体例非常适合初学者,"叙事"提供认识事物的系统知识,"事对"便于写作中对偶的运用,"诗文"则提供写作实例。但《初学记》的体例,是以此前各种类书为基础改进而成的,经历了漫长的发展过程。

对《初学记》产生重要影响的是《北堂书钞》和《艺文类聚》。闻一多在《类书与诗》中指出:"《初学记》……每一项题目下,最初是'叙事',其次是'事对',最后便是成篇的诗赋或文。其实这三项中减去'事对',就等于《艺文类聚》,再减去诗赋文,便等于《北堂书钞》。"[3]但我们不妨将眼光再往前延伸一些。欧阳询《艺文类聚序》叙述缘起及编排体例:"前辈缀集,各抒其意,《流别》《文选》,专取其文,《皇览》《遍略》,直书其事。文义既殊,寻检难一。爰诏撰其事,且文弃其浮杂,删其冗长,金箱玉印,比类相从,号曰《艺文类聚》,凡一百卷。其有事出于文者,便不破之为事,故事居其前,文列于后,俾夫览者易为功,作者资其用,可以折衷今古,宪章坟典云尔。"[4]由此可见《皇览》《华林遍略》《文章流别》《文选》对《艺文类聚》编纂的影响。虞世南《北堂书钞》属于"标题隶事",即先立类,类下摘引字句

---

① 刘肃《大唐新语》卷九,中华书局1984年版,第137页。

② 徐坚等《初学记》,中华书局1962年版,第1—4页。

③ 闻一多《唐诗杂论》,上海古籍出版社1998年版,第5页。

④ 欧阳询《艺文类聚》,上海古籍出版社1965年版,第27页。

作标题，标题之下征引古籍。如“朝读百遍”下列“《墨子》云：周公朝读书百遍，夕见士七十”，“先读百遍”下列“《魏志》云：侍中董遇好学，人从学者，遇不肯教，云当先读书百遍，而义自见也。”[①]据此，可以将类书编排体例的发展过程归纳如下：

> 《皇览》《遍略》（“直书其事”，单纯类事）——《流别》《文选》（“专取其文”，单纯类文）——《北堂书钞》（“标题隶事”，单纯类事）——《艺文类聚》（“事居其前，文列其后”，既类事又类文）——《初学记》（先叙事、次事对、次诗文）

从上述流程可以看到，《初学记》与之前类书相较，最大的变化就是将“类事”改变为“事对”。促使这个改变形成的重要原因有二：一是律诗的发展，二是科考进士试诗赋。类书的编纂主要解决诗歌写作中的对偶和用典问题。诗歌用典，前述佚名《诗式》已有所涉及，如论“犯相滥”云：“相滥，谓一首诗中，再度用事。一对之内反覆重论，文繁意叠，故名相滥。”[②]据此看来，类书的诗学教育功能实与上述诗格类著作相近。

（三）选本

诗格和类书为初学者提供写作规则和技巧，选本则为初学者提供效仿范例。初唐诗歌选编也是很繁荣的，如许敬宗等编《文馆词林》一千卷，又《芳林要览》三百卷，僧慧净编《续古今诗苑英华集》二十卷，刘孝孙编《古今类聚诗苑》三十卷，郭瑜编《古今诗类聚》七十九卷，孟利贞编《续文选》十三卷，元兢编《古今诗人秀句》二卷，崔融编《珠英学士集》五卷，徐坚编《文府》二十卷，孙季良编选《正声集》三卷。[③]以上编选者中，值得特别注意的是元兢和崔融。元兢，字思敬，“总章中为协律郎。预修《芳林要览》，又撰《诗人秀句》两卷，传于世。”[④]如前所述，元兢还撰有诗学著作《诗

① 虞世南《北堂书钞》，天津古籍出版社1988，第411页。

② 佚名《诗式》，见张伯伟《全唐五代诗格汇考》，第125页。

③ 参考《新唐书》卷六十，第1621—1623页。

④ 《旧唐书》卷一九〇上，第4997页。

髓脑》,《古今诗人秀句》的编选恐怕与此有关。崔融所编《珠英学士集》敦煌残卷现存诗52首,其中新体诗22首,古体诗30首。经过分析,发现新体诗合律程度为23%。[①]据此,《珠英学士集》的编选或与《唐朝新定诗格》有关。

不过,初唐最能体现官学教育与进士试杂文相互关系的还不是上述这些选本,而是李峤的"百咏"诗。《全唐诗》卷五九和卷六十存录李峤120首五言咏物诗,古称《杂咏诗》《百二十咏》《百廿咏》等。据《日藏古抄李峤咏物诗注》,"百咏"分作乾象、坤仪、芳草、嘉树等十二部,每部各有诗十首。有学者将其与《初学记》进行比较,指出:"'百咏'从类目、物名到典故的编排方面,都带有类书的特色,显然不是一般的诗歌创作,而是为了给初学者提供一种律诗咏物用典的范式。"并进一步分析李峤120首咏物诗:"实际上是总结了在他以前声律、对偶发展的成果,用组诗作了声律、用典、对偶、写景的综合性示范。"[②]这个论断是符合事实的。天宝六载(747)张庭芳为之作注,在序文中说:"庶有补于琢磨,俾无至于疑滞,且欲启诸童稚焉。"[③]从序文所署"登仕郎收信安郡博士"来看,张庭芳是作为地方官学教师的身份来作注的,其目的显然是为了给学生提供可供效仿的诗歌写作范式。

但是李峤"百咏"究竟作于何时,又是以何种身份来写作?前人较少关注。我们可以从诗歌内容以及作者的生平活动,大致可以作如下推断。从"百咏"的"大周天阙路,今日海神朝"(《雪》),"方知美周政,抗旆赋车攻"(《旌》)等诗句,可以确定其写作年代必定在武周时期。依据两《唐书》本传以及《资治通鉴》的记载,武周圣历二年(699),李峤以宰相兼任珠英学士,圣历三年(700)因其舅张锡升为宰相,罢宰相改为成均祭酒。长安三年(703)复以成均祭酒兼任宰相,寻知纳言事。长安四年(704),转为内史,其年六月,因不胜繁剧,复转为成均祭酒兼任宰相。"百咏"大概就是在

① 贾晋华《唐代集会总集与诗人群研究》,北京大学出版社2001年版,第489页。

② 葛晓音《创作范式的提倡和初盛唐诗的普及——从〈李峤百咏〉谈起》,《文学评论》1995年第6期,第32页。

③ 胡志昂编《日藏古抄李峤咏物诗注》,上海古籍出版社1998年版。

李峤任成均祭酒及预修《三教珠英》期间创作的。这个时间，距离永隆二年(681)约二十余年，正是广大考生急需新体诗写作范本之时。若上述推测不错的话，李峤"百咏"的出台，正是应国子监生徒所需，利用预修《三教珠英》所掌握的典故材料，结合当时律诗规则而创作出来的。张说《五君咏五首·李赵公峤》:"李公实神敏，才华乃天授……故事遵台阁，新诗冠宇宙。"[①]高度肯定了李峤新诗的示范意义。

国子学官不仅要教授新体诗写作技法，而且在平时考试中还要对教学效果进行检测。《全唐诗》卷五四三存录喻凫《监试夜雨滴空阶》，以及卷五四五刘得仁《监试莲花峰》，都是五言六韵，符合进士科省试诗的特点，从中可以看到国子监诗歌教育的面貌，弥足珍贵。

四 律诗定型与官学教育的契合

官学教育在永隆二年(681)之后，因进士科增试诗赋等杂文，于是教学内容不得不有所调整，从经学教育扩展至诗学教育。初唐律诗定型问题，前人讨论甚多，较为合理的说法是律诗定型于初唐诸学士，而非沈、宋二人。那么官学教育与律诗定型又是怎样联系起来的呢？笔者以为当与武周和中宗时期长期任用学士主持贡举考试有关。

律诗定型于初唐诸学士，源于对初唐学士诗歌创作的考察，包括太宗高宗时期的弘文馆、崇文馆学士，武周珠英学士以及中宗修文馆学士。从对学士群体诗歌声律的分析可以看到，武周珠英学士和中宗修文馆学士两大群体的近体诗作品，非常接近标准的律诗。[②]那么，到底是什么原因促使诸学士完成律诗定型的任务呢？笔者以为有以下三方面的原因。其一，学士群体多承担修书之务，在修书过程中"日夕谈论，赋诗聚会"[③]。修书活动为学士群体提供了聚会赋诗的机会，在此过程中互相学习讨论，并在某些方面逐步达成共识。其二，学士群体参与的各种诗歌活动，为写作

① 《全唐诗》卷八六，第934页。

② 参考杜晓勤《齐梁诗歌向盛唐诗歌的嬗变》附录《初唐五言新体诗声律发展统计表》，北京大学出版社2009年版，第93—103页。

③ 《旧唐书》卷一〇二，第3175页。

实践提供了平台。如中宗景龙修文馆,“凡天子飨会游豫,唯宰相及学士得从”,“帝有所感即赋诗,学士皆属和”[①]。据考证,从景龙二年至四年(708—710),大型诗歌活动多达七十余次。[②]在群体活动中,可以检测诗歌理论,由此达成某种默契。其三,诗歌竞赛。初唐帝王如武则天和中宗李显都发起过多次诗歌竞赛活动。《旧唐书·宋之问传》:“则天幸洛阳龙门,令从官赋诗,左史东方虬诗先成,则天以锦袍赐之。及之问诗成,则天称其词愈高,夺虬锦袍以赏之。”[③]《唐诗纪事》卷一录中宗景龙三年(709)《九月九日幸临渭亭登高作》诗序:“人题四韵,同赋五言。其最后成,罚之引满。”[④]同书同卷又录中宗《登骊山高顶诗》诗序:“人题四韵,后罚三杯。日暮,成者五六人,余皆罚酒。”[⑤]同书卷三记上官昭容评诗,群贤叹服。[⑥]通过竞赛提升诗艺,促使新体诗格律走向成熟。

学士群体是律诗定型成熟的完成者,那么,学士群体在完成律诗定型的过程中是如何与官学教育联系在一起的呢?主要有两点。一是弘文馆学士和崇文馆学士都兼有“训导生徒”的职责,他们很有可能在教育过程中传授新体诗规则和创作技巧;二是武后和中宗朝,多以学士作为主持贡举的考官,这些学士考官的取舍标准,自然就成为举子们写作的趣向。据《登科记考补正》所载,永隆二年(681)至先天元年(712)之间可考知贡举者是:永隆二年(681),刘思立;开耀二年(682),刘思立;永淳二年(683),贾大隐;嗣圣元年(684),刘廷奇;光宅元年(684),刘廷奇;证圣元年(695),李迥秀;天册万岁二年(696),李迥秀;长安二年(702),沈佺期;长安四年(704),崔湜;神龙元年(705),崔湜;神龙二年(706),赵彦昭;神龙三年(707),苏颋;景龙二年(708),马怀素;景龙三年(709),宋之问;景龙四年(710),武平一;景云二年(711),卢逸;先天元年(712),房光庭。永隆

① 《新唐书》卷二〇二,第5748页。

② 参考贾晋华《唐代集会总集与诗人群研究》,北京大学出版社2001年版,第49—59页。

③ 《旧唐书》卷一九〇中,第5025页。

④ 计有功《唐诗纪事》,贝叶山房本,第9页。

⑤ 计有功《唐诗纪事》,第12页。

⑥ 计有功《唐诗纪事》,第34页。

二年至先天元年共32年，除去长寿三年(694)不贡举之外，实际开考年数为31年，其中可考主持贡举者共17人。而这17人多为武后珠英学士及中宗景龙文馆学士，如前所述，他们在群体活动中参与新体诗写作规则的制定。学士们主持贡举，其评诗标准成为新的诗歌规范，自然也就影响国子监的诗学教育。由此可以推测官学在初唐诗歌演进中的作用：学士群体是诗歌声律规则的制定者，通过科举考试影响举子们的诗学教育。国子监生徒是初唐进士科考试的主体，通过省试诗向主持贡举的学士反馈信息。在这样的良性互动中，律诗逐渐发展成熟。这个推论或可解释元稹所说“官学大振”与“律诗”之间的关系。

第八章　科举制度与唐代“六经皆文”观念

韩愈《进学解》云：“《周诰》《殷盘》，佶屈聱牙；《春秋》谨严，《左氏》浮夸，《易》奇而法，《诗》正而葩；下逮《庄》《骚》，太史所录，子云相如，同工异曲。”[①]对此中所蕴文学思想，明人唐桂芳以“六经皆文”[②]一语概之：

> 夫六经皆文也，独《进学解》曰《春秋》谨严，《易》奇而法。谨严尚能知之，奇而法非知道者，孰能言之。《易》曰日中见斗，有其象而无其理也。载鬼一车，无其象而有其理也。《易》虽奇而贵于有法，所以为经。三代而降，庄、骚非不奇也，而昧于有法。荀、扬非不谨也，而失于有严。唐推韩退之奇而且法，柳子厚谨而且严。[③]

唐桂芳总结性地提出“六经皆文”概念，指出韩愈从文学角度，以谨、严、奇、法等文学术语阐释“六经”。明人王立道亦言“三代皆文人，六经皆文法”[④]，与唐桂芳所云“六经皆文”相类。唐桂芳以“六经皆文” 语涵括韩

---

① 马其昶《韩昌黎文集校注》卷一，上海古籍出版社1986年版，第46页。

② “六经皆文”之“六经”，实际上只有五经，即《易》《诗》《书》《礼》《春秋》。《乐》本非经，故无《乐》经。参徐复观《先秦经学之形成》，见氏著《徐复观论经学史二种》，上海书店出版社2006年版，第24页。本文使用“六经皆文”概念，采用传统提法，与“六经皆史”相类。

③ （明）唐桂芳《白云集原序》，见唐桂芳《白云集》卷首，景印文渊阁《四库全书》第1226册，上海古籍出版社1987年版，第774页。

④ （明）王立道《拟重刊文章正宗序》，见王立道《具茨集·文集》卷四，景印文渊阁《四库全书》第1277册，第802页。

愈的文学观念，揭示《进学解》的文学思想史意义，可谓只眼独具，深得个中三昧。与韩愈同时的柳宗元对“经”“文”关系亦多有阐述。其《杨评事文集后序》：

> 文有二道，辞令褒贬，本乎著述者也；导扬讽谕，本乎比兴者也。著述者流，盖出于《书》之谟、训，《易》之象、系，《春秋》之笔削，其要在于高壮广厚，词正而理备，谓宜藏于简册也。比兴者流，盖出于虞夏之咏歌，殷周之风雅，其要在于丽则清越，言畅而意美，谓宜流于谣诵也。[①]

柳宗元认为文有著述与比兴两种，但其渊源则皆出于“六经”。在《答韦中立论师道书》中，他进一步揭示“六经”与文学的关联性：“本之《书》以求其质，本之《诗》以求其恒，本之《礼》以求其宜，本之《春秋》以求其断，本之《易》以求其动。”[②]刘禹锡为《吕温集》写序，称其“始学《左氏》书，故其文微而富艳”[③]，指出经典研习与文学风格的关系。韩、柳、刘等人对“经”“文”关系之表述，其本质是强调“经”与“文”的统一，“把经学还原为文学，还原为美学，也是对经学的解放，是传统经学观念的一次重要理论转折”[④]。

但“六经皆文”观念并非始于韩、柳，其渊源可追溯至汉代。自“六经”被尊称为“经”以来，经典的阐释之学就成为中国古代学术的主要内容，对“经”与“文”之关系的探讨也未曾中辍。西汉扬雄认为“玉不雕，玙璠不作器。言不文，典谟不作经”[⑤]，刘勰将其概括为“五经含文”，意谓经书蕴含文辞之美。但扬雄又说：“或问：‘五经有辩乎？’曰：‘惟五经为辩。说天者莫辩乎《易》，说事者莫辩乎《书》，说体者莫辩乎《礼》，说志者莫辩乎《诗》，

---

① 柳宗元《柳河东集》卷二一，上海人民出版社1974年版，第371—372页。

② 柳宗元《柳河东集》卷三四，第543页。

③ 刘禹锡《唐故衡州刺史吕君集纪》，瞿蜕园《刘禹锡集笺证》卷一九，上海古籍出版社1989年版，第509页。

④ 傅道彬《“六经皆文”与周代经典文本的诗学解读》，《文学遗产》2010年第5期。

⑤ 汪荣宝《法言义疏》卷十，中华书局1987年版，第221页。

说理者莫辩乎《春秋》。舍斯，辩亦小矣。”[①]可见扬雄认为经书的价值和意义，主要还是存在于“天”“事”“体”“志”“理”等理论范畴之中。东汉王充提出“文人宜遵五经六艺为文，诸子传书为文，造论著说为文，上书奏记为文，文德之操为文。立五文在世，皆当贤也”[②]，将“五经六艺”作为为文取法的典范，具有一定的文体学意义。扬雄和王充已经认识到儒家经典与“文”的关系，但经中之“文”主要指文采和文体。

刘勰《文心雕龙》以“宗经”“征圣”为理论基础，认为经书是后世文体渊源所自：“论、说、辞、序，则《易》统其首；诏、策、章、奏，则《书》发其源；赋、颂、歌、赞，则《诗》立其本；铭、诔、箴、祝，则《礼》总其端；记、传、盟、檄，则《春秋》为根。”[③]颜之推《颜氏家训》亦有类似表述：

> 夫文章者，原出《五经》：诏、命、策、檄，生于《书》者也；序、述、论、议，生于《易》者也；歌、咏、赋、颂，生于《诗》者也；祭、祀、哀、诔，生于《礼》者也；书、奏、箴、铭，生于《春秋》者也。[④]

刘勰和颜之推都从文体发生学角度来论述“经”“文”关系，大同小异。二者“文本于经”的理论，可视为“六经皆文”思想体系的初期表现。由于受经学统一、“通经致用”、诗赋取士等因素影响，隋及初盛唐，这个传统并没有得到很好的继承和发扬。直至中唐，在韩、柳等人积极推动下，“六经皆文”观念才得以重振。但韩、刘等人与刘、颜二人的认识还有很大相同。刘勰谓“六经”是诸文体的“首”“源”“本”“端”“根”，颜之推称某某文体生于某经，与韩、柳认识的角度不大一样。韩所用之“谨”“严”“奇”“正”，柳所用之“高壮广厚”“词正理备”等概念，显然是将儒家经典当作文学文本来评价的。这说明重振的意思，不仅仅是观念的延续和复兴，而且也是对传统的改造和提升。

---

① 汪荣宝《法言义疏》卷十，第215页。
② 黄晖《论衡校释》卷二十，中华书局1990年版，第867页。
③ 范文澜《文心雕龙注》卷一，人民文学出版社1962年版，第22页。
④ 王利器《颜氏家训集解》卷四，上海古籍出版社1980年版，第221页。

“六经皆文”观念何以在中唐复兴，又何以能获重振，原因甚为复杂。大体来说，与初盛唐“经”“文”疏离、新《春秋》学派兴起、韩柳经学研究、科举考试重策文等因素有关。以下试作考析。

一 初盛唐经、文疏离

文学释经传统在齐梁时期已经初步形成，但在隋代却遭扼杀。隋初刘善经《论体》提出文有博雅、清典等六体。博雅的特征是“模范经诰，褒述功业，渊乎不测，洋哉有闲”[①]，主要体现为颂和论等文体。刘氏所论博雅风格与经书的关系，与刘勰、颜之推等人的观念较为接近。但刘论在当时未能成为主流。其时文学思想的主导者是隋文帝和李谔等人。李谔《上隋文帝论文书》：“五教六行为训民之本；《诗》《书》《礼》《易》为道义之门。”[②]着重强调经书的政教和伦理价值。李谔又说：“及大隋受命，圣道聿兴，摒黜轻浮，遏止华伪。自非怀经抱质，志道依仁，不得引预搢绅，参厕缨冕。”[③]将“经”与“文”对立起来。为了去除“轻浮”“华伪”之风，甚至不惜动用政治权力来干预。开皇四年(584)九月，泗州刺史司马幼之因文表华艳而遭治罪，即其著例。杨坚和李谔等人的言行，反映出“经”“文”关系开始发生变化。而这一情况到了初盛唐就更加严重。

初盛唐“经”“文”疏离，主要基于这样几个原因：一是经学统一导致释经方式的单一性。二是“通经致用”思想突出强调经典的政治和伦理功用，从而遮蔽“六经”的文学性。三是科举考试重诗赋导致“六经”边缘化，削弱了士子研习经典的动力。四是受新体文学冲击，经书与文学的关联性被弱化。这几种因素相互作用，遂使“经”与“文”逐渐疏离。

初盛唐经学统一主要表现为以下几方面。一是对五经文本的整理，使之从杂乱归于一统。二是经典阐释统一采用“疏不破注”的方法。“疏不破注”的意思，梁启超释为“遇有毛、郑冲突之处，便成了‘两姑之间难为

---

① 王利器《文镜秘府论校注》南卷，中国社会科学出版社1983年版，第331页。

② 《隋书》卷六六，中华书局1973年版，第1544页。

③ 《隋书》卷六六，第1545页。

妇……勉强牵合打完场’”[①]。黄侃则称之为“笃守专家，按文究例”[②]。可见《五经正义》的基本原则是固守传统、讲究师承。三是经学阐释唯《五经正义》独尊，不允许有异说。如武周时期王元感著《尚书纠谬》《春秋振滞》《礼记绳愆》等书，对诸经重加检讨，颇具新见，但遭到国子祭酒祝钦明和郭山恽等人的讥讽和打压。[③]开元七年(719)四月七日刘知几上《孝经注议》，列出十二条理由证明《孝经》非郑玄所注，指出《老子》河上公注不如王弼注。但其建议未被朝廷采纳，诏令河、郑二家，依旧行用。[④]开元十四年(726)元行冲撰成《礼记义疏》五十卷，欲立学官，却被宰相张说所阻。张说的理由是“今之《礼记》，是前汉戴德、戴圣所编。历代传习，已向千年，著为经教，不可刊削”[⑤]。上述诸例表明，唐代经学的统一，实际上是朝廷垄断了对儒家经典的解释权。当经典阐释定于一尊，固守“疏不破注”之法，其解释的多元性也随之被阻断，“经”与“文”的关系自然就被弱化。

初唐经典研习的指导思想是“通经致用”。“通经致用”的意思，正如顾颉刚先生所指出的：“他们以为无论什么大道理都出在经书里，而且这种道理有永久性，所谓‘天不变，道亦不变’，经是道的记载，所以也不变了……他们的应用方术，简单地举出几个例，就是所谓‘以春秋决狱，以禹贡治河，以三百五篇当谏书。’”[⑥]“通经致用”就是认为一切大道理都蕴藏在经书之中，经典是一切行为的最高指导原则。初唐君臣在总结历史经验教训时，往往将汉代作为师法对象，所以“通经致用”思想的产生，当受唐人师汉观念的影响。观李世民和王珪一段对话可知。贞观二年(628)，李世民问黄门侍郎王珪：“近代君臣治国，多略于前古，何也？”王珪对曰：“古之帝王为政，皆志尚清静，以百姓之心为心。近代则唯损百姓以适其欲，所任用大臣，复非经术之士。汉家宰相，无不精通一经，朝廷若有疑事，皆引经决定，由是人识礼教，治致太平。近代重武轻儒，或参以法律，

① 梁启超《中国近三百年学术史》，东方出版社2004年版，第208页。

② 黄侃《礼学说略》，《黄侃论学杂著》，中华书局1964年版，第453页。

③ 《旧唐书》卷一八九下，第4963页。

④ 王溥《唐会要》卷七七，第1405—1410页。

⑤ 王溥《唐会要》卷七七，第1410页。参考《新唐书》卷二〇〇《元行冲传》，第5691页。

⑥ 顾颉刚《秦汉的方士与儒生》，上海人民出版社1962年版，第73—74页。

儒行既亏,淳风大坏。”太宗深然其言。[①]王珪认为,人臣如不研习经术,不能识前言往行,岂堪大任。他又举汉昭帝时隽不疑依据《春秋》以断伪卫太子事,也得到李世民的赞同。[②]事实上,初唐君臣在处理疑难问题时,往往依据经书来决断,如依经简政[③],依经决狱[④],依经不赦[⑤],依经解决外交问题[⑥]等。

“通经致用”确立了经学阐释的基本立场,那就是突出强调“经”的政治、伦理及社会功用。此点在孔颖达所作诸经正义序中有充分表现。如《易正义序》:“王者动必则天地之道,不使一物失其性;行必协阴阳之宜,不使一物受其害。”[⑦]《尚书正义序》:“古之王者,事总万机,发号出令,义非一揆。”[⑧]《毛诗正义序》:“诗者,论功颂德之歌,止僻防邪之训。”[⑨]《礼记正义序》:“夫礼者,经天纬地,本之则大一之初;原始要终,体之乃人情之欲。”[⑩]《春秋正义序》:“王者统三才而宅九有,顺四时而理万物。”[⑪]由此可见,对《五经》的阐释无不是着眼于政教的。长孙无忌《进五经正义表》也是如此:“咏歌明得失之迹,雅颂表兴废之由。实刑政之纪纲,乃人伦之隐括。”[⑫]将“六经”作为指导一切行为的最高原则,实际上是从政治学和社会学的角度去诠释经书。这样一来,“经”与“文”的关系自然就被遮蔽了。

在“通经致用”思想的指导下,唐初崇儒重学之风油然而兴。但这种风气从武则天执政时开始发生变化,特别是武周时期科举考试制度改革,极大地削弱了士子研习经典的动力。从时间上看,以诗赋取士最早不超

---

① 吴兢《贞观政要》卷一,上海古籍出版社1978年版,第14页。

② 吴兢《贞观政要》卷七,第219—220页。

③ 吴兢《贞观政要》卷三,第87页。

④ 吴兢《贞观政要》卷八,第249页。

⑤ 吴兢《贞观政要》卷八,第250页。

⑥ 吴兢《贞观政要》卷八,第254页。

⑦ 孔颖达《易正义序》,《全唐文》卷一四六,第1472—1473页。

⑧ 孔颖达《尚书正义序》,《全唐文》卷一四六,第1474页。

⑨ 孔颖达《毛诗正义序》,《全唐文》卷一四六,第1475页。

⑩ 孔颖达《礼记正义序》,《全唐文》卷一四六,第1475—1476页。

⑪ 孔颖达《春秋正义序》,《全唐文》卷一四六,第1477页。

⑫ 长孙无忌《进五经正义表》,《全唐文》卷一三六,第1374页。

过开耀二年(682)。现有资料表明,实际执行约在垂拱二年(686)。[①]参加科举考试的士子当然不能不读经,因为无论是进士还是明经,第一场考试都是帖经。但帖经重在记诵,并不能真正检验学子的经学水平。其结果正如唐人所批评的:"以帖诵为功,罕穷旨趣。"[②]以诗赋取士制度的推行,使得青年人研读经书的兴趣愈来愈弱。士子不读或少读经书,在一定程度上弱化了"经"与"文"的关联。

"经""文"关系的弱化,也反映在诗歌领域。近体诗过于强调声韵、病犯、对偶、体式等形式技巧,缺少"兴寄"和"风骨"等思想内容,遭到初唐"四杰"和陈子昂等人批评。他们指出新体诗偏离传统,进而高标"六经"以革新。这种强调回归传统诗学的现象,正好反映出初唐诗歌与"六经"的相互背离,同时也说明陈子昂等人已经注意到这个问题。盛唐文人继续关注"经""文"疏离现象,并以实际行动加以反拨。李白高唱"大雅久不作,吾衰竟谁陈",明确提出要继承《诗》《骚》传统。杜甫也强调学习儒家经典的重要性,并以创作来实践其主张。他们发现近体诗过于流连光景,过于重视细节描绘,甚至发展到"唐诗似赋"的极致,使其丢失了作为诗歌根本的情志,因此必须要用传统《诗》学加以改造。

从上述情况看,文学释经传统在初盛唐被遮蔽,"六经皆文"观念没有得到进一步的继承和发扬,大致是符合实际的。而经学与文学联动的加强,需要等到"安史之乱"以后。

二　新《春秋》学兴起与学术多元化

"安史之乱"后,宦官专权和藩镇作乱削弱了唐王朝对学术和思想的控制。学术由在朝转向在野,经典阐释开始摆脱初盛唐的一元化而走向多元。肇始者是以啖助等人为代表的新《春秋》学派。他们以"舍传求经"方式重释经典,对经学发展具有十分重要的作用。在唐代经学史,甚至整

---

① 参考拙文《"官学大振"与初唐诗歌演进》,《文学遗产》2013年第2期。

② 王钦若等《册府元龟》卷六三九《贡举部》"条制一",中华书局1960年版,第7671页。

个经学历史上，中唐经学都是关键的转捩点。其经学史意义，已为学界充分关注。[①]但其文学史意义，特别是对重振“六经皆文”观念的作用，迄今尚无系统深入的论述。

啖助的《春秋》学著述主要有《春秋集传》和《春秋统例》二书，均已亡佚。赵匡无著述流传。不过，他们的经学思想，大体上还保存在陆质《春秋集传纂例》《春秋微旨》《春秋辨疑》等著作中。新《春秋》学派的学术特点，主要表征于“异学”“异儒”上。这点早已为前人所认识。《旧唐书·陆质传》称啖、赵、陆为“异儒”[②]。《新唐书·啖助传赞》将“异儒”解释为“摭诎三家，不本所承，自用名学，凭私臆决”[③]。北宋庆历八年(1048)，朱临为《春秋集传纂例》作序，对陆氏之学推崇备至。[④]元朝吴莱序《春秋集传纂例》，认为啖助等人实有益于后学。[⑤]朱彝尊也认为啖助等人对于重新阐释《春秋》义旨有重要意义。[⑥]四库馆臣评曰：“(啖)助之说《春秋》，务在考三家得失，弥缝漏阙，故其论多异先儒。”又说：“其论未免一偏，故欧阳修、晁公武诸人皆不满之。而程子则称其绝出诸家，有攘异端开正途之功。盖舍传求经，实导宋人之先路。生臆断之弊，其过不可掩。破附会之失，其功亦不可没也。”[⑦]肯定了“舍传求经”释经方法的价值和意义。

① 参见林庆彰、蒋秋华主编《啖助新〈春秋〉学派研究论集》，该集收录大陆和台湾学者的研究论文11篇，日本学者的研究论文9篇。台湾“中央”研究院中国文哲研究所，2002年印行。

② 《旧唐书》卷一八九下，第4977页。

③ 《新唐书》卷二〇〇，第5708页。

④ 朱临《春秋集传纂例序》：“子厚文章宗匠也，以韩退之之贤，犹不肯高以为师，独肯执弟子礼于陆氏前，则陆氏之学从可论也。自孔子没，前先生几千余年矣，后先生又数百年矣，皆未有出其书之右者。”见《春秋集传纂例》，景印文渊阁《四库全书》第146册，第377页。

⑤ 吴莱《春秋集传纂例序》：“自唐世学者说经，一本孔氏《正义》。及宋之盛说者，或不用《正义》。六经各有新注，争为一己自见之论，而欲求胜于先儒已成之说。宋子京传《唐书》，犹不满于啖助者。岂啖助实有以开之故欤？虽然，陆氏未可毁也。后之学者自肆于藩篱阃域之外，口传耳剽而不难于议经者，必引啖、赵、陆氏以自解，是或未之思也夫。”见《春秋集传纂例》，景印文渊阁《四库全书》第146册，第377—378页。

⑥ 朱彝尊《春秋集传纂例序》：“魏晋以前说《春秋》者，创通大义而已，有所未通则没而不说，又或自乱其义。自杜元凯以例释左氏，其说有正例、变例、非例之分，别为五体，以寻经传之微旨。言《春秋》者宗之，然犹略而未该。至三子书出，例乃大备，庶乎丝麻之屦之不紊，其有功于《春秋》甚大。”见《春秋集传纂例》，景印文渊阁《四库全书》第146册，第378页。

⑦ 永瑢《四库全书总目》，中华书局1965年版，第213页。

《春秋辨疑提要》评价陆质：“自是书与《微旨》出，抵隙蹈瑕，往往中其窾会。虽瑕瑜互见，其精核之处，实有汉以来诸儒所未发者，固与凿空杜撰、横生枝节者异矣。”[①]上述评价倾向虽有不同，但在视啖助等为“异学”和“异儒”上却是一致的。他们都认识到新《春秋》学派与传统经学的最大不同，是以“舍传求经”破除“疏不破注”，扫除一切附会之说，直揭“六经”本旨。

新《春秋》学派的兴起，究其成因约有两端。一是由“安史之乱”导致的政治权力对学术干预的减弱，二是官学与私学之间的此消彼长。就前者来看，皇帝权威下降与思想相对自由有直接关系。啖、赵、陆等人敢于摒弃陈说提出新见，这种“异儒”“异学”性质，体现出思想自由的学术特征。不仅学术上是如此，文学领域也是如此。其最突出的一点是讽喻性咏史诗的大量出现。洪迈曾指出：“唐人歌诗，其于先世及当时事，直辞咏寄，略无避隐。至宫禁嬖昵，非外间所应知者，皆反复极言，而上之人亦不以为罪。如白乐天《长恨歌》讽谏诸章，元微之《连昌宫词》，始末皆为明皇而发……李义山《华清宫》《马嵬》《骊山》《龙池》诸诗亦然。”[②]毋庸置疑，这种现象隐含着帝王权威下降的思想。[③]从学术研究追求新异到文学创作大胆嘲讽，无不体现出中唐皇权的降弱。

就后者来说，中唐官学衰落促进了私学兴盛。官学衰落有三方面表征。一是国子监馆舍颓败。“安史之乱”后，国子监一度成为营房。[④]馆舍长年失修，到德宗时已是屋漏堂坏，甚至被开垦为菜地。[⑤]二是生源锐减，“公卿子孙，耻游太学”[⑥]。“安史之乱”后，生徒被迫离开国子监。[⑦]宪宗元

① 永瑢《四库全书总目》，第213—214页。

② 洪迈《容斋续笔》卷二，上海古籍出版社1978年版，第236—237页。

③ 周天《〈长恨歌〉笺证稿》，陕西人民出版社1983年版，第176—182页。

④《旧唐书》卷二四：“自至德后，兵革未息，国学生不能廪食，生徒尽散，堂墉颓坏，常借兵健居止。”《旧唐书》，第922页。

⑤ 李观《请修太学书》，《全唐文》卷五三二，第5402页。

⑥ 马其昶《韩昌黎文集校注》卷八，第589页。

⑦《旧唐书》卷二四：“旧例，两京国子监生二千余人，弘文馆、崇文馆、崇玄馆学生，皆廪饲之。十五载，上都失守，此事废绝。乾元元年，以兵革未息，又诏罢州县学生，以俟丰岁。”《旧唐书》，第924页。

和二年(807),两监招生名额共计650人[①],不到盛唐时期的三分之一。[②]实际入监读书人数恐怕还不到此数。贞元十九年(803)之前,学生总数约为274人[③],未达规定人数的一半,约为盛唐时期十分之一。三是士大夫"咸耻为学官"[④]。中唐学官多为寒素之流,如四门助教欧阳詹家族皆为下层官吏,最高官职也不过是州佐县令。[⑤]四门助教薛公达,祖父曾任县丞。[⑥]国子司业窦牟,祖父曾官同昌司马,父窦叔向曾官溧水令。[⑦]国子主簿侯喜,曾"率兄弟操耒耜而耕于野"[⑧]。四门博士周况,祖父曾任常州参军,父亲任左骁卫兵曹参军。[⑨]太学博士施士丐,祖父曾官袁州宜春尉,父任豪州定远丞。[⑩]由此可知高门望族多不愿任职学官,只有寒素出身的下层文士才不得不长期担任教职。官学衰落为私学发展提供了空间,新《春秋》学派的兴起,与此莫不相关。

中唐皇权对学术干预的减弱,促使经学研究走向多元化。新《春秋》学派以"舍传求经"之法,树立了破除旧说的典型。受此风气影响,研究者大胆地从文学、史学、兵学[⑪]等不同角度展开对经典的研究。"六经皆文"是

---

① 马端临《文献通考》卷四一"学校考":"宪宗元和二年,置东都监生一百员。自天宝后,学校益废,生徒流散,永泰中虽置西监生,而馆无定员,于是始定生员,西京:国子馆生八十人,太学七十人,四门学三百人,广文六十人,律馆二十人,书、算各十人。东都:国子馆十人,太学十五人,四门五十人,广文十人,律馆十人,书馆三人,算馆二人而已。"《文献通考》卷四一,中华书局1986年版,第393页。

② 杜佑《通典》卷二七"国子监"条载"六学"学生人数分别为:国子学300人,太学500人,四门学1300人,书学50人,律学30人,算学30人,通计2210人。《通典》卷二七,中华书局1984年版,第161页。

③ 韩愈《请复国子监生徒状》:"其厨粮度支,先给二百七十四人,今请准新补人数,量加支给。"《韩昌黎文集校注》卷八,第590页。

④ 柳宗元《四门助教厅壁记》,《柳河东集》卷二六,第436页。

⑤ 韩愈《欧阳生哀辞》:"世居闽越,自詹已上,皆为闽越官,至州佐、县令者,累累有焉。闽越地肥衍,有山泉禽鱼之乐,虽有长材秀民,通文书史事与上国齿者,未尝肯出仕。"见《韩昌黎文集校注》卷五,第301页。

⑥ 韩愈《国子助教河东薛君墓志铭》,《韩昌黎文集校注》卷六,第361页。

⑦ 韩愈《唐故国子司业窦公墓志铭》,《韩昌黎文集校注》卷七,第525页。

⑧ 韩愈《与祠部陆员外书》,《韩昌黎文集校注》卷三,第199页。

⑨ 韩愈《四门博士周况妻韩氏墓志铭》,《韩昌黎文集校注》卷七,第558页。

⑩ 韩愈《施先生墓铭》,《韩昌黎文集校注》卷六,第352页。

⑪ 有学者已注意到唐人从兵学释读《春秋左氏传》的现象,指出唐代武人好读《春秋左氏传》,杜牧注解《孙子兵法》亦多引《左传》为例。参考戴伟华《史、文、兵学视野中的唐代春秋左传学》,《深圳大学学报》(人文社会科学版)2007年第3期;吴承学《古代兵法与文学批评》,《文学遗产》1998年第6期。

诸种学术方法中的一种，显然与新《春秋》学派所创自由学术精神密切相关。从这个角度来说，“六经皆文”不仅具有文学思想史意义，而且也具有学术思想史价值。

三　韩柳的经学研究与经文关系重构

新《春秋》学派作用于中唐文学，主要通过影响文人的经学研究来实现。事实上，“六经皆文”观念的重振，是以对经典的深刻体悟和深入研究为基础的。可以说，如果没有对《诗》《书》《礼》《易》《春秋》等经书的反复钻研，很难有此观念的产生。韩愈和柳宗元诸人对“六经”与文学之关系的体认，是建立在充分的经学研究之上的。

韩愈对《春秋》有深入研究。殷侑曾请韩愈为其所著《公羊春秋注》一书写序，韩愈认为“挂名经端，自托不腐”[①]，很高兴地应承下来，并借以探讨《公羊春秋》的相关问题。可见韩愈的《春秋》学研究，已得到时人肯定。另外，在《重答张籍书》中，他指出孔子传《春秋》是口耳相传的，成书则为后起之事。[②]这些观点在当时均能一新耳目。

韩愈对《论语》的研究主要见于《论语注》十卷。现存《论语笔解》是宋人对《论语注》十卷的整理本[③]，从中可以看到韩愈《论语》学的新异特点。明代许勃称此书“勤拳渊微，可谓窥圣人之堂奥”[④]。其新异之处主要表现为两方面：一是指斥汉魏诸儒释《论语》之偏失，如训诂不确、穿凿附会之类；二是改易经文，如更改《论语》文字、变易经文次序、删除经文之类。这在《论语笔解》中俯拾皆是。如《先进》篇之“童子六七人，浴乎沂，风乎舞雩，咏而归”条，孔安国注云：“暮春，季春二月。”韩愈则认为：“‘浴’当为‘沿’字之误也。周三月夏之正月，安有浴之理哉？”[⑤]此改“浴”为“沿”，即

---

① 韩愈《答殷侍御书》，《韩昌黎文集校注》卷三，上海古籍出版社1986年版，第208—209页。

② 韩愈《重答张籍书》：“昔者圣人之作《春秋》也，既深其文辞矣，然犹不敢公传道之，口授弟子，至于后世，然后其书出焉。”《韩昌黎文集校注》卷二，第135页。

③ 参见查屏球《韩愈〈论语笔解〉真伪考》，《文献》1995年第2期。

④ 许勃《论语笔解序》，见韩愈、李翱撰《论语笔解》卷首，景印文渊阁《四库全书》第196册，第3页。

⑤ 韩愈、李翱《论语笔解》卷下，景印文渊阁《四库全书》第196册，第16页。

改经文之著例。据统计,《论语笔解》摘录孔安国注43条,驳斥34条;摘录包咸注19条,驳斥18条;摘录周氏注2条,驳斥1条;摘录马融注14条,驳斥13条;摘录郑玄注11条,驳斥10条;摘录王肃注3条,驳斥2条。改易《论语》文字16处,变更经文次序2处,主张删除经文1处。[①]由此可见韩愈对传统《论语》学的批判。

韩愈经学研究的特点,陈寅恪先生概括为“直指人伦,扫除章句之繁琐”[②]。韩愈自己径称“春秋三传束高阁,独抱遗经究终始”[③],所谓“独抱遗经”,亦即“舍传求经”之法。陈寅恪先生析其价值:“观退之《寄卢仝诗》,则知此种研究经学之方法亦由退之所称奖之同辈中发其端,与前此经师著述大异,而开启宋代新儒学治经之途径者也。”[④]所谓“所称奖之同辈”,当指柳宗元、殷侑等人。由此可知,韩愈经学思想与新《春秋》学派是一脉相承的。

柳宗元服膺于陆淳,曾执弟子礼。[⑤]其对陆氏《春秋集传纂例》《辨疑》《微旨》三书细心推究,爱不能释。受陆淳影响,柳宗元经学研究也以直究元经、揭示新意为要义。比如对《论语》末章《尧曰》的解释,柳宗元认为尧和舜的训语,为孔子经常讽诵。因为孔子常常讽诵,其弟子就记录下来了。[⑥]这种解释虽与此前诸家多有不同,但更为合理,对后世产生一定影响。朱熹《论语集注》所引杨氏之语就跟柳宗元的解释较为接近。[⑦]再如对“道不行,乘桴浮于海”的解释,与郑玄和皇侃大不相同。[⑧]柳宗元认为

---

① 唐明贵《论韩愈、李翱之〈论语笔解〉》,《孔子研究》2005年第6期。

② 陈寅恪《论韩愈》,《金明馆丛稿初编》,生活·读书·新知三联书店2001年版,第322页。

③ 韩愈《寄卢仝》,钱仲联《韩昌黎诗系年集释》卷七,上海古籍出版社1994年版,第782页。

④ 陈寅恪《论韩愈》,《金明馆丛稿初编》,第322页。

⑤ 柳宗元《答元饶州论春秋书》:“及先生为给事中,与宗元入尚书同日,居又与先生同巷,始得执弟子礼。”《柳河东集》卷三一,第504—504页。

⑥ 柳宗元《论语辩》(下篇),《柳河东集》卷四,第69页。徐复观先生指出《论语·尧曰》一章,“历二千年无人能了解这是孔子从《书》中所得出的历史演变中世运兴亡的大规律,平日曾不断把表现这种大规律的故事提出来告诉门弟子,门弟子所以特别记录下来,以作为《论语》所指向的归结”。并由此得出孔子深于《书》教的结论。徐先生所述虽较柳宗元更为详备,但其说当本自柳。见《徐复观论经学史二种》,第15—17页。

⑦ 朱熹《四书章句集注》,中华书局1983年版,第194页。

⑧ 何晏注,皇侃疏《论语集解义疏》卷三,景印文渊阁《四库全书》第195册,第377页。

天地之心，乃圣人之海。故浮于海者，即复守至道之意。子路不懂老师的意思，所以孔子说“其勇过我”。真正懂得孔子之心意者，只有颜回。孔子感叹子路之勇，实是哀叹颜回之早死。[①]柳宗元对《周易》亦有研究，曾作文辨析僧一行《易》学与韩康伯和孔颖达的关系。[②]在《礼》学方面，柳宗元辨明朝夕之“朝”与祀朝日之“朝”的区别。[③]此外，柳宗元还对先秦诸子进行了一系列的考辨。从上述成就来看，柳宗元破旧立新，继承和发扬了新《春秋》学派的学术精神。

由新《春秋》学派开启的疑经思潮，对韩柳等人产生巨大影响，为“六经皆文”观念的重振提供了思想动力。从逻辑上说，新《春秋》学派“异学”的突起以及韩、柳对“舍传求经”的发扬，为重振“六经皆文”观念准备了条件。作为一种学术方法的“六经皆文”，其要义在于从经典文本切入，借以揭示“六经”与文学的相互关联。不过，回顾韩、柳的经学成就，只是从学术史的角度追溯“六经皆文”重振的可能性。换句话说，韩、柳等人的经学研究，只是“六经皆文”观念重振的必要条件。但如前所述，中唐学术已多元化，为什么韩、柳等人要延续“六经皆文”传统，从文学角度来阐释经典呢？这与下文所述科举考试等现实需求有关。

四　科考重策文与经、文之契合

唐代科举试诗赋开始执行后，在一段时期内确实选拔了不少优秀人才，但是后来也逐渐暴露出许多弊端。因此开元二十五年(737)朝廷发布诏令：“今之明经、进士，则古之孝廉、秀才。近日以来，殊乖本意，进士以声韵为学，多昧古今；明经以帖诵为功，罕穷旨趣。安得为敦本复古，经明修行？以此登科，非选士取贤之道也。”[④]针对这种情况，很多人开始反对以诗赋取士。代宗宝应元年(762)六月，礼部侍郎杨绾上奏：“至高宗朝，刘思立为考功员外郎，又奏进士加杂文，明经填帖，从此积弊，浸转成俗。

① 柳宗元《乘桴说》，《柳河东集》卷一六，第297—298页。

② 柳宗元《与刘禹锡论周易九六书》，《柳河东集》卷三一，第502页。

③ 柳宗元《祀朝日说》，《柳河东集》卷一六，第293—294页。

④ 王钦若等《册府元龟》卷六三九《贡举部》“条制一”，第7671页。

幼能就学，皆颂当代之诗；长而博文，不越诸家之集。递相党羽，用致虚声，六经则未尝开卷，三史则皆同挂壁。”[①]贾至也认为：“考文者以声病为非，而务择浮艳，岂能知移风易俗化天下之事乎？”[②]在学者们的反对之下，以诗赋取士虽然没有被取消，进士考试还是实行三场试制，但取士的标准发生了变化，由重诗赋逐渐转向重文章。

所谓文章取士，也就是重视第三场策文考试。这种改变主要发生于贞元、元和时期。《新唐书·儒学传序》：“杨绾、郑馀庆、郑覃等以大儒辅政，议优学科，先经谊，黜进士，后文辞。”[③]贞元十五(799)年至十七年(801)，高郢知贡举，“志在经艺，专考程式。凡掌贡部三岁，进幽独，抑浮华，朋滥之风，翕然一变”[④]。元稹《白氏长庆集序》：“贞元末，进士尚驰竞，不尚文，就中六籍尤摈落。礼部侍郎高郢始用经艺为进退。”[⑤]贞元十八年(802)至二十一年(805)，权德舆掌贡举，继续执行高郢的政策。从现存贞元十八年至二十一年的进士策问试题来看，所考内容主要有经典义旨、历史兴替、政治谋略等方面问题。封演《封氏闻见记》：“策问五道，旧例：三道为时务策，一道为方略，一道为征事。近者，方略之中或有异同，大抵非精通博赡之才，难以应乎兹选矣。”[⑥]可见策文的考试难度越来越大。元和三年(808)卫次公知礼部贡举，“斥浮华，进贞实，不为时力所摇”[⑦]。元和七年(812)，许孟容知贡举，“颇抑浮华，选择才艺”[⑧]。元和八年(813)、九年(814)，韦贯之掌贡举，“所选士大抵抑浮华，先行实，由是趋竞者稍息”[⑨]。这些记载反映出德宗和宪宗时期科举考试取人倾向的转变。

科考重策文与私学兴盛相结合，为“经”与“文”的碰撞创造了契机。中唐官学衰落的同时，私学却越来越兴盛。典型的表现是游学请益之风

① 《旧唐书》卷一一九，第3430页。
② 贾至《贡举议并序》，《文苑英华》卷七六五，中华书局1966年版，第4022页。
③ 《新唐书》卷一九八，第5637页。
④ 《旧唐书》卷一四七，第3976页。
⑤ 元稹《白氏长庆集序》，《元稹集》卷五一，中华书局1982年版，第554页。
⑥ 赵贞信《封氏闻见记校注》卷三《贡举》，中华书局1958年版，第15页。
⑦ 《旧唐书》卷一五九，第4180页。
⑧ 《旧唐书》卷一五四，第4102页。
⑨ 《旧唐书》卷一五八，第4174页。

盛行。其著例，如王仲舒“少孤，奉其母居江南，游学有名”[①]。李杓直“纵两弟游学。不数年，与仲兄逊举进士”[②]。柳宗元“弱冠游学，声华藉甚”[③]等。在中唐社会变迁的大环境之下，游学是私学的主要形式之一。韩愈和柳宗元成为当时士子游学请益的对象，则又是其时突出的现象。李肇说：“（韩）文公引致后辈，为求科第，多有投书请益者。人谓‘韩门弟子’。”[④]贞元十八年（802），中书舍人权德舆典贡举，陆傪佐之。韩愈时为四门博士，荐侯喜等十人于陆傪。尉迟汾、侯云长、沈杞、李翊均于此年登科，侯喜于十九年，刘述古于二十一年，李绅于元和元年，张后余、张弦于元和二年，皆相继登第。故游学韩门者络绎不绝。据《韩昌黎文集》所载，追随韩愈请益问学者，有李蟠、窦存亮、李师锡、尉迟汾、杨敬之、李翊、胡直均、刘正夫、陈商等数人。柳宗元虽讥笑韩愈好为人师，称自己不敢为人师，但实际上投其门下者也不少。据《柳河东集》所载，有豆卢膺、赵秀才、李渭、崔策、韦中立、严厚舆、袁某、陈秀才、沈起、廖有方、萧纂、杜温夫等人。故韩愈称“衡湘以南为进士者，皆以子厚为师”[⑤]。

因科举考试的现实性，游学请益者讨论的“文”，笔者以为在传统“文”义之外，也含有科考策文之意。也就是说，韩愈和柳宗元所传授之“文”，不只是一般意义上的文章，而应包括应试的策文。两种“文”之间，既有联系又有区别。不过，在提高写作水平与提升应试能力上，二者是统一的。韩愈认为二者的共通之处在于“能自树立”，也就是不因循，敢破除传统，标新立异。《答刘正夫书》：“夫百物朝夕所见者，人皆不注视也，及睹其异者，则共观而言之。夫文岂异于是乎？……其所珍爱者，必非常物。”[⑥]在《答陈商书》中，韩愈表达了类似的意思：“今举进士于此世，求禄利行道于此世，而为文必使一世人不好，得无与操瑟立齐门者比欤？文虽工，不利

① 韩愈《江南西道观察使赠左散骑常侍太原王公墓志铭》，《韩昌黎文集校注》卷七，第534页。

② 元稹《唐故中大夫尚书刑部侍郎上柱国陇西县开国男赠工部尚书李公墓志铭》，《元稹集》卷五四，第586页。

③ 皇甫湜《祭柳子厚文》，《全唐文》卷六八七，第7041页。

④ 李肇《唐国史补》卷下，上海古籍出版社1957年版，第57页。

⑤ 韩愈《柳子厚墓志铭》，《韩昌黎文集校注》卷七，第512页。

⑥ 韩愈《答刘正夫书》，《韩昌黎文集校注》卷三，第207页。

于求,求不得,则怒且怨,不知君子必尔为不也。”[①]可见,在他看来世人所爱好者,不过是奇文异说而已。韩愈传授的这些作文方法和技巧,主要针对进士试,具有相当的现实性。但同时,韩愈也强调学养的重要性,指出文章要写得好,必须师法古代圣贤。他讲述自己的为文经验,认为标新立异的根基,应深植于“六经”之中:“始者非三代、两汉之书不敢观,非圣人之志不敢存……行之乎仁义之途,游之乎《诗》《书》之源,无迷其途,无绝其源。”[②]柳宗元在教授作“文”之法时,亦屡屡强调:“以《诗》《礼》为冠履,以《春秋》为襟带,以图史为佩服。”[③]可见韩、柳所授为文之法,既是对传统“文”义的思考,也是对科考重策文的一种回应。

贞元、元和时期科举考试由重诗赋转向重策文,从官方来说,是希望通过考试来加强士子对经典的研读,进而改变社会风气。但从科考士子的角度来看,以往“以声韵为学”的应试方法被破坏,使他们产生新的焦虑。如何有效应对新变化,成为当时所有应进士试者迫切需要解决的现实问题。“韩门弟子”的出现,正是这个现象的明显表征。科举考试强调“六经”的重要性,恰好与韩、柳的复古思想和文学主张相契合。在这个意义上,中唐古文运动既有发起者寻求复古的主动性,也有他们适应时代潮流的被动性。其中一个重要的被动因素就是科举取士的转向。

科考转向与游学之风相结合,不仅促成“经”与“文”重新契合,而且也有利于“六经皆文”观念的广泛传播。陈寅恪先生尝将韩愈与元、白比较,指出:“元白之遗风雅或尚流传,不至断绝,若与退之相较,诚不可同年而语矣。”[④]韩愈之所以能对当时及后世产生巨大影响,是因为他把握了科考与私学的时遇,广招弟子弘扬己说。从这层意义上看,科考重策文及私学之兴盛,不仅为重振“六经皆文”观念准备了条件,而且也促进了它的广为流传。

综上所述,中唐之所以能复振“六经皆文”传统,是因为多种因素的相

---

① 韩愈《答陈商书》,《韩昌黎文集校注》卷三,第210页。

② 韩愈《答李翊书》,《韩昌黎文集校注》卷三,第170页。

③ 柳宗元《送豆卢膺秀才南游序》,《柳河东集》卷二二,第387页。

④ 陈寅恪《论韩愈》,《金明馆丛稿初编》,生活·读书·新知三联书店2001年版,第332页。

互作用。透过这个现象，可以看到权力与学术及文学之间的关联性。因此，对“六经皆文”的研究，不仅是文学史和经学史的研究，而且也是学术史研究。统而言之，本章结论有如下四点。

其一，权力对学术影响至深。章太炎先生所论学术在野则盛、在朝则衰，诚为至理名言。唐代经学，皮锡瑞概之为“统一时代”。实际上，以“安史之乱”为界可分为两个阶段。初盛唐确如皮氏所言属经学统一时代，主要原因是朝廷加强了对思想和学术的管控。但经学的统一使其发展陷入困境。可以说，初盛唐的经学是萧条的。唐初在《五经正义》外，还出现了贾公彦《周礼义疏》《仪礼义疏》，李玄植《三例音义》，许叔牙《毛诗纂义》，王恭《三礼义证》等研究著作。但自高宗朝始，学者较少从事经学研究，多转向史学和子学的研究。如路敬淳、柳冲、孔至等人的姓氏研究，刘伯庄、褚无量、尹思贞等人的《史记》《汉书》研究，尹知章等人的先秦诸子研究。经学的衰敝源于“学术在朝”。“安史之乱”以后，以啖助等人为代表的新《春秋》学派，体现了“学术在野”的特点，经学研究多元化。大历年间，啖助、赵匡、陆淳的《春秋》学，施士丐的《诗》学，仲子陵、袁彝、韦彤、韦茝的《礼》学，蔡广成的《易》学，强蒙的《论语》学，皆各自名家。①这种百花齐放式的学术兴盛，实得益于学术从在朝转向在野。

其二，文学释经属于经典阐释之学，其方式随着经学观念的变化而改变，具有时代性。扬雄和王充所讲的“五经含文”“遵经为文”，对“经”与“文”关系的认识还比较朦胧。刘勰和颜之推等人“文本于经”的观念，显然是魏晋以来文学自觉时代的产物。隋及初盛唐，受“通经致用”等观念的主导，“经”与“文”的关系被弱化。“安史之乱”以后，经学研究多元化，“六经皆文”观念才得以复振。宋、明、清时期经典阐释的不稳定性，也表明释经方法具有时代性的特点。

其三，学术研究与文学观念及文学创作关系密切。本书中的突出例子是韩愈和柳宗元。韩、柳既是文学家又是学者。韩愈先后四次担任学官，对儒家典籍有深入研究。柳宗元虽长期遭贬，但学术研究亦未尝中

① 《新唐书》卷二〇〇，第5707页。

辍，著述宏富。他们的学术成就对文学观念和文学作品都产生重要影响。但以往学界多从文学家角度来论述，较少从学者角度切入。笔者以为，从学者角度来研究韩、柳等人的文学创作，揭示学术与文学的相互关系，亟可加强。本章所论韩、柳经学成就与“六经皆文”观念的互联性，即是一种初步尝试。

其四，经学与文学联动的研究方法，需进一步探索。向来研究经学与文学之关系者甚众，特别是在汉、宋、清等断代文学史中，经学与文学的研究成果尤为丰硕。由于受对象和体例的限制，研究者所采用的方法各自不同。本章从释经传统、政治权力、学术思想、官学教育、科举考试等不同层面，揭示唐代经学与文学的关系，在方法论上具有一定的探索意义。

第九章　唐人别集国家庋藏制度及相关文学问题

《汉书·艺文志》说汉初大收篇籍，广开献书之路，汉武帝建藏书之策，置写书之官，汉成帝使谒者陈农求遗书于天下，令刘向等人整理藏书。《隋书·经籍志》载开皇三年(583)秘书监牛弘表请分遣使人搜访异本，每书一卷，赏绢一匹。由此可见，自汉至隋官方对书籍的收藏已形成规制。齐梁时期文人别集开始盛行，官方也注意对当朝文人集子的整理和庋藏。例如，《鲍照文集》即由齐武帝太子萧长懋于永明年间命当时著名文士虞炎纂集而成。虞炎所制序文，称“奉敕序”或“奉教撰”[①]，可见国家对文人别集的重视。唐初诸帝锐意革新，大阐文教，对当朝文人别集更为关注。例如，虞世南卒，“有集三十卷，令褚亮为之序”[②]。李世民令褚亮制序的行为，反映唐初国家对文集的重视态度。以往对唐人别集版本和传播等问题较为关注，产生不少研究成果。但唐人别集国家庋藏制度，以及与此制度相关的文学问题尚未充分注意。故本章拟对藏书制度及文集版本、别集序文等问题进行论述。

一　唐人别集国家庋藏制度

唐人别集国家庋藏制度经历了两个发展阶段。第一阶段从唐初到开元十三年(725)集贤院成立之前，主要由秘书省负责。第二阶段从开元十

① 按：文渊阁《四库全书》本《鲍照集序》署：“虞炎奉敕序。”四部丛刊本《鲍照集序》署：“散骑侍郎虞炎奉教撰。”参看鲍照著、丁福林等校注《鲍照集校注》，中华书局2012年版，第1页。

② 《旧唐书》卷七二，第2571页。

三年(725)至唐末,主要由集贤院负责。集贤院成立是国家图籍管理职能分化的节点。

《旧唐书·经籍志序》称贞观中魏徵、令狐德棻相次为秘书监[①],上言以经籍亡逸,请行购募,并奏引学士校定,于是经籍大备。魏徵于贞观七年(633)转任侍中,任职秘书监长达5年。在其领导下,秘书省图籍渐加宏富。这种现象表明,初唐开始确立国家图籍管理制度,为后来制度的规范化奠定了基础。太宗、高宗两朝秘书省图书管理情况,《旧唐书·崔行功传》所记颇详。综合来看,初唐图籍征藏有以下特点:一是书籍购募。贞观之后,睿宗景云二年(711)六月十七日,又以经籍多缺,令京官有学行者,分行天下,搜检图籍。[②]二是校勘缮写。例如,高宗乾封元年(666)十月十四日,诏兰台侍郎李怀俨等集儒学之士,对四部群书进行刊正,然后缮写。[③]三是制定每年一报告、三年一考核的管理制度。文明元年(684)十月下诏:"两京四库书,每年正月,据旧书闻奏。每三年,由比部勾覆具官典。及摄官替代之日,据数交领,如有欠少,即征后人。"[④]据旧书闻奏,即对藏书登记造册,编撰目录上报。比部勾覆,即照目录清查存书。

初唐文人别集国家庋藏是在上述管理制度中开展的。开元初期对国家藏书进行了一次大规模整理,书成之后,"上令百姓官人入乾元殿东廊观书,无不惊骇"[⑤]。开元九年(721)十一月,殷践猷、王惬、韦述、余钦等修成《群书四部录》[⑥]二百卷,由元行冲奏上。毋煚虽也参与其中,但他对此书甚不满意,条列五种缺失,并做了相应修订工作,编成《古今书录》四十卷。毋煚指出,"新集记贞观之前,永徽已来不取;近书采长安之上,神龙

① 按:武德五年(622)秘书监为窦琎,令狐德棻时任秘书丞。德棻于贞观十八年(644)预修《晋书》成后,转任秘书少监,终其一生未曾担任秘书监一职。《旧唐书》卷七三《令狐德棻传》,第2596—2599页。《旧唐书·经籍志序》载其曾任秘书监虽误,但奏请购募书籍则为事实。

② 王溥《唐会要》卷三五,中华书局1955年版,第644页。

③《唐会要》卷三五,第643页。

④《唐会要》卷三五,第643—644页。

⑤《唐会要》卷三五,第644页。

⑥ 按:此书《旧唐书·经籍志序》记为《群书四部录》。《旧唐书·经籍志》史部"书目类"著录为《群书四录》,《旧唐书·元行冲传》亦作"《群书四录》",则书名当以《群书四录》为是。

已来未录”，并据此重加修撰，“永徽新集，神龙近书，则释而附也”[①]，亦即补充贞观至神龙年间官方征藏的新书目录。由此可知，《古今书录》记录了当时实际藏书情况，其中包括当朝文集。《旧志》序称：“煚等《四部目》及《释道目》，并有小序及注撰人姓氏，卷轴繁多，今并略之，但纪篇部，以表我朝文物之大。”[②]这说明《旧志》是转录毋煚《古今书录》而成的。因此，据《旧志》著录的唐人别集，大致可以了解初唐国家对文人别集的征藏情况。

《旧志》著录初唐文人别集109种，从《陈叔达集》始，至《卢藏用集》终，并在《陈叔达集》上特加一“唐”字以示区别。从时间上来看，此与毋煚所言“贞观之前”至“神龙近书”恰相符契。通过对入选作者身份的统计分析，发现以下现象：在109人中，曾任宰相者27人，曾兼任弘文馆、崇文馆学士及史职者40人。其中入选《旧唐书·文苑传》者28人，入选《新唐书·文艺传》者15人。这些数据表明：其一，在高祖至中宗五朝宰相208人次中，文集入藏者近13%。这个比例并不高，可能有些宰相无文集传世。但同时还说明另一个重要事实，即国家对文集征藏的要求非常严格。能入藏者，或因文名知著，如许敬宗、上官仪、苏味道、李峤等人，本身就是文学史上的重要作家。或因其言论具有重要价值，如魏徵刚去世，李世民即“遣人至宅，就其书函得表一纸，始立表草，字皆难识，唯前有数行，稍可分辩”[③]。可见李世民对于魏徵，即使片言只语也十分宝重，其文集被国家收藏自在情理之中。其二，上述文集作者有三分之一以上曾任弘文馆、崇文馆学士及史职。这些人均善著述，如沈佺期、宋之问、杜审言、阎朝隐、员半千、卢藏用、刘子玄等人，确实代表了当时文坛最高水平。其三，《旧唐书·文苑传》所载初唐文人共计40人(含附传)，其中别集被著录者有28家，入选比例高达70%。《新唐书·文艺传》进行了调整，所载初唐文人亦40人(含附传)，其中别集为《旧志》著录者有15家，占37.5%。通过数字对比，可以看到初唐国家征藏文人别集的一些基本要求。文集能被国家收藏是一种荣耀，但因甄选严格，入选不易。可举一例来说明。上官仪曾

① 《旧唐书》卷四六，第1964—1965页。

② 《旧唐书》卷四六，第1966页。

③ 《旧唐书》卷七一，第2561页。

撰《为李秘书上祖集表》,大意是说李秘书的祖父李元操曾任隋荆州刺史,文名同薛道衡、卢思道,而薛、卢二家文集早被国家收藏,"独于臣门,未污天烛",而"献书之典,有国通规"[①],故缮写进上。这些话语透露出进呈文集的急切心理,反映初唐文集庋藏的一个侧面。

从开元十三年(725)集贤院成立始,文人别集征藏工作主要由集贤院负责。集贤院正式成立后,对其职掌有明确规定:"集贤院学士掌刊辑古今之经籍,以辩明邦国之大典,而备顾问应对。凡天下图书之遗逸,贤才之隐滞,则承旨而征求焉。其有筹策之可施于时,著述之可行于代者,较其才艺,考其学术,而申表之。凡承旨撰集文章,校理经籍,月终则进课于内,岁终则考最于外。"[②]归纳起来就是搜集逸书、校写经籍、发现贤才、建议筹策、承旨撰集文章。征采别集及对献书者考核,均为其职责应有之义。例如,开元二十年(732)二月,敕院内修御集,学士韦述、徐安贞专司其事。[③]此即承旨撰集之例。天宝十载(751)杜甫进《三大礼赋》,玄宗命待制集贤院。杜甫后来回忆此段经历还十分兴奋:"忆献三赋蓬莱宫,自怪一日声烜赫。集贤学士如堵墙,观我落笔中书堂。"[④]又云:"曳裾置醴地,奏赋入明光。天子废食召,群公会轩裳。"[⑤]此为考校献书者之著例。杜甫兴奋是有原因的,因为盛唐同初唐一样,向朝廷进书而被采纳极为不易。《旧唐书·李邕传》载朝廷征集其文:"又中使临问,索其新文,复为人阴中,竟不得进。"[⑥]朝廷征李邕新作,竟因人构陷受阻,由此可以想见其中的复杂程度。集贤院所藏文人别集之丰富,令狐楚曾有记录:"元和十三载(818)二月八日,予为中书舍人、翰林学士,夜直禁中,奏进旨检事。因开前库东阁,于架上阅古今撰集,凡数百家。偶于《王勃集》中卷末获此《鉴图》并序,爱玩久之……太原令狐

① 《全唐文》卷一五五,第1583页。

② 李林甫等《唐六典》卷九,陈仲夫点校,中华书局1992年版,第280—281页。

③ 王应麟《玉海》卷二八"开元御集"条引《集贤注记》,江苏古籍出版社、上海书店1987年影印本,第1册,第542页。

④ 《杜诗详注》卷一四,中华书局1979年版,第1213页。

⑤ 《杜诗详注》卷一六,第1442页。

⑥ 《旧唐书》卷一九〇中,第5042—5043页。

楚记。”[①]从“于架上阅古今撰集，凡数百家”等语，可知御书府确实收藏了大量文人别集，其中就有《王勃集》。

据上述可知，《旧志》载录本朝文人别集仅止于中宗神龙年间，此后“诸公文集，亦见本传，此并不录”[②]。《新志》对初唐后文集有补充，但其来源复杂，或据实际所见之文集，或据《旧唐书》本传所载，或未见文集而仅据文集序文，因此仅据《新志》很难判断哪些文集曾被国家庋藏。所幸的是，今天依然还可以从一些文献史料中，发现初唐之后国家藏存文人别集的例子。今略依时序，考之如下：

1.《骆宾王集》。《旧唐书·骆宾王传》："敬业败，伏诛，文多散失。则天素重其文，遣使求之。有兖州人郄云卿集成十卷，盛传于世。"[③]《新唐书》本传则称："敬业败，宾王亡命，不知所之。中宗时，诏求其文，得数百篇。"[④]两《唐书》所载下诏编《骆宾王集》者互异。这个情况非常复杂，据笔者所考，《旧传》所记武则天遣使求文是正确的。又郄云卿所撰序文，今存宋本已非郄氏原作。后文详述。

2.《上官昭容文集》。《旧唐书·上官昭容传》载其去世后，“玄宗令收其诗笔，撰成文集二十卷，令张说为之序”[⑤]。张说《唐昭容上官氏文集序》："镇国太平公主，道高帝妹，才重天人。昔尝共游东壁，同宴北渚，倏来忽往，物在人亡。悯雕琯之残言，悲素扇之空曲。上闻天子，求椒掖之故事；有命史臣，叙兰台之新集。"[⑥]据此可知，上官氏文集虽由玄宗下令编纂，但实际上是太平公主向其请求编集的。据新出土《大唐故婕妤上官氏墓志铭》，上官婉儿卒后，太平公主力请睿宗李旦以朝廷礼仪安葬，并赠绢500匹，遣使吊祭[⑦]，足见两人关系不一般，故其恳请玄宗下令编纂文集，亦在情理之中。上官氏卒于景云元年(710)六月，太平公主卒于先天二年

① 《全唐文》卷五四三，第5506页。

② 《旧唐书》卷四六，第1966页。

③ 《旧唐书》卷一九〇上，第5007页。

④ 《新唐书》卷二〇一，第5742页。

⑤ 《旧唐书》卷五一，第2175页。

⑥ 《全唐文》卷二二五，第2275页。

⑦ 李明《来自大唐的秘密——上官婉儿墓考古解读》，《大众考古》2014年第4期。

(713)七月，又睿宗于延和元年(712)八月传位太子，则玄宗下令编集当在延和元年(712)八月至先天二年(713)七月之间。段公路《北户录》卷三“鹤子草”条注：“集贤故事，旧宣索书，皆进副本，无副本者，则促功写进。后亦不能守其事。如上官昭容，旧无副本，因宣索便进正本。库中今阙此书矣。”[①]据此可知《上官昭容文集》曾被宣索入宫。

3.《苏颋集》。韩休《苏颋文集序》：“岂岘山之上，长留堕泪之词；延阁之中，不纪藏书之录？谨撰辑文诰，成一家之言，凡四十卷，列之如左，请藏于秘府，以示来裔。”[②]据序文“请藏于秘府”，知其为献书。

4.《严从集》。《新志》著录“《严从集》三卷”，注云：“从卒，诏求其稿，吕向集而进焉。”[③]按：据《新唐书·吕向传》，向于开元十年(722)兼任集贤院校理，侍太子及诸王为文章。吕向整理《严从集》进上，当在开元十年(722)后。《郡斋读书志》卷一七著录严从《中黄子集》三卷：“右唐严从，开元中为著作郎，春宫侍读，集贤院学士，卒。自号中黄子。当时命太子侍文吕向访遗文于家，得《训老》《经颂》等八篇，序为三卷。”[④]据颜真卿《鲜于氏离堆记》，严从为广汉人，系鲜于仲通之舅，曾任著作郎，与晁氏所记正合。

5.《孟浩然集》。韦縚《孟浩然集序》：“宜城王士源者，藻思清远，深鉴文理，常游山水，不在人间。著《亢仓子》数篇，传之于代。余久在集贤，尝与诸学士命此子，不可得见。天宝中，忽获《浩然文集》，乃士源为之序传……余今缮写，增其条目……谨将此本，送上秘府，庶久而不泯，传芳无穷。”[⑤]《新志》著录《孟浩然诗集》三卷，注云：“宜城王士源所次，皆三卷也。士源别为七类。”[⑥]《新唐书·韦縚传》载其开元时历任集贤修撰、光禄卿，迁太常。据此可知，《孟浩然集》原为王士源所编，未曾进呈宫廷。韦縚得此

---

① 段公路《北户录》卷三“鹤子草”条，中华书局1985年版，第47页。

②《全唐文》卷二九五，第2988页。

③《新唐书》卷六〇，第1603页。

④ 晁公武著，孙猛校证《郡斋读书志校证》卷一七“别集类上”，上海古籍出版社1990年版，第847页。

⑤《全唐文》卷三〇七，第3124页。

⑥《新唐书》卷六〇，第1609页。

书后重加编定，并利用担任集贤修撰之便送上秘府。

6.《王维集》。《旧唐书·王维传》载代宗时其弟缙为宰相，“代宗好文，常谓缙曰：‘卿之伯氏，天宝中诗名冠代，朕尝于诸王座闻其乐章。今有多少文集，卿可进来。’缙曰：‘臣兄开元中诗百千余篇，天宝事后，十不存一。比于中外亲故间相与编缀，都得四百余篇。’翌日上之，帝优诏褒赏”①。《全唐文》存录王缙《进王维集表》及代宗《答王缙进王维集表诏》。据此可知，《王维集》尝进呈入宫。

7.《李泌集》。梁肃《丞相邺侯李泌文集序》：“既薨之来载，皇上负扆之暇，思索时文，征公遗编，藏之御府。”②据此知朝廷征李泌文，梁肃奉敕纂集。

8.《皎然诗集》。《新志》著录“《皎然诗集》十卷”，注云：“字清昼，姓谢，湖州人，灵运十世孙，居杼山。颜真卿为刺史，集文士撰《韵海镜源》，预其论著。贞元中，集贤御书院取其集以藏之，刺史于頔为序。”③于頔《释皎然杼山集序》：“贞元壬申岁，余分刺吴兴之明年，集贤殿御书院有命征其文集，余遂采而编之。”④据此可知，《皎然诗集》由于頔承诏采进，时在贞元壬申，亦即贞元八年（792）。此书今存宋抄本。明赐书楼抄本《昼上人集》，叶恭焕跋云：“《昼上人集》二册，乃无锡谈学山绰板钉宋抄本，磐宝因得借录，予与钱子契合，遂借录焉。《昼上人集》人有藏者，不能如此之备。予何幸躬逢其盛，因记此以示后人云。”⑤此书次第，首牒文、次于頔序。明湖东精舍抄本《杼山集》十卷所载亦同。清绣佛斋抄本《皎然集》十卷，吴焯题跋：“《读书志》皎然工篇什，德宗诏录本纳集贤院，集前有于頔序。案此本前有院牒及于序，当是贞元进本。”⑥清卢文弨抄本《杼山集》十卷、《补遗》一卷，所附陆贻典跋云：“从钱遵王借得邑先辈赵清常抄宋本校一过，赵本中多有

① 《旧唐书》卷一九〇下，第5053页。

② 《全唐文》卷五一八，第5259页。

③ 《新唐书》卷六〇，第1615页。

④ 《全唐文》卷五四四，第5520页。

⑤ 释皎然《昼上人集》十卷，国家图书馆藏明叶氏赐书楼抄本，叶恭焕跋，二册，十行二十字，白口，四周单边。

⑥ 释皎然《皎然集》十卷，国家图书馆藏清绣佛斋抄本，一册，九行二十二字，白口，四周单边。

脱误,然此集本来面目尚未尽失,观其次第,首牒文、次序文、次于頔赠诗、次本集奉酬诗,相联不断,规制甚古。”[①]可知宋本保留了《皎然诗集》贞元本原貌,在后世流传有绪。最可宝贵的是,宋抄本记录了当时征集此书所发牒文。今据卢文弨抄本,迻录如下:敕浙西观察使,牒湖州,当州皎然禅师集,牒得集贤殿御书院牒,前件集库内无本交阙进奉,牒使请速写送院讫垂报者,牒州写送使者,故牒。贞元八年正月十日牒。都团练副使权判兼侍御史李元使,润州刺史兼御史中丞王纬。据此可了解地方承诏进书的大致程序。王士祯曾得观此书,对此事不无感叹:“当时一衲子之集,至下敕观察使牒本州写送,其于文事可谓勤矣。后世如此等事,岂可易得?”[②]

9.《张建封集》。权德舆《张建封集序》:“大君推恩善善,春秋之义也,永怀先志,乃集遗文。以德舆尝承司徒之欢,表列编次,凡二百三十篇,承诏作序。”[③]据《旧唐书·德宗纪》,张建封卒于贞元十六年(800)五月,则权德舆承诏纂集并为之序当在此后不久。

10.《吴筠集》。权德舆《唐故中岳宗玄先生吴尊师集序》:“太原王颜,尝悦先生之风,自先生化去二十五岁,颜为御史中丞,类斯遗文为三十编,拜章上献,藏在秘府。”[④]据权序,道士宗玄俗名吴筠,卒于大历十三年(778),后王颜编其文集进上。《唐会要》卷二四载贞元十二年(796)四月,御史中丞王颜上奏云云,知其任此职在本年前后。但从吴筠去世之时的大历十三年(778)算起,至贞元十二年(796)仅止18年,与权序“自先生化去二十五岁”不合。考《文苑英华》及《唐文粹》所录权序,“二十五岁”均作“二十三岁”,此处之“五”或“三”之讹。据此,王颜任御史中丞或至贞元十七年(801),若是,则与权序合矣。故此书献上时间当在贞元十二年(796)至十七年(801)之间。

11.郑良士《白岩集》。《新志》著录“郑良士《白岩集》十卷”,注云:“字

---

① 释皎然《杼山集》十卷、《补遗》一卷,国家图书馆藏清卢文弨抄本,卢文弨校并录陆贻典、毛扆题识,四册,十一行二十一字,白口,左右双边。

② 王士祯《池北偶谈》卷一六,中华书局1982年版,第387页。

③ 《权德舆诗文集》卷三四,郭广伟校点,上海古籍出版社2008年版,第521页。

④ 《权德舆诗文集》卷三三,第515页。

君梦。昭宗时献诗五百篇，授补阙。”[①]据此，该书因进献而得以入宫。

从上述诸例可以看到，开元以后宫廷藏书主要由集贤院负责。不过，有时亦有例外，如《王维集》即由王缙直接进献代宗。从行为的主受方来看，既有帝王下敕征集，也有文人主动献书。帝王征书，或由集贤院直接负责撰进，如《严从集》；或由地方采进后再交付集贤院，如《皎然诗集》。前者程序相对简单，后者则较为复杂，往往需要地方与朝廷之间多部门的联动合作，宋本《皎然诗集》中保存的牒文即为明证。

集贤院成立以后，其与秘书省二者之间关系到底如何？前人于此鲜有论述。集贤院院址有多处，包括京城长安大明宫、兴庆宫、华清宫以及东都洛阳集贤院等，可见其性质属于皇帝侍从机构，职能之一即负责帝王书籍阅读和收藏。韩愈曾说：“秘书，御府也。天子犹以为外且远，不得朝夕视，始更聚书集贤殿，别置校雠官，曰学士，曰校理，常以宠丞相为大学士。其他学士皆达官也。校理则用天下之名能文学者，苟在选，不计其秩次，惟所用之。由是集贤之书盛积，尽秘书所有不能处其半。”[②]这段话很好地解释了集贤院与秘书省关系。盛唐以后秘书省在校书和藏书等工作上，与集贤院并无多大差别。但在服务对象上则有很大不同，集贤院专门为皇帝服务，而秘书省则主要为其他群体服务。例如，大历十四年(779)九月二十七日敕：“秘书省书阁内书，自今后不得辄供诸司及官人等，每月两衙及雨风，委秘书郎典书等同检校，递相搜出，仍旧封闭。”[③]可见秘书省图书主要面向皇帝以下的官僚群体。不过，秘书省所藏之书，既要为官僚服务，同时也要随时供皇帝宣索。若集贤院承旨征书，秘书省必须提供已备之本。例如，长庆三年(823)四月，“秘书少监李随奏，当省请置秘书阁图书印一面。伏以当省御书正本，开元天宝以前，并有小印印缝，自兵难以来，书印失坠，今所写经史，都无记验，伏请铸造”[④]。从前述《上官昭容文集》可知，进呈皇帝之书皆为副本。此处“御书正本”，即秘书省准备的

① 《新唐书》卷六〇，第1615页。

② 马其昶《韩昌黎文集校注》卷四，上海古籍出版社1987年版，第288页。

③ 《唐会要》卷六五，第1124页。

④ 《唐会要》卷六五，第1125页。

随时为皇帝提供服务的藏书。盛唐以后集贤院和秘书省各自均有采访图籍的活动。例如,贾登、张悱、崔峒等人曾为集贤院至各地访书,而萧颖士、李嘉祐、董昌等人曾以秘书省官员身份到各地搜访图籍。[①]两个机构之间经常是互动的,表现在两方面:一是合作校书。例如,天宝十一载(752)十月,“敕秘书省检覆四库书,与集贤院计会填写”[②]。大和五年(831)正月,“集贤殿奏应校勘宣索书籍等,伏请准前年三月十九日敕,权抽秘书省及春坊宏文馆崇文馆见任校正,作番次就院同校”[③]。二是人员增减上的互通。例如,贞元八年(792)六月十三日,因陈京奏请,“置集贤殿校书四员,正字两员,仍于秘书省见任校书正字中量减。秘书省所减官员,便据数停之”[④]。元和二年(807)因集贤院奏请,重新恢复校理一职,而所置校书和正字重归秘书省。

二 初唐文人别集版本及著录问题

文人别集进呈和收藏对别集版本产生重要影响,使其更加复杂。这种复杂性表征为不同目录著作所著录的文集卷数互异。《旧志》载初唐文人别集109种,若将《旧志》《旧传》《新志》等载录加以比较,就会发现各种问题。先据下表看其载录情况。表中以卷为单位,旧志是指《旧唐书》卷四七《经籍下》,旧传出处是指本传所载文集情况及本传在《旧唐书》中的卷次,新志是指《新书唐》卷六〇《艺文四》。

表1 两《唐书》所载初唐别集卷数对照表

序号	别集	旧志	旧传/出处	新志	序号	别集	旧志	旧传/出处	新志
1	陈叔达集	5	15/61	15	56	马周集	10	未载/74	10
2	褚亮集	20	未载/72	20	57	薛元超集	30	40/73	30
3	虞世南集	30	30/72	30	58	高智周集	5	未载/185上	5

① 参看拙文《唐代访书活动及其文学史意义》,《贵州师范大学学报》2009年第5期。

② 《唐会要》卷三五,第645页。

③ 《唐会要》卷六四,第1121页。

④ 《唐会要》卷六四,第1120页。

续表

序号	别集	旧志	旧传/出处	新志	序号	别集	旧志	旧传/出处	新志
4	萧瑀集	1	未载/63	1	59	褚遂良集	20	未载/80	20
5	沈齐家集	10	无传	10	60	刘祎之集	50	70/87	70
6	薛收集	10	10/73	10	61	郝处俊集	10	未载/84	10
7	杨师道集	10	未载/62	10	62	崔知悌集	5	未载/185上	5
8	庾抱集	6	10/190上	10	63	李安期集	20	未载/72	20
9	孔颖达集	5	未载/73	5	64	唐觐集	5	无传	5
10	王绩集	5	5/192	5	65	张大素集	10	未载/68	15
11	郎楚之集	10	未载/189下	3	66	邓玄挺集	10	未载/190上	10
12	魏征集	20	未载/71	20	67	刘允济集	20	未载/190中	20
13	许敬宗集	60	80/82	80	68	骆宾王集	10	10/190上	10
14	于志宁集	40	20/78	40	69	卢照邻集	20	20/190上	20
15	上官仪集	30	未载/80	30	70	杨炯集	30	30/190上	30
16	李义府集	39	30/82	40	71	王勃集	30	未载/190上	30
17	颜师古集	40	60/73	60	72	狄仁杰集	10	未载/89	10
18	岑文本集	60	60/70	60	73	李怀远集	8	未载/90	8
19	刘子翼集	10	20/87	20	74	卢受采集	10	无传	20
20	殷闻礼集	10	未载/58	1	75	王适集	20	未载/190中	20
21	陆士季集	10	未载/188	10	76	乔知之集	20	未载/190中	20
22	刘孝孙集	30	未载/72	30	77	苏味道集	15	未载/94	15
23	郑代翼集	8	未载，作“世翼”/190上	8	78	薛曜集	20	无传	20，作“薛耀”
24	崔君实集	10	无传	10	79	郎馀庆集	10	未载/189下	10
25	李百药集	30	30/72	30	80	卢光容集	5	无传	20
26	孔绍安集	3	5/190上	50	81	崔融集	40	60/94	60
27	高季辅集	2	未载/78	20	82	阎镜机集	10	无传	10
28	温彦博集	20	未载/61	20	83	李峤集	30	50/94	50
29	李玄道集	10	未载/72	10	84	乔备集	6	未载/190中	6
30	谢偃集	10	10/190上	10	85	陈子昂集	10	10/190中	10

续表

序号	别集	旧志	旧传/出处	新志	序号	别集	旧志	旧传/出处	新志
31	沈叔安集	20	无传	20	86	元希声集	10	无传	10
32	陆楷集	10	无传	10	87	李适集	20	未载/190中	10
33	曹宪集	30	未载/189上	30	88	沈佺期集	10	10/190中	10
34	萧德言集	30	30/189上	20	89	徐彦伯集	20	20/94	20
35	潘求仁集	3	无传	3	90	宋之问集	10	10/190中	10
36	殷芊集	3	无传	3,作“殷芋”	91	杜审言集	10	10/190上	10
37	萧钧集	30	30/63	30	92	谷倚集	10	未载/190中	10
38	袁朗集	4	14/190上	14	93	富嘉谟集	10	未载/190中	10
39	杨续集	10	无传	10	94	吴少微集	10	未载/190中	10
40	王约集	1	无传	1	95	刘希夷集	3	未载/190中	10
41	任希古集	5	无传	10	96	张柬之集	10	未载/91	10
42	凌敬集	14	无传	14	97	桓彦范集	3	未载/91	3
43	王德俭集	10	无传	10	98	韦承庆集	60	未载/88	60
44	徐孝德集	10	未载/190上	10	99	间丘均集	30	10/190中	20
45	杜之松集	10	无传	10	100	郭元振集	20	20/97	20
46	宋令文集	10	未载/190中	10	101	魏知古集	20	7/98	20
47	陈子良集	10	无传	10	102	阎朝隐集	5	未载/190中	5
48	颜頵集	10	无传	10	103	苏瓌集	10	未载/88	10
49	刘颍集	10	无传	10,作“刘颖”	104	员半千集	10	未载/190中	10
50	司马佥集	10	无传	10	105	李乂集	5	李氏花萼集20卷/101	5
51	郑秀集	12	无传	12	106	姚崇集	10	未载/96	10
52	耿义褒集	7	无传	7	107	丘悦集	10	未载/190中	10
53	杨元亨集	5	无传	5	108	刘子玄集	10	30/102	30
54	刘纲集	3	无传	3	109	卢藏用集	20	20/94	30
55	王归一集	10	无传	10					

先比较《旧志》与《旧传》所载异同,有三种情况:一是《旧志》与《旧传》所载文集卷数相同。有虞世南等文集,共计17种。二是《旧志》所载文集卷数少于《旧传》。有陈叔达等文集,共计14种。三是《旧志》所载文集卷数多于《旧传》。有于志宁等文集,共计4种。除此三种情况外,还有《旧志》载文集卷数但《旧传》未载或无传的情况。这种情况由于缺少相关数据,因而无法比较。

上述第一种情况,合理的解释应是所进呈官方的文集版本,也就是《旧志》所载版本,与《旧传》所载版本是统一的。因此,从版本学角度看,其祖本是唯一的。第二和第三种情况较为复杂,但其实也很好理解:有的文集在作者生前曾被官方收藏,在其死后再次编集;有的文集在进呈前对原集进行了删削,这就会出现《旧志》比《旧传》所载卷数少的现象。由此产生的两种不同本子,既可能是原本与删削本的关系,也可能是两种不同系统本子的关系。《旧志》所载卷数多于《旧传》,可能是原集部分散佚,也可能是后来对原集进行了删改重编,因此也会出现不同版本。以往研究唐人别集多据传世本子,但事实上,通过比较《旧志》和《旧传》所载卷数,可知唐人别集版本的初始形态较为复杂,有些集子在当时就已经有了不同版本。这是研究唐人别集应当注意的一个重要问题。

以上是初唐文集在当时的版本情况。以下比较《旧传》《旧志》《新志》,可以看到初唐文集在后世的流传情况以及《新志》著录的基本体例。经过比对,发现《新志》对《旧传》和《旧志》的采用原则,约有以下数条:

其一,《旧志》有载,《旧传》未载或无传,《新志》则多据《旧志》转录。一是《旧传》未载,如褚亮等文集,《新志》均据《旧志》转录。《李乂集》也属于这种情况,《旧传》所载《李氏花萼集》20卷,当是李氏兄弟的合集,并非李乂个人的集子,故等同于未载。共计42种。二是《旧书》无传,有沈齐家等文集,《新志》亦据《旧志》转录,共计25种。

其二,《旧传》和《旧志》均有记载,若两者所记相同,则《新志》照录。

这就会出现《旧志》《旧传》《新志》三者所载卷数相同的现象。如虞世南等文集，共计16种。如果《旧传》和《旧志》均有记载，但所载卷数不同，《新志》多采《旧传》。陈叔达等9人文集均属此类。《孔绍安集》也应属于这一类，《旧志》记为3卷，《旧传》5卷，《新志》作50卷，当属误抄或刊刻错误。故此类共计10种。

以上两条是《新志》著录初唐文人别集的基本原则，共计文集93种，占《旧志》所载109种的85%。但也有例外，又分四种不同类型。第一类，《旧传》与《旧志》同，但《新志》不同。有《卢藏用集》《萧德言集》2种。第二类，《旧志》与《旧传》不同，《新志》采录《旧志》。有《魏知古集》等3种。第三类，《旧传》《旧志》《新志》三者所记均不同。有《李义府集》等2种。第四类，《旧传》未载或无传，《新志》与《旧志》不同。有《郎楚之集》等9种。以上四种类型共计文集16种。这些文集与上述著录原则不符，可能存在"二"衍为"二十""十"讹为"一"等抄刻错误等原因。但更主要的是这些矛盾现象反映《新志》在著录时并非完全直接转录《旧传》或《旧志》，而是参考其他史料，经过考证后而有所选择。《新志》所依据的材料，在《旧传》《旧志》之外，主要是北宋崇文院及秘阁所藏唐人文集。北宋中期所修《崇文总目》是对当时官方实际藏书的普查目录，原有66卷，今存5卷。依据清代钱东垣、秦鉴所撰《崇文总目辑释》所载初唐文人别集，能对上述现象作出相应解释。该书卷五载《许恭宗集》（按："恭"即"敬"，避翼祖赵敬讳）10卷、《东皋子集》2卷、《王勃集》30卷、《盈川集》20卷、《卢照邻集》10卷、《骆宾王集》10卷、《陈拾遗集》10卷、《任希古集》10卷、《宋之问集》10卷、《沈佺期集》10卷。[①]这些文集都是当时馆臣所见到的实际藏书情况，其中王勃、骆宾王、陈子昂、任希古、宋之问、沈佺期的文集卷数，与《新志》所记全同。这里面要特别注意的是《任希古集》。任希古，《旧唐书》无传，《旧志》载其文集5卷，《新志》则记为10卷。《新志》不采《旧志》，应是依据所见实际书目卷数来著

① 王尧臣等编次，钱东垣等辑释《崇文总目》（附补遗）卷五，丛书集成初编本，中华书局1985年版，第341—342页。

录的。《崇文总目》所载许敬宗、王绩、杨炯、卢照邻等人的文集卷数，与《新志》不同，均少于《新志》所著录。也就是说，这些文集已有部分散佚，或为不同版本。那么，馆臣如何来判断这些文集的原有卷数呢?《新志》修撰者所见到的材料，除《旧志》《旧传》以及北宋馆阁实际所藏唐人集子之外，还有一个非常重要的史料来源，就是文集序文。序文作为文集的附属物，一般置于书首或者书末。也存在另一种情况，即脱离文集独立存在，被保存在撰序者的集子或者其他选本或总集中。《新志》修撰者往往依据序文所载相关信息来判断文集的原始卷数。例如，《崇文总目》中《东皋子集》只有2卷，《旧传》未载卷数。依据吕才序文中的“缉成五卷”[①]，可知原集本为5卷，《旧志》著录是正确的，因此《新志》据《旧志》亦著录为5卷。

三　盛唐以后别集版本及著录问题

盛唐以后的文集，由于《旧志》尢载，与初唐情况很不一样，因此要将二者区别开来。如前所述，《新志》在著录此部分文集时，可利用的材料，除《旧传》之外，主要是《崇文总目》及别集序文。北宋官修《崇文总目》是对当时崇文院及秘阁所藏图籍的一次大规模清理，实际上反映了唐人别集在北宋传存的一个侧面。因此，通过比较《崇文总目》、集序文、《旧传》以及《新志》所载文集卷数，可对《新志》著录盛唐以后的文人别集问题有一个新的认识，同时也可以看到唐人别集在北宋时期官方藏存情况。下表是初步统计，以卷为单位。《崇文总目》所载，所据者为清钱东垣等辑释(附补遗)本(丛书集成初编本)。集序文据《全唐文》统计，出处是指序文在《全唐文》中的卷数，无序是指《全唐文》中未载者。旧传出处是指本传所载文集情况及本传在《旧唐书》中的卷次。新志是指《新唐书》卷六〇《艺文四》。

---

① 《全唐文》卷一六〇，第1640页。

表2 《崇文总目》等所载唐人别集卷数对照表

序号	文集	崇文总目	集序文/出处/序文作者	旧传/出处	新志
1	张九龄集	20	无序	20/99	20
2	吴筠集	5	30/489/权德舆序	20/192	10
3	孟浩然诗	3	4/378/王士源序；未载/307/韦縚序	未载/190下	3
4	符载文集	14	无序	无传	14
5	元子编(元结)	10	10/381/自序	无传	10
6	王维文集	10	无序	未载/190下	10
7	萧颖士文集	10	10/315/李华序	未载/190下	10
8	李华集	20	前集10,中集20/388/独孤及序	10/190下	前集10,中集20
9	鲍防集	5	无序	未载/146	未录
10	贾至文集	10	无序	未载/190中	20
11	李翰林别集	20	未载/373/魏颢序；未载/437/李阳冰序	20/190下	20
12	杜甫集	20	无序	未载/190下	60
13	岑参集	10	8/459/杜确序	无传	10
14	高适文集	10	无序	20/111	20
15	常相文集(常衮)	30	无序	60/119	10,又诏集60
16	杨炎文集	1	无序	未载/118	10,又制集10
17	梁肃文集	20	未载/480/崔恭序	无传	20
18	欧阳詹集	10	10/544/李贻孙序	无传	10
19	毘陵集(独孤及)	20	20卷/443/李舟序；未载/518/梁肃后序	无传	20
20	文薮(皮日休)	10	10/796/自序	无传	10
21	刘绮庄集	10	无序	无传	10
22	江南集(李善夷)	10	无序	无传	10

续表

序号	文集	崇文总目	集序文/出处/序文作者	旧传/出处	新志
23	张元安集	10	无序	无传	未录
24	罗隐集	20	无序	无传	未录
25	渚宫文集(郑准)	10	无序	无传	1
26	王乘集	5	无序	无传	5
27	欧阳衮文集	3	无序	无传	2
28	毛钦一文集	3	无序	无传	3
29	施肩吾集	10	无序	无传	10
30	刘轲文	1	无序	无传	1
31	陈黯文集	3	5卷/824/黄滔序；未载/895/罗隐后序	无传	3
32	郑畋文集	5	无序	未载/178	玉堂集,5
33	陈陶文集	10	无序	无传	10
34	一鸣集(司空图)	30	未载/807/自序	30/190下	30
35	吕温集	10	10/605/刘禹锡序	未载/135	10
36	权文公集(权德舆)	50	50/611/杨嗣复序	50/148	50
37	韩愈集	40	并目录41卷/744/李汉序	40/160	40
38	柳子厚集	30	32/605/刘禹锡序	40/160	30
39	白氏长庆集	70	75/675/自序	75/166	75
40	李观文集	3	3/813/陆希声序	无传	3
41	李翱文集	1	无序	未载/160	10
42	穆员集	9	10/479/许孟容序	10/155	10
43	孙逖文集	20	20/337/颜真卿序	30/190中	20
44	皇甫湜文集	1	无序	无传	3
45	会昌一品集(李德裕)	20	20卷/730/郑亚序；15卷/779/李商隐序	20/174	20

续表

序号	文集	崇文总目	集序文/出处/序文作者	旧传/出处	新志
46	樊川集(杜牧)	20	20/759/裴延翰后序	20/147	20
47	沈亚之集	9	无序	无传	9
48	孙郃文集	40	无序	无传	记“孙部”,40
49	顾况文集	19	20/686/皇甫湜序	20/130	20
50	笠泽丛书(陆龟蒙)	3	未载/800/自序	无传	3
51	謦书(沈颜)	10	无序	无传	10
52	薛廷珪集	1	无序	未载/190下	记“薛延珪”,10
53	柳冕集	1	无序	未载/149	卷亡
54	翰苑集(陆贽)	10	10/493/权德舆序	未载/139	10
55	刘商诗集	10	277篇/531/武元衡序	无传	10
56	章奏集(令狐楚)	20	130/605/刘禹锡序	100/172	表奏集,10;又漆奁集,130
57	表奏集(李绛)	10	20/605/刘禹锡序	未载/164	李绛集,20;论事集,3
58	追昔游诗(李绅)	3	未载/694/自序	未载/173	3
59	丁卯集(许浑)	3	500篇/760/自序,题为《乌丝栏诗》	无传	2
60	李义山诗	3	樊南甲集20卷,乙集20卷/779/自序	未载诗集,记表状集40卷/190下	玉溪生诗,3
61	文泉子(刘蜕)	10	10/789/自序	无传	10
62	杜荀鹤诗集	1	无序	无传	未录
63	禅月集(僧贯休)	3	未载/820/吴融序;1000首/922/昙域序	无传	未录

续表

序号	文集	崇文总目	集序文/出处/序文作者	旧传/出处	新志
64	陈黯文集	3	5/824/黄滔序；未载/895/罗隐后序	无传	3
65	周朴诗	2	100首/829/林嵩序	无传	2
66	元英先生诗集（方干）	10	10/865/王赞序	无传	10
67	张籍诗	7	400余篇/872/张洎序	未载/160	7
68	白莲集(僧齐己)	10	10/900/孙光宪序	无传	未录
69	项斯诗	1	未载/《唐文拾遗》卷23/张洎序	无传	1
70	云台编(郑谷)	3	3/《唐文拾遗》卷33/自序	无传	3

根据上表中的数据，大致可以推测《新志》著录盛唐后文人别集的基本原则：

其一，《旧传》载有文集卷数，同时又有文集序文，则通过比较《旧传》与序文，若二者一致，或虽有序文但未载卷数，则据《旧传》著录。张九龄等11人文集属于这种情况。如果序文与《旧传》所载不同，则多据《序文》著录。例如《李华集》，《旧传》仅载文集10卷，《新志》则改为《前集》10卷、《中集》10卷，所据者当为独孤及所撰《检校尚书吏部员外郎赵郡李公中集序》。孙逖，《旧传》载有文集30卷，《新志》改为20卷，所据者当为颜真卿所撰《孙逖集序》。令狐楚的集子，《旧传》载有集100卷，这个记录是相当含混的。《新志》则分为《表奏集》10卷、《漆奁集》130卷。所依据者当是刘禹锡所撰集序，刘序称令狐楚去世后，其子编集130卷。

其二，《旧传》未载或无传，《新志》所依据的主要是文集序和《崇文总目》。这里面又有两种情况。第一种是《旧传》未载或旧书无传，同时又无集序或虽有集序但未载卷数，《新志》依据《崇文总目》著录，如符载、王维等21人文集均是。第二种情况是《旧传》未载或旧书无传，但文集序及《崇文总目》均载明卷数。如果两者相同，则据以著录，如元结等11人文集均属于此类。此外，刘商、张籍、周朴等人文集，集序文未载明卷数，但记录了详细篇数，亦属于此种情况。如果《崇文总目》与集序文所记不同，《新志》多从《崇文总目》著录。例如《岑参集》，杜确序称8卷，《崇文总目》著录为10卷，《新志》亦著录为10卷。《陈黯集》，黄滔序称5卷，《崇文总目》著录为3卷，《新志》亦著录为3卷。《柳子厚集》比较复杂，《旧传》记为40卷，刘禹锡所撰序文称32卷，《新志》著录为30卷，与《崇文总目》相同。这说明《崇文总目》是《新志》著录唐人文集的重要材料来源。

以上情况说明《新志》在著录盛唐以后文人别集时，对《旧传》《崇文总目》以及集序文的利用是在不同层面展开的，而非简单地直接据以著录。其中对集序文的利用是非常重要的现象。例如《孟浩然集》，《旧传》未载其相关信息。《新志》著录为3卷，注云："王士源所次，皆三卷也。士源别为七类。"[①]但《全唐文》所载王士源序记为4卷，与《新志》不同。《郡斋读书志》著录《孟浩然诗》，注："宜城处士王士源序次为三卷。"[②]《四库全书总目》已指出4卷本《孟浩然集》"非原本"[③]。是则《全唐文》所载王序当为后人改动，原序当作3卷。因此，《新志》著录依据的材料为王士源《孟浩然集序》。再如《贾至集》，《旧传》未载，《崇文总目》著录10卷，《新志》则著录文集20卷，又别15卷(原注：苏冕编)。《新志》所据为何？一个合理的推测是来自集序文。《全唐文》未载贾至集序。《郡斋读书志》著录《贾至集》十卷，注云："李邯郸淑家本二十卷，苏弁编次，常仲孺为序，以墓铭、叙碑列于后，今亡其半。"[④]据此可知，《贾至集》原有20卷，《崇文总目》所录10卷当是残帙。《新志》从常序著录，还原了本貌。

通过以上考证，大致可以知道唐人文集国家庋藏以及在后世的流传

① 《新唐书》卷六〇，第1609页。

② 《郡斋读书志校证》卷一七，第847页。

③ 永瑢《四库全书总目》卷一四九，中华书局1965年版，第1283页。

④ 《郡斋读书志校证》卷一七，第852页。

情况。值得注意的问题有几点：一是《新志》对初唐与盛唐之后文集的著录是区别对待的。这是因为《旧志》著录了初唐文集，而盛唐之后的文集则付之阙如。由于《新志》在著录时所依据的材料来源不同，所以处理问题的方式也不一样。二是集序文在文集著录和版本甄别上具有重要作用。文集序文的史料价值，以往研究者多瞩目于文学史及文学批评等层面，而其文献学价值则关注较少。[①]三是《旧志》《旧传》《崇文总目》《新志》等所载录唐人文集，其关系是复杂的，既有初唐与盛唐以后的时段区别，又有史料采择和利用的不同需要。以往研究或未充分注意到这些细节，所论难免出错。例如，《旧唐书考证》载沈德潜案语："丁部集录内自唐人卢藏用后，遽接沙门道士诸集，而开元以来，文如张说……杜牧诸人，诗如张九龄……李商隐诸人，皆不与焉。其为残阙无疑也。又沙门中无皎然、灵澈、贯休、齐已，道士中无吴筠、司马承祯，妇人中无上官昭容，亦属漏略。仅观新书所载，庶乎完善云。"[②]沈氏虽发现了《旧志》之不足，但仅以"残阙""漏略"为其成因，则尚未中的。

四　国家庋藏制度下的别集序文问题

（一）"奉敕撰"与序文别体

集序文的文体特点是随着文人别集编纂的兴盛而逐渐形成的，其初始样式具有十分重要的规制作用。《文选》存录集序文一篇，即任昉所撰《王文宪集序》。文宪是王俭的谥号，王俭卒于齐武帝萧赜永明七年(489)，任昉撰序当在此后不久。此序先述王氏生平，次赞其品行，最后简述文集编纂之由。前述虞炎《鲍照集序》亦作于永明年间。序文约分三层，一是概述鲍照生平经历，二是述其文集编纂过程，三是对鲍文略作评论。这样一来，就形成了集序文的基本体式。唐人别集近千种，《全唐文》存录的集序文仅百余篇。当然，并非每种别集都有序文，但可以肯定当时为文集撰写序文是一种普遍风气。集序文有其基本体式特点，但在发展

---

① 参看拙文《刘禹锡集纪文的文学史料价值》，《中山大学学报》2017年第5期。

② 商务印书馆编《唐书经籍艺文合志》，商务印书馆1956年版，第337—338页。

过程中也出现各种变体。序文所载的普遍场景是,某某去世后,其子或门生编纂文集,然后请当时名人撰写序文。序文作者与文集作者多少有些亲旧关系。这种关系影响序文作者对“潜在读者”的预设。一般而言,亲旧故吏所撰序文的“潜在读者”是托请之人和其他普通读者。作者与读者之间的潜在对话,是序文撰写的普遍心理机制。不同对话关系,在序文中以不同方式呈现出来,由此形成序文别体。

在国家庋藏制度下来考察这个问题,发现于亲旧故吏之外,还存在另一种身份的序文作者,亦即进呈朝廷和皇帝的文集序文作者。此种序文言说的预设对象是皇帝。这就影响到作者与读者的关系,进而作用于序文撰写。据前述可知,唐人别集国家庋藏已制度化,因此这种序文在当时应是大量存在的。毋煚《古今书录序》称“未允之序,则详宜别作”①,说明这种现象在当时较为普遍。遗憾的是留存至今“奉敕撰”的集序文不多。不过,据前所考,尚有一些保存下来,据此亦可管窥一斑。其中张说《上官昭容集序》、韩休《苏颋文集序》、梁肃《李泌文集序》、于頔《皎然诗集序》、权德舆《张建封集序》等文,值得特别注意。这些序文均表明作者“奉敕撰”身份。例如,张序一开头就称“臣闻七声无主”②。梁序:“皇上负扆之暇,思索时文,征公遗编,藏之御府。”③于序:“集贤殿御书院有命征其文集,余遂采而编之。”④而权序径云“承诏作序”⑤。韩序:“请藏于秘府,以示来裔。”⑥据此可知,这些序文的读者预设是指向皇帝的。

上述序文在体制上与普通序文并无多大区别,都包涵序头、序腹、序尾等基本要素,体现集序文的一般共性。“奉敕撰”序文的特点主要反映在各部分不同叙述上。其中序头尤能显示其别体特色。序头主要起引论作用,往往以叙述文学史的方式切入,“奉敕撰”序文也同样如此。但其序头更加强调文学与政治的关系,重视文学的政教功用。如韩休《苏颋文集

① 《旧唐书》卷四六,第1965页。

② 《全唐文》卷二二五,第2274页。

③ 《全唐文》卷五一八,第5259页。

④ 《全唐文》卷五四四,第5521页。

⑤ 《全唐文》卷四八九,第4996页。

⑥ 《全唐文》卷二九五,第2988页。

序》，从《易》之四象及《诗》之六义入手，指出观人文以察化成、陈国风以美王政是文学最重要的政治功用。梁肃序《李泌文集》，着眼于文学与移风易俗的关系。于頔序《皎然诗集》，则从诗歌流变史论及诗歌与朝代更迭的关系，认为气胜则世兴，尚文则世衰，风尚会影响朝代兴衰。权德舆序《张建封集》，同样论述政治与文学的关系，但他与于頔的看法刚好相反，认为唐虞以道治天下故有谐八音陈九德之臣，周宣王修文武之德故有清风大雅之什。也就是说，权德舆认为政治影响文学，而非文学影响政治。受作者与对话者关系影响，此种序文的序头往往大而化之，看似讨论文学，实则议论政治。这种文学政治化倾向，显然受到与帝王对话内在机制的制约。其深层次心理共性是通过文学政治化的叙述来美化王政。这种理论虽有其《诗》学渊源，但本质上还是颂圣，与普通集序文有实质不同。这种现象在以往研究中尚未得到充分关注，因此有必要特别揭出。

（二）从《骆宾王文集序》看序文删改问题

《旧唐书·骆宾王传》："敬业败，伏诛，文多散失。则天素重其文，遣使求之。有兖州人郄云卿集成十卷，盛传于世。"①据此，当是武则天下诏求其文集。但《新唐书》本传则称："敬业败，宾王亡命，不知所之。中宗时，诏求其文，得数百篇。"②据此则是中宗下诏求之。两《唐书》所载相互矛盾，真实情况到底怎样呢？要解答这个问题，还要从郄云卿所作序文入手。《骆宾王文集序》未载于《全唐文》，《全唐文补编》亦未收录。《直斋书录解题》卷十六"《骆宾王集》十卷"条下："其首卷有鲁国郗云卿序，言宾王光宅中广陵乱伏诛，莫有收拾其文者，后有敕搜访，云卿撰焉。又有蜀本，卷数亦同，而次序先后皆异。序文视前本加详，而云广陵起义不捷，因致逋逃，文集散失，中宗朝诏令搜访。"③由此可知，陈振孙所见《骆宾王集》有两种不同本子，其一即蜀本。国家图书馆藏宋刻本《骆宾王文集》，其序云："文明中与嗣业于广陵共谋起义。兵事既不捷，因至逃遁，遂致文集悉皆散失。后中宗朝降敕搜访宾王诗笔，令云卿集焉。"该本载顾广圻跋："陈

① 《旧唐书》卷一九〇上，第5007页。

② 《新唐书》卷二〇一，第5742页。

③ 陈振孙《直斋书录解题》卷一六，徐小蛮、顾美华点校，上海古籍出版社1987年版，第467页。

氏书录解题言其卷首有鲁国郗云卿序，又言蜀本序文云广陵起义不捷而遁，皆与此合。唯鲁国下郗云卿之名，毛钞所据损失耳，然则为蜀本骆集可知也。”[①]顾氏肯定了宋刻本《骆宾王文集》所据者为蜀本。此序称“起义”，称“不捷”，称“中宗朝降敕搜访”，与陈振孙所言蜀本序正合。照陈氏的说法，宋刻本序文改动主要有两处：一是将“广陵乱伏诛”改为“广陵起义不捷”，一是将“后有敕搜访”改为“中宗朝降敕搜访”。这样一来，骆集序文有两个版本，蜀本序已非原玉。二者最大区别是对骆宾王的评价不同，原序用“伏诛”一词，是站在武周立场，而蜀本序则对骆宾王参与扬州起义是肯定的，对其失败是同情的。从蜀本序与原序比较可知，下诏求书者是武则天，而非唐中宗。

由上述可知，郄云卿受武则天诏编纂《骆宾王文集》十卷进上，并为之撰序。那么，郄序到底是何时被改动的呢？最早的时间应在中宗朝之后。《旧唐书·李敬业传》：“初，敬业传檄至京师，则天读之微哂，至‘一抔之土未干’，遽问侍臣曰：‘此语谁为之？’或对曰：‘骆宾王之辞也。’则天曰：‘宰相之过，安失此人？’中宗返正，诏曰：‘故司空勣……所有官爵，并宜追复。’”[②]武则天或因骆宾王所作檄文而好奇，故下诏征其文集。中宗复位后，为原来参与扬州起兵者平反，骆宾王当在其列。但中宗的做法只是表明了朝廷态度，《骆宾王文集序》的改动不可能发生于此时，因为当朝皇帝在位时不可能用其庙号。因此，改动时间当在中宗朝之后。据前引毋煚《古今书录序》“未允之序，则详宜别作”，推测此序删改当在开元初期。将原序未允之处的“广陵乱”改为“广陵起义”，“伏诛”改为“不捷”，武则天遣使求之改为“中宗降敕搜访宾王诗笔”。删改后的序文，肯定了扬州军事行动，符合玄宗改制的政治需要。如果事实真是如此，那么，在玄宗初期，《骆宾王文集》已有两种版本，同时也有两种不同的序文。

序文删改有没有可能发生于宋刻蜀本之时呢？答案是否定的。国家图书馆藏宋刻本《骆宾王文集》，其中“敬”“殷”“匡”“构”等字皆缺末笔避

---

① 骆宾王《骆宾王文集》十卷，国家图书馆藏宋刻本，卷六至十配毛氏汲古阁影宋抄本，黄丕烈、顾广圻跋，二册，十一行二十字，白口，左右双边。按：陈振孙误“郄”为“郗”，顾氏沿用。

② 《旧唐书》卷六七，第2492页。

讳,可知蜀本当刻于南北宋之际。而北宋中期成书的《新唐书》已称“中宗时,诏求其文”。也就是说,“中宗朝降敕搜访”的说法早在蜀本之前已出现。那么,《新唐书》这个说法到底是怎么来的?为什么会跟《旧唐书》本传不同?这可能涉及到两《唐书》骆宾王传的不同史料来源问题。《旧传》主要依据唐实录撰成。考《册府元龟》卷八四〇《总录部·文章第四》:“骆宾王,善属文,于五言诗尤妙,为长安主簿,坐职左迁,郄云卿集其文为十卷。”①同书卷九四四《总录部·佻薄》:“骆宾王,高宗末为长安尉,落拓无行,好与博徒游。”②这些记载与《旧传》“少善属文,尤妙于五言诗……然落魄无行,好与博徒游。高宗末,为长安主簿。坐赃,左迁临海丞……有兖州人郄云卿集成十卷”③,文字基本相同。《册府元龟》的材料主要来自唐实录和《旧唐书》,而《旧唐书》所依据者多为唐实录。也就是说,唐实录是《册府元龟》与《旧传》共同的史料来源。通过以上比较,可以肯定《旧传》取材于唐实录。《新唐书·骆宾王传》与《旧传》不同,很可能参考了改动之后的《骆宾王文集序》。据前文所述,今存辑本《崇文总目》载有“《骆宾王集》十卷”。《崇文总目》成书于北宋庆历元年(1041),《新唐书》修成于北宋嘉祐五年(1060),欧阳修和宋祁等人先后预此两书。据此推测,删改后的《骆宾王文集序》很可能成为《新唐书·骆宾王传》的新材料。

据上所述可知:一、遣使求骆宾王文集者是武则天,而非唐中宗。《新唐书》本传所载“中宗时,诏求其文”是错误的,原因是《新传》曾参考删改后的《骆宾王文集序》。二、《骆宾王文集序》原作者是郄云卿,但今传之序并非郄氏原作,而是被改动过的。三、《骆宾王文集序》删改的发生,与唐人别集国家庋藏制度有关。删改行为符合中宗和玄宗“改制”的政治需要。

综上所述,得出以下基本结论:

其一,唐人重视当代文集,有其相应的国家庋藏制度。初唐主要由秘书省负责,盛唐始由集贤院职司。秘书省与集贤院虽为两个独立机构,但其关系又是互补的,工作相互合作,人员相互调配。

---

① 王钦若等《册府元龟》卷八四〇,中华书局1960年版,第9969页。

② 《册府元龟》卷九四四,第11125页。

③ 《旧唐书》卷一九〇上,第5006—5007页。

其二,《旧志》所载初唐文集109种,是国家庋藏本朝文集的一个重要明证。笔者所考10余种文集,是盛唐以后国家收藏的部分文集,反映了盛唐文集庋藏的一个侧面,但事实上远不止这些。

其三,国家文集庋藏制度引发各种相关文学问题。其中一个重要问题是文集版本。通过比较《旧志》与《旧传》所载文集卷数,可知受国家征藏影响,一些文集先后经过多次编纂,由此形成不同版本。这是长期以来忽视的一个现象,应引起特别注意。

其四,《新志》著录唐人文集是在不同层面展开的。第一层是区分《旧志》著录与否。《旧志》著录了初唐文集,盛唐以后则无著录。这就影响到《新志》对不同史料来源的处理。第二层是对著录初唐文集所据史料的处理。这部分文集主要依据的是《旧志》和《旧传》。其中情况也比较复杂,一种是《旧志》和《旧传》均有记载,另一种是《旧志》有载,但《旧传》无载或者无传。《新志》根据不同情况区别对待,而非照录。第三层是对盛唐以后文人别集的著录,主要依据《旧传》《崇文总目》以及文集序文。一种情况是《旧传》与集序文均有记载,《新志》则通过比较加以甄别。另一种是无《旧传》,或有传但无文集卷数记载,《新志》则据文集序或《崇文总目》加以著录。以往研究《新志》者多从《隋书·经籍志》《旧传》《旧志》《崇文总目》等切入,较少关注集序文。但事实上,别集序文对《新志》著录唐人文集的影响很大,值得特别指出。

其五,受国家庋藏制度影响,集序文在发展过程中出现别体。这主要从作者与潜在读者关系的角度来看。"奉敕撰"集序文,往往将读者预设为皇帝,其实质是臣子与皇帝之间的对话。故其风格典雅,往往借文学议论政治,充分体现序文的政治化。

其六,《骆宾王文集序》既不见于《全唐文》,亦不载于《全唐文补编》。今存宋本《骆宾王集》中保存的序文,并非郄云卿原作,而经过了精心删改。删改时间应在唐中宗之后。删改是为适应中宗及玄宗朝"改制"政治需要,反映文学与政治的密切关联。

第十章　史学制度与唐代文史离合关系

史学制度与文学之间的关联性，刘知几、章学诚等曾作深入思考。本书试图从中古史学的发展演进入手，分析史学与文学的分合关系，具体论述唐前史、文离合，唐代史学转向与文人立言空间的变化，“诗史”现象之形成，杂传、小说与国史的关系，以及山水游记与图经的关联等问题，对权力、制度、学术、文学之间错综复杂的关系提出一些新看法。

一　唐前文史离合

自从有文字，便开始有了书面记载的历史。《隋书·经籍志序》：“《书》之所兴，盖与文字俱起。”[①]仓颉不仅被认为发明文字的祖先，也被认为史官职业的祖先。《史通》云：“昔轩辕氏受命，仓颉、沮诵实居其职。”[②]先秦史学之发达，主要表现在史官制度创设和史书编纂上。据《周礼》记载，周王朝史官分大、小、内、外诸种，而且分工明确，责任清晰：大史掌建邦之六典，以逆邦国之治。小史掌邦国之志，奠系世，辨昭穆。内史掌王之八枋之法，以诏王治。外史掌书外令，掌四方之志，掌三皇五帝之书，掌达书名于四方。[③]春秋时期，各诸侯国均有自己的史官，而且各自修成本国国史，徐彦注释《公羊传》，引闵因叙之语，说孔子修《春秋》，所据者为“百二十国

① 《隋书》卷三二，中华书局1973年版，第914页。

② 刘知几著，浦起龙通释《史通通释》卷一一，第281页。

③ 郑玄注，贾公彦疏《周礼注疏》卷二六，十三经注疏本，上海古籍出版社1997年版，第817—820页。

宝书”[①]。孟子亦云:“晋谓之乘,楚谓之梼杌,而鲁谓之春秋,其实一也。”[②]各国史书名称虽不同,但记载国史的性质是一样的,故墨子说“吾见百国春秋”[③]。

但这种情况在秦朝开始发生变化。秦始皇因李斯等人建议,焚毁各国史书。史载秦始皇嬴政三十四年(前213),李斯建议:“臣请史官非秦记皆烧之。非博士官所职,天下敢有藏《诗》《书》、百家语者,悉诣守、尉杂烧之。”[④]秦朝不仅焚书,而且禁言,“有敢偶语《诗》《书》者弃市”,“以古非今者族”。始皇焚书,是史学发展逐渐式微的重要原因。公元前207年,项羽攻入咸阳后,“引兵西屠咸阳,杀秦降王子婴,烧秦宫室,火三月不灭”[⑤]。这一把大火,把秦王宫中的书籍烧得干干净净。直至汉惠帝(前194—前188)除挟书之律,汉武帝(前140—前87)置太史公,史学才开始有了新的发展。因上述种种原因,两汉史学衰微,而经学日益昌盛。班固《汉书·艺文志》将《太史公》百三十篇置于《春秋》之后,表明史学在两汉时期附属经学的地位。

魏晋南北朝时期史学有了新发展。此期最显著的特点是史学著作日益增加。《隋志》记录史部书籍十三类,817部,13264卷,如果加上亡佚史籍,合计874部,16558卷。[⑥]这里面,只有少量著作如《史记》《汉书》《汉纪》,以及出土文献如《周书》《古文琐语》之类是此前所著,绝大部分均为汉以后的著述。这与两汉所著史书相比,在数量上发生了巨大变化。此期史学的发展还体现在目录学的变化上。魏秘书监荀勖所制《中经新簿》,将图籍分为甲乙丙丁四大类,其中丙部著录史记、旧史等。东晋著作

① 何休注,徐彦疏《春秋公羊传注疏》卷一“隐公元年”下:“问曰:若《左氏》以为夫子鲁哀公十一年自卫反鲁,至十二年告老,见周礼尽在鲁,鲁史法最备,故依鲁史记修之以为《春秋》。《公羊》之意,据何文作《春秋》乎?答曰:案闵因叙云:‘昔孔子受端门之命,制《春秋》之义,使子夏等十四人求周史记,得百二十国宝书,九月经立。《感精符》《考异邮》《说题辞》具有其文。’”十三经注疏本,上海古籍出版社1997年版,第2195页。

② 赵岐注,孙奭疏《孟子注疏》卷八上,十三经注疏本,上海古籍出版社1997年版,第2728页。

③ 刘知几著,浦起龙通释《史通通释》卷一,第7页。

④ 司马迁《史记》卷六,中华书局1959年版,第255页。

⑤ 司马迁《史记》卷七,第315页。

⑥ 《隋书》卷三三,第992页。

郎李充把乙部和丙部次序对调，乙部史书仅次于甲部的经书，表明其地位再一次提升。其后宋秘书监谢灵运，齐秘书丞王亮、秘书监谢朏，梁秘书监任昉、殷钧等各造《四部目录》，均采用这个分类方法。

史部书籍突飞猛涨的原因，当与时人著史以留名的观念有关。曹丕《典论·论文》："盖文章经国之大业，不朽之盛事。年寿有时而尽，荣乐止乎其身，二者必至之常期，未若文章之无穷。是以古之作者，寄身于翰墨，见意于篇籍，不假良史之辞，不托飞驰之势，而声名自传于后。"[①]曹丕的观念在当时具有代表性，对后世产生较大影响。《晋书·王隐传》："建兴中，过江，丞相军咨祭酒涿郡祖纳雅相知重。纳好博弈，每谏止之。纳曰：'聊用忘忧耳。'隐曰：'盖古人遭时，则以功达其道；不遇，则以言达其才，故否泰不穷也。当今晋未有书，天下大乱，旧事荡灭，非凡才所能立。君少长五都，游宦四方，华夷成败皆在耳目，何不述而裁之！应仲远作《风俗通》，崔子真作《政论》，蔡伯喈作《劝学篇》，史游作《急就章》，犹行于世，便为没而不朽。当其同时，人岂少哉？而了无闻，皆由无所述作也。故君子疾没世而无闻，《易》称自强不息，况国史明乎得失之迹，何必博弈而后忘忧哉！'"[②]王隐劝祖纳修晋史以图"没而不朽"，与曹丕的"不朽"之说如出一辙。《南史·徐广传》："时有高平郗绍亦作《晋中兴书》，数以示何法盛。法盛有意图之，谓绍曰：'卿名位贵达，不复俟此延誉。我寒士，无闻于时，如袁宏、干宝之徒，赖有著述，流声于后。宜以为惠。'绍不与。"[③]袁宏、干宝都以著史传世留名，徐广亦著《晋纪》四十五卷。可见"赖有著述，流声于后"是时人共同的著史心态。

此期史学繁荣的另一个原因，是史官制度的建置。《唐六典》对此有追述："魏明帝太和中，始置著作郎及佐郎，隶中书省，专掌国史。至晋惠帝元康二年，改隶秘书省。历宋、齐、梁、陈，后魏并置著作，隶秘书省，北齐因之，代亦谓之史阁，亦谓之史馆。史阁、史馆之名，自此有也。故北齐邢

---

① 宋本《六臣注文选》卷五二，中华书局据《四部丛刊》本影印出版，2012年版，第967页。

② 房玄龄等《晋书》卷八二，中华书局1974年版，第2142—2143页。

③ 李延寿《南史》卷三三，第859页。

子才作诗训魏收'冬夜直史馆'是也。后周有著作上士、中士,掌国史,隶春官府。隋氏曰著作曹,掌国史,隶秘书省。"魏明帝置著作郎和佐郎于中书省,专掌国史,是中国史学发展的一个重要节点。因为,汉代虽也有史官,东汉更置东观以著史,但其时史官"皆他官兼领"①,也就是还没有独立的修史机构和纂修人员。这一点,《史通》外篇之《史官建置》叙述得更加详细。

总之,由于各种因素综合作用,魏晋南北朝时期史学上升至一个新的境界,已完全摆脱经学附庸而独立。这样一来,就为史学与文学的分离提供了重要基础。因为事物分离的动因就是各自发展和独立。文学从经与史的浑融状态中离析出来,前人多有研究,比如鲁迅先生提出魏晋"文学自觉"说,虽然有些学者认为文学自觉的时间应提前至汉代②,也有人提出"文人文学"的概念,指出辞和赋是早期文人文学发展的一个显著标识③,但笔者认为战国晚期和秦汉时期文人文学的发展,是文学在魏晋独立的前期准备,因为事物的发生发展都有一个渐进的过程。文学从经史中独立出来,是以挚虞《文章流别集》,范晔《后汉书·文苑传》,刘勰《文心雕龙》等著述为标志的。这与时人对文学、经学、史学的辨识,文士、儒生的区划是相关的。在曹丕讨论"四科""八体"之后不久,荀勖撰成《文章叙录》,有学者认为这是"我国第一部作家传记"④。该书所选作家有一个共同特征就是"善属文"。如夏侯惠"善属奏议",应璩"博学好属文,善为书记",韦诞"有文才,善属辞章",裴秀"八岁能属文"等等,其中文章的含义,既包括纯文学的辞赋,也包括奏议之类的应用文。其后挚虞又撰《文章志》四卷,记录《流别集》中所载作家事迹。此外,尚有傅亮《续文章志》二卷,宋明帝《晋江左文章志》三卷,沈约《宋世文章志》二卷。在这种风气和背景之下,范晔《后汉书》始列《文苑传》,与《儒林传》并行。《儒林传序》明确提出"但

---

① 李林甫等《唐六典》卷九,第182—183页。

② 赵敏俐《魏晋文学自觉反思说》,《中国社会科学》2005年第2期。

③ 钱志熙《文人文学的发生于早期文人群体的阶层特征》,《北京大学学报》(哲学社会科学版)2009年第5期。

④ 穆克宏、郭丹《魏晋南北朝文论全编》,江苏教育出版社1996年版,第48页。

录其能通经名家者”[①]。《文苑传》虽无序，但每位文士均详列其著述，如杜笃“所著赋、诔、吊、书、赞、七言、女诫及杂文，凡十八篇”[②]，王隆“所著诗、赋、铭、书凡二十六篇”[③]，夏恭“著赋、颂、赞、诔凡四十篇”[④]，傅毅“著诗、赋、诔、颂、祝文、七激、连珠凡二十八篇”[⑤]，黄香“所著赋、笺、奏、书、令凡五篇”[⑥]等等。上述信息反映出范晔等人对文士和文学的界定标准。梁代萧绎则直接把学者与文人分开，认为“夫子门徒，转相师受，通圣人之经者谓之儒”[⑦]，这些人有一个共同特点，就是“率多不便属辞，守其章句，迟于通变，质于心用”[⑧]。而文人则如屈原、宋玉、曹子建、陆士衡、潘安仁、谢元晖、任彦昇之流。

在人们对儒生与文士身份识别大致趋同的背景之下，宋文帝元嘉十五年(438)分置儒、玄、史、文四个学馆。《宋书·雷次宗传》：“元嘉十五年，征次宗至京师，开馆于鸡笼山，聚徒教授，置生百余人。会稽朱膺之、颍川庾蔚之并以儒学，监总诸生。时国子学未立，上留心艺术，使丹阳尹何尚之立玄学，太子率更令何承天立史学，司徒参军谢元立文学，凡四学并建。”[⑨]《南史》所记大致相同[⑩]。儒、玄、史、文四馆分立，从制度上确定了文学和史学的各自独立性。对此，司马光评论说：“史者儒之一端，文者儒之余事；至于老、庄虚无，固非所以为教也。夫学者所以求道；天下无二道，安有四学哉！”[⑪]司马光以思辨的眼光，指出“四学”同源，确实看到了事物的本质，但“四学”分流，在刘宋时期已成为不争事实。宋明帝刘彧于泰始六年(470)九月立总明观：“征学士以充之。置东观祭酒、访举各一人，

① 范晔《后汉书》卷七九上，中华书局1965年版，第2548页。

② 范晔《后汉书》卷八〇上，第2609页。

③ 范晔《后汉书》卷八〇上，第2609页。

④ 范晔《后汉书》卷八〇上，第2610页。

⑤ 范晔《后汉书》卷八〇上，第2613页。

⑥ 范晔《后汉书》卷八〇上，第2615页。

⑦ 萧绎《金楼子》卷四，中华书局1985年版，第75页。

⑧ 萧绎《金楼子》卷四，第75页。

⑨ 沈约《宋书》卷九三，中华书局1974年版，第2293—2294页。

⑩ 李延寿《南史》卷二，第46页。按《南史》记此事于元嘉十六年(439)，误。当从《宋书·雷次宗传》及《资治通鉴》卷一二三作“元嘉十五年”。

⑪ 《资治通鉴》卷一二三“元嘉十五年”条，第3868—3869页。

举士二十人,分为儒、道、文、史、阴阳五部学”[1],这是对宋文帝四馆在制度上的继承和发展。据此,可以说“文史分途”在刘宋时期已初步形成。至梁昭明太子萧统编《文选》,“文”与“史”区分得更加清晰:“至于记事之史,系年之书,所以褒贬是非,纪别异同,方之篇翰,亦已不同。若其赞论之综缉辞采,序述之错比文华,事出于沉思,义归乎翰藻,故与夫篇什,杂而集之。”[2]《文选》摒弃史传之文,只取其赞和论,表明史传与纯文学之间有明确界限,包容混淆。但“文”“史”分离,并非说二者没有关系。从当时人们经常使用的“文史”“经史”等概念来看,文学与经史之学的关系还是很密切的。

二 史学转向与立言空间变化

如前所述,魏明帝置史官专掌修史是中国史学发展中的一个节点,建立了官方专职修史的史官传统。唐太宗贞观三年(629),史学迎来了一次更大的变革,可以说是中国史学史上的重大事件,具有里程碑意义。本年十二月,唐太宗将修史之务从秘书省中剥离出来,专设史馆,并将其置于门下省,确立宰相监修制度,以房玄龄总领其事。《旧唐书》卷四三“史馆”条:“贞观三年闰十二月,始移史馆于禁中,在门下省北,宰相监修国史,自是著作郎始罢史职。”[3]《新唐书》卷四七“史馆”条:“贞观三年,置史馆于门下省,以他官兼领,或卑位有才者亦以直馆称,以宰相莅修撰。”[4]这次变革的意义主要有以下几点:

其一,史馆脱离秘书省而独立,修史制度逐渐完善。唐前修史之任隶属于秘书省所辖著作局,剥离后直属于更重要的权力机构门下省,无疑提高了史馆和史官的社会地位。史馆建制更加完备,形成由监修国史、修国史、史馆修撰、直史馆等不同职别组成的专门机构。国史纂修制度也规范化,起居注、时政纪、实录、国史之撰录均有相应规定。史料采择制度益加

① 李延寿《南史》卷三《宋本纪下第三》,第82页。

② 萧统《文选序》,中华书局1977年版。

③ 《旧唐书》卷四三,第1852页。

④ 《新唐书》卷四七,第1214页。

周密合理。《唐会要》卷六三“史馆”之“诸司应送史馆事例”条，详载六部各司按规定报送史馆的各项事例。大历十四年(779)还明确规定，京外州县及诸军诸使一年一报，京城各部一季度一报。[①]最为重要的是，史官具有自行采择的权力：“如史官访知事由，堪入史者，虽不与前件色同，亦任直牒索，承牒之处，即依状勘，并限一月内报。”[②]但同时又有相应的法律约束。《唐律疏议》卷二五“诈为瑞应”条：“若灾祥之类，而史官不以实对者，加二等。”[③]疏议解释“加二等”，即徒三年。

其二，史官选任从专业化转向文学化。据笔者统计，从唐太宗到睿宗朝任职史官的47人次中，以著作郎和著作佐郎兼任者9人，如敬播、许敬宗等人皆是。这说明唐前期还保留了著作局修史的传统。但从玄宗朝至唐末，再也没有著作局郎官兼任史职的情况出现。这与刘知几《史通》所云“由是史臣拜职，夺取外司，著作一曹，殆成虚设”[④]，恰相符契。后期选任看重史官的进士出身，在145人次史官任职中，进士出身者有77人次，占53%强，也就是说一半以上的史官出身进士。而玄宗朝之前的76人次史官中，进士出身的只有20人次，约占26%，大约四分之一的史官是进士出身。[⑤]

其三，国史修纂统归官方。这与唐前史书官私共修相较，变化巨大。比如晋史十余家，其中既有史官陆机、束皙所撰《三祖纪》和《十志》，亦有非史官者王铨，其子王隐所纂《晋书》八十九卷[⑥]。唐代明确规定国史统归史馆，私人不得修史。《新唐书·郑虔传》：“天宝初，为协律郎，集缀当世事，著书八十余篇。有窥其稿者，上书告虔私撰国史，虔苍黄焚之，坐谪十年。”[⑦]郑虔私修国史为人告发，遭贬十年。史载吴兢曾欲私撰国史，幸而

---

① 王溥《唐会要》卷六三，第1090页。

② 王溥《唐会要》卷六三，第1090页。

③ 长孙无忌等《唐律疏议》卷二五，商务印书馆1933年版，第24页。

④ 刘知几著，浦起龙释《史通通释》卷十一，第294页。

⑤ 以上数据均据拙著《唐代中央文馆制度与文学研究》附录《唐代文馆文士任职及出身简表》统计。齐鲁书社2007年版，第440—454页。

⑥ 刘知几著，浦起龙释《史通通释》卷一二，第324页。

⑦ 《新唐书》卷二〇二，第5766页。

未成。不仅如此，即便担任史职，亦不得在外或在家修史。《新唐书·吴兢传》："兢不得志，私撰唐书、唐春秋，未就。至是（按：开元十三年），丐官笔札，冀得成书。诏兢就集贤院论次。时张说罢宰相，在家修史。大臣奏国史不容在外，诏兢等赴馆撰录。"[①]"赴馆撰录"的主要目的，是防止国史相关信息泄露。

官方何以要牢牢掌控国史修纂之权呢？究其实质，这与《春秋》传统有关。司马迁《自序》引董生之语："夫《春秋》，上明三王之道，下辨人事之纪，别嫌疑，明是非，定犹豫，善善恶恶，贤贤贱不肖，存亡国，继绝世，补敝起废，王道之大者也。"[②]这表明史书具有强大的政治和社会功能。史官记录历史，以是非褒贬为工具，达到补敝起废、匡扶社稷，非王而王的政治效果。是以孔子修《春秋》而乱臣贼子惧。故史书借助舆论力量，实际上起到了与后世"三省制"同样的制约皇权的作用。这一点，唐代历朝帝王和史官都有清晰的认识。比如贞观九年(635)李世民欲观起居注，朱子奢上表："起居记录，书帝王臧否，前代但藏之史官，人主不见。"[③]贞观十六年(642)李世民再次要求阅览起居注，褚遂良说："今之起居，古之左右史，以记人君言行，善恶必书。庶几人主不为非法，不闻帝王躬自观史。太宗曰：'朕有不善，卿必记之耶？'遂良曰：'守道不如守官。臣职当载笔，君举必书。'黄门侍郎刘洎曰：'设令遂良不记，天下之人皆记之矣。'太宗谓房玄龄曰：'国史何因不令帝王观见？'对曰：'国史善恶必书，恐有忤旨，故不得见也。'"[④]至德二载(757)肃宗对史官于休烈说："君举必书，朕有过，卿宜书之。"休烈对曰："臣闻禹汤罪己，其兴也勃焉。有德之君，不忘书过。"[⑤]建中元年(780)史官沈既济上书："史氏之作，本乎惩劝，以正君臣，以维邦家，前端千古，后法万代，使其生不敢差，死不忘惧，纬人伦而经世道，为百王准的，不止属辞比事，以日系月而已。故善恶之道，在乎劝诫。

① 《新唐书》卷一三二，第4529页。

② 司马迁《史记》卷一三〇，第3297页。

③ 王溥《唐会要》卷六三，第1102页。

④ 王溥《唐会要》卷六三，第1102—1103页。

⑤ 王溥《唐会要》卷六四，第1108页。

劝诫之柄，在乎褒贬。是以《春秋》之义，尊卑轻重，升降几微，仿佛一字二字，必有微旨存焉。”[①]元和十二年(817)九月，宪宗下诏恢复时政记制度：“记事记言，史官是职。昭其法诫，著在旧章。举而必书，朕所深望。”[②]元和十四年(819)史官李翱奏：“臣等谬得秉笔史馆，以记录为职。夫劝善惩恶，正言直笔，记圣朝功德，述忠贤事业，载奸佞丑行，以传无穷者，史官之任也。”[③]这样，围绕国史修纂，史臣与帝王之间形成权力制约与反制约的关系。一方面，史官通过国史对君王进行权力监督，实现士人补敝起废、匡扶天下的政治理想；另一方面，帝王时时想摆脱来自史官的舆论压力。于是史权与皇权不断博弈。比如，贞观十六年(642)七月，李世民对褚遂良说：“朕今勤行三事，望尔史官不书吾恶。”[④]直接要求史官书善隐恶。显庆四年(659)，许敬宗等修成国史一百卷，高宗认为失实，要求刘仁轨等重修。再如《顺宗实录》原有韩愈等所修本，大和五年(831)因阉宦屡言不实，文宗下诏重修。《宪宗实录》原有路随等人所修本，武宗会昌元年(841)要求重修，会昌三年(843)李绅等修成新本。大中二年(848)又要求废新本而重用旧本。以上史实表明，在博弈过程中皇权占据主动，而史臣往往处于下风。

国史不仅具有政治功用，而且通过褒贬予夺，对社会也起到劝诫作用。永贞元年(805)九月，河阳三城节度使元韶去世，史官只书一“卒”字，不载其事迹。路随对此解释：“凡功名不足以垂后，而善恶不足以为诫者，虽富贵人，第书其卒而已”，“无能发明功名者，皆不立传”，这样做的目的是为了“富贵者有所屈，贫贱者有所伸”[⑤]。这些话，寄寓了借史书以敦风厉俗的史学理想。

史官通过国史的舆论作用，从而实现士人“立言”理想。但是，国史纂修统归官方后，只极少数史官具备这个条件，大多数文人只能望洋兴叹。

① 王溥《唐会要》卷六三，第1095页。
② 王溥《唐会要》卷六三，第1109页。
③ 王溥《唐会要》卷六三，第1110页。
④ 王溥《唐会要》卷六三，第1103页。
⑤ 王溥《唐会要》卷六四，第1108页。

再加上史权与皇权的博弈,史官往往处于下风,所以修史"立言"空间被严重压缩。与此同时,经典阐释方面的自由意志空间也受到极度挤压。唐初孔颖达等人重新注解《五经》后,经学的发展处于迟滞状态。唐初于《五经正义》外,尚有贾公彦《周礼义疏》《仪礼义疏》,李玄植《三例音义》,许叔牙《毛诗纂义》,王恭《三礼义证》等经学著作。但自高宗朝始,学者较少从事经学研究。经典阐释唯《五经正义》独尊,不允许有异说。如武周时期王元感著《尚书纠谬》《春秋振滞》《礼记绳愆》等书,对诸经重加检讨,颇具新见,但遭到国子祭酒祝钦明和郭山恽等人的讥讽和打压。[①]开元七年(719)四月七日刘知几上《孝经注议》,列出十二条理由证明《孝经》非郑玄所注,指出《老子》河上公注不如王弼。但其建议未被朝廷采纳,诏令河、郑二家,依旧行用。[②]开元十四年(726)元行冲撰成《礼记义疏》五十卷,欲立学官,却被宰相张说所阻。张说的理由是"今之《礼记》,是前汉戴德、戴圣所编。历代传习,已向千年,著为经教,不可刊削"[③]。可见,初盛唐时期经学思想统一于《五经正义》,其他著述均被排斥。中晚唐虽略有变化,出现了以啖助、赵匡、陆淳为代表的新《春秋》学派,但却被目为"异学""异儒"。其成因,源于国家在思想上的统一需求。这样一来,借助经学阐释表达思想的立言之路,也基本上被阻断。刘知几的一番心迹自剖可见一斑:"尝欲自班马以降,讫于姚、李、令狐、颜、孔诸书,莫不因其旧义,普加厘革。但以无夫子之名,而辄行夫子之事,将恐致惊末俗,取咎时人,徒有时劳,而莫之见赏。所以每握管叹息,迟回者久之。非欲之而不能,实能之而不敢也。"[④]

知识阶层在史学与经学两方面都无法获得自由意志的表达空间,不得不转向其他领域以求突破。也就是说,史学和经学的统一,使文人在这两方面的立言空间变窄,迫使他们转向文学。这样,就使史学与文学产生紧密关联,并呈现出"文之将史"的趋向。

① 《旧唐书》卷一八九下,第4963页。

② 王溥《唐会要》卷七七,第1405—1410页。

③ 王溥《唐会要》卷七七,第1410页。参考《新唐书》卷二〇〇《元行冲传》,第5691页。

④ 刘知几著,浦起龙释《史通通释》卷一〇,第269页。

三　诗言志传统与史学精神

初唐诗歌，总体上来说是处于近体诗从逐步发展到最终定型，但同时古体诗、乐府也在不断演进的阶段。但一般文学史大多只强调近体诗，而忽略了古体诗的发展。事实上，初唐诗歌史，是在近体与古体的二元对立中不断发展的。发端于齐梁时期的近体诗，在唐初成为宫廷文学样式，与贵族生活融为一体。因其宫廷性质，近体诗的题材内容大多反映王公贵族生活情状，以游宴、园林、颂圣等为主。近体诗的外在形式，比如声律和偶对，也逐渐成熟，并且在武后垂拱二年（686）前后，成为科举考试“试诗赋”中的一种。[①]这个时期，出现了大量与近体诗相关的诗格类著作，比如上官仪《笔札华梁》，佚名《文笔式》，崔融《唐朝新定诗格》，元兢《诗髓脑》等。与此同时，类书和诗歌选本也大量出现。这种现象，说明近体诗在初唐时期蓬勃发展，至武后垂拱年间到达一个高峰。但也正在这个时期，另一种声音出现了。杨炯《王勃集序》首倡其音，开始反思近体诗的种种弊端：“尝以龙朔初载，文场变体，争构纤微，竞为雕刻。糅之金玉龙凤，乱之朱紫青黄。影带以徇其功，假对以称其美。骨气都尽，刚健不闻。”杨炯指出，其时用力变革的人有薛令公（按：当为薛元超）和卢照邻，并且得到时人响应，“后进之士，翕然景慕。久倦樊笼，咸思自释。”[②]杨炯虽对近体诗的弊病有所觉察，但并没有指出具体改造路径。陈子昂则在《与东方左史虬修竹篇序》中明确提出救弊之方，认为要恢复“汉魏风骨”和“兴寄”传统，也就是走诗歌复古的道路。但陈子昂的复古，并非要回到古诗创作的老路上去，而是结合近体诗声律优长，达到“骨气端翔，音情顿挫，光英朗练，有金石声”[③]的诗歌理想。陈氏虽然提出了诗歌“复古”主张，也勾勒了理想中的诗歌蓝图，但还是处于务虚层面，没有提出切实可行的操作方法。

在陈子昂等人倡导和启发下，人们开始思考如何用古体改造近体的

① 参考拙文《“官学大振”与初唐诗歌演进》，《文学遗产》2013年第2期。

② 杨炯《杨炯集》卷三，徐明霞点校，中华书局1980年版，第34页。

③ 陈子昂《陈子昂集》卷一，徐鹏校点，中华书局1962年版，第15页。

问题。但实际上,这个时期古体本身也产生了不少问题。所以,诗歌“复古”,首先要解决的,可能不是如何用古体改造近体,而是要解决古诗,特别是乐府诗创作中产生的新问题。其中最严重的,就是吴兢所指出的乐府诗“断题取义”问题:

> 乐府之兴,肇于汉魏。历代文士,篇咏实繁。或不睹于本章,便断题取义。赠夫利涉,则述《公无度河》;庆彼载诞,乃引《乌生八九子》;赋雉斑者,但美绣锦臆;歌天马者,唯叙骄驰乱蹋。类皆若兹,不可胜载。递相祖习,积用为常,欲令后生,何以取正?余顷因涉阅传记,用诸家文集,每有所得,辄疏记之。岁月积深,以成卷轴,向编次之,目为《古题要解》云尔。[①]

吴兢发现乐府创作中,不少作者对乐府本题的原义往往弄不清楚,以致出现“断题取义”的现象。所以,他对大量乐府古题进行考证,试图还原其本来面目,从而纠正时人运用中的错误。以往对此段序文的研究,多置于乐府学视域,而未顾及作者身份。事实上,吴兢是初唐著名史学家,与刘知几、韦述鼎足而三。吴序提示我们应注意史官与乐府创作的关系,也提示我们要注意史学与诗歌的关系。由此序可见,诗歌“复古”首要之务是对古诗进行研究,发掘其本义。“诗三百”、汉魏乐府之所以能“感天地,动鬼神,正人伦”,之所以具有“风骨”,是因为诗歌本身能切近民众,反映现实,敢于批判。而其采用的“言志”手法,说到底就是真实的叙事和剀切的议论,而不是晋宋时期发展起来的敷陈式的体物,也不是绮靡式的言情。所以,在诗歌中关注现实,加强叙事和议论,才是改革近体诗正道。而这一点,与孔子修《春秋》“我欲载之空言,不如见之于行事之深切著明”[②]的史学精神恰相契合。从这里可以看到,用历史笔法进行诗歌创作,是改造近体诗各种弊端的正确途径。这个现象也表明,在对近体诗的改造过程中,

① 吴兢《乐府古题要解》,丁福保辑《历代诗话续编》,中华书局1983年版,第24页。

② 司马迁《史记》卷一三〇,第3297页。

复活了诗歌“言志”传统，促成诗歌传统与史学精神二者的合流。

经过杨炯、陈子昂等人的前期准备，到李白、杜甫时代，“诗史”现象大量出现。唐前被称为“诗史”者，有屈原、曹操、庾信三人，唐代诗人中被称为“诗史”者，则有李白、杜甫、白居易、元稹、李贺等人。后人之所以推崇他们为“诗史”，是因为曹操乐府乃“汉末实录”，庾诗则“情与事附”“志随词显”，着重的都是诗歌与时事的关系，也就是具有“感于哀乐，缘事而发”的汉乐府精神。李白《古风》“上薄《风》《骚》，顾其间多隐约时事”，杜诗“推见至隐，殆无遗事”，白居易诗“多纪岁时”，元稹诗“亦近于诗史”，李贺与少陵相较，“归之于史则一”。[①]可见，以诗歌记录时事，具有“不虚美不隐恶”的实录精神，才是“诗史”的真义。因古体形式上较为自由且篇幅不限，故多采用。但也不排斥格律诗，比如杜甫《秋兴》八首，运用组诗的形式再现乱世寄寓情形，通过叙述诗人当下处境和回忆往事，真实地记录了一段史实。

“诗史”不仅要实录时事，而且还要有现实批判，体现“春秋笔法”。洪迈曾一针见血地揭出这个问题。他说：“唐人歌诗，其于先世及当时事，直辞咏寄，略无避隐。至宫禁嬖昵，非外间所应知者，皆反复极言，而上之人亦不以为罪。如白乐天《长恨歌》讽谏诸章，元微之《连昌宫词》，始末皆为明皇而发。杜子美尤多，如《兵车行》……终篇皆是。此下如张祜赋《连昌宫》等三十篇，大抵咏开元、天宝间事。李义山《华清宫》《马嵬》《骊山》《龙池》诸诗亦然。今之诗人不敢尔也。”[②]唐人“直辞咏寄”，笔端含讽，而宋人则不敢如此，正好说明唐人在释经与修史的立言空间被压缩后，转而在诗歌领域需求突破的事实。

四　杂传及小说的补史问题

今人所称唐代笔记及唐人小说，其源头在史部的杂传类及子部的小说家类。今欲讨论笔记、小说与国史的关系问题，必须回到当时的语境

---

① 参考张晖《中国“诗史”传统》，生活·读书·新知三联书店2012年版，第317—318页。

② 洪迈《容斋续笔》卷二，上海古籍出版社1978年版，第236—237页。

中去。

如前所述,两汉时期经学盛而史学衰,进入魏晋这种情况开始发生变化。西晋荀勖把图籍分成甲乙丙丁四大类,其中丙部专载史记、旧事、皇览簿、杂事之类的图书。东晋李充把乙部和丙部对调,自此史部列在经部之后,成为史志目录定例。《隋志》史部共十三小类,即正史、古史、杂史、霸史、起居注、旧事、职官、仪注、刑法、杂传(搜神记)、地理、谱系、簿录。《旧唐书·经籍志》也同样分十三类,只是把“簿录”改为“略录”,其他未变。《新唐书·艺文志》则把“古史”改为“编年”,“霸史”改为“伪史”,“旧事”改为“故事”,“杂传”改为“杂传记”,“谱系”改为“谱牒”,“略录”改为“目录”,对各小类的次序也进行调整。由此可见,与魏晋南北朝相较,唐宋时期建立了一个大史学观。史部十三个类别多渊源有自,唯杂传后起,故《隋志》对此特加说明:

> 武帝从董仲舒之言,始举贤良文学。天下计书,先上太史,善恶之事,靡不毕集。司马迁、班固,撰而成之,股肱辅弼之臣,扶义俶傥之士,皆有记录。而操行高洁,不涉于世者,《史记》独传夷、齐,《汉书》但述杨王孙之俦,其余皆略而不说。又汉时,阮仓作《列仙图》,刘向典校经籍,始作《列仙》《列士》《列女》之传,皆因其志尚,率尔而作,不在正史。后汉光武,始诏南阳,撰作风俗,故沛、三辅有耆旧节士之序,鲁、庐江有名德先贤之赞。郡国之书,由是而作。魏文帝又作《列异》,以序鬼物奇怪之事,嵇康作《高士传》,以叙圣贤之风。因其事类,相继而作者甚众,名目转广,而又杂以虚诞怪妄之说。推其本源,盖亦史官之末事也。载笔之士,删采其要焉。[①]

这段话有几个关键点值得注意:其一,《史记》《汉书》载事有阙略,特别是“操行高洁,不涉于世者”多略而未书,可见正史无法包容全部历史。第二,杂传的兴起,源于阮仓和刘向,经由后汉和魏初始兴。第三,杂传内容

① 《隋书》卷三三,第981—982页。

庞杂，举凡如风俗、耆旧、先贤、鬼物奇怪之事等均可纳入其中。此亦可由《旧志》所载见出，其杂传类有"一百九十四部，褒先贤耆旧三十九家，孝友十家，忠节三家，列藩三家，良史二家，高逸十八家，杂传五家，科录一家，杂传十一家，文士三家，仙灵二十六家，高僧十家，鬼神二十六家，列女十六家，凡一千九百七十八卷"[①]。其四，杂传著述，被称为"史官之末事"，正因如此，杂传成为正史取材之对象。

《隋志》小说家类序："小说者，街说巷语之说也。《传》载舆人之诵，《诗》美询于刍荛。古者圣人在上，史为书，瞽为诗，工诵箴谏，大夫规诲，士传言而庶人谤。孟春，徇木铎以求歌谣，巡省观人诗，以知风俗。过则正之，失则改之，道听途说，靡不毕纪……孔子曰：虽小道，必有可观者焉，致远恐泥。"[②]《旧志》亦云："小说家，以纪刍辞舆诵。"[③]由此可见初盛唐史官对"小说家"一类的看法，与班固基本上一致，认为小说乃街谈巷语、道听途说之类的丛残小语，虽难达于大道，但从观风俗知得失的角度来看，可补正史之不足。

史部之杂传与子部之小说家两类，是唐代笔记及小说的主要来源。其补史问题，刘知几曾在《史通·采撰》中多有讨论。刘氏并非一味否定正史杂采它书，比如他认为《史记》采《世本》《国语》《战国策》《楚汉春秋》，《汉书》采《新序》《说苑》等，均"能取信一时，擅名千载"[④]。他所反对的，是后世史官的好奇和失实，即"苟出异端，虚益新事"[⑤]。所以他批评初唐史官修《晋书》，杂用《语林》《世说》《幽明录》《搜神记》，斥其"务多为美，聚博为功"[⑥]，结果殆同类书。他又进一步指出道听途说则违理，街谈巷议则损实。违理损实，则与《春秋》精神背道而驰。所以，从这个意义上来说，刘氏批评看似国史取材问题，而实质上则是史德问

① 《旧唐书》卷四六，第2006页。按：据《唐书经籍艺文合志》统计，实止"一百七十九部，一千九百三十卷"。该书又引《旧唐书考证》，"止一千三十卷"。商务印书馆1956年版，第128页。

② 《隋书》卷三四，第1012页。

③ 《旧唐书》卷四六，第1963页。

④ 刘知几著，浦起龙释《史通通释》卷五，第106页。

⑤ 刘知几著，浦起龙释《史通通释》卷五，第107页。

⑥ 刘知几著，浦起龙释《史通通释》卷五，第108页。

题，其所不满者乃著述者心术“所养未粹”[①]。刘氏批评还指向另一个深层次问题，即著述之文与文人之文不同。刘氏并非否定《世说》《搜神记》等书的价值，而是认为其与国史性质不同，不宜作为国史采撰的材料。韩愈对此也认识得非常清楚，他在与张籍辩论过程中，把自己所作传奇等文称为戏笔：“此吾所以为戏耳，比之酒色，不有间乎？”[②]并指出夫子犹有所戏，《诗》不云乎“善戏谑兮，不为虐兮”，《记》曰“张而不弛，文武不能也”。[③]韩愈的看法得到柳宗元支持：“世人笑之也不以其俳乎，而俳又非圣人之所弃者。”[④]北宋史臣对杂传与小说区分得更加清晰。《新志》杂传记类对《旧志》进行增删：一是把《旧志》杂传类《列仙传赞》以下至《稠禅师传》数十种并入子部道家类，把《旧志》杂传类《列异传》以下至《冥报记》数十种种并入子部小说家类。二是移入《旧志》史部谱系类《荀氏家传》以下至《敦煌张氏家传》，移入《旧志》子部儒家类《凤楼新诫》《曹大家女诫》《内训》《妇人训解集》《女则要录》等。《新志》子部小说家类也对《旧志》进行改造：一是把《旧志》中《鬻子》移至道家类，二是增补从《旧志》杂传类移出者。由此可见，从刘知几至韩愈、柳宗元，再到北宋史官，对杂传与小说的认识在不断演进。《新唐书》首次将原属杂传类的《搜神记》《幽明录》等书，归为小说家类。这个改变具有重要的史学和文学意义。自此杂传被认为是比较纯粹的史学著作，而小说家则进入文人文学领域。二者有了著述之文与文人之文的区隔，界限非常清晰。正如章学诚所说：“著述必有立于文辞之先者，假文辞以达之而已。”[⑤]而文人之文则如锦工玉工，但知制锦攻玉，而不知锦玉之所以用。其意大致是说，著述之文，“道”在笔先，内容大于形式；而传奇小说，非必含“道”，形式大于内容。

上述刘氏批评，表明采杂传、小说等入正史，成为唐修国史通行风习。

① 章学诚著，叶瑛校注《文史通义校注》卷三，中华书局1985年版，第219页。

② 韩愈《答张籍书》，马其昶《韩昌黎文集校注》卷二，上海古籍出版社1987年版，第132页。

③ 韩愈《重答张籍书》，马其昶《韩昌黎文集校注》卷二，第136页。

④ 柳宗元《读韩愈所著毛颖传后题》，《柳河东集》卷二一，上海人民出版社1974年版，第366页。

⑤ 章学诚著，叶瑛校注《文史通义校注》卷五，第489页。

而史官务多好博，采奇摭异，也正是唐人笔记、传奇、志怪之类作品油然兴盛的一个重要因素。从《隋志》《旧志》《新志》对杂传和小说归类的变化，可知中唐以降，二者之别，已从篇章结构的完残与否，转移至所叙之事的虚实之辨上来。这使得两类作品的发展呈现不同路向，杂传纪实而小说务虚，二者分道扬镳。所以唐代传奇、志怪之类作品虽然还保留了史传的写作模式，也寄寓了劝诫[①]，但这只是对传统的延续，而非事实上的补史。真正意义上具有补史价值的是杂传。

杂传的材料来源，主要有两种，一是耳闻目睹的亲身体验，一是对前人著述的采摭。就后一种来源来看，形式也是多种多样的，比如有的采自家集，有的采自时人著作，有的则是采录编书时所遗的。其中有一种情况应特别注意，那就是对国史的采择。也就是说，唐人笔记中，有一部分材料是来自唐代所修的国史。这种现象已为学界所关注，如周勋初《唐代笔记小说的材料来源》，严杰《唐人笔记对国史的利用》，贾宪保《从〈旧唐书〉〈谭宾录〉中考索唐国史》等文章，对上述问题都有专门的讨论。唐朝国史，主要有韦述和柳芳等修的《国史》一百三十卷。安史之乱后，国史散落。此后于休烈、令狐峘以次增辑，讫于建中而止。而大历、元和以后则成于崔龟从。其后韦澳诸人又增辑之，凡为书一百四十六卷。但是国史是否能供外界任意抄写，还难以明断。不过，用以修国史的实录，则是允许外人抄写的。《唐会要》卷六三记贞观十七年(643)房玄龄等上所撰高祖、太宗实录各二十卷，太宗赐皇太子及诸王各一部，三品以上的京官，如果愿意也可以抄写。《旧唐书·柳登传》："属安、史乱离，国史散落，编缀所闻，率多阙漏。"[②]国史流散到人间，为文人对其利用提供了机会。裴度曾在上穆宗之疏中说："臣读《国史》，知代宗朝蕃戎侵轶，直犯都城。"[③]李德裕上疏敬宗不宜服食饵药，亦称："高宗朝刘道合、玄宗朝孙甑生，皆成黄金，二祖竟不敢服。岂不以宗庙社稷之重，不可轻易！此事炳然载于《国

① 参考拙文《唐传奇"史才"考论》，《怀化学院学报》2007年第10期。

② 《旧唐书》卷一四九，第4030页。

③ 《旧唐书》卷一七〇，第4423页。

史》。”[①]李翱《答皇甫湜书》中也提到“近写得《唐书》”[②]。刘禹锡《夔州论利害第二表》亦有“臣伏览《国史》”[③]之语。综合上述记载来看，唐前期国史管理较严格，不易得到，但在后期开始向社会上流传，利用国史的可能性增多。

国史和笔记之间关系较为复杂，不仅只是笔记抄录利用国史的一方面，也存在国史对笔记的采择利用的一面。唐代所修国史，现在已经看不到了。不过，《旧唐书》前半部分主要依据国史原文，所以可以通过《旧唐书》了解唐史。将笔记小说与《旧唐书》进行对勘，就会发现有大量相同或相似的记载。对于这些相同的记载，应当实事求是地具体分析。其中有一种情况是，两者有共同的史源，也就是说《旧唐书》和笔记的相关记载都是从国史中转抄的。比如，最明显的两部著作《大唐新语》和《谭宾录》即是如此。陈寅恪先生曾指出，《大唐新语》的材料来源，“大都出自国史”[④]。周勋初先生进一步考证《大唐新语》卷一《匡赞》中关于姚崇、张说、玄宗之间恩怨纠葛的记述，当出之于吴兢所撰《国史》。又卷三《公直》所载虞世南谏太宗作艳诗一事，也可能源于《国史》。[⑤]《谭宾录》对于国史的利用，贾宪保曾做过详细考证，将《谭宾录》与《旧唐书》中相关记载作比较，证明二者同源。他说：“在《太平广记》所录121条《谭宾录》佚文中，有37条不见于《旧唐书》，而见于《旧唐书》的84条中，有78条属于上述引例的情况，即记载与《旧唐书》完全相同，只有6条稍有不同。”“从上述诸例中完全可以看出，《旧唐书》的记载详于《谭宾录》，故不会是修撰《旧唐书》的史官们抄自《谭宾录》。而《谭宾录》的成书早于《旧唐书》，自亦不能抄自《旧唐书》。二书必有一个共同的史源，即抄自同一种书。二书相同的记载内容都是较为可信的人物事迹，所抄自的书应是早于二书的正规史书——实录、国史；所记录的人物有大有小，而实录不会为一般人物立传，所以可以

① 《旧唐书》卷一七四，第4518页。

② 《全唐文》卷六三五，第6410页。

③ 瞿蜕园《刘禹锡集笺证》，上海古籍出版社1989年版，第375页。

④ 陈寅恪《元白诗笺证稿》，上海古籍出版社1978年版，第140页。

⑤ 周勋初《唐代笔记小说叙录》，凤凰出版社2008年版，第29—30页。

肯定，二书所据史书应为纪传体国史。”[①]但是，《大唐新语》和《谭宾录》的全部史料来源，并非只有国史，也还有其他的著作。比如《大唐新语》对刘𫗧《隋唐嘉话》和韩琬《御史台记》等书，就有相当一部分的采择。《谭宾录》中也有一部分出自如《国史补》等其他著作。此外，像张鷟的《朝野佥载》、佚名的《大唐传载》、刘𫗧的《隋唐嘉话》等笔记，也有部分内容是采自国史的。[②]笔记小说与唐国史还有另一种关系，即国史对笔记的采用，最显著的例子是对韩琬《御史台记》的采择和利用。日本学者池田温曾将《旧唐书·酷吏传》与《御史台记》对照，论证《旧唐书》所记武后朝御史台官员事迹多处采自《御史台记》，从而说明唐国史依据了《御史台记》。[③]

笔记与《旧唐书》的关系不仅是有共同的史源，还有另一种情况，就是《旧唐书》对笔记小说的采择和利用。严杰曾详细考证《旧唐书》采用《朝野佥载》的情况，认为：“在《朝野佥载》与《旧唐书·五行志》记载相同的条文中，《佥载》仅有小部分采用了史馆的材料，这与《旧志》同源，而大部分应系撰者张鷟长期见闻积累而得，后来被《旧志》直接采用。”[④]

综上所述，唐国史、笔记、《旧唐书》三者的关系是错综复杂的。唐国史是笔记的史源之一，也是《旧唐书》的史源之一。《旧唐书》不仅与笔记有共同的史源，还可能直接对笔记进行采择利用。国史不仅是笔记的史源之一，也存在对笔记的采用情况。从这些复杂关系来看，唐代笔记与史学是密切关联的。

五　图经编纂与山水游记写实性

古代地理学的发展起源于先民对地域空间的思考和探索。而地理学成为一种专门学问则是为了政治需要。由于山川阻隔、交通不便，各地依由不同自然条件形成各不相同的民风习俗、物产贡赋。因此，《禹贡》划天

① 贾宪保《从〈旧唐书〉〈谭宾录〉中考索唐国史》，转引自周勋初《唐代笔记小说叙录》，凤凰出版社2008年版，第59—60页。

② 参考严杰《唐代笔记对国史的利用》，《唐五代笔记考论》，中华书局2009年版，第21—26页。

③ [日]池田温《论韩琬〈御史台记〉》，《唐研究论文选集》，中国社会科学出版社1999年版。

④ 参考严杰《〈朝野佥载〉考》，《唐五代笔记考论》，中华书局2009年版，第115页。

下为九州，既是对地理空间的认识，也是为了条物产、辨贡赋以及教化需要。其作用，类似于“采诗”。周王朝地理之学专掌于史官，小史掌邦国之志，外史掌书使于四方。不仅如此，夏官、地官、春官也参与其中，分工明确[①]，从而保证周王朝对统辖区域全方位了解和掌控。秦汉时期，地理书在政治方面发挥的作用越来越大。史载萧何得秦图书，故知天下要害，为刘邦夺取战争胜利提供了重要帮助。总的来说，汉代地理之学尚不够发达。司马迁《史记》所载仅《河渠书》，班固所作《地理志》也多因袭《禹贡》《周官》。汉魏之际开始对地方人物、风俗、山川等高度重视，地记与杂传同时兴起。其后地记之作逐渐增多，仅《隋志》所载就有数十种。四库馆臣评六朝地记创作之盛：“自古名山大泽，秩祀所先，但以表望封圻，未闻品题名胜。逮典午而后，游迹始盛。六朝文士，无不托兴登临。史册所载，若谢灵运《居名山志》《游名山志》之类，撰述日繁。”[②]指出登临游赏与地记兴盛之间的关系。

隋代，地方图经大量出现。《隋志》：“隋大业中，普诏天下诸郡，条其风俗地理物产地图，上于尚书。故隋代有《诸郡物产土俗记》一百五十一卷，《区宇图志》一百二十九卷，《诸州图经集》一百卷。”[③]但与唐代相比，隋代图经的修撰还处于初兴阶段。唐代州郡图经存世篇目近三十种[④]，而且县级政区也有图经，如陆羽《茶经》卷下引有《茶陵图经》，茶陵在唐代为衡州

---

① 《隋书》卷三三史部地理类序：“夏官司险，掌建九州之图，周知山林川泽之阻，达其道路。地官诵训，掌方志以诏观事，以知地俗。春官保章，以星土辨九州之地，所封之域，以观祆祥。夏官职方，掌天下之图地，辨四夷八蛮九貉五戎六狄之人，与其财用九谷六畜之数，周知利害，辨九州之国，使同其贯。司徒掌邦之土地之图与其人民之教，以佐王扰邦国，周知九州之域，广轮之数，辨其山林川泽丘陵坟衍原隰之名物，及土会之法。然则其事分在众职，而冢宰掌建邦之六典，实总其事。太史以典逆冢宰之治，其书盖亦总为史官之职。”第987页。

② 永瑢《四库全书总目》卷七一，中华书局1965年版，第630页。

③ 《隋书》卷三三《经籍二》“地理类序”，第988页。

④ 张国淦《中国古方志考》(中华书局1962年版)曾依据地志、类书以及正史经籍艺文等书的征引、著录情况和敦煌遗书，查找出一些唐代州郡图经，计有《汉阳图经》《武陵图经》《湖州图经》《夔州图经》(两种)、《岳州图经》《邵阳图经》《鄂州图经》《夷州图经》《沙州图经》《西州图经》等。辛德勇《唐代的地理学》一文又考出另一些图经，包括《衢州图经》《江州图经》《桂州图经》《漳州图经》《抚州图经》《吴兴图经》《滁州图经》《苏州图经》《忠州图经》《宣州图经》《泽州图经》《台州图经》《白州图经》《归州图经》《淮阴图经》《永嘉图经》等。见李斌城主编《唐代文化》(下)，中国社会科学出版社2002年版，第1278—1279页。

属县。薛稷《朱隐士图赞》,明确提到《灵池县图经》[①]。杨夔《乌程县修建廨宇记》也提到有《乌程县图经》[②]。

隋唐时期图经的大量出现,主要原因是隋唐官制的变化。而其关键,则是郡县佐官的选任制度。秦汉以来,郡县佐官例由郡县长官自行辟置。顾炎武尝指出,其时州郡一级行政机构,“惟守、相命于朝廷,而自掾属以下,无非本郡之人,故能知一方之人情,而为之兴利除害”[③]。县级行政机构,自令长以下,“丞尉及诸曹掾,多以本郡人为之”[④]。郡县长官在当地自行辟用掾属,这些人熟悉当地情况,所以不必特别依赖地方志的记载。开皇三年(583),隋文帝改革旧制,郡县僚佐一律由吏部除授,不再由长官自行辟置,“刺史、县令,三年一迁,佐官四年一迁”[⑤]。而佐官的地域来源也随之改变,原则上是“尽用他郡人”[⑥]。唐代基本沿承了这种做法。辛德勇曾指出这一制度变化的史学意义:“这样一来,郡县衙署的一整套官员班子,就都变成了几年一换的外地人,这些官员要想在三年左右的时间内成功地管理好这一方陌生的土地,首先需要尽快全面地了解当地的地理状况,而实现这一点的最好办法,就是让每一个州县都编出一部详细记述当地地理状况的地理书。显然,正是官员任用上的这一重要变化,造成了隋唐时期图经纂述骤然勃兴的局面。”[⑦]由此可见,图经的大量生产是由于现实需求。而唐代官员赴地方任职多阅读图经,亦多载于文献。如张籍《送郑尚书赴广州》:“海北蛮夷来舞蹈,岭南封管送图经。”[⑧]韩愈《将至韶州先寄张端公使君借图经》:“曲江山水闻来久,恐不知名访倍难。愿借图经将入界,每逢佳处便开看。”[⑨]这些记载,反映了唐代地方官阅读图经的事实。

---

① 《全唐文》卷二七五,第2799页。

② 《全唐文》卷八六七,第9080页。

③ 顾炎武著,黄汝成集释《日知录集释》卷八,上海古籍出版社2006年版,第479页。

④ 杜佑《通典》卷三三,中华书局1985年版,第191页。

⑤ 《隋书》卷二八,第792页。

⑥ 杜佑《通典》卷三三,第191页。

⑦ 辛德勇《唐代的地理学》,李斌城主编《唐代文化》(下),第1281页。

⑧ 《全唐诗》卷三八五,中华书局1960年版,第4340页。

⑨ 《全唐诗》卷三四四,第3860页。

后唐明宗李亶《令诸道进州县图经敕》:“古今事迹,地里山川,地土所宜,风俗所尚,皆须备载不得漏略”[①]。据此可知,图经比较详细地记载了各地的自然地理和历史人文信息,这就使得地记写作与图经发生关联。文人对图经的利用,主要有三方面:其一,借助图经考证地名由来。如阎伯瑾《黄鹤楼记》:“《图经》云:费祎登仙,尝驾黄鹤返憩于此,遂以名楼。”[②]独孤及《琅琊溪述并序》:“按《图经》,晋元帝之居琅琊邸而为镇东也,尝游息是山。厥迹犹存,故长夫名溪曰琅琊。”[③]武少仪《移丹河记》:“高平古泫氏邑也,其沿代改名,《图经》详矣。”[④]此外,潘滔《文公祠记》,元晦《叠彩山记》,刘崇远《新开宴石山记》,巩伯壎《奇石山磨崖记》,孙公辅《新修夏邑县城门楼记》,阙名《重修顺祐王庙记》,徐知证《庐山太一真人庙记》等,均借图经以考地名。其二,借助图经考证当地人物。如卢士牟《段干木庙记》:“按《图经》云:‘先生以原上草庐中,高枕而卧,秦遂解兵。’”[⑤]王茂元《楚三闾大夫屈先生祠堂铭》:“按《史记》本传及《图经》,先生秭归人也。”[⑥]颜真卿《抚州南城县麻姑山仙坛记》考谢灵运行迹:“按《图经》,南城县有麻姑山,顶有古坛……西北有麻源,谢灵运诗题《入华子冈是麻源第三谷》,恐其处也。”[⑦]其三,借图经记述一地之故事。如白居易《钱塘湖石记》原注:“州《图经》云:湖水溉田五百顷。”[⑧]蒋防《汨罗庙记》:“按《图经》,汨冬水二尺,夏九尺,则为大水也。”[⑨]李密思《湘君庙记》:“按《图经》,此山不受秽恶,无猛兽。”[⑩]这些情况,说明图经在地记写作中具有重要参考作用。

柳宗元曾任职永州和柳州,自然对两地图经是非常熟悉的。不仅如此,柳氏对其他各地图经的利用也比较多。比如《武功县丞厅壁记》按图

① 《全唐文》卷一一一,第1136页。
② 《全唐文》卷四四〇,第4483页。
③ 《全唐文》卷三八九,第3961页。
④ 《全唐文》卷六一三,第6187页。
⑤ 《全唐文》卷一五六,第1598页。
⑥ 《全唐文》卷六八四,第7006页。
⑦ 《全唐文》卷三三八,第3424页。
⑧ 《全唐文》卷六七六,第6911页。
⑨ 《全唐文》卷七一九,第7403页。
⑩ 《全唐文》卷八〇二,第8426页。

考史:“武功为甸内大县,案其图,古后稷封有斄之地。秦作四十一县,斄、美阳、武功各异,至是合焉。”①《道州毁鼻亭神记》说刺史薛伯高“披地图,得是祠”②,注文亦引《道州图经》,可知柳氏对当地图经是相当熟悉的。《邕州柳中丞作马退山茅亭记》和《桂州裴中丞作訾家洲亭记》,分别作于永州和柳州,据文中所写地貌,可推知曾参考两地图经。

据上述情况,可以推想,柳宗元在永州和柳州,必先阅读当地图经,并据作游览山水之助。从其山水游记中也能看出这一点。比如《游黄溪记》:“环永之治百里。北至于浯溪,西至于湘之源,南至于泷泉,东至于黄溪东屯。”③所记内容及写作笔法,大概直接取自图经。“永州八记”最突出的一点是详记地理方位和道路里程,有时甚至具体到步数。“八记”以组文的形式,记录了永州境内冉溪周边的奇山异水。第一次出游以西山为中心,第二次以袁家渴为中心。元和四年(809),柳氏开始游西山,接着游钴鉧潭,潭在西山口西北道二百步,又游钴鉧潭西之小丘,小丘在潭西二十五步。小丘之西又有小石潭,距小丘　百二十步。袁家渴、石渠、石涧、小石城山四记,均作于元和七年(812)。由西山沿朝阳岩东南水行至芜江,即袁家渴。袁家渴西南一百步,即石渠。石涧在石渠之西北。小石城山在西山口之东北,与钴鉧潭方向正相反。由于“永州八记”所记方位具体、里程精确,被后来史家采入地理书。明李贤等《明一统志》卷六五“永州府”下所记诸地,均采柳氏之说。如“鈷鉧潭”:“在西山之西,柳宗元记冉水自南奔汪,抵山石,屈折东流。”“小石潭”:“在小丘西,柳宗元记,水尤清冽,泉石以为底。”“袁家渴”:“在朝阳岩东南,柳宗元记楚越之间方言,谓水之反流者为渴。”“石渠”:“在袁家渴西南,柳宗元记渠之广或咫尺,或倍尺,其长可十许步。”④其后《大清一统志》卷二八二、《湖广通志》卷十一均据以载录。

---

① 柳宗元《柳河东集》卷二六,第436—437页。

② 柳宗元《柳河东集》卷二八,第460页。

③ 柳宗元《柳河东集》卷二九,第469页。

④ 李贤《明一统志》卷六五,景印文渊阁《四库全书》第473册,上海古籍出版社1987年版,第382—383页。

柳宗元山水游记，前人多溯源至《水经注》。例如《唐宋文醇》："郦道元《水经注》，史家地理志之流也。宗元'永州八记'虽非一时所成，而若断若续，令读者如陆务观诗所云'山重水复疑无路，柳暗花明又一村'也，绝似《水经注》文字，读者宜合而观之。"[①]刘熙载亦云："郦道元叙山水，峻洁层深。奄有《楚辞·山鬼》《招隐士》胜境。柳柳州游记，此其先导耶？"[②]单从柳文来看，这个说法不无道理，但这里似乎忽略了一个问题，那就是唐代山水游记，柳氏之外尚有不少其他作家作品，如窦公衡《石门山瀑布记》，元结《右溪记》，李渤《辨石钟山记》等均是。也就是说，山水游记作为一种新兴文体，在唐代有一个写作群体，而非单独柳氏一人。何以山水游记会在唐代兴起？其文体特征又是如何形成的？仅用《水经注》来回答这些问题，恐怕难以令人信服。据上所述，似乎可以这样说，从山水游记文字风格来看，《水经注》当为其远源。而从写实这层来说，唐代图经的兴盛则是其近源。二者交互作用，使山水游记逐渐形成具有史学特质的新式文体。

综上所述，基本结论如下：

其一，中国史学演进，及与文学错综复杂之关联，究其实质，发挥支配作用的是政治权力。史官建置的演变，第一个节点是周朝史职之设，第二个节点是魏明帝设置著作郎和佐郎，第三个节点则是唐贞观三年(629)史馆之创设。把这些节点串联起来，可以清晰地看到史学演进轨迹。其总体特点是从官、私共修转向官方统一纂修。史权的统一，反映了皇权对学术和思想的全面控制。本书所讨论的，实际上是权力、学术、文学等事物之间的联动关系。

其二，史学与文学分合的基本前提是各自相对独立。史学脱离经学之附庸，文学自觉观念的逐步确立，均发生于魏晋时期，两者大致同步。刘宋时期创置儒、史、玄、文四馆，标志着独立从隐形走向显性，同时也意味二者分离的确立。但其后文学与史学又存在千丝万缕的联系，大致可

① 清高宗御选，允禄等编《御选唐宋文醇》卷一六，景印文渊阁《四库全书》第1447册，第362页。

② 刘熙载《艺概》卷一，上海古籍出版社1978年版，第18页。

以用“文之将史”来表达。

其三，唐代史学对文学所产生的动力作用，国史纂修统一之外，还与经学一统有关。以《五经正义》为标志，官方对经学开始全面掌控。因此，在国史纂修和经典阐释两方面，初盛唐都难有较大突破。这使知识阶层不得不转向史部的杂传、地理等领域，同时也在文学领域提出革新主张，以求突破。

其四，唐代史学与文学的关联，表现在诗歌、小说、散文等各个方面，但影响并不同步，其介质和表征也各自有别。这与各文体自身传统，以及各自的夤缘际会有关。比如，在初唐诗歌演进过程中，诗歌“复古”主张恰与重拾春秋笔削精神相契合，从而激活“诗史”意识。隋唐选官制度的变化促使图经勃兴，文人对图经的熟习和利用，则为山水游记提供了文体上的启发和借鉴。各自的“偶然性”，构建了面貌各异的关系史。

余论　从现象描述转向本质揭示

本书从制度的权力本质切入，分析唐代制度以权力方式进入文学诸层面的表征及内在逻辑，主要讨论了以下十个问题。

其一，反思“制度与文学”研究范式。中国古代制度与文学之关系研究已取得令人瞩目的成绩，形成具有特色的研究范式，一定程度上改变了当代学术格局，推进了古典文学研究的现代化。其学术渊源，根植于西方文学社会学理论与中国学术传统的贯通融合，是中西文化交汇在学术中的体现。但在其发展过程中也出现不少问题，比如未能对“与”的含义进行充分理解和发掘，过于重视文学外部研究因而不能很好地解决文学内部的审美问题，制度与文学关系史的梳理偏于简单化和直接化，研究中过于依赖数字检索因而造成知识性错误等等。有鉴于此，未来研究不仅要反思中国文学与西方文艺理论之间的适应性问题，更应重思制度起源，并由此建构新的研究理论和学术方法，在跨学科研究中尽可能避免知识性错误以及“伪考据”“伪学术”等现象。

其二，从中西互鉴角度认识制度诗学。陈寅恪先生与埃斯卡皮对制度所持的立场不同，一是立足于中国文化本位，一是将之纳入文学事实的过程。但在制度作为文学生成的外部环境一点上来说，二者亦有相契合之处。对文学认识的分歧，在于前者尊重不同语系的语文特点，同时文学亦可作为历史考据的材料，而后者则认为文学既是意义也是物品，应从书籍的流通传播来考察。这些分歧，导致他们在研究文学与制度之关联性时采取的策略和方法，以及着眼点都有所不同。陈先生关注时间地理人事，关注作家的种族和社会阶层，关注作家之间的相互影响，而埃斯卡皮更侧重于文学群体的地理出身和社会出身，更侧重于读者对作者的“创造性的背离”。与之相应，在研究方法上，埃斯卡皮注重历史方法和社会调查，而陈先生则运用诗史互证的综合研究法。

其三，揭示文学制度与文学创作程式化现象。文学制度既指文学的内在规定性，也指文学外部规制。就唐诗而言，由诗歌内部诸因素的矛盾所产生的对唐诗艺术系统的制约作用，体现出文学内部的演进规律。唐代文学外部制度主要包括馆阁创置、激励机制、文学教育等制度。这些制度的产生是为了适应唐王朝的需要，体现为国家权力意志。制度对文学的作用和影响有积极和消极两方面。例如，初唐文馆与新体诗演进，著作郎官职责分流与碑志文的双线发展，史馆制度与唐传奇史传化，右文政策与“诗史”传统的形成等，均可视为其积极的一面。但在此过程中逐渐形成的各种文体之学使文学写作逐步程式化，体现文学制度的消极作用。

其四，隐性文学制度。隐性制度主要以最高统治阶层的言和行的形式出现，而非以明确的诏诰制敕等条文形式颁布。隐形文学制度的运行逻辑主要是上有所好下必甚焉，亦即长期以来形成的上行下效的风气。其本质是权力向下渗透过程中对权力的崇拜。因此，以帝王为中心形成的宫廷诗人群体，其文学活动形式和内容等，对宫廷之外的文学活动产生重要作用，使之朝着宫廷化方向发展。这种趋同性表现出来的向心力，其指向的内核是权力中心。最高统治阶层的文学雅好行为，一方面反映了诗教传统在文学实践中的作用，另一方面使宫廷文学与非宫廷文学形成二元对立，这种反作用力在一定程度上推动文学发展，并使诗学更加多元化。

其五，制度权力与文人角色空间流动。一是学士群体。从宫廷应制诗歌活动的性质来看，初唐学士群体的侍从角色类于“俳优”。其发端于太宗贞观时期，经由高宗和武周，至中宗景龙年间而全盛。珠英学士和修文馆学士两大诗人群体，先后发生两次大规模的贬逐，迫使他们由京城向地方流动。在这个过程中，学士群体的创作发生改变，诗歌写作由群体诗学转向个体诗学，诗歌精神向理性、个性，以及诗骚传统回归，从而使近体诗在内容和诗艺等方面进一步成熟，体现为殷璠所说的“颇通远调”。二是学官群体。唐代国子学官纳入整个官僚运作体系，成为所有官职迁转中的一环。学官的迁转多与地方互动，发生于朝野之间。影响学官由地方迁入的要素主要是任职经历、用人政策、政治斗争、仕进风尚以及国子监的闲散特性等，由此形成五种基本迁入方式。学官迁出为地方官，多任刺史、节度使和观察使等，或入幕为诸府从事。学官迁转至地方，在兴学崇教、传播知识、改变习俗、稳定人口、促进区域文学发展等方面产生了重要影响，由此推进京城与地方之间的文化交流。三是史官群体。唐代史官本任职于京城长安，但由于各种原因，如职务迁转、贬谪、出使、入幕等，使得他们在京城与地方之间流动。这种流动，在史学人才培养、推进区域文学发展、改变诗歌创作风格等方面产生较为广泛的影响。

其六，制度张力与诗路文化空间。唐诗之路与唐代诗路是两个既有联系又有区别的概念，概括地讲，唐代诗路是历史存在，诗路创作属于历史现象，而唐诗之路则是后人对此现象理解和认识的结果，是对由诗、路、人三大要素形成的综合体这一新事物思考的表述。从作为方法的角度看，借助唐诗之路不仅可重研唐诗，而且还可以西方理论反观自照，因而使其具有融合古今、会通中外的学科品格。时空关系与权力结构是唐诗之路本体的基本要素，因而也是揭示唐诗之路本质的两个关键。时空关系是理解唐诗之路三大要素内在关联的重要切入点。从地理批评角度看，时间的空间性是时空凝定的内在机制，由此形成的场域具有流动性。唐人地理和地方知识结构既是诗路文学活动的前文本，同时也是解开诗路历史与现实时空关系的密码。从7—9世纪世界格局和国际秩序，以及唐代官僚体系运作机制看，诗路形成的本质是制度权力的时空流动，这为理解诗路创作同一性与差异性提供了根本性基础。

其七，官学制度与初唐诗歌演进。元稹在《杜甫墓系铭》中较早提出律诗的概念，后世多据此认为律诗定型于沈佺期和宋之问，而未深究唐初

“官学大振”在诗歌演进中的作用。实际上，官学教育主要通过科举考试，特别是以进士科试诗赋为媒介，与初唐诗歌产生联系。据考证，唐代进士科试杂文用诗赋并非始于开元年间，而早发生于垂拱二年(686)。开元以前，进士多从国子监生徒中选拔，使得官学在经学教育之外还必须重视诗学教育。武后和中宗朝多用学士主持贡举，使科举与新体诗联系更为紧密。从这个角度来看，元稹所言“官学大振”等应能得到更加合理的解释：律诗并不定型于沈、宋，而由初唐诸馆学士共同完成，在这个过程中，官学教育发挥了重要作用。

其八，科举制度与唐代“六经皆文”观念的生成。从扬雄“五经含文”、王充“遵经为文”，到刘勰“宗经”“征圣”、颜之推“文章者源出五经”，俨然形成一条唐前“文本于经”论述的清晰轨迹。但隋及初盛唐，“通经致用”观念占据主流，强调儒家经典的政治和伦理功用，“经”与“文”的关系被弱化。安史之乱削弱了李唐王朝对思想和学术的控制，新《春秋》学派兴起。他们力主“舍传求经”，打破传统，标新立异，使经学研究多元化。韩愈和柳宗元等人继承和发扬了新《春秋》学派的批判和怀疑精神，其经学研究为“经”“文”重构准备了必要的学术条件。中唐私学兴盛和请益“论文”之风，是“六经皆文”观念兴起的文学环境。科举考试重策文，则是“六经皆文”观念生成的时代要求。

其九，唐人别集国家庋藏制度及相关文学问题。唐代重视文人别集的征藏，形成国家庋藏制度，前后分别由秘书省和集贤院负责。《旧唐书·经籍志》存录的初唐文人别集109种，本书所考《皎然诗集》等10余种，是不同时期国家收藏当朝文集的明证。由国家庋藏制度产生的文学问题，主要有以下几方面。一是由于国家征藏，一些文集先后多次编纂从而形成不同版本。二是文集著录问题。《新唐书·艺文志》著录初唐与盛唐以后文集所依据的材料和方法都不一样。对于初唐文集，并非直接依据《旧志》或《旧传》转录，而是分层次加以甄别。盛唐以后的唐人文集，由于《旧志》无载，《旧传》或载或否、或无传，《新志》依据的史料在旧传之外主要是《崇文总目》及别集序文。集序文在《新志》著录中的作用，以往关注较少，尤其值得注意。三是在国家庋藏制度之下，集序文的撰制发生分流。与普通序文不同，“受敕撰”序文的读者被预设为皇帝，其实质是臣子与帝王之间的对话，故其风格雅正，体现出文学政治化的特点，从而形成序文别体。《骆宾王集序》的删改更反映出文学与政治的密切关联。

其十，史学制度与唐代文史离合关系。文学与史学由浑合而渐至各自独立，经历了漫长而复杂的过程。从相关记载来看，二者分途在刘宋时期已初步确立。但这种情况到唐代开始发生变化。自贞观三年(629)史馆别置后，国史由官私共修转为官方统修。史学转向与经学统一共同形成合力，使经史之学与艺文的关系更趋复杂，形成“文之将史”现象。从新的史文关系来看，唐代“诗史”现象，虽发端于初唐诗歌古、近体的二元对立，但其本质是史官理想与实录精神在诗歌中的反映。对杂传和小说补国史问题的论辩，激发对二者不同性质的再认识，并引起相关书籍所属文献部类的重新划分。在此过程中，逐渐形成杂传纪实而小说虚构的观念。地方官员选任及史馆材料申送制度，促使唐代图经勃兴。文人对图经的阅读和利用，使之与山水游记产生关联，并使其呈现写实性的史学特质。

以上是本书讨论的主要问题。其中制度诗学、文学制度等问题，试图从理论角度，揭示研究制度与文学关联的内在逻辑和基本方法。这是第一层。第二层以隐性制度、制度权力、制度张力为切入点，从制度的权力本质讨论其对文学的作用力量。第三层以教育制度、科举制度、庋藏制度、史学制度等为基点，阐明不同制度与唐代文学之间错综复杂的关联。“制度与文学”作为一种学术方法，从已有研究实绩看，确实在一定程度上改变了以往学术格局，使之朝着更阔大更深入的方向发展。本书虽努力集中展示本人二十多年来对此问题的一些思考，但限于能力和水平，很多问题未能深入讨论。从未来着眼，以下几点尚需进一步研究。

一是制度与文学研究的基本理论。从已有成果来看，制度与文学研究总体上还是围绕“纵通”“横通”两个方向展开，亦即在时段上不断延伸，从先秦至现当代，都有不少学者从事此领域研究，同时在制度层面，从科举、教育等制度拓展至更为具体细微的各种制度或仪式。当然，这两个方向的拓进是十分必要的，但同时也带来不少学术风险，从方法论角度看，最大的风险是学术同质化。也就是说，研究者都在使用同样的方法，做着相似的研究，所不同的仅仅是研究对象有所变化。要改变这样的局面，或者说避免同质化风险，应当从理论源头上进行思考。我以为，现阶段对制度与文学基本理论的探索，要比以往任何时候都更急需。其中最根本最核心的问题是，如何建构一个更为宏观的、系统的理论体系来统摄制度与文学研究。也可以这样来理解：四十多年前，程千帆、傅璇琮等先生提出制度与文学研究命题，并以个人学术实践参与其中，为后来开辟了一个全新学术领域，四十余年后，似乎应对这个命题进行更深入的理论总结，并以之为基础提出新的方法论。

二是制度与文学权力关系。制度之所以能作为秩序的维护力量，因其本质是自上而下运行的权力。中国古代不同领域存在形态各异的制度类型，从作为国家行为这个属性来看，所有制度都是一致的。一切制度都具有权威性、集体性和公约性，否则就不能称之为制度。制度对于所约定范围内的所有人都具有制约作用，从这一点来说，一切制度都会对文学产生作用力，这些作用力的共同属性，可称为文学权力。不过，从作用于文学的力量大小这个角度看，不同制度产生的力量也各相同。同时还要注意，虽然各种制度都具有文学权力属性，但事实上作用于文学的，往往是多种制度共同形成的合力。因此，从宏观上评价一个时代的制度对于文学的整体作用，不仅要看到不同制度的作用，而且还需全面考虑权力框架及其结构性问题。即便研究一个微观制度，也需将之置于时代权力结构的坐标轴中予以考察，因为制度与制度之间不是静态的各自独立的，而是互联互动的。只有在权力运行机制中深考文人的言行举止，才有可能较好解释文人的创作行为。

三是制度与文学研究的边界。一段时间以来，学界对文学研究中的历史本位和文学本位问题进行过较激烈讨论。该问题起因于文学研究过于偏重文学外部问题，而对文学内部问题则较少关注。制度与文学研究也存在这个现象，亦即重视制度研究，而对文学史最重要最根本的问题忽而不顾,由此引起对制度与文学研究边界的思考。任何一种研究范式都有特定的研究对象,因而必定存在局限性,或者换句话说,一定存在研究边界。作为一种研究范式,“制度与文学”同样如此,有其适用性,也有其局限性。从思想渊源来考察,由中国传统的知人论世与西方的文学社会学融汇而成的“制度与文学”研究范式,其用以论人之“世”和文学社会,具有时代性特点,因而总体上是宏观的、全域式的。西方文学社会学关注的文学地理、文学人口、文学世代等现象,所面向的主要是文学群体,而非具体的文人个体。由此可以说,“制度与文学”研究范式较适合文学群体研究,对文学个体研究,虽不无作用,但效果不明显。事实上,某种制度作用于某个文人创作,虽然可以推论,但从逻辑上说,产生了哪些具体作用,往往较难成立。因为制度只提供了文学创作效果的必要条件,而非充要条件,从逻辑推理上说,并不能得出推定的结论。换句话说,对个体文人而言,有某种制度在,并不一定能得出受制度影响的具体结论。但从文人群体角度研究,这种不确定性就几乎不存在了。这是因为,在特定时空中,将文人群体的文学行为转换成数据,形成一个时代或某个区域群体文学活动的数据库,则可以在更宏阔的层面把握文学的时代性和区域性特点。埃斯卡皮对西方文学的研究,所采用的方法就是如此。这有点类似于大数据时代的文学研究,把文学文本、文学活动、文学行为转换成数据,尤为关键。西方文学社会特别重视计量学方法,原因正在于此。这就较好地解释了何以“制度与文学”对个体作家研究、文学内部问题研究产生的作用不大。因为从计量学角度看,要反映某一时段或某一区域的某种现象,必须基于一定量的数据,数量过小则无法实现研究目标。而文学内部问题的研究,虽然也需要从整体宏观角度进行,但以往学术经验表明,对个体作家创作分析越透彻则越能切近文学内部问题。同时,文学内部问题的研究对象主要是文学质性问题,较少与文学量性产生联系。

四是转折时期的制度与文学。以往研究多从某一断代展开,较少关注政权更迭的转折时代。事实上,转折时代的制度与文学现象更值得关注。这是因为,从制度因革来看,转折时代是制度发生变革的重要时期,政权稳定时期也是制度运行平稳的时期。这是非常好理解的。此为其一。其二,转折时代制度与文学的关系更为复杂。这主要与文人的选择有关,由此产生与制度惯性相适应的差异。有些文人受制度惯性作用,与旧时代的关联更密切,有些文人则选择新制度,受制度惯性作用较小。这样一来,原来的文人群体解散,重新结成形态各异的新群体。其三,在群体解构与重构过程中,文人创作心理自然也受此影响而发生变化。就个体而言,存在从集体心理转向个体写作的现象。从群体来看,新旧之间的群体目标、功能、性质都发生变化,从而使其文学行为发生变异。或者可以说,制度深层次的权力结构改变,促使新文学产生。研究政权稳定时期的制度与文学,确定性因素较多,容易得出一些较有规律的研究结论。而转折时代的制度与文学,因其多变的特点,更需要研究者洞察制度因革及权力的结构性变化,因而更不易把握。

五是制度与文学研究新模式。制度与文学的关联,并非直接一一对应的,其间还有其他媒介发挥作用。归纳起来,大致就是文人、文化、文献、文心、文本,由此形成"制度—文人—文学""制度—文化—文学""制度—文献—文学""制度—文心—文学""制度—文本—文学"五种基本模式。五种模式的任何一种都可以单独成立,可以根据需要,选择从不同层面展开研究。文人、文化、文献、文心、文本之间往往错综复杂,并非平行关系。因此,要在宏观上统摄观照,从整体性和系统性角度,综合运用各种模式理清其间纵横纷繁的复杂关系。

附录一　读《唐代文学的文化视野》

创新无疑是学者努力追求的学术目标，但要真正实现学术创新又极为不易。评价一部研究著作是否具有创新价值和学术意义，应将其置于相关学术史中考察，才能获得准确认识。从这层意义上说，杜晓勤教授新著《唐代文学的文化视野》（80万字，中华书局2022年4月出版，以下简称“杜著”），在文化视野创造性发展、解决文学史复杂疑难问题、提供学术研究新思路和新方法等方面都取得了重要成绩，为推进唐代文学深入研究奠定了坚实基础。以下试从这几方面进行分析。

一　二十世纪以来古典文学研究视野的三次转向

一般而言，文化视野是指研究者从社会历史文化等角度对研究对象进行分析、研判、总结所涉及的认知范围。可见，研究对象本身的文化属性是文化视野形成的一个基本要素。但从研究主体来看，文化视野的选择更多地与研究者所处时代、知识结构、学术目标等因素有关。受这些因素交互作用的影响，二十世纪以来古典文学研究的文化视野不断发生变化，大致经历了三次转向。

第一次转向发生于晚清民初至共和国成立时期。此期为传统学术向现代学术转变的起步阶段。与传统学术相较，晚清民初的学术研究，总体呈现为旧学与新知交汇的特点，涌现出一批具有学术思想的大家以及深蕴真知卓识的成果。梁启超、王国维、胡适、鲁迅、闻一多、陈寅恪等人堪为代表。这些学者既有深厚的传统文化底蕴,又受西方学术思想浸润,故能在广泛汲取清代考据学精华的基础上,以西方学术思想和研究方法丰富传统研究。例如,王国维以西方悲剧理论阐释《红楼梦》,胡适从民俗学、社会学解释《诗经》,梁启超从民众意识、社会运动论述小说的作用等。文化视野转向自然引起研究方法改变,此阶段特别注意新材料的发现和利用,由此提出多重证据法等新方法。此期另一特点是马克思文艺思想逐渐对中国学术产生作用。一些学者开始运用马克思有关社会学方法从事学术研究。例如,郭沫若先生1944年2月发表《从周代农事诗论到周代社会》,自觉运用社会学分析方法,结合出土金文与彝族调查资料,揭示周代社会性质。[①]

第二次转向发生于上世纪五十年代至七十年代。此期最突出的特点是社会学方法由此前的潜流转成学术主流。例如,中国社会科学院文学所编写《中国文学史》,其原则是:“力图遵循马克思列宁主义的观点,比较系统地介绍中国古代文学的发展过程,并给古代作家作品以较为恰当的评价。”[②]游国恩先生等编写《中国文学史》,也直接说:“本书的编者力图遵循马克思列宁主义、毛泽东思想的原则来叙述和探究我国文学历史发展的过程及其规律,给各时代的作家和作品以应有的历史地位和恰当的评价。”[③]这些文学史著作,作为高校文科教材,曾对广大学生产生重要影响。此期唐代文学研究的整体成就,正如葛晓音先生所言:“首先,运用历史唯物主义和辩证法,将文学和时代的变化联系起来,强调了社会经济、政治、哲学和文化对文学的影响;其次,明晰地描述了诗文、小说、变文、词等各体文学的发展流变;再次,对重大文学现象初步进行了纵贯性的系统的研究;最后,大、中、小作家在文学史上的地位和作用基本上得到了恰当的评价。”[④]显然,相对第一次转向而言,此阶段已为唐代文学研究

① 郭沫若《郭沫若全集》(历史编第一卷),人民出版社1982年版,第405—433页。

② 中国社会科学院文学所中国文学史编写组《中国文学史》,人民文学出版社1962年,第1页。

③ 游国恩等《中国文学史》,人民文学出版社1963年版,第1页。

④ 葛晓音《唐代文学研究百年随想——〈20世纪隋唐五代文学研究述论〉序》,载杜晓勤《20世纪隋唐五代文学研究述论》,中华书局2021年版,第3页。

建构了一个比较完整的体系。

第三次转向发生于改革开放至今。此期学术研究是建立在对前一阶段学术研究反思基础之上的:一方面是学术“拨乱反正”与重塑学术精神;另一方面,是对西方文艺理论饥渴式的学习,由此产生了大量古典文学作品选本、文学鉴赏辞典之类的著作,使作品分析成为八九十年代古代文学研究的主流。此期值得注意的另一个特点,是由程千帆、傅璇琮等先生开创并推动的“制度与文学”研究范式。受傅先生《唐代科举与文学》影响,唐代幕府、文馆、贬谪、铨选、音乐、政治、交通、教育、谏议等制度及其与文学之关系,得到学界积极关注,并以唐代为基点,朝纵横两个方向展开。

二十世纪以来古典文学研究文化视野的三次转向,既是杜著生成的历史文化背景,也是评价其学术创造的重要参照。事实上,只有在这样的对照中,才能发现杜著文化视野的新创造以及取得的重要研究成绩。

二　文化大视野的创造性发展

将杜著置于二十世纪以来中国古典文学研究史中考察,其文化视野的创造性发展,可从整体与系统、多元与流动以及国际性等层面加以综合理解和认识。

其一,文化视野的整体性与系统性。视野与视角既有联系又有区别。视角是观察和分析研究对象的角度,呈现出来的是对象的某一面相,犹如苏轼所言“横看成岭侧成峰”。视野则一定是多维的,观察和展示的是对象的立体空间,具有“潮平两岸阔”与“会当凌绝顶”的综合品格。杜著文化视野的整体性和系统性,主要是从其大开大合的研究模式和纵横交错的文本结构来理解的。全书以唐代文学为主体,但在上溯成因和下述影响过程中,又分别论及魏晋南北朝文学和两宋文学。因此,该书实际上是一部中古文学史,勾勒了魏晋至两宋文学发展的主脉。这种大开大合的研究模式,显然与常规“截断众流”的做法有些不同,其好处也显而易见,能使读者更清晰地认识唐代文学的渊源流变。这种处理方式,体现了作者系统性的文学史观,亦即唐代文学自成系统,但又与汉魏文学、晋宋文学、齐梁文学、两宋文学等系统产生千丝万缕的联系。

杜著勾勒唐代文学发展主脉,以各阶段关键事件和重要人物为中心。如论述初唐诗歌,抓住了南北文化交融的关键历史事件,以及世风和诗风变化中的重要人物,如隋炀帝、王绩、唐太宗、武则天、陈子昂等。论述盛唐诗歌,紧扣吏治与文学之争这一关键事件,以及与此事件密切相关的唐中宗、唐玄宗、姚崇、宋璟、张说、张九龄等人。杜甫作为横跨盛唐至中唐的代表诗人,可谓唐代诗歌史的转捩点。中唐元稹、白居易等人对盛唐文化的记忆,亦有绾合盛唐和中唐的意味。而在大一统政治观念下分析柳宗元的文学思想,则又以点带面地糅合了中晚唐主要文学家的文学思想成就。在唐宋文化转型视域中讨论文人茶的文化意蕴,具有明显的由唐至宋的文学源流意识。此为其文本结构纵向的历时性的一面。在横向上,选择了草原丝绸之路和隋唐典籍东传两个重要点,从东西两个大方向考察唐代文学对国际及周边地区的影响。将唐代海上丝绸之路与陆上丝绸之路联结起来,可以看到唐代文学在当时世界格局中的位置和价值。这种纵横交错的论述框架与上述大开大合的研究模式,充分体现了作者研究视野的整体性和系统性。

其二,文化视野的多元性与流动性。文学史由一系列关键节点构成。每一关键节点,又由特定时空中的事物关系凝定而成。促推一个节点发展到下一个节点,其作用力来自多方面。以往不少论著,囿于对象和体例,多强调某一事物对文学的单方面作用。事实上,文学发展往往是一果多因的,文学现象是多重复杂关系凝结后的外现。这就要求研究者在更加宏阔的文化视野中,综合考察各种因素形成的合力。显然,杜著几乎涵摄了影响唐代文学发展的各种因素,如政治形态、社会制度、地域文化、文人心态、文化思潮、美学思想、文献传播等,由此可见其文化视野的多元性。

文学史之所以能波浪式推进,是因为影响文学发展的各事物及其关系不断变化,因而在不同阶段,各因素形成的合力大小也不尽相同。其背后的学理是时空关系变换。时空变换决定了物、事、人、情等要素的变化。

在历史坐标轴上，所有特定时空点都是由一系列变化凝定而成的。只有解开这个结点，才能看到其背后各种事物错综复杂关系的流动变化。例如，表面上看来，初唐诗歌是其时三大地域文化（关陇、山东、江左）交融的结果。但仔细分析会发现，每一阶段各地域文化都有新变化。江左文化在南朝本质上是一种士族文化，其特征是不干庶务，以闲雅相尚。但到了隋朝，经历朝代更迭后的江左士族，原来的文化精神发生变异，逐渐形成较强烈的功名意识。初唐江左文人大多为齐梁和隋朝江左士族的后代，在关陇集团有意识的打压下，他们大都谨小慎微。如岑文本，“自以出自书生，每怀撝挹。平生故人，虽微贱必与之抗礼。居处卑陋，室无茵褥帷帐之饰”。有人劝他经营产业，文本叹曰：“南方一布衣，徒步入关，畴昔之望，不过秘书郎、一县令耳。而无汗马之劳，徒以文墨致位中书令，斯亦极矣。荷俸禄之重，为惧已多，何得更言产业乎？”[①]同理，山东旧族与关陇军事豪族也在发生变化。南北朝时期山东文士颇有慷慨激昂的一面，但在北齐为北周所灭后，由齐入周再入隋的山东士人，情绪低落，因而有不少慨叹人生无常和世事反复之作。入唐后的山东士人，他们原来所具的优势不复存在，因而大多也只能凭借科举方式入仕。北朝时期的关陇军事豪族质木少文，但经历入隋、入唐后与江左、山东士人的交往，其文风和诗风也在发生变化。因此，论述初唐诗歌的艺术特质，不仅要看到其时三大地域文化的交融汇合，更要细心辨识各阶段的不同特点。这就意味着，研究初盛唐诗歌艺术精神，既要着眼于当前的文化近源，同时也要看到南北朝至隋的文化远源。

对形成初唐诗歌特质的远近之源的区分，体现了杜著文化视野的流动性。文化视野的流动性，还表现在对文学家个体的研究中。例如，以往比较强调杜甫民胞物与的儒家情怀以及“沉郁顿挫”的艺术风格。但事实上，杜甫的思想及诗歌写作都经历了一个漫长而复杂的动态变化过程。杜老师特别指出，诗人的思想既有“致君尧舜上”的一面，同时还有“独往之愿”的一面，二者共同构成了杜甫完整的人生价值体系。杜甫早期诗歌

① 《旧唐书》卷七十，第2538页。

多为模仿之作，艺术尚不成熟，故在开元、天宝年间并不为时人所重。至德、大历年间，因其诗歌传播方式的局限性以及与时人异趣的审美观念，故亦未得到时人理解。只有到中唐贞元、元和时期，杜诗的集大成才得到韩孟元白等人的情感共鸣。故此，一味强调杜诗的高大上，其实并不能真正揭示杜甫其人其诗的历史真相。

其三，世界格局与国际视野。主要有三方面突出表现：一是对唐代草原丝绸之路与唐代诗路的论述，二是论唐代文学对东亚汉语文化圈的作用和影响，三是对唐宋文化转型问题的关切和回应。

丝绸之路作为国家重大战略被提出后，得到学界高度关注。杜老师认为，相对于沙漠丝绸之路、海上丝绸之路及西南茶马古道而言，草原丝绸之路开辟时间最早，持续时间最长，但因历史遗存分散等原因，学界关注不够。因此，依据中西交通史料及现当代考古发现，结合历代史传等文献，对草原丝绸之路的发展与延伸过程做历史性发掘，确为当下亟须解决的重要问题。杜著对唐代草原丝路的历史还原研究，有助于更清晰地认识唐朝与中亚、欧洲、东北亚的政治、经济、文化交流。其中对草原丝绸之路东段与东方海上丝绸之路连通的揭示，有利于对7—9世纪东西方文化交流路径的深入理解。骆宾王西域之行，创作了不少描写西域风情的诗歌，因而可视为丝绸之路与诗歌之路结合的典型个案。草原丝绸之路与骆宾王西域之行的研究，其意义在于从世界格局考察唐代文学，以展示唐王朝在建构和维护国际政治和文化秩序中的重要作用。

国际文化视野的第二个表现是对隋唐典籍东传日本的论述。隋唐典籍东传，不仅关乎唐代文学的国际化，而且也关乎新时期唐代文学研究材料的新发现。二十世纪以来，学界聚焦于敦煌文献，对数量更大的日本古代典籍则关注不够。若将隋唐时期东传日本的汉籍及其流传情况弄清楚，实际上等于打开了一个新的文献宝库。对于这个问题，杜著的着眼点主要在四个方面：一是论述隋唐文学文献在日本的流播，大致还原了7—9世纪隋唐文学文献流传日本的情况。二是日本古代典籍中反映的唐日诗人创作交流盛况，其中有关渤海国遣日使的汉诗创作尤为有识。以往研究唐朝与日本的交通路径，大多关注两条：一条是唐朝与日本的直接往来，其载体主要是唐日互遣的使者，以及日本遣唐学问生和学问僧等；另一条是以新罗为中介的间接交往。现在看来，在此两条路径之外，还有一条经由渤海国的间接交往线路。三是日本古代典籍保存的唐诗学资料，其中尤可注意的是《本朝文粹》所载日本平安朝省试诗考评对"病犯"问题的讨论，为研究唐代省试诗考核判等时的声病规定及其执行情况提供了重要物证。四是以京都大学图书馆藏明黄用中注《新刻注释骆丞集》，以及周弼《唐诗三体家法》中日版本流传为例，阐述日藏中国古籍的文献研究价值。前者的核心指向是，借由日藏古籍揭开了现藏于北京大学图书馆等地的明代林绍刻、陈魁士注的《新刻注释骆丞集》十卷本，实为詹海鲸刻、黄用中注本的剜改重印本。其研究结论具有重要的书籍史意义，为认识明代书籍刊刻的复杂关系提供了典型案例。后者对南宋周弼编《唐诗三体家法》的元僧圆至注本、裴庾注本，及二注合编而成的增补本的版本情况，以及元刊本东传日本后的流传过程作了清晰梳理，指出和刻增注本系统中最典型的五山版为明应版，因其为覆刻元刊本，故在五山版中最具文献价值。显然，这些研究不仅解答了东亚唐诗学的疑难问题，而且为其进一步研究指明了具体方向。

国际文化视野的第三个表现是对中日学者关于唐宋文化转型问题讨论的回应。自二十世纪初日本学者内藤湖南提出"唐宋变革论"以来，唐宋文化转型问题持续为学界关注。内藤湖南提出"唐宋变革论"，主要基于对中国文化史分期的考察，认为唐代是中世的结束，而宋代是近世的开始。有不少学者认同这个说法，但也有人反对，如最近有学者认为要用演进与延续的视角重审此说，"走出"变革论。[①]杜老师强调，无论是否发生文化变革，唐宋社会确实发生了各种变化，这是不可否认的事实。以茶文化为例，唐人好酒而宋人爱茶现象，既隐含着唐宋文化发生变化的事实，同时又内蕴了唐宋之际士人文化心态嬗变的轨迹。正如日本学者吉川幸次郎所指出的，唐诗是酒，宋诗是茶，宋代的茶诗集中表现了宋代文人对

① 包伟民《"唐宋变革论"：如何"走出"?》，《北京大学学报》(哲学社会科学版)2022年第4期。

生命快乐的宁静追求。

三　以解决文学史重要问题为指归

在文化大视野的观照下，不仅可以发现新的文学史问题，而且还可以对已有研究重加考察，纠正以往的错误认识。杜著解决的主要问题，大致可分三个层次：一是习焉不察而积非成是的问题，二是非常重要但被忽略的问题，三是被遮蔽的文学史新问题。

（一）对积非成是问题的辨析

以往习焉不察而积非成是、需要进一步辨析的问题有三个显例，包括南朝士族政治、南北文风优劣、初唐诗歌革新。杜著对这些问题重加考辨，纠正了以往不正确的认识。

一是对南朝士族政治问题的辨析。有些学者在援引田余庆先生《东晋门阀政治》中的观点时，认为刘宋政权的建立结束了士族专权的历史，标志着庶族阶层在政治上的崛起，进而认为庶族文人已成为南朝文学集团中的重要组成部分。杜著指出误解的原因，是将门阀政治等同于士族政治。实际上，士族政治是指以门阀士族为主要社会基础和政治主体的一种政治体制。简言之，士族政治即士族与君主共治，士族起到了分权的作用，因而也可以称之为广义的门阀政治。具体来说，宋齐梁三朝皇室均出自士族，而非庶族寒人。只有陈氏不是士族，但陈氏政权时间较短，可视为士族政治的式微期。以往将宋齐梁三朝皇室理解为庶族，是因为混淆了史传记载中的“素族”与“庶族”的含义。实际上，史传中的“素族”并非“寒门”“庶族”的意思，而是指与皇室相对的清流士族，因其非皇室的身份，故称之为“素”。南朝后期逐渐兴起的“寒人”，虽然执掌机要，成为一股新兴的不可忽视的政治力量，但并不意味这些掌权的“寒人”具有同等的社会文化地位。也就是说，这些“寒人”虽然既富且贵，但社会上并不视他们为高门。南朝士族与寒门的区别在文学上的表现也很明显，寒门绝少以诗名世，而诗人多为士族。由此可见，士族政治是南朝诗歌崇尚玄虚、罕关庶务文化特质形成的重要政治根源。南朝诗歌本质上属于士族文学，而非寒素文学。

二是对“南北文风优劣”的辨析。魏徵在《隋书·文学传序》中说“江左宫商发越，贵于清绮；河朔词义贞刚，重乎气质”，认为在南北朝时期，生活于中原和关陇一带的北朝文人也逐渐形成了自己独特风貌的、可与江左文学相抗衡的文学传统。长期以来，此说被奉为圭臬，似乎北朝确实具有与南朝相颉颃的文学成就。但仔细考察会发现，所谓反映河朔“词义贞刚”之作，多为江左文人所创。不仅如此，北地诗人一味步趋江左轻艳、绮靡诗风，很少有表现其尚武任侠、粗犷刚健风格的作品。据杜著制作的《东晋至隋文人边塞题材乐府诗一览表》，可知这些题材的诗歌多为南人所写。而同题材的乐府诗，在现存北朝文人作品中只有4首。即便以《鼓角横吹曲》六十六曲为代表的、充分表现北地生活特点、民族特性的北朝乐府民歌，自梁陈迄唐宋，也一直被认为是南朝乐府诗歌之一部分。由此可知，河朔诗人大多以学南为时尚，并未形成魏徵所说的“词义贞刚，重乎气质”的艺术风格。魏徵之所以要批判南朝文学而抬高北朝文学成就，其原因不外乎两个：一是作为史臣担心齐梁亡国之音复萌于世，二是模仿《颜氏家训》论南北语言之异而成此说，对北朝文学成就故意误读或有意虚构。

三是对初唐诗歌革新问题的辨析。学界在研究这段文学史时，常将初唐四杰作为上官仪、许敬宗所代表的宫廷诗风的对立面进行描述。但事实上，初唐四杰的诗歌主张并非一成不变，而具有明显的阶段性变化。四杰在求仕和初仕阶段，其诗歌理论和作品实际上与上官仪、许敬宗等人并无本质区别。不仅如此，他们还以“上官体”为模仿对象，其作品也多有“糅之金玉龙凤，乱之朱紫青黄”的特点。但当他们被迫远离宫廷，蹭蹬下僚时，其诗歌主张开始发生变化，转而追求“言志抒怀”。由此可见，四杰诗歌理论与创作的变化，与其社交活动、生活场景、身份角色的转换密切相关。此其一。其二，陈子昂批判的“骨气都尽，刚健不闻”到底指哪些人？以往多认为是自“上官体”“文章四友”及沈宋不断发展的宫廷形式主义诗风和文风，认为武周宫廷诗人人品卑下，诗文多谄媚而少刚健之气。实际上，陈子昂批判的仍然是龙朔诗风及其余响，而非“文章四友”和沈宋等人。这是因为，从交往来看，“文章四友”、沈宋等人与陈子昂同处一个时代，交往甚密，感情较深。从诗歌作品来看，武周宫廷诗人在应制唱和诗歌之外，也还写有不少直抒胸臆、表露怀抱之作。即便是宫廷应制的颂体诗，也多能从大处着眼、宏观把握，注重以气势取胜。这与武则天有意识地提倡慷慨激昂的诗风有一定关系。而龙朔诗人，无论从人格还是诗格看，都存在“骨气都尽，刚健不闻”的缺陷。陈子昂之所以要继续批判龙朔诗风，是因为他认为四杰的批评尚未触及本质，四杰的人生理想其实与上官仪、许敬宗等人一样，也是希望当个宫廷文人。陈子昂的布衣寒士身份，决定了他的求仕方式，既要像战国纵横家那样耸人视听，同时又必须与君主保持一定的距离，只有这样才能因人格独立而产生政治批判意识。陈子昂的理想并非做一个宫廷文人，而是出将入相，这与四杰的追求不同，所以他的批判意识更为强烈。他提出的风骨、兴寄等诗歌革新理论，其实践和推广，与卢思道、薛道衡等山东诗人的后人有密不可分的关系。陈子昂在登进士第后，曾以文章干谒薛元超，深得元超赏识。薛元超是薛稷之子、薛道衡之孙。卢藏用是卢思道的五世侄孙。陈子昂去世后，卢藏用为其整理别集，高度评价和推崇陈的文学成就。由此可见，初唐文学革新理论与北朝后期山东文学传统之间具有千丝万缕的联系。而此种联系的产生，又是以庶族寒士虽然身份卑微，但又以国士自任的人格精神为基础的。关于这一点，我们还可以补充一些材料。后人评价陈子昂，主要着眼于其文之正与清，如“近日陈拾遗子昂文体最正”①，“陈子昂、李白，皆五百年矣”②，“天后朝，广汉陈子昂，独溯颓波，以趣清源”③；“文章三变，初则广汉陈子昂以风雅革浮侈”④，“唐兴以来，称是选而不怍者，梓潼陈拾遗”⑤，“思得如高宗朝拾遗陈公”⑥等。可见，后世高标陈子昂文学革新旗

① 李华《扬州功曹萧颖士文集序》，《全唐文》卷三一五，第3198页。

② 魏颢《李翰林集序》，《全唐文》卷三七三，第3798页。

③ 李舟《独孤常州集序》，《全唐文》卷四四三，第4520页。

④ 梁肃《补阙李君前集序》，《全唐文》卷五一八，第5261页。

⑤ 柳宗元《大理评事杨君文集后序》，《全唐文》卷五七七，第5832页。

⑥ 顾云《唐风集序》，《全唐文》卷八一五，第8585页。

帜，根本原因是对其人格精神的尊崇和认同。

（二）发现被忽略的文学家及相关文学问题

在文学史上具有重要地位，但前人不大注意的重要文学家，主要有隋炀帝和唐太宗两个著例。

以往论隋炀帝杨广，大多集中于他的生活作风和施政特点，忽视了他在文化建设、诗风融合方面所作的贡献。隋文帝杨坚在政治上统一了南北，但其文化政策阻碍了当时关陇军事豪族、山东旧族以及江左士族在文化上的统一，他们貌合神离，甚至互相倾轧对立。杨广改变了这种做法，对三大地域文士分别采用不同策略，努力使其融合。面对江左士族的不驯服，杨广团结、笼络江南佛教高僧和道教人士，利用他们在江左士人中的威望来安抚民众，消除隔阂。同时，擢拔重用梁陈旧臣，如虞世基、裴蕴等人先后皆参掌机密。对于关陇旧臣，杨广则有意识地削弱他们的权势和地位。由于有南儒参与，在礼乐制度方面，杨广创造出兼采南北之长的文化体系。在文学艺术方面，杨广并不只重南人，对山东诗人、关陇诗人也十分欣赏。杨广在促进南北文风融合方面所做的努力，最关键的一点是他本人的诗歌创作。他早期很长一段时间生活于江都扬州，深得南方艺术精神的浸润，但其模拟南朝民歌的一些作品，又能自出机杼，跳出南朝诗人多写艳情的套路。如《春江花月夜》虽是陈后主创制的艳曲，但杨广的二首作品不但意境优美，而且具有北地粗犷、豪雄的特点。杨广提倡雅丽、典则的诗歌理论，并身体力行，为隋代诗坛创造了新风气。魏徵在《隋书·文学传序》中对此大加肯定，认为“当时缀文之士，遂依而取正焉”。杨广对于隋唐文学史的意义，正如杜著所言，初唐魏徵等构建的文学理想，“是建立在以杨广为首的隋代诗人创作实践的基础之上的”[①]。我们认为，对于杨广文学成就的理解，还可从唐人对其态度的转变获得进一步认识。例如，成书于武德年间的《艺文类聚》虽未收录他的作品，但成书于开元年间的《初学记》却收录其诗歌15首。这种转变，表明唐人评价杨广文

① 杜晓勤《唐代文学的文化视野》，中华书局2022年版，第105页。后文引用此书，仅在文中注明页码。

学成就的理性回归。

以往虽有不少研究唐太宗及其文学成就的论著，但李世民与齐梁诗风的关系，却少有关注者。李唐立国后，唐高宗李渊重用关陇军事贵族，打压由隋入唐的江左士族和山东旧族。这种做法，与隋文帝杨坚如出一辙。有意思的是，李世民融合三大地域士族的努力，又与杨广非常类似。但隋炀帝时代，三大地域文化终究合而未融。李世民任秦王时，延揽江左文士，秦府十八学士中有七人来自江左。李世民即位后，这些人多兼任弘文馆学士，起到了很好的参政议政作用。李世民亲近江左文士，并非简单的文化调和行为，而是建立在他对音乐、文学与政治关系的通脱观念基础上的。他认为并不存在所谓的“亡国之音”，国家兴衰与文学艺术之间没有必然联系。梁陈隋之所以亡国，并非因宫体诗风造成，而是他们未能推行德政，未能以民为本，没有把国家治理好。这种通透的艺术观念对其诗歌写作影响甚大。质言之，他认为诗歌只是一种游戏、娱乐的工具，文学对治道并无多少帮助。所以，在政治上，他把杨广当作亡国之君的前车之鉴，但在文学艺术上，他又对杨广心仪不已。李世民的早期诗歌，有不少模仿杨诗的作品。如《饮马长城窟行》，在篇章、体制上均追踵杨广《饮马长城窟行示从征群臣》。不必讳言，李世民的早期创作确有粗糙、轻艳之弊。但在即位后，李世民开始注重修纂经史典籍，编撰大型类书，与群臣讨论坟籍，故其诗歌也开始朝着繁密、缛丽的方向发展。这个特点经由与群臣多次宫廷诗会，渐成初唐宫廷诗歌的基本风格。据此可将李世民与齐梁诗风的关系概括为三点：一是继承齐梁以来感时应景、吟风赏月的创作传统。二是对典丽雅正、歌功颂德“颂体诗”的提倡，客观上起到了摒弃梁陈宫体以悲愁哀思为美的创作趣味的作用。三是因虞世南之谏，不再创作艳诗，有利于唐诗在题材方面的健康发展。显然，这个评价实事求是、切中肯綮，为理解李世民的文学史贡献提供了新认识。

（三）揭示被遮蔽的文学史新问题

有些文学史问题前人虽已关注，但还有必要进一步解释。这类问题也有四个具体个案：一是王绩的文学风格与归隐问题，二是殷璠所说“开元十五年后，声律风骨始备”的具体指向，三是盛唐背后的“盛世悲鸣”现象，四是柳宗元《封建论》中的政治逻辑。

在隋末唐初诗坛中，王绩以率真、疏狂的人生态度和诗歌作品独标异帜。前人在论述王绩文学风格时已注意到这一点，但在溯其渊源时，往往简单地认为王绩受到阮籍、嵇康、陶渊明的影响。也有不少人将王绩纳入隐士行列，认为他是隋末唐初隐逸诗的代表诗人。这两个问题相互关联，有必要重新考察。其实，把王绩当成隐士，是受了陆淳的误导。王绩去世后，好友吕才整理其文集，并撰写了文集序。但到了中唐，陆淳为了突出王绩的隐士形象，对吕序作了删改。从现存删改后的陆序，很难看到陆淳是如何删改的。笔者曾据现存清代研录山房李氏抄本《王无功文集》所附吕序中的原注，发现删改共九处。[①]为配合塑造王绩隐士形象，陆淳将吕才整理的王绩集五卷本删为三卷本。这样一来，王绩的真实面貌就被遮蔽了。杜著依据《王无功文集》五卷本，对王绩其人其诗重新作了还原研究，认为王绩并非什么真正甘于淡泊的隐士，“王绩在武德五年(622)应朝廷征召，再度入仕，以及他在贞观中仿效陶潜，托以‘家贫’赴选，都是他以隐钓名钓位意图的亲身践履”(第181页)。经杜著提示，我们认为对王绩的归隐行为，当从守选制重加考察。简言之，守选制是按参选者类别规定待选的不同年限，以解决官阙少而选人多问题而制定的一项选官制度。在开元十八年(730)裴光庭制定“循资格”之前，五品以下官员的选任多以“待选”方式进行。这就意味着，这官员在任职期满后，并不能马上改官或升职，必须等待一定时间，才有资格再次参加吏部铨选。王绩在隋所任六合丞，在唐所任太乐丞，都是六品以下低级官员，要再次参加吏部铨选，必须等待相当长的时间。王绩本人对“待选”有深刻体会，其《自作墓志文并序》直言“起家以禄仕，历数职而进一阶”，由于待选时间确实太长，而新任职务又不理想，所以最后无可奈何，只得选择“退归，以酒德游于乡里”。据此可知，王绩诗文的复杂性，其实正是守选制之下初唐文人心态的集中反映。当然，王绩还有其特殊性。受兄长王通等人影响，王绩自幼便有博

① 拙著《唐代书籍活动与文学秩序》，上海古籍出版社2021年版，第290页。

取功名的强烈愿望。所以在他早期诗歌写作中,多学习山东诗人特别是卢思道、薛道衡这样的大诗人,以表达积极进取的意愿。由此可知,其诗歌文化精神中的近源是隶属于山东文化体系的河汾文化。仕途失意后,王绩一方面愤懑不平,慨叹世事不公,有意模仿阮籍、嵇康的狂放,以纾其郁积之气;另一方面,"退归"之后,他也开始学习陶渊明,以获得内心慰藉。此为其诗学远源。远近之源的交互作用,是王绩诗歌独特性形成的文化根源。

殷璠在《河岳英灵集·叙》中说:"景云中,颇通远调;开元十五年后,声律风骨始备矣。"对于殷璠的判断,学界多从近体诗声律、意境成熟等方面进行解释。杜著联系中宗至开元初期宫廷诗风的发展变化,认为这个论断实际上隐含了三个重要文学问题:一是开元初期宫廷诗风是对武周及中宗朝诗风的继承,本质上并未有多少改变。中宗设置的修文馆二十四学士,是当时宫廷应制唱和活动的主体。这批学士是衔接武周诗坛与开元诗坛的纽带,他们中的大部分,既是武周时期的"珠英学士",又在中宗朝兼任修文馆学士。据统计,睿宗景云年间修文馆学士群体的分流主要有诛杀、流放、贬官、升职四种类型,其中遭流放和贬谪者共十三人。[①]此或为殷璠"景云中,颇通远调"一说的历史依据。在升迁群体中,有李适、刘宪、刘子玄、苏颋、褚无量、张说、李迥秀、徐彦伯、杜审言、马怀素、沈佺期等人,他们继续留在京城长安,保存了从武周、中宗以来的宫廷诗风一脉。第二个问题是,玄宗即位后,在"吏治与文学之争"的政治环境中,原来的学士群体再次分流。其中影响最大的是张说一贬相州,再贬岳州。玄宗即位之初,确有一番雄心,故而重吏治之才,擢用姚崇、宋璟等,同时也很少进行宫廷文艺活动。因此,开元初期宫廷诗坛相对寂静。而张说外贬,摆脱宫廷诗风束缚后,重新思考人生命运,诗歌创作由此发生重大转变。张说贬谪期间多学陶渊明、王绩,以表达达观、萧散、隐逸之自适;又学阮籍、陈子昂,感慨怀抱,兴寄遥深;还学谢灵运、谢朓悠游山水,创制了不少描写山水的诗作。同时,他还结识、提携、举荐了大量年轻才俊,这

① 拙文《初唐文馆学士角色流动及其影响》,《国学研究》第三十三卷(2014年)。

些人后来成为盛唐诗坛的中坚力量。京城与地方之间诗歌格局的变化，为开元十五年(727)后诗风变化蕴积了力量。第三个问题是，张说结束贬谪，重返京城诗坛。开元十三年(725)集贤院成立，张说以宰相兼知院事。此时，玄宗在执政十余年后，也开始留意文艺，宫廷应制唱和活动渐次增多。而张说以诗坛盟主身份，开展各种诗文评骘活动，诗坛风气为之一变。以上三点，对殷璠“开元十五年后，声律风骨始备”一说提出新解，可补充以往对此问题理解和认识之不足。

以往论著和文学史教材，大都以“盛唐气象”来概括盛唐诗坛的整体风貌。实际上，这个论断遮蔽了盛唐之音下的盛世悲鸣现象。盛世悲鸣，一方面表现为有良知的知识分子对传统“圣代”“明主”的理性态度，他们透过表象，感觉到隐藏于盛世之下的时代危机，表达对国运的忧虑。另一方面，也表现为盛世之下，才识之士命运多舛，无法实现其建功立业愿望，因而多有“不才明主弃”式的悲凉和郁愤。这种现象既反映了盛唐人才选拔竞争的酷烈，也表明寒士阶层真正参与国政希望之渺茫。究其实质，盛世悲鸣是庶族士子“致君尧舜”的政治理想与封建国家集权体制之间矛盾和冲突的结果。显然，揭示该现象，有助于深入认识唐代文士为实现政治理想所走过的痛苦历程，进而发掘其中隐含的深层文化意蕴和重要历史意义。

柳宗元《封建论》一文，在中国古代思想史和政治理论史上，都具有很高的地位。以往研究，多着力于柳宗元的“法家”身份。杜著指出，根本原因是柳宗元进步而清晰的政治逻辑。在柳宗元看来，历史是一个不断前进发展的过程，而且这一过程是客观的，是不以任何人尤其是圣人的意志为转移的。这与传统的历史循环论，或者历史倒退论完全不同。周之“封建”制之所以为秦之“郡县”制所取代，是历史发展趋势之必然。郡县制本是一种先进的政治制度，秦朝灭亡与这种制度没有关系。秦朝之失，不在郡县制而在于暴政。柳宗元认为唐代藩镇割据虽不同于周之“封建”，但其独霸一方，蔑视朝廷，危害尤甚。因此，既要削藩，同时也要在郡县制之下，改进用人等方面的举措，才能使社会长治久安，人民安居乐业。据此可知,《封建论》真正展示的,是柳宗元深刻的历史洞察力和强烈的现实批判精神。

四 文化视野与学术方法

与文化大视野相适应,杜著使用的研究方法也发生一系列新变化。具体表现在以下几方面。

一是通脱的学术态度。美国勒内·维勒克(René Wellek)和奥斯汀·沃伦(Austin Warren)曾在《文学理论》中,将文学研究分为外部研究与内部研究。受此理论启发,有一段时间,学界对文学外部研究与内部研究的论争较为激烈。杜著开宗明义地指出:"这两种研究方法和研究观念,只要都是以解决文学或文学史本身问题为指归,即可相辅相成,并无高下优劣。"(第1页)宏阔视野与通脱立场是相互联系的,唯其宏阔,故而通脱,反之亦然。这种通脱的学术主张,在全书中表现为一切以发现并解决文学史重要问题为学术目标。

二是兼采中西之法。从前述辨析、纠谬、发现新问题等方面取得的成就,可知杜著始终坚持对古代作家作品以"同情之理解""尊重之研究"的治学理念。这种理念反映了承继和发扬中国学术传统的一面,使其特别关注唐代文学家的生存状态、文学形态、社会心态、文化生态,尤其重视作品所体现的文学精神、文化品格、政治理念。因此,在行文中,再三表彰虽为庶族寒士但却以国士自任的"唐型"人格,肯定他们对独立品格和自由精神的追求,感佩他们深刻的历史洞察力和强烈的社会批判意识。

在具体研究中,杜著还借鉴了不少西方文学理论和学术方法,主要有法国泰纳、保罗·韦纳等有关文艺心理学、文化心态学理论;美国C.克鲁柯亨(Clyde Kluckhohn)的"显型文化"与"隐型文化"理论;马克思《1844年经济学哲学手稿》对自然主义与人道主义的分析;德国H·R·姚斯、R·C·霍拉勒的"视野融合"理论;德国扬·阿斯曼的历史记忆理论;列宁《黑格尔〈哲学史讲演录〉一书摘要》对历史哲学"严格的历史性"的分析等。借鉴这些理论的主要目的,是为了解决研究中的具体问题。例如,借鉴西方文艺心理学和文化心态学理论，主要解决的是盛唐文士求仕心理问题。“分析一种心态就是分析一种集体性”（第362页），因此，透过盛唐文士诗歌作品所反映的心态，可求得该群体的集体性。显型文化与隐型文化理论，有助于理解杜甫思想结构的复杂性。马克思认为人的“自我异化”通常表现为人的“自然主义”与“人道主义”之间的冲突。这个理论有助于重新认识杜甫的“性”“情”矛盾。杜甫对“真情”和“真性”追求的执着真挚，是其人生悲剧产生的重要文化根源。接受美学的“视野融合”理论，意思是只有读者的期待视野和文学文本相融合，才谈得上接受和理解。从这个角度看，中唐韩孟元白对杜诗的接受，在时代大背景、文坛新思潮之外，又与他们的人生观和艺术观密切相关。这是中唐文人与杜甫情感共鸣产生的心理机制。文化记忆理论认为，“四十年意味着一个时代的门槛”（第568页），中唐贞元、元和距离安史之乱的时间长度与此大致相同，可见元白对安史之乱的历史记忆的书写行为，有其不得不然的内在性。列宁从历史哲学严格的历史性出发，反对把后人能了解但古人尚未有的思想硬挂到古人名下。但事实上，这种情况并不少见。例如，有人对柳宗元所言“美不自美，因人而彰”过度阐释，认为其中含有“审美客体的价值和意义，要由它与审美主体的关系而定”（第630页）的审美意义。杜著强烈反对这种将现代某些人的看法强加到古人身上的做法，认为这不符合科学的历史的研究态度。这种实事求是的学术态度，对当下研究确有警醒意义。

三是层累式推进。一切学术创新都必须建立在对已有相关成果全面把握和通透理解的基础之上。杜著亦不例外。上世纪末，杜老师应邀参加“20世纪中国文学研究”丛书编写工作，独立承担“隋唐五代文学卷”。该书近140万字，全面系统地梳理了20世纪隋唐五代文学研究成果。据此可知，杜老师对已有相关成果和学术发展趋势了然于心。此外，若将杜老师此前相关著作纳入考察范围，则可发现从《齐梁诗歌向盛唐诗歌的嬗变》到《初盛唐诗歌的文化阐释》，再到《唐代文学的文化视野》这样一条清晰的层累推进的学术脉络。因此可以说，此书是杜老师对唐代文学近三十年思考的集中展示。

附录二　读《守选制与唐代文人的诗歌创作研究》

近年来，唐代文学研究日新月异，涌现出大量论著。但是，这些成果究竟在多大程度上推进了古代文学研究，又为后人提供了怎样的方法借鉴，需要仔细分析。判断一部学术著作是否具有创新价值，需要将之置于相关学术史中考察，通过比较才能获得。从“制度与文学”研究史来看，陈铁民先生新著《守选制与唐代文人的诗歌创作研究》可以说是该领域的新创获。以下试从学术史、选官制度、唐诗研究、制度与文学研究方法等层面展开分析。

一　唐代制度与文学研究回顾

要理解陈先生选择守选制与唐诗关系进行研究，必须回到近年来制度与文学研究的学术背景中去。笔者曾对此问题有所考察，发表《“制度与文学”研究的成就、困境及出路》[①]等论文，兹略述如下。

二十世纪上半叶，有学者开始关注科举与唐诗的关系，如日本铃木虎雄发表《唐代考试制度与诗赋》（张我军译，载1929年3月30日天津《益世报》附刊），施子愉发表《唐代科举制度与五言诗之关系》（载《东方杂志》第40卷第8号，1944年）。1980年，程千帆先生出版《唐代进士行卷与文学》，不仅深化了对此问题的认识，而且还创新了研究模式。1986年，傅璇琮先生出版《唐代科举与文学》，产生了极大影响。该书出版以后，不

① 拙文《“制度与文学”研究的成就、困境及出路》，《北京大学学报》2017年第5期。

少研究者仿其写作格局，撰写了类似选题，如唐代幕府、文馆、贬谪、铨选、音乐、政治、交通、教育、谏议等制度及其与文学之关系，得到学界高度关注。以唐代为基点，制度与文学研究朝纵横两个方向展开。纵向是指历时性拓展，横向是指领域的开掘。先秦史官制度、乐制，汉代东观著作、仕进制度、教育制度，魏晋南北朝选官、著作郎官制度，宋代馆阁、科举等制度，明清文书坊、选官等制度与文学等选题不断增多。不仅如此，现当代文学也受古典文学研究风气影响，产生了不少论述文学制度、文学奖励机制、文学机构与文学关系的著作。有学者将称其为“文史对话”，认为其价值体现在“借助于对社会文化的广阔考察，文学研究这一感性的事业获得了某种史学的坚韧和扎实，因而推动学科走向成熟”[①]。

如果追问傅先生何以要将科举与文学作为研究对象，应重回到二十世纪八十年代初的学术环境。傅先生在1980年出版的《唐代诗人丛考》中说：“若干年前，我读丹纳的《艺术哲学》，印象很深刻……由丹纳的书，使我想到唐诗的研究。”[②]并征引丹纳名言：“艺术家不是孤立的人。我们隔了几世纪只听到艺术家的声音；但在传到我们耳边来的响亮的声音之下，还能辨别出群众的复杂而无穷无尽的歌声，像一大片低沉的嗡嗡声一样，在艺术家四周齐声歌唱……艺术家本身，连同他所产生的全部作品，也不是孤立的。有一个包括艺术家在内的总体，比艺术家更广大，就是他隶属的同时同地的艺术宗派或艺术家家族。”[③]在丹纳这些理论的启发下，傅先生强调，要通过研究，“使我们仿佛走进了那个时代，迎面所接触的是那个社会所特有的色彩和音响”[④]。由此可知，傅先生的科举制度与文学研究，西方文学社会学为其重要思想源头之一。二十世纪八十年代末至九十年代，傅先生花了不少时间专研陈寅恪先生的学术思想，发表了一系列论文。这些论文主要是对“陈寅恪热”的关切和回应。实际上，早在此前，陈先生的学术思想已融进傅先生的著作

① 李怡《文史对话与中国现当代文学研究》，《中国社会科学》2016年第3期。

② 傅璇琮《唐代诗人丛考》，中华书局1980年版，第1—2页。

③ 傅璇琮《唐代诗人丛考》，第1页。

④ 傅璇琮《唐代科举与文学》，陕西人民出版社1986年版，第2页。

中。可以说,《唐代科举与文学》作为"制度与文学"研究领域的开山之作,其学术渊源根植于中西学术传统的碰撞,是新知与旧识交融的结果。傅先生的研究及后来众多追摹之作,成为当代古典文学研究的靓丽风景。从这层意义上说,傅先生开创的"制度与文学"研究范式,学术意义特别重大:一是改变了古典文学研究格局,使之成为现代学术史中不可或缺的一环。二是构建了新的文史理论,具有重要的方法论意义。三是解决了文学史研究中的相关问题,一些重要学术现象得到进一步深入认识。

很显然,《守选制与唐代文人的诗歌创作研究》是在上述学术背景中生成的。诚如陈先生自述:"我对守选制的研究兴趣,是在读了王勋成先生的《唐代铨选与文学》之后。"[①]王勋成先生在《唐代铨选与文学》(初版于2001年)的绪论中说:"二十世纪九十年代中叶,我在阅读傅璇琮先生的《唐代科举与文学》一书时,突然萌发了想研究唐代铨选与文学的念头,很显然,是受其启发的结果;书写成后,又承蒙傅先生写了序。"[②]这样一来,就形成了一条清晰的从科举到铨选再到守选制研究的学术脉络。不过,在文学研究之外,史学界对唐代选官制度的相关研究,其成果也很丰富,如吴宗国《唐代科举制度研究》,宁欣《唐代选官研究》,刘后滨《唐代中书门下体制研究》,孙国栋《唐代中央重要文官迁转途径研究》,赖瑞和《唐代基层文官》《唐代中层文官》《唐代高层文官》等。这些著作也是理解和认识陈先生研究守选制与唐代文学关系的重要基础。

二　唐代选官制度研究新突破

李唐立国之初,人们还处在对战乱的惊悸恐惧中,多不愿出仕。随着政局逐渐稳定,特别是唐太宗"贞观之治"后,人们的入仕意愿不断提高,竞争开始加剧。但中央和地方各机构的官位是有限的,这样一来,想入仕或已入仕需升迁的人数与有限官位之间的矛盾越来越突出。这种现象在

① 陈铁民《守选制与唐代文人的诗歌创作研究》,中国社会科学出版社2021年版,第1页。

② 王勋成《唐代铨选与文学》,中华书局2021年版,第6页。

武则天和唐中宗时期变得更加严重，虽然当时已采取员外、同正、试、摄、检校等各种任官方法，但未能很好地解决选人多而官缺少的问题。逐年累积下来的六品以下前资官，以及每年新增获得科举出身需入职者，像滚雪球般越积越多。每年在长安等待员缺以求注官的人数多至数万，给京城造成很大压力。在这种情况下，开元十八年(730)侍中裴光庭制定“循资格”，守选作为选官制度正式确立。简言之，守选制是按参选者类别规定待选的不同年限，以解决官少人多问题而制定的一项选官制度。这就意味着，从此开始，吏部在执行选官任务时有了确定的守选制度依据。但实际情况并非如此简单，例如，开元十八年之前，是否存在守选制度？获得进士、明经出身者，初盛唐时期需要守选吗？以门荫入仕者以及流外入流者又如何守选？这些是研究守选制必须解决的关键问题，也是讨论该制度与唐诗关系的重要基础。陈先生就此作了全盘考察，取得了以下几方面突破。

（一）守选与待选

王勋成先生认为，唐代自始至终都存在守选制度：“及第举子的守选自唐初贞观年间就开始了。”①“在唐代，进士及第不守选即授官，可以说是没有的。”②因此，在具体论述唐代铨选各层次问题时，他并未区分守选与待选，而是笼统地称作守选制。其实，守选与待选在字面意义上并无不同，“守”和“待”表示的都是等待员缺的意思。但从制度发生和演变角度看，又确实存在待选与守选两个阶段。待选是指守选制度正式确立之前的选官现象，守选则是制度正式形成之后的选官规则。二者相较，待选阶段官员选任也存在守选现象，但因尚未成为正式制度，属于惯例，故而在实际施行时具有随意性。一旦以诏敕形式发布，成为正式制度后，执行时也就更加严格。陈先生认为：“守选是一种正式的制度，有自己的形成过程，待选则是守选制度形成以前，社会上存在的一种较为普遍的现象。”③

① 王勋成《唐代铨选与文学》，第2页。

② 王勋成《唐代铨选与文学》，第5页。

③ 陈铁民《守选制与唐代文人的诗歌创作研究》，第17页。

将守选对应于"正式的制度",待选对应于"普遍的现象",这种划分具有制度史研究的重要启发意义。也就是说,任何一种制度的正式确立,都需要经历较长的过程。这个过程符合事物发展的一般规律,也是解决社会和政治问题的必经途径。社会各阶段的矛盾并不一样,随着时间推移,一些矛盾消失了,一些矛盾却越积越深,需要制定相关制度予以解决或缓和。唐代守选制度的发生和发展也同样经历了这样的过程。总体看,贞观年间及高宗初期,官少人多矛盾虽然存在,但尚不突出。因此,唐初虽也存在官员待选现象,但尚未形成正式的守选制度,这个判断符合史实。

(二)新及第进士和明经守选的实行问题

王勋成先生认为,唐代及第进士一般守选三年,明经一般守选七年。这一点,陈先生是赞同的。二人的分歧在于及第进士和明经守选制开始实施的时间。王先生认为,唐代及第举子的守选制自唐初贞观年间就开始了,唐代进士及第不守选即授官,可以说是没有的。陈先生对此有不同看法,他说:"唐代确实存在着及第进士的守选制,但它的形成、发展过程如何,所称及第进士必须守选三年才能授官,是否初盛唐时就已存在,都需要作进一步研究。"①陈先生指出,《唐会要》卷七五《贡举上·帖经条例》所载"贞观九年五月敕"之"贞观",应是"贞元"之误,因此,这条材料不能作为贞观年间已开始实行及第举子守选的证据。王先生认为"前进士"之称在高宗总章二年(669)就存在,说明当时及第进士已经有守选制了。陈先生则认为,从现存的唐代资料看,"前进士"之称最早大致出现在唐玄宗开元、天宝年间。"前进士"与守选制虽有一定联系,但若当时无守选制,"前进士"之称也还是有其意义,因为从关试到铨选授官之间总有一段时间,这段时间对及第进士只能称"前进士"。另外,有些新及第进士参加铨选而不得官,也还只能称作"前进士"。陈先生又指出,《册府元龟》所载玄宗开元三年(715)六月诏文,"其明经、进士擢第者,每年委州长官访察,行业修谨、书判可观者,三选听集。并诸色选人者,若有乡间无景行及书判全弱,选数纵深,亦不在送限",是指各州长官要对本州吏部选人的善恶加

① 陈铁民《守选制与唐代文人的诗歌创作研究》,第35页。

以访察,访察对象有两类,一类是有科举及第出身的前资官,另一类是各种非科举出身的前资官。因此,诏文中“明经、进士擢第者”,是指已经担任了地方官职的前资官,而非新及第进士和明经。那么,初盛唐时期进士及第后授官的具体情况到底如何?陈先生利用出土墓志所载例子进行分析。从所举14个例子看,初盛唐并不存在新及第进士必须守选三年才能授官的定制。不仅如此,通过对孙逖、李昂、鲜于仲通、李华等人任职情况的具体分析,发现不少初盛唐进士及第后多年尚未授官。这样正反两方面的例举,确能说明初盛唐进士及第后的授官情况。陈先生进一步指出,新及第进士的守选制,大抵形成于安史之乱发生后,肃、代之际。这是因为,安史之乱后因藩镇割据,使得吏部能够署授的官吏员额大为减少。在这种压力之下,新及第进士也必须守选。自此至唐末,进士守选三年的制度一直实施。

明经及第者的入仕过程,要比进士及第者更复杂一些。根据规定,明经及第后只先授给散官,还需要在吏部服役当差一段时间并通过考核,才允许参加吏部的冬集铨选。这个过程称为“明经授散”,自唐初至玄宗开元初一直实行着。开元十六年(728),因国子祭酒杨玚建议,对明经授散制度作了调整。根据新规,只有习《礼记》加《易》,或《礼记》加《尚书》者才需要授散当番。贞元九年(793)五月朝廷再发布新规,明经习《礼记》者也不必授散当番。至此,明经授散制度就自然停止了。明经新及第者的守选制到底从何时开始实施?陈先生根据墓志所载诸例,发现初盛唐新及第明经授官的时间有长有短,相差颇大。这种情况说明,初盛唐时期尚不存在新及第明经必须守选一定年限才能铨选授官的定制。但陈先生又说:“然而有种种迹象表明,初、盛唐时代的新及第明经,也如同当时的文职六品以下前资官那样,存在着应当按惯例待选一定年限才能授官的情况。”[1]如何理解这种矛盾现象?陈先生的解释是,惯例多是不成文的,具有较大的伸缩性与不确定性,因而会有若干的例外出现。据此可知,这个看法与他对唐代守选制发生和发展的整体性把握是相一致的。也就是

① 陈铁民《守选制与唐代文人的诗歌创作研究》,第71页。

说,唐前期明经及第者存在待选情况,但其时尚未形成守选定制。而在唐后期,先前的惯例或常规被制度化了。新及第明经守选制形成的时间,与进士情形差不多,大抵也在安史之乱发生后,肃、代之际。其成因,当然也是受藩镇割据后署官员额大量减少的影响。

(三)对以门荫入仕及流外入流者守选问题研究的特殊意义

所谓以门荫入仕,是指皇亲国戚、有封爵者和五品以上官员的子孙,他们具有以门荫入仕的资格,用不着科举及第,就可以获得官职。研究这个群体的守选问题,具有特殊意义。这是因为,以门荫入仕者其实大多是科举考试的失败者。按照唐代中央官学教育制度,国子学招收三品以上王公贵族的子孙以及从二品以上者的曾孙,太学招收文武五品以上及郡县公子孙以及从三品者之曾孙,弘文馆招收"皇宗缌麻已上亲,皇太后、皇后大功已上亲,散官一品、中书门下三品、同中书门下平章事、六尚书、功臣身食实封者,京官职事正三品、供奉官三品子孙,京官职事从三品、中书·黄门侍郎子"[①],崇文馆招收"东宫三师三少、宾客詹事、左右庶子、左右卫率,及崇贤馆三品学士子孙"[②]。正常情况下,这些皇室贵族及高官的子孙大都要进入中央官学接受教育,再以馆监生徒身份参加科举考试。但事实上,因科考竞争激烈,馆监生徒成功者极少。据开元十七年(729)国子祭酒杨玚上言,馆监诸学每年考中进士、明经的只有一二十人。所以,这里面讨论的其实是馆监学生的出路问题。那些大量参加科考但未被录取的学生是如何走上为官之路的呢?他们大多数采取了以门荫入仕的方式,通过担任斋郎、挽郎,或充任皇帝或太子的侍卫,或充任亲事、帐内(亦即亲王等的侍卫、陪从)及其他杂掌等途径获得出身。在取得入仕资格后,再与其他前资人一样守选,等到守选年满后,由吏部依据相关程序铨资注官。不过,他们待选或守选的时间要比进士、明经出身者长得多,一般在十几年以上,有些人甚至一生皆为"吏部常选",未能获得官职。以门荫入仕者的守选,展示了唐代权贵阶层入仕的另一面真实图景。从这个

① 《宋本大唐六典》卷八,中华书局1991年版,第161页。

② 王溥《唐会要》卷六四,第1117页。

角度看,唐代“循资格”选官制度,虽有各种弊端,但在限制特权和维护社会秩序等方面,确实发挥了重要作用。

流外官包括三个群体:一是六品以下九品以上官员之子,二是在中央和地方各部门负责办理各种具体事务的胥吏,三是各州府选送的庶人。流外官的铨选,由吏部郎中二人中的一人负责,因被铨选的对象是未入国家正式编制的九流,故被称之为流外铨,也称作小铨。其铨选程序大致与流内铨相同。不过,流外官的待选或守选时间略短,一般为三年。但是,流外官如要入流担任职事官,实现从吏到官的蜕变,条件比较严苛。唐初担任流外官六至七年,即可入流为职事官。玄宗开元年间,规定要“十考六上”,亦即担任流外官必须满十年,而且其中有六年考核等第为上。满足这些条件,才能获得从流外官转变为流内官的资格,此后就按照流内官的铨选程序参与选拔。陈先生依据墓志所载具体案例,对流外官铨选问题作了补充论述。如王基贞观十一年(637)始任流外官兰台书手,七年后转入流内官,担任县尉。这与唐初规定相符。郭药师武周时在吏部任胥吏,十余年后入流成为尚乘局奉乘。潘智昭开元初充任历生,多年后授文散官文林郎,获得流内官资格,始由流外入流。[①]这些例子与玄宗开元新规是相符的。流外官所包括的三个群体,特别是六品以下九品以上官员之子,他们其实大多也是科举考试未能成功者,因为按照唐代官学制度,这些人大都曾在国子监或地方官学接受教育,再以生徒或乡贡身份参加过科考。对流外入流及其守选问题的研究,揭示了唐朝解决社会矛盾的巧妙制度设计:一方面,以流外官方式保护了这些群体的利益;另一方面,通过加大流外入流难度、延长流内任职守选时间等措施,在缓和人多官少矛盾的同时,又强化了官僚体系的清浊界限。

三　制度张力:通向制度史研究的新路径

制度作为建构及维护秩序的手段和工具,对相应群体的行为具有重要制约作用。但人又总是以符合个体利益的最大化作为基本原则来规划

① 陈铁民《守选制与唐代文人的诗歌创作研究》,第96—97页。

和设计行为，面对制度束缚和限制，总会在相应范围内寻求规避或超越制度的各种方法。所以，有某种制度在，就一定有反制度的行为在，这就形成了制度张力。长期以来，研究制度与文学之关系者，多着眼于制度顺应，较少思考制度冲突。事实上，摆脱束缚是人类的天性，自古至今如此，未来还是如此。从这个角度看，在唐代选官系统的整体性之下，观察唐人如何摆脱守选制带来的绳束，为理解和认识他们的行为提供了重要切入口，因而既是制度史研究的新路径，也是研究制度与文学关系的新方法。

唐人摆脱守选的具体路径有哪些？其核心又是什么呢？陈先生指出，“出选门”包括两种情况：一种是成为五品以上职事官，另一种是成为六品以下常参官。唐人常用的方法主要是科目选、制举、荐举、入使府。无论走哪一条路径，最终目标都是希望能够成为六品以下常参官。因为根据制度规定，只有获得起居郎、起居舍人、通事舍人、诸司员外郎、侍御史（以上六品），左右补阙、殿中侍御史、太常博士（以上七品），左右拾遗、监察御史（以上八品）等六品以下常参官，才能摆脱守选并快速升迁。因此，无论采取哪种方式摆脱守选，其核心目标都只有一个，那就是成为六品以下常参官。陈先生抓住这个关键点，具体分析了科目选、制举、荐举、入幕等方式与唐人摆脱守选的关系。

以往多将评判入等也纳入吏部科目选，陈先生认为这个看法是错误的，致误之由当是未分清评判入等与书判拔萃。实际上二者界限非常清晰：评判入等的应选者必须是守选期限已到的，而书判拔萃的应试者则一般都是守选期限还未到的；书判拔萃试判三道，而评判入等则只试判两道。因此，唐代科目选只有书判拔萃科和博学宏词科。科日选设置目的是为了消除“循资格”的弊端，以利于真正有才华者脱颖而出，故其设置时间一定在“循资格”制定后不久，依据《通典》所载，当在开元十九年(731)。书判拔萃科和博学宏词科每年录取的人数都只有三人，这对于缓解人多缺少的压力，并无实质意义。其实际作用是为那些有真才实学者提供摆脱守选并获得快速升迁的路径。在陈先生列举的大量例子中，可以看到参加科目选成功者，都能较快地成为监察御史、拾遗等六品以下常参官。

科目选每年录取的人数很少，但应考者非常多，原因就在于成功后不仅不用守选，而且还可获得任职上的优待。由此可知，科目选的吸引力主要还在于能够快速成为常参官。

制举以天子名义举行，其登第者亦由天子下诏公布，交由中书门下立即授官，因此成为文人摆脱守选的一条重要路径。参与制举者，可以是白身人、有出身人，或有官职者。陈先生通过大量实例，对此三种不同群体的制举及第者进行分析，发现他们登第后大多有较大机会，或直接成为拾遗、监察御史等六品以下常参官，或经过几任职务，再升为拾遗、监察御史等六品以下常参官。由此再次证明，首先成为六品以下常参官，是唐人升入“出选门”的五品以上官员，以至于成为宰相的关键性环节。这也就很好地解释了为什么有些人要多次参加制举，因为他们摆脱守选的目的非常明确，要么成为敕授的六品以下常参官，要么升任五品以上的官员。

唐代荐举的举主有一定资格限制，多为宰相和台省长官、地方长官以及六品以下常参官，有时皇帝也亲自荐人。荐举与摆脱守选的关系，主要体现在举主推荐的官职多为拾遗、监察御史等六品以下常参官。但也存在另一种现象，举主推荐的官职虽非六品以下常参官，但却能沿着校书郎到畿、赤县簿、尉，再到监察御史、拾遗，最后成为五品以上官员的路线升进。可见，荐举制的核心也还是围绕六品以下常参官展开。陈先生列举的大量例子，表明荐举应是唐人选择摆脱守选的常规路径，因为科目选每年录取人数有限，而制举又并非每年都举行。

唐代文人入幕，当然也可能被幕主推荐或被朝廷征召而入朝任职，或者在使府中不断升迁为上佐，再迁为州刺史或节度使，但总的来说这种情况较少。从摆脱守选角度看，大多数入幕文人致力追求的是府主为其奏请的朝衔和宪衔。府主替幕僚奏请的朝衔多为校书郎、正字、协律郎、卫率府兵曹参军、大理评事、员外郎、郎中等，宪衔则为监察御史、殿中侍御史、侍御史。朝衔和宪衔虽然都是虚衔，但与入幕者在使府中的工作也有一定关系：一是作为享受俸禄的依据，二是带宪衔者具有参与地方案件审理的权限。[①]不过,入幕者所追求的,更多地是使府去职后朝衔或宪衔在铨选中所发挥的作用。《旧唐书·德宗纪》载贞元九年(793)十二月,制:“今后使府判官、副使、行军已下,使罢后,如是检校、试五品以上官,不合集于吏部选,任准罢使郎官、御史例,冬季奏闻。”[②]据此可知,幕职所带朝衔或宪衔虽为虚职,但在罢使后的吏部铨选过程中则能发挥实际作用。假如入幕时获得五品以上朝衔或监察御史等宪衔,罢使后不用守选,可直接参选。即便不能获得上述美衔,仅止六品以下的试官,如试校书郎、试正字之类,虽尚未达到免除守选的条件,但也可按真校书郎、真正字参选,进而获得美职。唐代秘书省、弘文馆、集贤院等所置校书郎(校理)、正字实职员额,全部合计在二十人左右。按照唐人常规最佳仕进路线:校书郎(正字)——畿、赤县簿、尉——监察御史、拾遗——五品以上官员,校书郎和正字自然成为争夺最为激烈的起家官。因此,通过入幕获得监察御史之类的常参官宪衔,或者获得校、正之类的朝衔,是唐人竞相入幕的真实原因。从摆脱守选角度看,获得五品以上朝衔或监察御史等宪衔,则是入幕者竞趋的重中之重。

由上述可知,在唐代文人摆脱守选的多种路径中,是以六品以下常参官为核心展开的。选择某种方式,或多种方式并用,依据的是各自的自身条件和所能利用的社会资源。但是,这里面还有一个问题:一旦成为六品以下常参官,是否仅获得一次免除守选的机会,或是永久性地不用守选?从史传所载案例来看,成为六品以下常参官后,仍有可能出为非常参官,不过他们还是有较多机会再入为常参官。这样看来,在升入五品“出选门”之前,他们要反复不断地争取进入常参官序列,才能保证快速升迁。可以说,在升为五品之前,入仕文人一直生活于守选与摆脱守选之间,这种内在支配结构,深刻地影响了他们的日常行为,对其创作产生重要作用。因此,在守选制视域下,进一步研究摆脱守选的路径,不仅具有制度史研究的启发意义,而且为深入理解唐人创作行为提供了新视角。

---

① 拙文《王维〈使至塞上〉新赏》,《古典文学知识》2019年第1期。

② 《旧唐书》卷一三,第378页。

四 唐代诗歌史研究新收获

从守选与摆脱守选角度重审唐诗，发现很多此前未能理解或未很好作出解释的现象和作品，都可以获得新认识。研究守选制与唐诗关系，前人也做了不少尝试。例如，王勋成先生曾在氏著第九章中论及选举制及铨选与文学的关系。不过，王先生主要致力于唐代铨选制度研究，对制度与文学的关系关注较少，因而文学研究方面还有很广阔的空间。通察陈先生对守选制与唐诗关系的研究，发现其主要贡献有以下几方面。

其一，守选制与唐诗联结的基本原理。研究守选制与唐诗关系，首先要解决的问题是二者联结的内在机制和表现形式。陈先生的方法是，以守选制对唐人行为产生的作用力为基础，从时空流动和心理变化两个维度展开分析。因待选或守选，文人在两任官职之间有较多时间，有些人选择按常规居家待选，有些人则利用间隙去漫游。为摆脱守选，他们又想尽各种办法，或入使府、或干谒、或交游，这就使他们所处时空不断发生变化，而时空变化是创作变化的重要基础。同时，守选与摆脱守选之间形成的张力，促使唐人不断调整行为方式和心理状态以适应新变化，进而影响他们的诗歌写作。但守选制对诗歌写作产生的持续作用力又非简单直接，而经由一个中间媒介，陈先生称其为生活风尚。守选与摆脱守选的交互作用，使唐人生活风尚各异，呈现为隐逸、漫游、入幕、干谒、交友等不同形态。与生活风尚相适应，其诗歌创作也多样化，包含山水田园诗、山水行旅诗、使府诗、干谒诗、友情诗等不同内容。因此，守选制与唐诗的内在关联，可表述为守选制—生活风尚—诗歌创作。这就打开了守选制与唐诗联结的密码。

其二，守选制视角下的唐诗新认识。这里所说的新认识，非指唐人创造了诗歌新题材或新内容，而指从守选角度对其创作行为和作品予以重新理解。陈先生指出唐人隐逸有不同类型，有的是真隐逸，有的是在乡间或山林读书而为入仕做准备，有的是亦官亦隐式的“休假隐居”，有的是辞官归乡。但也存在另两种与守选制相关的隐居：一是在两任职务之间的待选或守选，他们居于田园山林，唐人亦谓之隐居；另一种是文人登第后未能立即授官，在守选或待选期间回到田园山林居住，过着隐居生活。很显然，后两种在守选期间隐居创作的诗歌，与其他山水田园诗当有不同，若视其为一般意义上的山水田园诗，显然不符合作者本意。例如，王维守选期间隐于淇上所作《归嵩山作》，颈联“荒城临古渡，落日满秋山”，颇有落寞之感，当与他尚未出选门的待选心境有关。开元二十九年(741)，王维以殿中侍御史身份完成“知南选”任务后隐于终南山，所作《终南别业》则极其平淡，丝毫没有隐居嵩山时的落寞。这与他已出选门，前景光明不无相关。事实上，第二年春，王维即出为常参官序列的左补阙。新及第进士待选或守选期间创作的山水田园诗，显然也不能简单地等同于一般隐逸诗。陈子昂于永淳元年(682)进士及第后，还故乡射洪待选，曾作《秋夜山亭有赠》：“皎皎白林秋，微微翠山静。禅居感物变，独坐开轩屏。风泉夜声杂，月露霄光冷。多谢忘机人，尘忧未能整。”此诗写山水，格调高古，但其中也暗含了待选焦虑，故而反复说“霄光冷”“独坐”“尘忧”。施肩吾进士及第后曾隐居洪州西山，作《闲居遣兴一百韵》。五代王定保《唐摭言》认为，施肩吾好道，慕西山真风，高蹈于此，决计终身不复求仕。但联系诗人此前为求仕所作的各种努力，他不大可能甫一登第马上放弃。从待选角度重新理解这首长诗，更能贴近施肩吾此阶段的真实心理。

唐人漫游大致有三种情况：一是出仕前的漫游，二是仕宦期间的漫游，三是低层文官守选或待选期间的漫游。因漫游目的不同，对其理解也应有所区别。例如，王勃总章二年(669)被逐出沛王府，他心知从免官到再次参加吏部铨选，其间至少需要三年，故离京赴蜀漫游，作《入蜀纪行诗》三十首，一改此前齐梁风习，变得清新自然而又境界高阔。待选制在其中发挥的作用，主要是促使王勃离京，进而改变其诗歌风格。孟郊贞元十二年(796)进士及第后守选，其间曾漫游越中，写了不少山水行旅诗。这些诗歌风格明快平易，丝毫没有冷涩尖峭之感，当与其待选期间心情相对平和有关。据此可知，从守选或待选重新理解漫游诗，能获得对漫游之风形成及相关诗歌写作的新认知。

入幕是唐人摆脱守选的一条重要路径。边塞诗无疑是文人入幕创作的重要内容。但以往边塞诗研究存在不少问题:一是多关注初盛唐,较少论及中晚唐;二是多注意边地幕府,内地幕府讨论薄弱;三是偏于个体研究,群体活动研究尚需加强。从守选制出发,能系统把握文人入幕与边塞诗创作的关系。例如,中晚唐边塞诗留存十首以上者,有李益、武元衡、令狐楚等十一人。李益尤有代表性,他先后五次入边地使府,存诗五十余首,其中一半以上是在前两次入朔方时写的边塞诗。其《从军诗序》说"出身二十年,三授末秩","末秩"是指他进士及第后所任河南府参军、华州郑县主簿、渭南县尉等未能摆脱守选的底层州县官。由此序可知,摆脱守选是李益积极寻求入幕的重要动机。在这种背景下,更能理解其边塞诗所写艰苦生活以及对建功立业的渴望之情。中晚唐内地使府兴起,增置了凤翔节度使等六个使府,同时在内地遍设方镇幕府。内地幕府的文学活动,与边地幕府相较,多表现为群体性唱和、联句等形式,地域特征较明显,如浙东幕府唱和中的《忆长安十二咏》《状江南十二月每月须一物形状》等,堪为内地幕府群体文学活动的代表。显然,中晚唐内地幕府文学研究,尚需大力拓进。

干谒是制度之下唐人的正常行为,与今日所谓投机不同。唐人干谒行为,主要有为科举及第、铨选授官、获得荐举、入使府之干谒,以及直接干谒宰相和皇帝等不同类型。虽其目的有别,但所使用的方法大致相同,多以诗文投献方式进行。为摆脱待选或守选,或者为获任美职,唐人多向主司或其他官员投献诗文。投献主司的例子,如王勃参加吏部铨选,作《古君臣赞》十篇并序,献给当时主持铨选的吏部侍郎裴行俭,获任虢州参军;骆宾王以《帝京篇》投献裴行俭,授长安主簿;王昌龄以《鉴略》五篇进献吏部侍郎李林甫,虽未获官,但这种行为同样有例证价值。投献其他官员的例子也不少,如萧颖士献杂诗五首与国子司业韦述,岑参献诗兵部侍郎李进,钱起献诗中书舍人王维,张祜献诗职方员外郎韩愈等。其中需要特别注意的是上书拜官制度,其实质是直接以诗文投献皇帝,如杜甫献三大礼赋,得授右卫率府胄曹参军,李群玉诣阙献诗获任弘文馆校书郎等。

从守选制研究干谒诗，不仅能深刻理解其文化内涵，而且还能补正史之缺，如据崔峒《扬州蒙选相公赏判雪后呈上》，可补史传失载的崔圆置选于扬州之事。

与守选制有关的交友诗歌，多以离别、赠答为主题。这些诗歌既有对贫贱之交的赞美，也有对势利之交的慨叹；既有对友人前程的关切，也有自述苦闷的感伤。可见交友虽不无功利目的，但也非完全流于形式。诗中的复杂情感，多与制度束缚以及摆脱守选之艰难有关。因此，从待选和守选视角，结合荐举制度来观察，更能深入诗人内心，获得对交友诗歌的新理解。

其三，为重构唐诗史提供了史料和观念基础。陈先生从待选和守选出发，通过细致考证，对近百位诗人的早期行迹作了再研究，其中包括王勃、骆宾王、陈子昂、杜甫、马怀素、孙逖、高适、岑参、王维、王昌龄、萧颖士、储光羲、韦应物、常建、李颀、李端、钱起、耿湋、司空曙、施肩吾、许浑、欧阳詹、孟郊、郑谷、李益、武元衡、元稹、白居易、姚合、陆贽、严维、章八元、章孝标、朱庆馀、赵嘏、李绅、聂夷中等著名诗人，为重写唐诗史准备了新材料。陈先生最后总结守选制与唐诗繁荣的关系，提出“文人终生学文”的概念，指出围绕科举考试和摆脱守选，唐代文人一生都在致力于诗赋等方面的学习。这个判断大体上是成立的，因为能迅速摆脱守选而获得快速升迁者，其数量相对于参选者总量来说，比例是非常小的，绝大部分文人长期处于守选与摆脱守选之间。即便已出选门，但为交友求荐等需要，他们还要不断提高个人艺术水平，这是毋庸置疑的。

五　“制度与文学”研究方法新思考

近四十年来，制度与文学研究获得长足发展。但在这个过程中也出现了各种问题，其中最重要的是对制度与文学关系的理解问题。有些成果虽标之于某某制度与文学，但只论制度不论文学，或将制度和文学断为两橛，制度归制度，文学归文学，二者似乎没有关联。可见，要真正揭示制度与文学的内在联系，难度很大。陈先生在本书后记中说：“这个课题之难还在于，要找到唐代守选制与诗歌创作的内在联系极为不易。”[①]由此可知，陈先生曾对制度与文学的研究方法作了深入探索。大体而言，其思考主要有以下几方面。

其一，详细辨明制度是研究的重要基础。道理其实很简单，若未清晰了解某种制度的生成和演化过程，则不可能抓住制度的特质，讨论其与文学之关系，显然也不可行。但要辨明制度本身又极不容易，因为有些制度或制度的某些方面，在传统制度典籍中要么没有记载，要么记载不全。如何解决这个问题？陈先生的方法是从原始文献中剔抉爬梳。例如，正史列传、唐人墓志等对传主和墓主的守选经历少有记载，因此必须从今存的诗文和其他零散材料中去考证发掘。初步统计，书中引用的具体事例有500多个，都是从两《唐书》《全唐诗》《全唐文》以及《唐代墓志汇编》《唐代墓志汇编续集》等原始文献中爬梳勾稽出来的。再如，开元十八年(730)前是否已经实行守选制，制度典籍所载很不清晰，因而利用各种材料进行综合考辨就是一种非常有效的办法。对于唐代文学而言，研究守选制度本身，其意义主要在于重新认识唐代文人的生平经历，提醒研究者在阅读史传和墓志材料时，必须注意其中略去的守选记载。研究唐人摆脱守选的各种方式，则能更好地理解唐人的创作行为，因为出于不同目的、不同时段的诗歌写作，其风格面貌显然也不尽相同。

其二，充分注意制度与文学关联的权力本质。程千帆先生曾提出制度对文学有“促进”和“促退”两说。[②]其“促”之义，即权力在文学领域的延伸。陈先生的研究有三点值得特别注意：一是制度张力。以往研究多关注制度的正面力量，多从文人对制度的顺应入手。这个切入点无疑是对的，但还应看到另一种情况，即为摆脱制度束缚而形成的反作用力。陈先生对唐人摆脱守选途径的研究，为此提供了极好范例。二是制度合力。任何一种制度都不可能单独存在，必须依赖其他制度方能有效实施。守选制无疑也是如此，守选制与科举、荐举、使府等制度，共同形成一个系

① 陈铁民《守选制与唐代文人的诗歌创作研究》，第377页。

② 程千帆《唐代进士行卷与文学》，上海古籍出版社1980年版，第88页。

统。守选制对文学的作用力，来自该系统多种制度形成的合力。三是作用力的流动性。制度本身是流动的，是“活”的，这就要求研究者不仅要重视制度的文本规定，而且还要关注其实际表现，关注影响其活动的诸多因素。[①]制度对文学的作用力也是不断变化的，因而研究制度与文学，尤其要注意二者关系的“活”性。

其三，从作家作品出发解决文学史重要问题。陈先生强调，在搜集材料的准备阶段，必须首先从作品入手，熟悉作品是一切文学研究的基本前提。同时，制度与文学研究的最终目的，是要解决文学史中复杂而重要的问题。不少研究者先存制度观念，再找一些作品来解释这些观念，因而结论难免牵强附会。事实上，前述山水田园诗、山水行旅诗、使府诗歌、干谒诗、友情诗等，已有研究成果比较丰富。因此，要将这些诗歌研究再推进一步，极为不易。陈先生之所以能推进唐诗研究，不仅因为守选制角度新颖，更因为他自上世纪末已着手准备资料，对此问题持续关注了二十余年。此外，陈先生几十年来一直从事唐诗研究工作，包括《王维集校注》《岑参集校注》《王维论稿》《唐代文史研究丛稿》《增订注释全唐诗》等在内的主要著作，使其对唐代诗歌作品以及唐诗研究史都非常熟悉。显然，只有在这样厚实的基础上，才有可能取得唐诗研究的重大突破。

---

① 邓小南《再谈走向“活”的制度史》，《史学月刊》2022年第1期，第103页。

主要征引及参考文献

班固《汉书》，中华书局1962年版。

鲍照《鲍照集校注》，丁福林等校注，中华书局2012年版。

卞孝萱《现代国学大师学记》，中华书局2006年版。

晁公武《郡斋读书志校证》，孙猛校证，上海古籍出版社1990年版。

陈飞《唐代试策考述》，中华书局2002年版。

陈铁民《守选制与唐代文人的诗歌创作研究》，中国社会科学出版社2021年版。

陈寅恪《读书札记三集》，生活·读书·新知三联书店2001年版。

陈寅恪《寒柳堂集》，生活·读书·新知三联书店2001年版。

陈寅恪《金明馆丛稿初编》，生活·读书·新知三联书店2001年版。

陈寅恪《金明馆丛稿二编》，生活·读书·新知三联书店2001年版。

陈寅恪《隋唐制度渊源略论稿》，生活·读书·新知三联书店2001年版。

陈寅恪《元白诗笺证稿》，上海古籍出版社1978年版。

陈元锋《北宋馆阁翰苑与诗坛研究》，中华书局2005年版。

陈振孙《直斋书录解题》，上海古籍出版社1987年版。

陈子昂《陈子昂集》，徐鹏校点，上海古籍出版社1960年版。

陈祖言《张说年谱》，香港中文大学出版社1984年版。

成明明《北宋馆阁与文学研究》，中国社会科学出版社2007年版。

程国赋《明代书坊与小说研究》，中华书局2008年版。

程千帆《唐代进士行卷与文学》，上海古籍出版社1980年版。

戴伟华《地域文化与唐代诗歌》，中华书局2006年版。

戴伟华《唐代使府与文学研究》，广西师范大学出版社 1998 年版，2007 年修订本。

戴伟华《唐方镇文职僚佐考》，天津古籍出版社 1994 年版，广西师范大学出版社 2007 年修订本。

邓小军、鲍远航《唐诗说唐史》，中华书局 2008 年版。

丁福保辑《历代诗话续编》，中华书局 1983 年版。

丁进《周礼考论：周礼与中国文学》，上海人民出版社 2008 年版。

董诰等《全唐文》，中华书局 1983 年版。

杜家骥《中国古代人际交往礼俗》，商务印书馆 1996 年版。

杜甫《杜诗详注》，仇兆鳌注，中华书局 1979 年版。

杜晓勤《齐梁诗歌向盛唐诗歌的嬗变》，北京大学出版社 2009 年版。

杜晓勤《唐代文学的文化视野》，中华书局 2021 年版。

杜佑《通典》，中华书局 1984 年版。

段公路《北户录》，中华书局 1985 年版。

范文澜《文心雕龙注》，人民文学出版社 1962 年版。

范晔《后汉书》，中华书局 1965 年版。

方回《瀛奎律髓汇评》，李庆甲集评校点，上海古籍出版社 1986 年版。

房玄龄等《晋书》，中华书局 1974 年版。

封演《封氏闻见记校注》，赵贞信校注，中华书局 1985 年版。

傅绍良《唐代谏议制度与文人》，中国社会科学出版社 2003 年版。

傅璇琮《唐代科举与文学》，陕西人民出版社 1986 年版，2003 年第 2 版。

傅璇琮《唐代诗人丛考》，中华书局 1980 年版。

傅璇琮《唐人选唐诗新编》，陕西人民教育出版社 1996 年版。

高棅《唐诗品汇》，上海古籍出版社 1982 年版。

顾颉刚《秦汉的方士与儒生》，上海人民出版社 1962 年版。

顾炎武《日知录集释》，黄汝成集释，上海古籍出版社 2006 年版。

郭丽《唐代教育与文学》，中国社会科学出版社 2020 年版。

郭沫若《郭沫若全集》（历史编第一卷），人民出版社 1982 年。

郭沫若《李白与杜甫》，人民文学出版社 1972 年版。

郭绍虞《清诗话续编》，富寿荪校点，上海古籍出版社 1983 年版。

郭绍虞《照隅室古典文学论集》，上海古籍出版社社 1983 年版。

过常宝《制礼作乐与西周文献的生成》,中国社会科学出版社2015年版。

韩愈、李翱《论语笔解》,景印文渊阁《四库全书》第196册,上海古籍出版社1987年版。

韩愈《韩昌黎诗系年集释》,钱仲联集释,上海古籍出版社1994年版。

韩愈《韩昌黎文集校注》,马其昶校注,上海古籍出版社1987年版。

何休注,徐彦疏《春秋公羊传注疏》,十三经注疏本,上海古籍出版社1997年版。

何晏注,皇侃疏《论语集解义疏》,景印文渊阁《四库全书》第195册,上海古籍出版社1987年版。

洪迈《容斋随笔》,中华书局2005年版。

洪迈《容斋续笔》,上海古籍出版社1978年版。

胡宝国《汉唐间史学的发展》,商务印书馆2003年版。

胡可先《唐代重大历史事件与文学研究》,浙江大学出版社2007年版。

胡可先《政治兴变与唐诗演化》,中国社会科学出版社2003年版。

胡可先《中唐政治与文学》,安徽大学出版社2000年版。

胡震亨《唐音癸签》,上海古籍出版社1981年版。

胡志昂编《日藏古抄李峤咏物诗注》,上海古籍出版社1998年版。

黄伯思《宋本东观余论》,中华书局1988年版。

黄侃《黄侃论学杂著》,中华书局1964年版。

黄约瑟、刘健明编《隋唐史论集》,香港大学亚洲研究中心1993年版。

计有功《唐诗纪事》,上海古籍出版社2008年版。

贾晋华《唐代集会总集与诗人群研究》,北京大学出版社2001年版。

江佐中《经济发展中的制度变迁》,中共中央党校出版社2000年版。

蒋天枢《陈寅恪先生编年事辑》,上海古籍出版社1997年版。

柯武刚、史漫飞《制度经济学》,商务印书馆2000年版。

孔颖达等《春秋左传正义》,十三经注疏本,上海古籍出版社1997年版。

李白《李太白全集》,王琦注,中华书局1977年版。

李斌城主编《唐代文化》,中国社会科学出版社2002年版。

李德辉《唐代交通与文学》,湖南人民出版社2003年版。

李德辉《唐代文馆制度及其与政治和文学之关系》,上海古籍出版社2006年版。

李昉等《文苑英华》,中华书局1966年版。

李浩《唐代三大地域文学士族研究》,中华书局2002年版。

李贺《李贺诗歌集注》,王琦等注,上海人民出版社1977年版。

李林甫等《唐六典》,陈仲夫点校,中华书局1992年版。

李松玉《制度权威研究:制度规范与社会秩序》,社会科学文献出版社2005年版。

李贤《明一统志》,景印文渊阁《四库全书》第473册,上海古籍出版社1987年版。

李延寿《南史》,中华书局1975年版。

李肇《唐国史补》,上海古籍出版社1957年版。

梁启超《中国近三百年学术史》,东方出版社2004年版。

林庆彰、蒋秋华主编《啖助新〈春秋〉学派研究论集》,台湾"中央"研究院中国文哲研究所2002年。

林岩《北宋科举考试与文学》,上海古籍出版社2006年版。

刘师培《中国中古文学史讲义》,凤凰出版社2011年版。

刘肃《大唐新语》,中华书局1984年版。

刘餗《隋唐嘉话》,中华书局1979年版。

刘熙载《艺概》,上海古籍出版社1978年版。

刘昫等《旧唐书》,中华书局1975年版。

刘知几《史通通释》,浦起龙通释,上海古籍出版社2009年版。

柳宗元《柳河东集》,上海人民出版社1974年版。

卢燕新等编《傅璇琮先生学术研究文集》,商务印书馆2012年版。

陆淳《春秋集传纂例》,景印文渊阁《四库全书》第146册,上海古籍出版社1987年版。

陆游《陆放翁全集》,中国书店1986年版。

罗家湘《先秦文学制度研究》,上海古籍出版社2011年版。

马端临《文献通考》,中华书局1986年版。

马自力《中唐文人之社会角色与文学活动》,中国社会科学出版社2005年版。

孟二冬《登科记考补正》,北京燕山出版社2003年版。

穆克宏、郭丹《魏晋南北朝文论全编》,江苏教育出版社1996年版。

欧阳修、宋祁等《新唐书》,中华书局1975年版。

欧阳询《艺文类聚》,上海古籍出版社1965年版。

潘德舆《养一斋诗话》,中华书局2010年版。

彭定求等《全唐诗》，中华书局1960年版。

钱穆《论语新解》，生活·读书·新知三联书店2002年版。

钱志熙《魏晋诗歌艺术原论》(修订本)，北京大学出版社2005年版。

清高宗御选，允禄等编《御选唐宋文醇》，景印文渊阁《四库全书》第1447册，上海古籍出版社1987年版。

瞿蜕园《刘禹锡集笺证》，上海古籍出版社1989年版。

权德舆《权德舆诗文集》，郭广伟校点，上海古籍出版社2008年版。

饶龙隼《上古文学制度述考》，中华书局2009年版。

任育才《唐型官学体系之研究》，台湾五南图书出版社有限公司2007年版。

商务印书馆编《唐书经籍艺文合志》，商务印书馆1956年版。

尚永亮《贬谪文化与贬谪文学——以中唐元和五大诗人之贬及其创作为中心》，兰州大学出版社2004年版。

尚永亮《唐五代逐臣与贬谪文学研究》，武汉大学出版社2007年版。

尚永亮《元和五大诗人与贬谪文学考论》，台北文津出版社1993年版。

沈佺期、宋之问《沈佺期宋之问集校注》，陶敏、易淑琼校注，中华书局2001年版。

沈约《宋书》，中华书局1974年版。

司马光《资治通鉴》，中华书局1956年版。

司马迁《史记》，中华书局1959年版。

宋敏求《唐大诏令集》，商务印书馆1959年版。

孙逢吉《职官分纪》，中华书局1988年版。

孙国栋《唐代中央重要文官迁转途径研究》，上海古籍出版社2009年版。

唐桂芳《白云集》，影印文渊阁《四库全书》第1226册，上海古籍出版社1987年版。

童岳敏《唐代的文学与私学》，上海古籍出版社2014年版。

汪荣宝《法言义疏》，中华书局1987年版。

汪荣祖《史家陈寅恪传》，北京大学出版社2005年版。

王充《论衡校释》，黄晖校释，中华书局1990年版。

王定保《唐摭言》，中华书局1960年版。

王立道《具茨集》，景印文渊阁《四库全书》第1277册，上海古籍出版社1987年版。

王利器《文镜秘府论校注》,中国社会科学出版社1983年版。

王利器《颜氏家训集解》,上海古籍出版社1980年版。

王楙《野客丛书》,上海古籍出版社1991年版。

王溥《唐会要》,中华书局1955年版。

王钦若等《册府元龟》,中华书局1960年版。

王士祯《池北偶谈》,中华书局1982年版。

王勋成《唐代铨选与文学》,中华书局2001年版,2021年修订本。

王尧臣等编次,钱东垣等辑释《崇文总目》,丛书集成初编本,中华书局1985年版。

王应麟《玉海》,江苏古籍出版社1987年版。

王永兴《陈寅恪先生史学述略稿》,北京大学出版社1998年版。

魏徵等《隋书》,中华书局1973年版。

闻一多《唐诗杂论》,上海古籍出版社1998年版。

吴兢《贞观政要》,上海古籍出版社1978年版。

吴相洲《乐府学概论》,人民文学出版社2015年版。

吴相洲《唐代歌诗与诗歌》,北京大学出版社2000年版。

吴云、冀宇《唐太宗全集校注》,天津古籍出版社2004年版。

萧统《文选》,中华书局1977年版。

萧绎《金楼子》,中华书局1985年版。

徐复观《徐复观论经学史二种》,上海书店出版社2006年版。

徐坚等《初学记》,中华书局1962年版。

徐松《登科记考》,中华书局1984年版。

许学夷《诗源辩体》,人民文学出版社1987年版。

严春华《风俗文化与唐代文体关系研究》,南开大学出版社2019年版。

严杰《唐五代笔记考论》,中华书局2009年版,第115页。

杨炯《杨炯集》,徐明霞点校,中华书局1980年版。

永瑢等《四库全书总目》,中华书局1965年版。

游国恩等《中国文学史》,人民文学出版社1963年版。

余英时《陈寅恪晚年诗文及其他》,花城出版社1986年版。

余英时《士与中国文化》,人民文学出版社2003年版。

余英时《中国知识分子论》,河南人民出版社1997年版。

虞世南《北堂书钞》,天津古籍出版社1988年版。

元结、殷璠等《唐人选唐诗》(十种),上海古籍出版社1978年版。

元稹《元稹集》,冀勤点校,中华书局1982年版。

岳纯之《唐代官方史学研究》,天津大学出版社2003年版。

张伯伟《全唐五代诗格汇考》,凤凰出版社2002年版。

张国淦《中国古方志考》,中华书局1962年版。

张晖《中国"诗史"传统》,生活·读书·新知三联书店2012年版。

张剑等《宋代家族与文学研究》,中国社会科学出版社2009年版。

张杰、杨燕丽选编《解析陈寅恪》,社会科学文献出版社1999年版。

张岂之《中国近代史学学术史》,中国社会科学出版社1996年版。

张荣芳《唐代的史馆与史官》,台湾私立东吴大学中国学术著作奖助委员会1984年版。

章学诚《文史通义校注》,叶瑛校注,中华书局1985年版。

长孙无忌《唐律疏议》,中华书局1983年版。

赵岐注,孙奭疏《孟子注疏》,十三经注疏本,上海古籍出版社1997年版。

赵小华《初盛唐礼乐文化与文士、文学关系研究》,广东人民出版社2011年版。

郑玄注,贾公彦疏《周礼注疏》,十三经注疏本,上海古籍出版社1997年版。

中国社会科学院文学所中国文学史编写组《中国文学史》,人民文学出版社1962年版。

周绍良、赵超《唐代墓志汇编》,上海古籍出版社1992年版。

周天《〈长恨歌〉笺证稿》,陕西人民出版社1983年版。

周勋初《唐代笔记小说叙录》,凤凰出版社2008年版。

朱熹《四书章句集注》,中华书局1983年版。

祝尚书《宋代科举与文学》,中华书局2008年版。

祝尚书《宋代科举与文学考论》,大象出版社2006年版。

吴夏平《唐代中央文馆制度与文学研究》,齐鲁书社2007年版。

吴夏平《唐代制度与文学研究述论稿》,齐鲁书社2008年版。

吴夏平《唐代文馆文士社会角色与文学》,中国社会科学出版社2012年版。

吴夏平《唐代文馆文士朝野迁转与文学互动》,中国社会科学出版社2017年版。

吴夏平《唐代书籍活动与文学秩序》,上海古籍出版社2021年版。

吴夏平《文献与考据讲义》,上海教育出版社2023年版。

[德]恩格斯《家庭、私有制和国家的起源》,人民出版社1972年版。

[德]黑格尔《美学》,朱光潜译,商务印书馆1996年版。

[德]马克斯·韦伯《经济与社会》,商务印书馆1997年版。

[法]卢梭《爱弥儿》,李平沤译,商务印书馆1999年版。

[法]卢梭《社会契约论》,何兆武译,商务印书馆2003年版。

[法]罗贝尔·埃斯卡尔皮《文学社会学》,符锦勇译,上海译文出版社1988年版。

[法]罗贝尔·埃斯卡皮《文学社会学》,王美华、于沛译,安徽文艺出版社1987年版。

[法]罗贝尔·埃斯卡皮《文学社会学》,于沛选编,浙江人民出版社1987年版。

[美]康芒斯《制度经济学》,商务印书馆1962年版。

[美]哈德罗·布鲁姆《影响的焦虑》,徐文博译,三联书店1989年版。

[美]康芒斯《制度经济学》,商务印书馆1962年版。

[美]路易斯·亨利·摩尔根《古代社会》,杨东莼等译,商务印书馆1997年版。

[美]约翰·罗尔斯《正义论》,中国社会科学出版社2001年版。

[日]池田温《唐研究论文选集》,中国社会科学出版社1999年版。

[英]罗德里克·弗拉德《历史计量法导论》,肖朗等译,商务印书馆1992年版。

包伟民《"唐宋变革论":如何"走出"?》,《北京大学学报》2022年第4期。

波特兰·韦斯特法尔《地理批评宣言:走向文本的地理批评》,陈静弦、乔溪、颜红菲校译,《南京工程学院学报》(社会科学版)2018年第2期。

蔡鸿生《金明馆教泽的遗响》,《广东社会科学》2005年第3期。

查屏球《韩愈〈论语笔解〉真伪考》,《文献》1995年第2期。

陈飞《唐代试策的表达体式——策问部分考察》,《文学遗产》2008年第1期。

陈飞《唐代试策的形式体制——以制举策文为例》,《文学遗产》2006年第6期。

陈冠明《论珠英、修文学士的诗学成就》,《中国诗学》第十六辑(2012年)。

陈尚君《〈登科记考〉正补》,《唐代文学研究》第四辑(1993年)。

陈铁民《梁玙墓志与唐代进士科试杂文》,《北京大学学报》2006年第6期。

陈铁民《论律诗定型于初唐诸学士》,《文学遗产》2000年第1期。

戴伟华《史、文、兵学视野中的唐代春秋左传学》,《深圳大学学报》2007年第3期。

邓小南《再谈走向“活”的制度史》,《史学月刊》2022年第1期。

杜晓勤《从永明体到沈宋体——五言律体形成过程之考察》,《唐研究》第2卷(1996年)。

方维规《文学社会学的历史、理论和方法》,《社会科学论坛》2010年第13期。

冯其庸《关于古典文学人民性研究中的庸俗社会学》,《教学与研究》1956年第12期。

傅道彬《“六经皆文”与周代经典文本的诗学解读》,《文学遗产》2010年第5期。

傅璇琮《陈寅恪思想的几点探讨》,《清华大学学报》1990年第2期。

傅璇琮《陈寅恪文化心态与学术品味的考察》,《社会科学战线》1991年第3期。

傅璇琮《略谈陈三立——陈寅恪思想的家世渊源试测》,《中国文化研究》1993年第1期。

傅璇琮《从白居易研究中的一个误点谈起》,《文学评论》2002年第2期。

傅璇琮《一种文化史的批评——兼谈陈寅恪的古典文学研究》,《中华文化》1989年第1期。

葛晓音《初盛唐七言歌行的发展——兼论歌行的形成及其与七古的分野》,《文学遗产》1997年第5期。

葛晓音《创作范式的提倡和初盛唐诗的普及——从〈李峤百咏〉谈起》,《文学评论》1995年第6期,第32页。

葛晓音《论初盛唐绝句的发展——兼论绝句的起源和形成》,《文学评论》1999年第1期。

葛晓音《论宫廷文人在初唐诗歌艺术发展中的作用》,《辽宁大学学报》1990年第4期。

胡可先《天台山:浙东唐诗之路与海上丝绸之路的交汇》,《浙江社会科学》2019年第12期。

蒋寅《权德舆与贞元后期诗风》,《唐代文学研究》第五辑(1994年)。

邝健行《初唐五言律体律调完成过程之考察及其相关问题之讨论》,《香港中文大学中国文化研究所学报》总第21卷(1990年)。

李明《来自大唐的秘密——上官婉儿墓志考古解读》,《大众考古》2014年第4期。

李湜《盛唐时期的集贤学士》,《江西师范大学学报》1995年第3期。

骆燕灵等《关于“地理批评”——朱立元与波特兰·维斯法尔的对话》,《江淮论坛》2017年第3期。

钱志熙《论齐梁陈隋时期诗坛的古今分流现象》,《河南师范大学学报》2011年第1期。

钱志熙《唐人乐府学述要》,《中国社会科学》2013年第8期。

钱志熙《文人文学的发生于早期文人群体的阶层特征》,《北京大学学报》2009年第5期。

王兆鹏《求学之路》,《中文自学指导》1997年第3期。

吴承学《古代兵法与文学批评》,《文学遗产》1998年第6期。

袁世硕等《古典文学研究中的庸俗社会学的倾向》,《山东大学学报》1959年第3期。

袁行霈《走上宽广通达之路——新时期古代文学研究的趋向》,《文学遗产》2008年第1期。

张伯伟《论唐代的规范诗学》,《中国社会科学》2006年第4期。

赵昌平《初唐七律的成熟及其风格溯源》,《中华文史论丛》1986年第4辑。

赵敏俐《魏晋文学自觉反思说》,《中国社会科学》2005年第2期。

赵义山《历史本位与文学本位》,《文学遗产》2007年第2期。

赵永东《唐代集贤殿书院考论》,《南开学报》1986年第4期。

郑伟章《唐集贤院考》,《文史》第19辑(1983年)。

周明初《明清文学研究者的职官制度学养问题》,《中国文化研究》2013年夏之卷。

朱倓《集贤记注辑释》,《“国立”中山大学文学史研究所月刊》,第3卷1期(1934年)。

吴夏平《数据库与古代文学研究》,《光明日报》(理论版)2004年9月29日。

吴夏平《从行状和墓碑文看唐代骈文的演进》,《文学遗产》2007年第4期。

吴夏平《古籍数字化与文献利用》,《中国社会科学院院报》2007年9月18日。

吴夏平《“官学大振”与初唐诗歌演进》,《文学遗产》2013年第2期。

吴夏平《初唐文馆学士角色流动及其影响》,《国学研究》第三十三卷(2014年)。

吴夏平《唐与新罗书籍活动考论》,《中国典籍与文化》2015年第2期。

吴夏平《试论中唐“六经皆文”观念的生成》,《文学遗产》2016年第6期。

吴夏平《“制度与文学”研究的成就、困境及出路》,《北京大学学报》2017年第5期。

吴夏平《刘禹锡集纪文的文学史料价值》,《中山大学学报》2017年第5期。

吴夏平《王维〈使至塞上〉新赏》,《古典文学知识》2019年第1期。

吴夏平《史学转向与唐代“文之将史”现象》,《文学评论》2019年第3期。

吴夏平等《孟浩然“无官受黜”故事形成与演变的史源性考察》,《学术研究》2020年第8期。

吴夏平《唐人别集国家皮藏制度及相关文学问题》,《文学遗产》2020年第3期。

吴夏平《神人之间:晋唐“桃源”形塑与流变》,《南京师大学报》2022年第1期。

后　记

书稿完成之际，正好到广州大学参加我的博士导师戴伟华教授的荣休会。此前准备了一篇小文章，记录了一些我在广州跟随老师读书的往事，其中大部分文字与本书内容有关，故以此作为后记。

一

我于2003年春到华南师范大学读书。入学不久，戴老师送来两样东西，一床棉被，一台电脑。这些东西对我来说非常急需，棉被自不用说，当时匆忙之间只带了一床毯子。电脑就更重要了，2000年前后年有私人电脑的人不多，我的硕士论文就是手写完成的。有了电脑后学习更加方便，尤为重要的是里面安装了《四库全书》电子版和“国学宝典”。这两个大型数据库现在觉得不很稀奇，但在二十多年前非常了不起，当时国内古籍数字化刚起步，很多人不要说能用上这些数据库，甚至不一定知道有这些数据库。戴老师后来经常跟我们说，工具非常重要，一定要运用最先进的科技手段为学术研究服务。他还举例说，王小盾老师学电脑很快，五笔输入法几天就能熟练操作。可以说，假如没有戴老师送给我电脑，我的博士学位论文不大可能按时完成。在做唐代中央文馆文士考证时，一边看纸质书，一边用电子版作检索，两相对照，效率很高。如果没有电子书检索提示，全部依靠人工翻查，速度非常慢。另外，通过检索，对当时数据库的结构和特征也逐渐有所了解，并据此写成《数据库与古代文学研究》，发表在

《光明日报》理论版。正因为较早使用数据库，对数据库有一定了解，后来才进一步对古籍数字化问题感兴趣。从2007年开始，先后多次参加古籍数字化会议，提交了几篇讨论数字化的论文。这些论文的观点不一定成熟，但却使我一直保持对数字理论和技术的密切关注，由此也与学界建立联系，扩大了获取信息的渠道和范围。所有这一切，追根溯源，与戴老师当年有意识培养是有根本关系的。

我在华师跟戴老师读书，在学术上获得的最大教益无疑是博士论文选题和写作。正如前面所说，入学不久，戴老师就要求我去做唐代文馆文士人名考证的工作，毕业论文选题也初步拟定为唐代中央文馆制度与文学关系研究。老实说，一开始我对这个问题一无所知，不知道唐代文馆是什么意思，更不晓得要怎样研究制度与文学的关系。之前在贵州大学跟随房开江教授学习宋词，对唐代文学从未深入思考。我的本科毕业论文题目是《项羽败因论》，被评为学校优秀毕业论文，发表在《江西教育学院学报》。硕士期间只发表了两篇论文，一篇是研究唐传奇的，发表在《贵州大学学报》，另一篇研究晚唐五代词，发表在《贵州教育学院学报》。硕士毕业论文题目是《北宋雅词流变论》。这就意味着，到华师之前，我对唐代文学并不熟悉，可以说基础非常薄弱，因此要驾驭老师提出来的那样宏观的唐代文学论题十分困难。戴老师要求我首先要熟悉唐代文献，熟悉文献的过程不能是无目的地泛览，应该与毕业论文材料搜集整理结合起来。也就是说，要在搜集专题文献过程中了解和熟悉唐代制度、唐代文学以及学术史等文献。最好的方法是基本文献与专题文献结合起来。所谓基本文献，就是与唐代文学有关的文献，如《全唐文》《全唐诗》《旧唐书》《新唐书》之类。所谓专题文献就是与论题密切相关的文献，特别是古代制度以及研究制度的文献，亦即专题学术史或者说研究史涉及的重要史料。如与文馆制度密切相关的历代制度文献，《唐六典》《通典》《文献通考》《唐会要》《唐大诏令集》，正史《职官志》《百官志》等。因此，戴老师要求我先做唐代文馆文士人名的考证工作，要在考证过程中熟悉文献。具体来说，唐代文馆包括弘文馆、崇文馆、集贤院、秘书省、史馆、国子监等馆所。我一部一部地去查考，先从两《唐书》开始。《新唐书》有25册，校图书馆和院资料室借书上限每次20册，我从人文学院资料室借来一部分，再从校图书馆借来另外一部分。记得最清楚的是向老师借阅《全唐文》，上海古籍出版社出版的5册本，老师说当年为了买这套书，花掉了差不多一个月工资。我在阅读时，发现里面密密麻麻地写满了批注，不少地方还夹了纸条，抄写了与文中内容相关的其他资料。老师后来说，这些资料都是他当年做唐方镇文职僚佐考时留下的。老师在扬州大学工作时，条件非常艰苦，当时一家人住在筒子楼一间房子里，白天等孩子上学后，把被褥卷起来，床板就是书桌，可以铺开较多的书籍。老师说，《唐方镇文职僚佐考》就是在这样的环境下花了十多年时间完成的。这一点，对今天利用数据库做考证的人来说，应该具有很重要的启发意义。我在做文馆人名考工作时，一个特殊感受就是唐代墓志没有电子版，完全靠人工检索非常辛苦，而且容易出错。另一个特殊感受是，在一部一部地读下来的这个过程中，获得了很多信息，这与纯粹靠电子检索完全不一样。考证工作先后做了有两年时间，字数近50万字，为后面研究打下了基础。

戴老师强调，好的学术必须是考证与研究的完美结合。他经常提到的事情是在扬州大学读博士期间王小盾先生对他的教育。王先生当年跟随任中敏先生读博士，每天早上六点必须到老师家，一直工作到晚上十点才回宿舍休息。这样三年下来，搜集整理了隋唐五代燕乐杂言歌辞，以此为基础完成了《隋唐五代燕乐杂言歌辞研究》。王老师后来培养学生也采用这个方法，例如指导学生研究佛教音乐，首先必须做佛教音乐文献的收集整理，研究两周诗史，同样要先搜集两周时期与《诗》有关的全部材料。所谓全部，也就是涸泽而渔的意思。涸泽而渔的具体操作方法就是“即类求书”，之后再对材料分门别类，当然也可以在收集材料时分类。分类过程实际是对材料的深度发掘，分类恰当体现的是对材料性质的深度把握和认识。这个过程简单来说就是“因书究学”。戴老师对我的教导同样如此。在收集整理了唐代中央文馆制度文献与馆阁文士等材料后，老师要求必须对这些材料按多层级进行分类。例如，先按不同机构来分，每个机构之下再按时间顺序排列,这样就大致能够还原唐朝各馆所不同时期任职的具体情况。当然,这里面有些问题比较复杂,在分类时要特别注意。例如,有些馆阁文士的具体任职时间不清楚,可以列入"时间待考"一类,有些文人的馆阁归属不清,特别是校书郎、正字一类的官职,因为任职人次较多,官职品级不高等因素,在史料记载中往往是模糊的,只保留了人名和所任职务,具体属于弘文馆、崇文馆、秘书省、集贤院的哪一家,一时难以考证,只能列入"无领属"一类。还有一种情况也要特别注意,就是制度变迁问题。唐高宗、武则天、中宗、玄宗时期,由于各种因素影响,馆阁名称屡有变化,如果不能注意这些变化,考证结果会有遗漏,数据不全。

二

考证是展开研究的重要基础。理论则是将考证的材料融会贯通、提取信息、形成观点的重要路径。就文馆与唐代文学而言,戴老师认为要从前人学术经典中去寻绎研究模式或者说理论范式。就制度与文学关系研究来说,此前已有很好的典范,如程千帆先生的《唐代进士行卷与文学》、傅璇琮先生的《唐代科举与文学》等等。戴老师提醒,在阅读这些学术经典时,一定要特别注意中西学术的大背景,要追溯程千帆、傅璇琮等学者的学术思想渊源。这些富有启发性的教导,不仅对我当时写作博士论文具有重要指导意义,而且对我后来的研究也起到了导向性作用。我曾在博士论文的序言中,记录了以下一段文字:

> "与"不仅要揭示事物之间有无联系,还包含阐明是怎样的联系,也包含联系的阐述方式。当然,由于解决问题的需要以及研究者逻辑思维的不同,研究者所采用的阐述方式是不一样的。比如前面提到程千帆先生的《唐代进士行卷与文学》,即从"行卷之风的由来"说起,娓娓道来,最后又加以总结,这种方式我们可以称之为"螺旋上升式"。傅璇琮先生的《唐代科举与文学》则分类排比,从各个方面展示科举与文学的关系,方便读者理解,这种方式可谓之为"竹简式"。而

> 戴伟华先生的《唐代使府与文学研究》，从唐代方镇和使府制度说起，讲到使府中的文化氛围，分析在此文化氛围中从事工作的文人，再从空间和时间不同角度论述使府文学的地域性和时代性，最后又分别讨论了文人入幕和诗歌、小说、散文创作的关系，层层深入，回环往复，注重宏观与微观的协调，讲求整体与典型的和谐，内外结合，虚实相间。由于其注重章节之间的内在联系，因而称之为“环状式”。诸如此类的“与”，表述了不同的揭示事物之间联系的方法，同时也体现出研究者个人的逻辑思维习惯。因此可以说，文学研究中的“与”，除了包含事物联系之外，还含有方法论的意思。

现在回过头来看当时所写，文字不免有些稚嫩，思考也不够深入，但确是二十年多年前的真实想法。老师虽然强调学术理论对于研究的重要意义，但又认为在具体研究中不能理论先行，而要以事实为基础。学界反复重申既有古代文学理论，也有古代文学的理论，据我的理解，前者大概是指古代文学本身固有的理论，如诗歌理论、诗学观念、诗学批评等即是，后者应是从学术研究角度强调古代文学与其他学科的不同，也就是说一定要注意古代文学的“文学”属性。显然，这个看法非常有道理。由此产生了古代文学研究是否需要坚守“文学本位”，以及文学内部与外部问题的讨论。对于这些现象，戴老师认为要以“拿来主义”的态度，加强不同学科之间交叉和深度融合。因为道理很简单，文学固然是“文学”的，有其自身规律性，重视文学内部研究没有任何不妥。戴老师在这方面的研究成果主要有对诗歌“独白”理论的探索，以及对五言诗起源问题的讨论，前者发表于《中国社会科学》2003年第3期，后者发表于《中国社会科学》2005年第6期。但老师同时又强调，要看到文学生产过程还存在一个重要的外部生态问题，可以说没有一个古代作家和他的创作存于真空之中。文学生态既包括各种物质条件，也包括文化精神。具体来讲，文学生态是一个大系统，涵盖了文人、文献、文化、文体、文心等各要素，是多要素交叉融合的结果。老师在这方面的学术实践主要有两方面，《唐方镇文职僚佐考》

《唐代使府与文学研究》主要研究使府制度、使府文人及其与文学之关系，2006年中华书局出版的《地域文化与唐代诗歌》则开辟了从地域文化生态研究唐代文学的新领域，其中最有特色的是将长期以来大家关注诗歌涉及的地名，转换至诗歌创作地的考证。唐诗单篇作品创作地考证，以往主要用于诗人年谱的系年考证工作。这种考证对于了解某一位大诗人的活动轨迹极为重要。如果把唐代所有诗歌的创作地都加以考证，由此形成"唐诗创作地数据库"，则改变以往观察的方法和视角，可从系统性和整体性等方面重审唐诗与地域文化之关系，重构地域文学流变史。

受老师启发，我也不断思考"制度与文学"研究的理论问题。我认为这种研究模式的产生，其源头可追溯到西方文学社会学，是中国传统学术与西方学术思想交融碰撞的结果。《"制度与文学"研究的成就、困境及出路》(《北京大学学报》2017年第5期)一文曾就这个问题作了具体考察。文中引用了傅璇琮先生《唐代诗人丛考》中的序言："若干年前，我读丹纳的《艺术哲学》，印象很深刻……由丹纳的书，使我想到唐诗的研究。"序言中特别提到丹纳《艺术哲学》中的一段话：

> 艺术家不是孤立的人。我们隔了几世纪只听到艺术家的声音；但在传到我们耳边来的响亮的声音之下，还能辨别出群众的复杂而无穷无尽的歌声，像一大片低沉的嗡嗡声一样，在艺术家四周齐声歌唱。
>
> 艺术家本身，连同他所产生的全部作品，也不是孤立的。有一个包括艺术家在内的总体，比艺术家更广大，就是他隶属的同时同地的艺术宗派或艺术家家族。

显然，这是傅先生从文人群体角度来研究唐代文学的西方思想渊源。但他同时又对陈寅恪潜心研究多年，发表了不少论述陈寅恪学术思想的文章，应是"制度与文学"研究范式形成的中国传统。戴老师有关使府制度与文学、地域文化与文学的研究，如果追溯其学术思想，其根源也是中国传统如重视材料考证等，与西方文学社会学重视文人群体研究新方法的结合。这种学术新格局的形成，无疑为古典文学研究注入了新能量，拓展研究空间的同时也从整体上提升了学术质量。

三

在华南师大读书时，我问过老师一个问题，就是看到有学者对某一问题做几十年的长期研究，也有学者从一个问题不断跳到另一个问题，那么，到底哪一种做法比较好？老师回答的大意是，长期就某一问题深究，当然能够研究得更深入。如果不断地跳来跳去，浅尝辄止，显然无助于问题的解决。但这又并非绝对。在研究过程中发现了新问题，必然要求对新问题进行研究，这就是拓展新空间和开掘新领域的过程。不断发展出新视域和新论题，才能推动学术进步，这是符合学术演进规律的。老师说，他花了十几年时间做唐代使府与文学关系研究，后来做地域文化与唐诗研究，实际上就是从此前研究中拓展的。因为使府文人就是在地方工作的文人，使府作为一种制度，是促推文人空间分布的力量，由此形成不同的文化区域，有文化强势区，也有文化弱势区，文人在空间的流动，是观察唐代文学的一个新角度。文人进入新空间后，势必与所在区域的原有文化发生交流碰撞，形成新的地域文化形态。也就是说，文化空间或者说某一具体地域，实际上是不同文化凝聚而成的节点，这些节点在时间坐标轴上勾连了历史与现实，在空间坐标轴上则形成一个个文人具体生活场景的横截面。他们在特定场景所写诗文，保存了重要历史信息，是历史记忆的载录。从使府文人转向地域文化与唐诗关系研究，是解决学术问题的需要，因而也是自然而然的。关于这个问题，我在《唐诗之路本体论：时空关系与权力结构》（《唐诗之路研究》第一辑）一文中记录了以下思考：

> 时间与空间的关系，是揭示唐诗之路本质的关键。对于这个问题的理解，可以借助西方有关“地理批评”的观点。法国利摩日大学教授波特兰·维斯法尔（也译作“波特兰·韦斯特法尔”）基于福柯《他

> 者空间》《权力的地理学》,以及德勒兹《千高原》等著作中的理论,提出“地理批评”概念。在其《走向一种文本的地理学批评》《地理批评:真实与虚构空间》中,提出空间的时间性问题。他认为空间概念的产生和使用,不是静态的,而是流动的。不同人在不同场合的使用,开放的空间(espace)转换成封闭的场域(lieu)。也就是说,不同的人在认识和使用某一空间概念时,这一空间概念原具的多样性涵义转换成某一特定的涵义。而这特定的含义是与认识和使用时的特殊场景有关的。由于认识和使用的历时性,空间概念也是流动的。此为空间的时间性。另一方面,空间还存在想象与虚构的现象。想象与虚构的空间,不是外在的空间,而是内心的空间。

毋庸置疑,我的这些不成熟的想法,其实都受到戴老师有关地域文化与唐诗关系学术理论的影响。事实上,我后来展开的每一项研究工作,都受到老师的鼓励和帮助。我曾在《唐代书籍活动与文学秩序》一书后记中,记下这个过程:

> 近年来,关于学术研究的开拓问题,学界曾展开讨论。有学者主张“横通”与“纵通”结合,由博返约,就某个领域某个问题作纵深探究,庶几有所创获。显然,这种主张有助于学术发展。我也曾被学生和同门问及这个问题,他们要求我结合自身经历来谈个人看法。无可奈何之下,只得略作陈述:博士论文选题非常关键,往往影响未来学术进程。以我个人为例,博士论文的几个关键词,如唐代文馆、文馆制度、文馆文士、制度与文学等,每个关键词都可以单独成为一个研究课题。事实上也是如此。2007年,从文馆文士“在朝”与“在野”流动角度,以“唐代文馆文士朝野迁转与文学互动”为题,获批第一个国家社科基金项目。2012年,从唐代学术与艺文关系角度,以“唐代经学与文学互动研究”为题,获批博士后基金项目。同年,还从文献整理角度,以“唐人别集序跋整理”为题,获批全国高校古委会重点项

目。2013年，从官学教育角度，以“唐代官学教育与文学之关系研究”为题，获批教育部规划项目。2014年，从书籍角度，以“唐代书籍活动与文学之关系研究”为题，获批第二个国家社科基金项目。这些研究课题，实际上都是从博士论文延伸出来的，是对原来思考的某个问题的具体细化和纵深拓展。当然，就我个人而言，这里所说的拓展，虽有其积极的一面，但主要原因还是受制于自身能力和眼界，尚无力从更广阔的领域开掘新课题。

现正从事的国家社科基金重点项目“中古书籍制度文献整理及其与文学之关系研究”，溯其渊源，其实还是博士论文未能充分展开的书籍制度与文学关系问题的延伸。

吴夏平

2024年7月8日记于上海师大文苑楼

图书在版编目(CIP)数据

制度与文学/吴夏平著. —上海:上海三联书店,2025.

—ISBN 978-7-5426-8839-2

Ⅰ. D691.2;I206.42

中国国家版本馆 CIP 数据核字第 2025PE9326 号

制度与文学

著　　者　吴夏平

责任编辑　钱震华

装帧设计　汪要军

出版发行　上海三联书店

　　　　　中国上海市威海路 755 号

印　　刷　浙江临安曙光印务有限公司

版　　次　2025 年 3 月第 1 版

印　　次　2025 年 3 月第 1 次印刷

开　　本　700×1000　1/16

字　　数　295 千字

印　　张　20.5

书　　号　ISBN 978-7-5426-8839-2/D·681

定　　价　98.00 元